모두가 함께하는 사회 /
더 나은 사회를 위한 기본의 이해

인간과 공공사회

도서출판 윤성사 032
인간과 공공사회
모두가 함께하는 사회 /
더 나은 사회를 위한 기본의 이해

초판 1쇄 2019년 3월 4일

지 은 이 김 구
펴 낸 이 정재훈
디 자 인 (주) 디자인 뜰

펴 낸 곳 도서출판 윤성사
주 소 서울특별시 서대문구 서소문로27, 충정리시온 409호
전 화 편집부_02)313-3814 / 영업부_02)313-3813
전자우편 yspublish@daum.net
등 록 2017. 1. 23

ISBN 979-11-88836-22-2 (93350)
값 23,000원

ⓒ 김 구, 2019

저자와의 협의에 따라 인지를 생략합니다.

이 책의 전부 또는 일부 내용을 재사용하려면 반드시 사전에 저작권자와
도서출판 윤성사의 동의를 받아야 합니다.

잘못 만들어진 책은 구입하신 서점에서 교환 가능합니다.

이 도서의 국립중앙도서관 출판예정도서목록(CIP)은 서지정보유통지원시스템 홈페이지
(http://seoji.nl.go.kr)와 국가자료공동목록시스템(http://www.nl.go.kr/kolisnet)에서 이
용하실 수 있습니다.(CIP제어번호: CIP2019002911)

모두가 함께하는 사회
더 나은 사회를 위한 기본의 이해

인간과 공공사회

김 구

HUMAN AND PUBLIC SOCIETY

머·리·말

모두가 함께하는 사회 /
더 나은 사회를 위한 기본의 이해

　현대인은 시계(視界) 제로의 불확실성과 예측하기 곤란한 시대에 살고 있다. 4차 산업혁명 시대로 신기술이 개발되고 그 기술이 일상에서 부분적으로 실현되고 있으며, 미래에는 상상하지도 못할 기술들이 인간 생활의 모든 영역을 차지할지도 모른다. 그런 기술로 인해 인간 생활의 편리성이 증대되기도 하지만 과거의 생활 패턴에 익숙해진 사람들에게는 많은 혼란을 가져올 것이다. 또한 4차 산업혁명의 신기술로 인해 산업구조가 재편 및 재구조화됨으로써 새로운 역량을 필요로 하는데, 이에 부응하지 못한 사람은 사회에서 배제 및 고립될 수도 있다. 또한 우리 사회는 저출산 및 고령화로 노동생산성이 약화되는 대신 복지비의 증대를 불러일으키고 있어 사회적 자원의 균형이 깨지고 있기도 하다. 그리고 세계 어느 국가보다도 뜨거운 교육열로 인해 교육 수준은 높아가고 있는 반면 그들이 바라는 일자리는 부족해서 실업문제가 국가의 핵심 과제가 된 것도 새삼스러운 일도 아니고 만성적이며 마치 당연한 것처럼 받아들이고 있다. 소득의 양극화로 계층 간 사회적 위화감의 골은 깊어만 가고, 그로 인해 각종 사회문제가 발생되고 있어 사회안정화는 물론 국민 통합은 정치권의 수사적 표현에 머물고 있다. 여기에 더해 인간은 기본적으로 이기심을 가진 존재로서 여건과 기회만 되면, 아니 여건이 되지 않더라도 자신의 노력 없이, 공정한 룰을 어겨 가면서까지 기회를 만들고, 자신에게만 유리한 방식을 설정해 놓고 공정한 룰이라고 우기면서까지 타인에게 돌아가야 할 기회를 자신의 것으로 만들어 버리는 이기심의 그릇을 채우려고 하는 까닭에 많은 문제를 야기하고 있다. 나의 이기심으로 타인은 손

Human and Public Society | 인간과 공공사회 |

실과 피해를 입어도 상관없다는 식이다. 이기심의 작동은 개인에게서 비롯되지만 그 피해는 고스란히 사회적 손실로 이어져 우리가 합의한 사회 질서의 룰이 깨져 '사회적 룰을 지키는 사람만 바보된다'는 식의 잘못된 의식이 형성되고 사회구성원 전체로 확산되고 있지는 않을까 걱정이다.

우리 사회는 지금 '자신의 역량 및 눈높이에 맞는 제자리 찾기에 옹알이를 하고 있다'고 해도 과언이 아닐 것이다. 지금 사회는 무엇을, 어떻게 하는 것이 제자리 찾기인지에 대해서도, 무엇이 문제인지, 어디서부터 무엇을 어떤 방식으로 접근해야 하는지, 무엇을 문제라고 볼 것인지에 대한 사회적 합의도 찾기 힘들어 하고 있고 또한 '바람직한/모두가 함께하는 사회'라는 배(선박)의 방향키도 잡기 전에 어디를 어떻게 가야 할지를 모르고 있지는 않을까? 또는 해결책을 안다고 주장하는 사람이 있더라고 그 지식은 오래되고 낡은 쓸모없는 지식으로 현실적 거리감, 즉 현실 처방성의 효과가 없는 지식일지도 모른다. 우리 사회구성원들은 모두가 함께하는 진정한 공동체, 서로가 믿고 함께 살 수 있는 사회, 경제적 자본보다 사회적 자본에 더 많은 가치를 두는 사회, 사회구성원 모두가 기본에 충실하는 바람직한 사회가 되기를 바랄 것이다. 특정 집단이나 채워도 채울 수 없는 이기심의 그릇을 가진 사람들이 생각하는 '바람직한'의 의미가 아니라, 이해득실의 절충 결과로서 '사회적 합의'가 아닌 인간의 기본권을 바탕으로 보편적 국민 모두가 진정으로 생각하고 동의한 결과로서 사회적 합의로 도출된 바람직한 가치가 자신도 모르게, 느낄 수 없을 정도로 다가와 서로가 자신의 행복이 최고라고 자랑할 수 있는 공간이 되기를 기대해 본다. 이를 위해서는 국가와 사회 리더 그룹은 물론 사회구성원 모두가 기본에 충실하면서 변화를 대응하는 자세와 실천 행동이 필요하다고 본다.

  이 책은 건강하고 지속 가능한 공공사회를 위해 사회구성원 모두가 무엇을 이해하고 실천해야 할 것인지에 대한 기본 방향을 엿볼 수 있도록 했다. 이 책의 내용은 학술서로서의 기본 골격을 갖추고 공부하는 학생을 염두하고 있지만 일반사회인, 특히 공무원이나 공공 부문 종사자도 기본적으로 읽어야 할 내용이라고 생각한다. 공공사회를 이해하고 실천해야 할 부문과 내용은 너무 많지만 이 책에서는 일반사회인, 공부하는 대학의 학부생 및 대학원생, 공무원 등이 공통적으로 읽고 학습해야 할 내용만을 수록했다. 일반사회인에게는 공동체 구성원으로서 서로가 공존하고 상생하는 방향과 또는 변화하는 세상에서 무엇을 준비하고 행동해야 할 것인지에 대한 기본 방향을 잡기 위해 읽을 수 있고, 대학의 학부생 교양과정에서는 사회구성원으로서 기본적 소양을 갖추기 위해 필요하다. 특히 공공관리 및 행정학을 공부하는 저학년 학생에게는 공공 부문의 기본적 역할과 기능을 학습하기 위해 필요할 것이고, 고학년은 세부 및 심화 전공에서 행정윤리 및 인사행정 그리고 정부 혁신 및 행정 혁신 내용으로써 활용할 수 있을 것이다. 여기에 덧붙여 대학원생은 공공 부문의 심화 전공을 위한 이론적 방향 및 연구 틀을 정립하는 출발선으로 삼을 수 있을 것이며, 마지막으로 공무원교육기관에서는 공무원의 기본 소양 교재로서 쓰임새가 있을 것으로 기대한다.

생물적 생태계와 같이 인간 생활의 모든 영역에서도 지식생태계가 적용된다. 과거 당시에 바람직한 방향을 제시하고 현상에 대한 정확한 이해의 토대를 제공했던 지식도 4차 산업혁명 시대에 적용될 수 있는 지식이라고 말하기 곤란하다. 그렇다고 과거에 학습하고 습득한 지식이 모두 쓸모없는 것이라고 말하기는 더욱 곤란하다. 과거의 경험과 노하우는 세상을 살아가는 데 '약방의 감초'와 같은 필수적 요소다. 경험과 노하우를 토대로 과거의 지식을 수정해서 새로운 지식으로 재창출하는 전환이 필요하다. 이 책의 내용도 마찬가지로 공공사회를 이해하는 데 기본 지식이라고 제시하고 있지만 이 역시 저자만의 생각일지도 모른다. 본문 11장에서 제시한 폐기학습 차원에서 보면 오래되고 낡으며 쓸모없는 지식을 말하고 있지는 않을까도 싶다. 또한 저자의 짧은 지식으로 인해 본래의 개념과 의미들을 잘못 이해해서 전달하고 있을 수도 있다. 이 모두는 저자의 몫이다. 공공사회의 기본에 관한 지식을 전파한다는 하는 것이 오히려 지식생태계와 폐기학습의 맥락에서 현실적 설명력과 거리가 먼 내용이거나 쓸모없고 낡은 지식을 이야기하고 있지는 않은지 내심 고민이 되기도 한다. 내용의 오류에 대한 저자의 이해를 수정할 수 있는 기회로 삼기 위해 유익한 지적과 많은 조언을 기대해 본다.

2019년 3월

저자 씀

목・차

머리말 4

01
4차 산업혁명과 공공사회
17

제1절 4차 산업혁명의 의의   17
    1. 4차 산업혁명의 개념   17
    2. 4차 산업혁명의 대두   19
    3. 4차 산업혁명의 본질   20
    4. 산업혁명의 발전 단계   23

제2절 4차 산업혁명의 혁신기술   26

제3절 4차 산업혁명과 사회 변화   32
    1. 사회 변화: 생활 방식의 변화   32
    2. 4차 산업혁명이 공공 부문에 미친 영향   34
    3. 4차 산업혁명과 미래 사회 전망   35
    4. 4차 산업혁명을 위한 준비와 대응   37

제4절 4차 산업혁명과 국가   41
    1. 인공지능 기반 국가 서비스   41
    2. 4차 산업혁명 시대의 정부 운영 모형   42
    3. 4차 산업혁명 기술과 공공 서비스   44

참고 : 행정 서비스 통합・연계 추진   52

참고 문헌   61

02

공공사회와 사회적 규범

63

제1절 공공사회	63
1. 공공사회의 개념	63
2. 공공사회 이해의 필요성	64
제2절 사회적 규범	67
1. 사회적 규범의 개념	67
2. 사회적 규범의 특징	70
3. 사회적 규범의 필요성과 기능	71
4. 사회적 규범과 공공사회	75
제3절 사회적 규범의 수준과 유형	76
1. 사회적 규범의 수준	76
2. 사회적 규범의 유형	76
제4절 사회적 규범의 형성 과정	80
제5절 사회적 규범 모형과 측정	85
1. 사회적 규범 관련 모형	85
2. 사회적 규범의 일반적 측정 지표	90
참고 문헌	94

03 사회적 가치와 공공가치 97

제1절 사회적 가치	97
1. 사회적 가치의 개념	97
2. 사회적 가치의 등장 배경	99
3. 사회적 가치의 중요성과 내용	104
4. 사회적 가치의 방향과 과제	107
제2절 공공가치	111
1. 공공가치의 개념	111
2. 공공가치 이론	113
3. 공공가치의 대두 배경	115
4. 공공가치의 의의	118
5. 공공가치의 내용 및 유형	119
참고 문헌	131

04 공직가치 133

제1절 공직가치의 의의	133
1. 공직가치의 개념	133
2. 공직가치 개념의 접근 방식	135
제2절 공직가치의 내용	137
1. 공직가치의 구성 요소	137
2. 공직가치로서 법적 규범	145
참고 문헌	153

05 공공성과 공익
155

제1절 공공성		155
1. 공공성의 개념		155
2. 공공성 개념의 구성 요소와 발생		158
3. 한국 사회에서 공공성에 대한 관점들		163
제2절 공익		165
1. 공익의 개념		165
2. 공익의 필요성		166
3. 공익의 구성 요소		168
4. 공익의 다양한 관점		169
5. 공익의 재조명: 공익과 사익의 조화		172
참고 문헌		176

06 시민성과 공동체
179

제1절 시민성		179
1. 시민성의 개념		179
2. 시민성의 유형		182
3. 시민성의 육성 방안		184
4. 시민성의 측정		188
제2절 디지털 시민성		193
1. 시민성의 변화: 디지털 시민성의 태동		193
2. 디지털 시민성의 개념		194
3. 디지털 시민성의 요소		197
4. 디지털 시민성 측정		202
5. 건전한 디지털 시민성 확립을 위한 토대		202

07
정부와 공공재
211

참고 문헌 208

제1절 공공재의 의의 211

1. 민간재와 공공재의 의미 211
2. 재화의 유형 213
3. 공공재의 특성과 문제 216
4. 외부성과 정부 218
5. 비대칭정보와 정부 221
6. 정부가 공공재를 생산하는 근거 223
7. 공유재 관리의 새로운 접근 224

제2절 시장에 대한 정부의 개입 225

1. 시장실패와 정부 225
2. 경제활동에서 정부의 역할 227
3. 정부실패 228
4. 정부실패에 대한 새로운 접근 232

참고 문헌 236

08
행정의 본질과 방향
237

제1절 행정의 의의 237

1. 행정의 다양한 개념 237
2. 행정학적 관점에서 행정의 개념 242
3. 행정의 필요성 245
4. 행정의 역할 247

Human and Public Society |인간과 공공사회|

제2절	행정과 인접 분야의 관계	249
	1. 행정의 학제간 관계	249
	2. 정치(정책)와 행정의 관계	254
	3. 경영과 행정의 관계	259
	4. 정치, 행정, 경영의 관계	262

제3절	미래 행정의 방향	263
	1. 좋은(바람직한) 행정의 요건	263
	2. 한국 사회에서 미래 행정의 대응 방향	264
	3. 4차 산업혁명 시대의 행정 서비스 방향	268

참고 문헌   281

09

**공유자산의
유지와 관리**
283

제1절	공유자산의 비극	283
	1. 공유자산 비극의 이해 필요성	283
	2. 공유자산의 비극 개념	284
	3. 공유자산의 유지 및 관리 상황	285
	4. 공유자산의 비극 방지를 위한 방안	288

제2절	죄수의 딜레마	295
	1. 죄수의 딜레마 개념	295
	2. 죄수의 딜레마 상황	296
	3. 죄수의 딜레마 상황의 확장	297
	4. 죄수의 딜레마 현상의 시사점	298
	5. 죄수의 딜레마 게임과 집단이기주의	299

제3절	깨진 유리창 이론	301
	1. 깨진 유리창 이론의 유래	301
	2. 깨진 유리창 이론의 내용	303
	3. 깨진 유리창 이론의 사례	304
	4. 깨진 유리창 이론의 함의	309
참고 문헌		311

10 함께하는 공공사회 313

제1절	공진화	313
	1. 공진화의 개념	313
	2. 공진화의 형태	314
	3. 현대 사회와 공진화	317
제2절	공공 부문의 공동생산	326
	1. 공동생산의 의의	326
	2. 공동생산의 배경	329
	3. 공동생산의 유형	330
	4. 행정 서비스 공동생산 사례	331
	5. 공동생산의 활성화 방안	335
참고 문헌		337

11

세상과
공공사회의 혁신

339

제1절 경로의존성		339
1. 경로의존성의 개념		339
2. 경로의존성의 사례		341
제2절 폐기학습		346
1. 폐기학습의 의의		346
2. 폐기학습의 연구 사례		350
3. 폐기학습의 함의		351
참고 문헌		357

찾아보기   361

제1장

4차 산업혁명과 공공사회

제1절 | 4차 산업혁명의 의의

1 4차 산업혁명의 개념

우리 사회는 지금까지 1차, 2차 산업혁명으로 인한 세상의 변화를 경험했고, 현재 3차 산업혁명 시대를 살고 있으면서 새로운 변화의 움직임이 일고 있다는 걸 느끼고 있다. 1차 산업혁명은 '기계혁명'이라고도 불리며, 18세기 중반 증기기관의 등장으로 가내수공업 중심의 생산 체제가 공장 생산 체제로 변화된 시기를 말한다. 2차 산업혁명에서는 전기 동력의 등장으로 '에너지혁명'이라고도 불리며 대량생산 체제가 가능해졌다. 그리고 현재는 컴퓨터 및 정보통신기술(ICT)의 발전으로 인한 '디지털혁명'이라는 3차 산업혁명의 시대가 지나가고 있으며, 이로 인해 정보화·자동화 체제가 구축됐다(김진하, 2016: 46). 디지털 기술은 엔진의 기술과 다른 측면에서 우리에게 시공간의 한계를 극복하게 해주고 있다. 디지털은 그 속성상 통합성(모든 형태의 정보가 bit로 표현 가능), 복제성(정보의 손상 없이 저장, 복제, 변환 가능), 전파성(빛의 속도로 확산), 축적성(거의 공간을 차지하지 않는 무한의 정보를 수집, 저장 가능)이라는 속성을 띠게 된다. 이러한 노드(node)로서 디지털의 속성은 서로 연결(link)되면서 연결성 → 공유성 → 지능화(자동화)로 발전하게 된다. 연결성은 네트워크(정보의 망)의 무한 증대, 공유성은 연결과 거래(유통) 비용의 제로화(플랫폼)로 이어졌다. 지능화(자동화), 즉 정보와 행동이 결합되고 자율적으로 학습-행동하는 단계(algorithm, big data, AI, robot)로 발전하게 된다. 한마디로 디지털 기술은 동시성이라는 측면에서 시공간의 한계를 극복하게 해주고 있다. 엔진이 공간의 극복(물리적으로 글로벌이라는 공간적 확장)을 가능하게 해줬다면, 디지털은 공간이라는 물리적 한계를 넘어 전 세계 어디서나 동시에 연결되는 시간의 혁명을 가져왔다(이명호, 2017). ICT와 인터넷의 발전으로 우리의 일상생활은 더욱더 편리해졌고, 산업 현장에서는 생산성이 증가되는 등 정치 · 경제 · 사회 · 문화 · 교육 등 모든 부문에서 획기적으로 변화되고 있다.

　이들 산업혁명은 역사적 관점에서 보면 아주 짧은 기간 동안 진행했으나, 그 영향력은 개인의 일상생활에서부터 모든 전 세계의 기술, 산업, 경제 및 사회구조를 뒤바꿔 놓을 만큼 거대했다. 그리고 새로운 기술의 등장과 기술적 혁신은 계속 진행 중에 있으며 또 다른 산업혁명을 야기하고 있고(김진하, 2016: 46), 이를 4차 산업혁명으로 부른다. 4차 산업혁명은 인공지능, 로봇기술, 생명과학이 주도하는 차세대 산업혁명을 일컫는 말로 제조업에 정보통신기술(ICT)을 융합해 또 한번 산업의 혁신이 이뤄지고 있다는 의미에서 붙여졌으며(KBS), 3차 산업혁명을 기반으로 물리적 · 가상적 · 생물학적 영역의 융합을 통해 사이버 물리 시스템을 구축하는 것을 의미한다. 이를 통해 제품 및 서비스의 생산 · 관리 · 소비 등 인간의 삶을 둘러싼 모든 양태들이 연결화 · 지능화 · 고도화되는 새로운 형태의 문명적 패러다임이다(권기헌, 2018: 642). 즉, "ICT가 타 산업들과 융합하는 기술혁명"이라고 정의할 수 있다(한국경제매거진, 2017).

　4차 산업혁명의 특징은 초연결성(super connectivity), 초지능성(super intelligence), 초예측성(super foresight)으로 요약할 수 있다. 즉, 과거 인터넷이 사람-사람 간의 연결에 그쳤다면, 이제는 사람-사람, 사람-사물, 사물-사물 등 인간 생활의 모든 영역에 연결되는 초연결화 현상이 나타난다. 또한 단순한 정보 축적을 넘어

막대한 분량의 빅데이터를 분석해서 인간 생활의 삶과 위기, 질병과 재난 등의 공통 패턴을 파악하는 등 초지능화가 실현되는 것이다. 이러한 초연결성, 초지능성을 토대로 미래 예측 역시 방향성과 정확성이 더욱 고도화되는 초예측성이 실현되는 것으로 예견되고 있다(권기헌, 2018: 642).

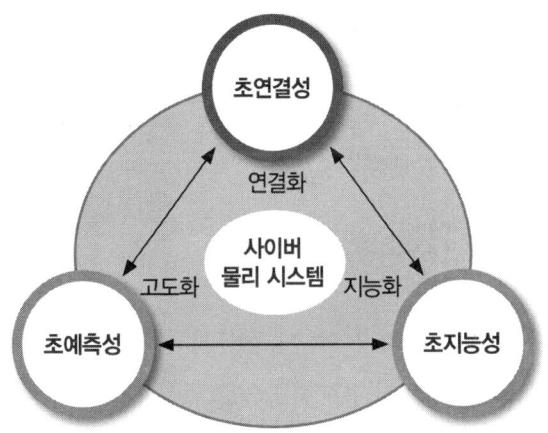

[그림 1-1] 4차 산업혁명의 패러다임 구성 요소

2 4차 산업혁명의 대두

4차 산업혁명이라는 용어의 출현은 2010년 발표된 독일의 'High-tech Strategy 2020'의 10대 프로젝트 중 하나인 'Industry 4.0'에서 제조업과 정보통신이 융합되는 단계를 의미했으나, 지난 2016년 1월 다보스 포럼(World Economic Forum: WEF)에서 WEF에서 4차 산업혁명을 언급하며 전 세계적으로 주요 화두로 등장하게 됐다(김진하, 2016: 47). 이 포럼에서는 "제4차 산업혁명의 이해"를 주제로, 글로벌 경제 위기 극복의 대안으로서 4차 산업혁명의 의의와 필요성, 나아가야 할 방향성에 대해 논의했다(권기헌, 2018: 642).

2016년 1월 다보스 포럼(WEF)에서는 4차 산업혁명이라는 화두가 세상에 던져졌다. WEF는 『직업의 미래(The Future of Jobs)』라는 보고서를 통해 4차 산업혁명이 가까운 미래에 도래할 것이고, 이로 인해 일자리 지형이 변화되는 사회구조적 변화가 나타날 것이라고 전망했다. 또한 4차 산업혁명을 "디지털혁명(제3차 산업혁명)에 토대를 두고 물리적 공간, 디지털적 공간 및 생물학적 공간의 경계가 희석되는 기술 융합의 시대"라고 정의하면서, 사이버 물리 시스템(cyber-physical system: CPS)[1] 에 기반을 둔 4차 산업혁명은 전 세계의 산업구조 및 시장경제 모델에 커다란 영향을 미칠 것으로 전망했다(김진하, 2016: 47).

❸ 4차 산업혁명의 본질

4차 산업혁명은 단순한 물리적(실물) 공간에서 정해진 프로그램에 의한 정보기술의 활용을 넘어 혁신적 IT 기술을 기반으로 현실공간과 가상공간의 경계가 없는 IT기술과 인간이 결합된 모습으로 나타나게 된다.

4차 산업혁명의 특징은 다음과 같이 세 가지 주제로 표현할 수 있다(한국경제매거진, 2017).

첫째, ICT의 비약적인 발전으로 모든 것이 연결되는 초연결 사회로의 진입이다. 사물·동물·사람이 언제 어디서나 서로 소통할 수 있다.

둘째, 스스로 학습하면서 진화하는 머신이다. 학습을 통한 생각하는 컴퓨터인 딥러닝(deep learning)이라는 AI 알고리즘이 개발되면서 기계는 사람과 유사한 방식으로 학습하고 사람보다 빠른 속도로 진보하고 있다.

셋째, 생산 혁신과 공유경제 확산으로 한계비용이 제로가 되면서 풍요로워지

---

[1] 통신 기능과 연결성이 증대된 메카트로닉 장비에서 진화해 컴퓨터 기반의 알고리즘에 의해 서로 소통하고 자동적, 지능적으로 제어되고 모니터링되는 다양한 물리적 개체(센서, 제조장비 등)들로 구성된 시스템을 의미한다(김진하, 2016: 47).

는 세상이다. 이와 같은 특징을 바탕으로 로봇을 인간의 조력자로 현명하게 컨트롤할 수 있으면 인류가 걱정하는 디스토피아(dystopia)보다 유토피아(utopia) 세상이 펼쳐지지 않을까.

4차 산업혁명은 정보와 빅데이터를 수집·분석·해석하고 판단하는 데 인간·컴퓨터·인터넷 등이 상호작용을 통해 문제에 대한 대응 방안과 실시간 상황을 기반으로 예측하는 디지털 생태계(digital ecosystem)로서, 인간과 하드웨어 및 소프트웨어의 결합을 통해 생각하는 만물혁명(all-things revolution)을 이루는 것이다. 4차 산업혁명은 인터넷이 모든 것과 연결되는 사물인터넷(Internet of Things: IoT) 및 만물인터넷(internet of everything: IoE)으로 구축되고, 생각하는 하드웨어를 기반으로 정보와 데이터를 실시간으로 수집·분석·판단하는 사물, 인터넷, 하드웨어/소프트웨어, 정보/데이터, 인간의 결합을 통해 더욱 똑똑해지는 디지털 생명체로서 세상을 변화시키는 메커니즘이다.

[그림 1-2] 제4차 산업혁명의 본질: 생각하는 만물혁명

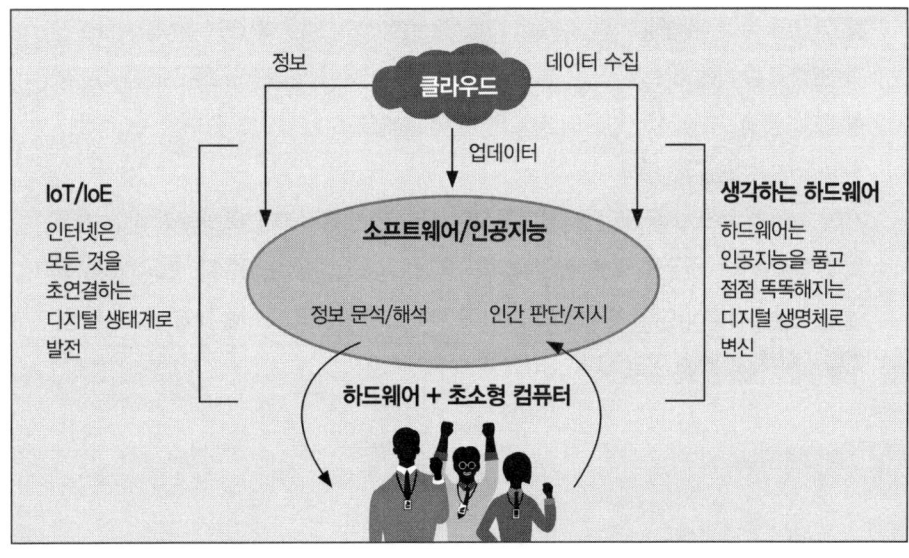

자료: 경향비즈(2016)에서 재인용

WEF(세계경제포럼)는 '4차 산업혁명(인더스트리 4.0)'을 3차 산업혁명을 기반으로 한 디지털과 바이오산업, 물리학 등의 경계를 융합하는 기술혁명이라고 설명하고 있다. 1차 산업혁명이 기계화 과정에서 물과 증기의 힘을 사용했다면, 2차 산업혁명은 전기 에너지를 이용해 대량생산 체제를 만들어 냈다. 뒤이은 3차 산업혁명에서는 전기기술과 정보기술을 이용해 자동화된 생산 체계를 만들어 냈다.

아직까지 구체적인 모습이 나타나지는 않았지만 현재의 4차 산업혁명은 디지털 혁명이라는 3차 산업혁명 과정의 기반 위에서 창조되고 있다고 평가된다. 4차 산업혁명의 특징은 디지털, 바이오 등 기술 사이의 융합이다. 전문가들은 이 융합으로부터 새로운 창조가 이뤄질 것으로 예상한다.

인공지능, 3D프린팅, 자동차의 자율 주행 기능, IoT, 바이오 테크놀로지 등이 4차 혁명으로 태어나게 될 주요 기술의 예다. 최근 발간된 도서 『제4차 산업혁명』은 4차 산업혁명으로의 이행을 "모든 것이 연결되고 좀 더 지능적인 사회로의 진화"라고 요약한다. IoT와 인공지능을 기반으로 사이버 세계와 물리적 세계가 네트워크로 연결돼 하나의 통합 시스템으로서 지능형 CPS(cyber-physical system)을 구축할 것이란 예측이다. 이 상태에서 각각의 하드웨어들은 스마트폰처럼 데이터를 축적해 이를 필요에 따라 해석해 가며 스스로 자동 갱신한다. 이 같은 과정을 통해서 제조업과 인간을 둘러싼 시스템 운용 방식은 대폭적인 변화를 맞을 것으로 예상된다. 책은 이를 통해 "자동차가 인간이 부르면 혼자 달려오고, 냉장고와 정보를 주고받는" 시대를 이야기한다.

이 혁명을 주도하는 국가들의 대표적인 사례로는 독일의 인더스트리 4.0, 미국의 산업 인터넷, 일본의 로봇 신전략, 중국의 제조 2025 등이 꼽힌다. 한국 역시 최근 ICT 융합기술에 대한 관심으로 보이며, 4차 산업혁명으로서의 사회·문화적 이양을 준비하고 있는 상황이다.

자료: 경향비즈(2016)

4 산업혁명의 발전 단계

현재 4차 산업혁명이 오기까지 산업혁명의 발전 단계는 1차에서 3차 산업혁명으로 발전했다. 1차 산업혁명은 기계의 발명으로 인한 자동화가 이뤄졌으며, 아울러 증기기관의 발명을 통한 국가 내의 공간적 연결성 강화를 이뤘다. 2차 산업혁명은 전기 등 에너지원의 활용과 작업의 표준화를 통해 기업 간 또는 국가 간 노동 부문의 연결성을 강화하고, 대량생산 체제를 이뤘다. 3차 산업혁명은 전자장치 및 ICT를 통해 정보처리 능력의 발전을 이뤘으며, 이를 바탕으로 정교한 자동화를 이루고 사람, 환경, 기계를 아우르는 연결성을 강화했다(장필성, 2016: 13-15). 그리고 4차 산업혁명은 3차 산업혁명의 연장선에서 인간·컴퓨터·인터넷 등이 초연결되고 상호작용하는 새로운 디지털 생태계를 구축해 가고 있다.

4차 산업혁명은 ICT를 바탕으로 한 3차 산업혁명의 연장선에 위치하면서도, 기존 산업혁명들과 차별화된다. 1차, 2차, 3차 산업혁명은 손과 발을 기계가 대체해서 자동화를 이루고, 연결성을 강화해 온 과정이었다면, 4차 산업혁명은 인공지능의 출현으로 사람의 두뇌를 대체하는 시대가 도래한 것이다. 이는 경제적으로나 사회적으로 심각한 변화를 가져오는 전환점이 될 것으로 전망되며, 많은 기대와 우려를 낳고 있다(장필성, 2016: 15). 따라서 4차 산업혁명은 현대인의 삶의 방식에 대한 대전환을 예고하고 있으며, 개인·기업·공공기관은 이에 어떻게 대응할 것인지를 준비해야 한다.

세계경제포럼(WEF)은 산업혁명의 발전 단계와 특징을 다음과 같이 제시했다. 1차 산업혁명의 기점은 1784년으로 증기·물·기계생산설비 등으로 특징되고, 2차 산업혁명의 기점은 1870년으로 분업·전기·대량생산 등으로 특징되며, 3차 산업혁명이 기점은 1969년으로 전자·IT·자동화된 생산 등으로 특징된다. 그리고 4차 산업혁명은 현재 시점으로 사이버 물리 시스템(cyber-physical systems: CPS)으로 특징된다.

〈표 1-1〉 산업혁명의 발전 과정

구분	내용	참조
1차 산업혁명 (1784)	- 원인: 기계화 - 1784년 영국의 코트(Henry Cort)가 교반법(Puddling Process; 액체 상태의 철을 쇠막대기로 저어 탄소와 불순물을 제거하는 공법)을 수행하는 기계를 발명한 것이 자동화의 단초로 여겨짐. - 석탄과 석유와 같은 고에너지 연료의 사용을 통해 증기기관 및 증기기관차의 시대가 시작됐으며 연결성이 혁명적으로 증가되고 다리, 터널, 항만 등의 기반시설 건설이 촉발됐음. - 1차 산업혁명은 기계의 발명을 통한 초기 자동화의 도입과 다리, 항만 등을 통한 국가 내의 연결성 촉진함.	(산업화, 기계적 생산, 증기기관)
2차 산업혁명 (1870)	- 원인: 자동화 - 2차 산업혁명을 통해 자동화는 대량생산으로 발전됐음. - 품질 기준, 운송 방법, 작업 방식 등의 표준화는 국소적인 기능의 자동화를 기업/국가 수준의 자동화된 대량생산으로 발전시킴. - 자동화된 대량생산은 그 초기에는 기업 내의 공급 사슬에 국한됐지만, 다른 기업 및 다른 국가를 포괄하는 국가적/국제적 대량생산의 공급 사슬로 확대됨. - 2차 산업혁명은 자동화를 통해 대량생산이 가능하게 되면서 시작됐고, 노동 부문에서의 효율적이고 생산적인 연결성을 촉진했음.	(대량생산, 전기 에너지)
3차 산업혁명 (1969)	- 원인: 정보화(디지털화) - 1969년 인터넷의 전신인 알파넷이 개발되며 디지털 및 정보통신기술시대의 서막을 알림. - 디지털 기술의 폭발적인 발전은 2년에 트랜지스터 집적 용량이 2배 증가한다는 무어의 법칙(Moore's law)을 잘 보여줌. - 디지털 시대의 향상된 계산 능력은 좀 더 정교한 자동화를 가능하게 하고, 사람과 사람, 사람과 자연, 사람과 기계 간의 연결성을 증가시켰음.	(자동화, 전자장치, IT)
4차 산업혁명 (현재)	- 원인: 융합화, 지능화 - 4차 산업혁명은 자동화와 연결성이 극대화되는 변화를 뜻함. - 극단적인 자동화는 자동화할 수 있는 작업의 폭을 크게 넓혀서, 저급 수준의 기술뿐 아니라, 중급 수준의 숙련 기술들에 대해서도 적용될 것임. - 인공지능(AI)이 적용된 자동화의 최전선에서는 언어와 이미지를 포함하는 빅데이터를 분석하고, 처리하는 등 인간만이 가능하다고 여겨졌던 업무들 중 상당 부분도 로봇이 대체할 것으로 전망됨. - 극단적 자동화를 통해 저급 및 중급 기술자들의 업무를 로봇이 대체하게 되면, 경제적 불평등의 문제를 더욱 촉발할 것으로 전망됨. - 국제적이면서도 즉각적인 연결을 통해서 새로운 사업 모델이 창출될 것임(공유경제, 온디맨드 경제 등).	(자율화, 인공지능, 빅데이터)

자료: 장필성(2016: 14에서 재인용); 정보통신기술진흥센터(2017: 26)

[그림 1-3] 산업혁명의 발전 단계와 특징

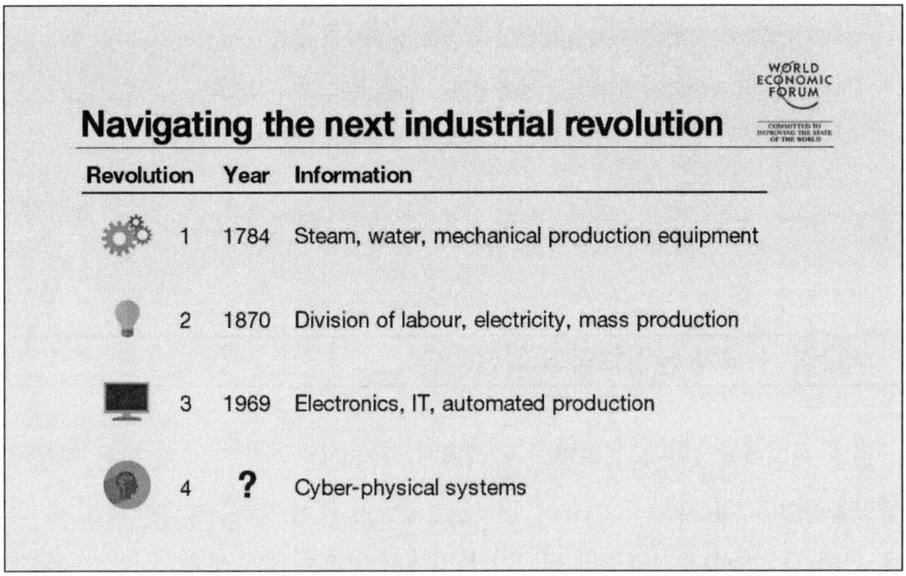
WORLD ECONOMIC FORUM
Navigating the next industrial revolution
Revolution
Year
Information
1
1784
Steam, water, mechanical production equipment
2
1870
Division of labour, electricity, mass production
3
1969
Electronics, IT, automated production
4
?
Cyber-physical systems

자료: https://www.weforum.org/agenda/2015/09/navigating-the-next-industrial-revolution2/
(Retrieved on April 23, 2018)

[그림 1-4] 산업혁명 발전

1차 산업혁명
18세기
증기기관
기계화
2차 산업혁명
19~20세기초
전기
산업화
3차 산업혁명
20세기 후반
컴퓨터, 인터넷
정보화
4차 산업혁명
현재
AI, Big Data 등 ICT기술
지능화

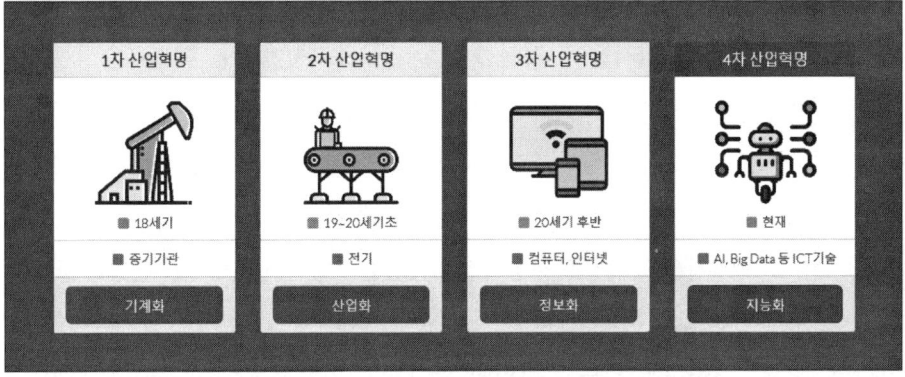

자료: 4차산업혁명위원회, https://www.4th-ir.go.kr/#members (검색일: 2018. 6. 27)

> 1차 산업혁명 : 1784년 영국에서 시작된, 증기기관을 통한 기계적 혁명
> 2차 산업혁명 : 1870년 전기 동력을 이용한 대량생산의 시작
> 3차 산업혁명 : 1969년 컴퓨터를 통한 생산·유통 시스템의 자동화
> 4차 산업혁명 : 소프트 파워를 통한 지능형 공장, 제품의 탄생
> 자료: KBS

제2절 | 4차 산업혁명의 혁신기술

현대 사회에서 4차 산업혁명이 우리에게 다가오는 파장은 사회 모든 부문에 영향을 미치고 있는데, 그 이유는 4차 산업혁명이 혁신기술을 동반하고 있고, 그로 인해 일상에서나 기업조직 및 공공조직에서 일하는 방식과 삶의 방식이 일대 변혁(transformation)을 불러일으킬 것으로 예견하고 있기 때문이다. 우리 인간은 경로의존성(path dependency)으로 새로운 변화에 적응하는 것이 쉽지 않다. 미래 사회에 대비하고 현대 사회에 적응하기 위해서는 4차 산업혁명의 어떤 혁신기술이 있고, 어떤 경로와 방식으로 우리 곁에 다가오고 있는지를 살펴봐야 한다.

4차 산업혁명으로 인해 ICT와 기존 영역의 기술들은 상호 융·복합되고 공진화(coevolution)되는 '혁신기술'의 패턴을 보일 것으로 예상된다. 혁신기술이란, 그 기술 기반의 플랫폼이 확산되며 산업구조가 변화되거나 새로 창출되도록 하는 영향력을 가진다(이은민, 2016: 3). 세계경제포럼(WEF)은 4차 산업혁명을 주도하는 혁신기술로 인공지능, 메카트로닉스, 사물인터넷(IoT), 3D 프린팅, 나노기술, 바이오기술, 신소재기술, 에너지 저장기술, 퀀텀컴퓨팅 등을 지목했다. 그리고 일련의 기술을 기반으로 기가 인터넷, 클라우드 컴퓨팅, 스마트 단말, 빅데이터, 딥러닝, 드론, 자율주행차 등의 산업이 확산되고 있다고 봤다(이은민, 2016: 4). 4차 산업혁명을 이끄는 핵심 디지털 기술은 사물인터넷, 블록체인 시스템, 인공지능기술 등을 들 수 있다.

[그림 1-5] 4차 산업혁명의 본질 : 기술적 요소

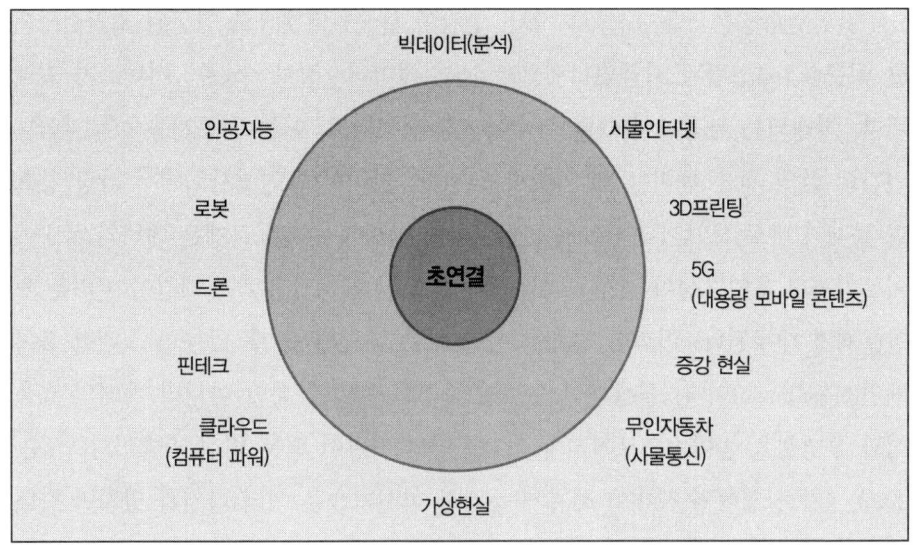

디지털 기술인 사물인터넷(IoT)은 상호 연결된 기술과 다양한 플랫폼을 기반으로 사물(제품, 서비스, 장소)과 인간을 연결하는 새로운 패러다임을 창출하고 있다. 사물인터넷 환경에서 생성되는 다양한 데이터를 처리하기 위한 클라우드 컴퓨팅 및 빅데이터 산업이 발달하고, 일련의 혁신적인 기술들은 인공지능(AI)이 더해지며 삶의 변화를 이끌어 내고 있다. IoT는 현재 인공지능의 초기 단계인 기계학습을 통해 다양한 서비스 제공이 가능하며, 상황을 인지하고 학습하는 컴퓨터의 능력이 발전할수록 무인자율자동차, 드론, 로봇 등 사물인터넷을 통해 제공할 수 있는 서비스도 함께 발전돼 나갈 것이다. 나아가 만물인터넷(IoE) 시대는 온디맨드경제(On-demand Economy)구조2)로 산업구조의 빠른 전환을 야기한다(이은민,

---

2) 모바일 및 온라인 네트워크를 통해 소비자의 수요를 즉각적으로 반영해 재화 및 서비스를 제공하는 경제활동. 정보통신기술이 발전함에 따라 거래비용이 감소하고 수요자가 가격 결정의 주도권을 갖는 것이 특징이다(기획재정부, 2017, 시사경제용어사전: 네이버 지식백과).

2016: 4).

　4차 산업혁명은 모든 사물과 기기, 인간이 사물인터넷으로 연결된 초연결사회를 이끈다. 초연결된 사물인터넷으로 모든 데이터·정보·상품·서비스가 거래된다. 거래되는 과정에서 수많은 데이터가 생성되고, 이는 인공지능으로 분석돼 인간의 삶의 질을 높이는 데 기여하게 된다. 이러한 초연결사회에서 가장 중요한 문제가 바로 보안이다. 작게는 개인 정보 탈취에서부터 크게는 테러와 국방에 이르기까지 초연결성이 강화될수록 종래의 보안 체계만으로는 해결이 어려운 보안문제가 대두된다. 이러한 문제를 상당 부분 해결해 줄 수 있는 시스템이 블록체인(block chain)이다. 블록체인은 보안을 강화시켜 줄 뿐만 아니라 거래의 효율성과 투명성을 높여줌으로써 4차 산업혁명의 기반이 되는 핵심 기술이다(오정근, 2018). 4차 산업혁명 시대에 새롭게 등장한 혁신기술은 여러 가지가 있지만 한때 열풍이 불었던 가상화폐 비트코인(bitcoin)은 블록체인 기술을 응용한 것이다. 비트코인 거래에서 블록체인은 가상화폐 거래 내역을 기록하는 장부의 역할로서, 신용이 필요한 온라인 거래에서 해킹을 막기 위한 기술이다. 다시 말해, 거래 당사자 모두에게 거래 내역을 공개하고 거래될 때마다 각자 갖고 있는 장부를 대조하는 기술이다(매경시사용어사전). 블록체인은 서로 모르는 사용자들이 공동으로 만들어 가는 시스템인데, 암호화(보완)돼 모두에게 공유되기 때문에 특정 사용자가 시스템을 통제할 수 없어 오히려 투명한 거래 방식이 될 수 있다. 현재 비트코인이 블록체인 기술을 이용해 디지털 화폐를 이용한 금융 거래를 하고 있으며, 향후 각종 국가 발급 증명서, 보험금 청구, 의료 기록, 투표 등 코드화가 가능한 모든 거래가 블록체인 시스템을 통해 가능할 것으로 예상된다(이은민, 2016: 4). 블록체인은 '데이터를 쇠사슬처럼 서로 엮어 놓았다는 뜻'으로 예를 들어, 보안 유지를 전제로 중요한 정보를 다섯 명이 공유하고 있다면, 한 명이 정보를 조작해도 나머지 네 명은 알 길이 없다. 그런데 이 정보들이 '사슬'처럼 서로 연결돼 있다면, 조작된 사실을 모두가 알 수 있게 되기 때문에, 사실상 위·변조가 어렵다는 의미다. 이런 보안성 덕분에 블록체인 기술은 이미 실생활에서 다양하게 활용되고 있고(KBS, 2018), 다양한 영역에 활용 가능성이 탐색되고 있다.

인공지능(artificial intelligence: AI)의 정의는 2개 차원으로 분류할 수 있다. 〈표 1-2〉의 위쪽에 있는 것은 사고(thought) 과정과 추론에 중점을 둔 것이고, 아래에 있는 것은 행동(behavior)에 중점을 둔다. 왼쪽에 있는 것은 인간(human)을 중점에 두고 있는 반면, 오른쪽은 합리성(rationality)을 중점에 두고 있다. 인공지능 초기의 연구는 대부분 합리성의 접근 방식이 많았다면 신경회로망(neuron network)과 특히 딥러닝(deep learning)의 등장 이후부터는 인간의 접근 방식이 주류를 이루고 있는 추세다(박승규, 2018). 인간의 접근 방식에 갈수록 강한 인공지능이고, 합리성의 접근 방식에 갈수록 약한 인공지능으로 분류한다(곽현 외, 2016).

〈표 1-2〉 인공지능에 관한 정의

사고 과정/추론

	인간처럼 생각하는 시스템	합리적으로 생각하는 시스템
인간	- '마음을 가진 기계' 시스템 - 마음뿐 아니라, 인간과 유사한 사고 및 의사결정을 내리는 시스템 - 인지 모델링 접근 방식	- 계산적 모델을 통해 지각, 추론, 행동 같은 정신적 능력을 갖춘 시스템 - 사고의 법칙 접근 방식
	인간처럼 행동하는 시스템	합리적으로 행동하는 시스템
	- 인간의 지능을 필요로 하는 어떤 행동을 기계가 따라 하는 시스템 - 인간이 더 잘하는 것을 어떻게 하면 컴퓨터가 하게 만들지를 연구하는 것	- 계산 모델을 통해 지능적 행동을 하는 에이전트 시스템 - 합리적인 에이전트 접근 방식

행동

자료: 곽현 외(2016); 박승규(2018)

인공지능을 구성하는 주요 기술은, 보고(시각 지능), 듣고(음성 인식/이해 지능), 생각하며 표현하고(추론/표현 지능), 배우는(학습 지능), 즉 "인간처럼 생각/행동, 합리적으로 생각/행동"하는 인공지능의 구현을 위해 필요한 가장 기본적인 요소들로 그 구성 내용은 다음 〈표 1-3〉과 같다.

〈표 1-3〉 인공지능 주요 기술 요소

인공지능 구현 방식	기술 요소
1. 합리적으로 생각하기 2. 인간처럼 생각하기 3. 인간처럼 행동하기 4. 합리적으로 행동하기	① 학습 지능: 기계가 새로운 환경에 적응하고 패턴들을 감지하고 추정한다. ② 추론/표현 지능: 기계가 아는 것, 들은 것을 저장한다. 질문에 답하거나 새로운 결론을 유도하기 위해서 정보를 사용한다. ③ 음성 인식/이해 지능: 기계가 대화하는 것을 가능하게 한다. ④ 시각 지능: 기계가 물체를 지각한다.

자료: 박승규(2018)

〈표 1-4〉 4차 산업혁명을 이끄는 디지털 기술

핵심 기술	특징
사물인터넷	- 사물인터넷은 만물인터넷이라고도 불리며 상호 연결된 기술과 다양한 플랫폼을 기반으로 사물(제품, 서비스, 장소)과 인간의 관계를 의미 - 더 작고 저렴하고 스마트해진 센서들은 제조 공정, 물류, 집, 의류, 액세서리, 도시, 운송망, 에너지 분야까지 내장돼 활용
블록체인 시스템	- 블록체인(block chain)은 서로 모르는 사용자들이 공동으로 만들어 가는 시스템인데, 프로그래밍이 가능하고 암호화(보완)돼 모두에게 공유되기 때문에 특정 사용자가 시스템을 통제할 수 없음. - 현재 비트코인(bitcoin)이 블록체인 기술을 이용해서 금융 거래를 하고 있으며, 향후 각종 국가 발급 증명서, 보험금 청구, 의료기록, 투표 등 코드화가 가능한 모든 거래가 블록체인 시스템을 통해 가능할 것으로 전망
인공지능	- 인공지능은 인지, 학습 등 인간의 지적 능력(지능)의 일부 또는 전체를 '컴퓨터를 이용해 구현하는 지능'을 의미 - 파괴적 기술혁신을 통해 산업구조의 변화를 야기하고, 사회제도의 변화까지 유발할 것으로 전망

자료: 이은민(2016: 6); 4차산업혁명위원회(2018)

> **Rethinking** 일상에서 새로운 기술의 적용

진료를 마친 한 직장인이 병원 수납창구로 갑니다.
"보험금 자동청구하려고 하거든요."
스마트폰에 깔린 앱으로 보험금 지급을 요청하자 바로 접수가 완료됐다는 메시지가 뜹니다. 병원에서 서류를 받아 보험사에 제출하면 몇 시간씩 걸리던 일이 순식간에 끝난 겁니다.
보안성이 강화된 블록체인 기술 덕분입니다.
[○○보험회사 신사업팀장 : "보험사에서 인증이 되게 되면 이 내용이 모든 참여자에게 공유되고 병원에서도 인증된 것과 똑같은 효과를 가져오게 됩니다."]
신선식품을 취급하는 유통업체들 역시 블록체인 기술을 눈여겨보고 있습니다.
종전엔 과일이나 채소가 변질되더라도 원인을 밝히기 위해서는 운송, 보관업체의 입만 쳐다봐야 했습니다.
그러나 정보의 삭제나 변경이 불가능한 블록체인 기술을 사용하면 정확한 사고경위 파악이 가능합니다.
자료: KBS(2018)

> **Rethinking** 디지털시대의 개인 식별 문제

운전면허증이나 여권 같은 아날로그 신분증에 기록된 정보는 여러 종류의 정보들로 쪼개서 제공할 수 없으나, 디지털된 정보는 세분화시켜 제공하는 것이 가능하다. 예를 들어, 나이트클럽에서 성인임을 입증하거나, 담배를 구매할 때 청소년이 아님을 입증하기 위해 신분증을 보여주는 경우, 불가피하게 나이 외에도 성, 이름, 주민등록번호, 주소, 생일 등 훨씬 많은 정보가 노출된다. 솔직히 어느 누가 술집에서 일하는 사람들에게 이름과 주소 등 신원정보를 그렇게 많이 알려주고 싶겠는가? 그러므로 우리는 단지 오늘로부터 21년 전에 태어났는지의 여부만 알려주는 그런 시스템이 필요한 것이다(유현재 외 역, 2018: 317).

제3절 | 4차 산업혁명과 사회 변화

1 사회 변화: 생활 방식의 변화

우리가 인지하고 있지 못하는 사이에 3차 산업혁명 시대를 살고 있는 것과 같이, 4차 산업혁명 또한 알지 못하는 사이에 우리에게 다가오고 있다. 과거 지하철에서 쉽게 볼 수 있었던 '신문 접어서 보기'라는 에티켓은 '휴대전화를 진동모드로 하고 조용히 통화하기'로 바뀔 만큼 3차 산업혁명의 주요 기술인 컴퓨터와 정보통신기술(ICT)은 이미 우리 일상생활 속에 녹아들어 있다. 지금까지 새로운 기술의 등장과 기술적 혁신에 따른 사회적 변화는 생활 편의성, 생산성 향상 및 새로운 일자리 창출 등의 긍정적인 변화가 주를 이뤘다. 그러나 4차 산업혁명에서는 생산성 향상이라는 긍정적인 측면과 더불어 일자리 감소라는 부정적 변화의 우려도 제기되고 있는 것이 현실이다(김진하, 2016: 47).

4차 산업혁명, 즉 새로운 기술혁명은 앞으로 풍요로운 세상을 바꿀 것으로 전망한다. 지난 1차, 2차, 3차 산업혁명이 인간의 손과 발 등 주로 육체노동을 기계가 대체해 자동화되고 연결성을 강화해 온 과정이라면, AI로 대표되는 4차 산업혁명은 사람의 두뇌 자체를 대체함으로써 인간의 편리성을 도모하는 데 기여하게 된다. ICT를 기반으로 사물과 사물이 서로 통신하고 사람과 사물이 연결되며 더 나아가 교통 수단까지 결합되는 초연결 사회가 만들어진다. 이 과정에서 생성되는 수많은 데이터가 클라우드 서버에 저장되고, 저장된 데이터는 빅데이터 분석을 기반으로 한 AI를 통해 최적의 의사결정을 도와주는 선순환 에코 시스템으로 진화한다. 그러므로 이전과 다른 더욱더 스마트한 세상이 펼쳐지며, 이전의 편리한 수준을 넘어 편안함을 제공하는 수준으로까지 발전한다(한국경제매거진, 2017).

4차 산업혁명은 인구 및 사회경제적 변화에 영향을 미칠 것으로 전망되고 있다. 세계경제포럼(2016)의 전망에 따르면 일의 본질이 변화되고 유연적 근무가 더욱 가속화될 것이며, 기후 변화, 지정학적 변동, 소비자 윤리와 프라이버시의 이슈, 여성의 경제적 파워와 열망, 빠른 도시화 등이 꼽혔다. 둘째, 기술의 변화에서는 모바일 인터넷, 클라우드(cloud) 기술, 빅데이터, 신에너지 공급 기술, 사물인터넷, 공유경제, 크라우드 소싱(crowd sourcing), 로보틱스(robotics), 자동화 수송 등의 기술이 부상할 것으로 전망됐다.

[그림 1-6] 4차 산업혁명의 주요 변화 동인

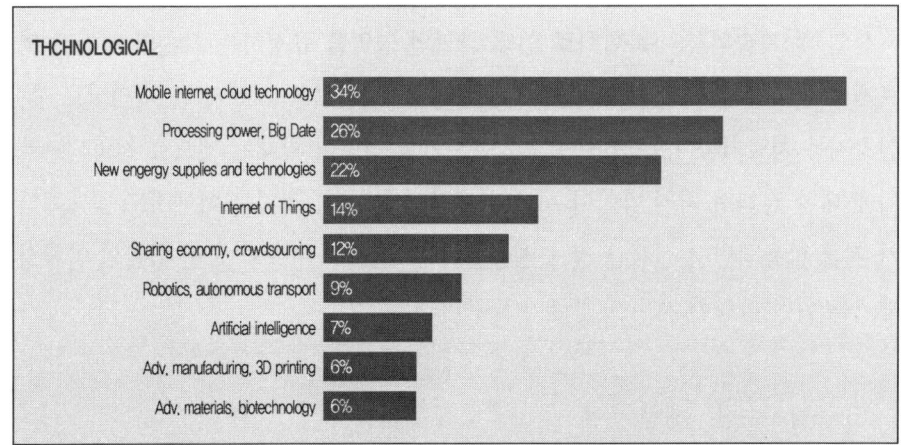

자료: World Economic Forum(2016)

[그림 1-7] 산업화, 비즈니스 모델에 대한 시기

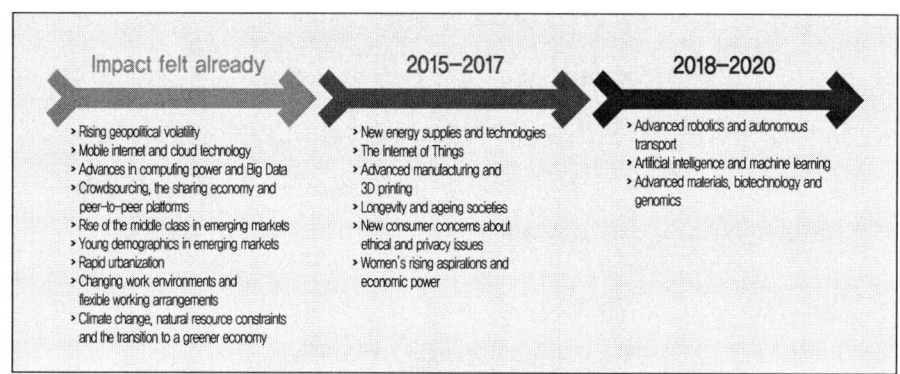

자료: World Economic Forum(2016)

2 4차 산업혁명이 공공 부문에 미친 영향

4차 산업혁명이 사회 모든 부문에 영향을 미치고 있지만, 특히 공공 부문에 더 많은 변화의 동인이 되고 있다. 이를 소개하면 다음과 같다(김정열, 2017).

(1) 보건·의료·복지 분야

산업 및 기술의 융·복합화로 인해 산업의 영역을 규정하는 기존의 경계가 빠르게 허물어질 것으로 예상되고, 사물인터넷, 웨어러블 의료기기, 커넥티드 홈, 인공지능 치료기술 등을 통해 보건의료산업의 영역이 확대될 것으로 전망되므로 이에 대한 정책적 지원 방안이 시급히 마련돼야 한다. 복지 분야에서도 빅데이터가 적극 활용되면서 실시간 정보 제공을 위한 인프라 구축과 국민 생활의 안정성 제고를 위한 다양한 서비스 발굴이 요구된다.

(2) 농림·수산·해양 분야

첨단 융·복합 기술을 바탕으로 한 '스마트 팜(smart farm)'이 등장하고 드론 및 지능형 로봇을 활용한 노동력 대체, 배송 및 물류 체계 혁신으로 인한 생산-유통-소비 시스템의 혁신화, 인공지능 및 무인화를 활용한 관련 부품의 고도화 등이 급속하게 진행될 전망이므로 관련 기반시설, 연구개발 지원, 제도 및 규제 완화 등의 대응 방안이 마련돼야 한다.

(3) 국토·교통·건설 분야

인공지능, 가상현실(VR), 증강현실(AR), 커넥티드 기술 등을 활용한 지능형 교통 체계(C-ITS), 자율주행차 도로, 3D 프린팅을 활용한 건설, 맞춤형 철도 시스템, 무인물류 시스템 등의 분야가 활발하게 전개되고 있어 민간 영역에서 요구하고 있는 기술, 정책 및 제도, 해외시장 진출, 전문인력 양성 등의 공적 영역에서 지원 역할의 확대가 요구되고 있다.

(4) 문화·관광 분야

창의적인 아이디어를 기술, 지식, 제품 등과 연계한 '소프트 파워' 중심의 변화로 빠르게 진행될 것으로 전망된다. 특히, 스포츠, 게임, 관광 등 분야에서 융·복합 콘텐츠의 중요성이 확대돼 앞으로 관련한 제도적 지원 방안이 구체적으로 마련돼야 한다.

(5) 교육 분야

다보스 포럼에서는 4차 산업혁명으로 인해 가장 급속한 시스템 재편이 이뤄지는 분야로 '교육'을 선정했으며, 이는 노동시장의 급격한 변화에 기인한다. 교육정책, 일자리정책 등과 연계되어 미래형 교육 시스템 구축 및 분야별 전문인력 양성 등 공공 분야의 다양한 지원이 요구된다.

3 4차 산업혁명과 미래 사회 전망

4차 산업혁명과 관련해서 미래 사회의 시나리오 전망에 대해 이명호(2017)는 다음과 같이 제시했다.

(1) 시나리오 1(약 AI + 전체성/경직성이 큰 사회) : 전체주의사회

약 AI 소유자의 지배 하에 획일적 인재들로 구성된 전체주의 사회다. AI의 발달이 저조해서 생산성의 획기적 증가가 일어나지 않고, 획일화된 생산과 소비가 유지되는 사회 속에서 개성을 상실한 인간들이 생계를 위해 일하는 사회다. 획일적 사회구조가 유지되면서 낮은 생산성과 저임금의 고용구조가 유지되는 사회로 글로벌 하청의 개발도상국이 이런 사회가 될 가능성이 높다.

(2) 시나리오 2(약 AI + 다양성/유연성이 큰 사회) : 근면사회

약 AI의 지배력이 약하거나 AI가 사회적으로(시민사회에 의해) 통제되고 있고, 인간의 다양성과 개성이 존중되는 인본주의 사회다. 다양한 분야에서 AI를 활용해 개성을 발휘할 수 있는 일을 하는 사회다. 사회적으로 생산성이 높지 않으나 소득 수준이 비슷해서 모두 열심히 일하는 사회다. AI의 발전이 뒤처진 유럽의 복지국가들이 이런 사회가 될 가능성이 높다.

(3) 시나리오 3(강 AI + 전체성/경직성이 큰 사회) : 분열된 통제사회

강 AI 소유자의 지배 하의 획일적 인재들로 구성된 전체주의 사회다. AI를 소유한 독점적 기업들은 생산 등 제반 경제 영역에서 급속한 자동화로 고용을 줄이고 이윤을 극대화한다. 획일적 사회구조로 사람들의 다양성이 개발되지 못한 상태에서 실업의 증가로 사람들의 불만이 커지고, 소득이 없어 소비가 감소하며 경제가 정체한다. 극심한 양극화로 사회 불안이 증가하면서 경찰력 등 강력한 통제가 강화되고 사회는 커다란 담으로 갈라진 분열이 지속된다. 글로벌 자본의 지배력이 강하고, 시민사회의 역량이 약한 중진국의 함정에 빠진 한국과 같은 국가들이 이렇게 될 가능성이 높다고 본다.

(4) 시나리오 4(강 AI + 다양성/유연성이 큰 사회) : 신문명 공동체사회

강력한 AI 기술과 기업이 등장하지만, 사회적으로 합의 하에 통제되고, 다양한 사람들이 AI를 활용해서 새로운 가치를 만들어 내는 사회다. AI를 활용한 생산성의 향상으로 노동시간이 줄어들고, 사람들은 다양한 자신들의 개성을 발휘하는 여가시간을 즐긴다. 이러한 다양성을 기반으로 새로운 직업들을 만들어 내고, 다양한 수요는 서로의 생산물과 서비스를 공유하면서 사회를 풍요롭게 한다. 도시는 호혜에 기반한 시민들의 공동체로 변하고, 이런 공동체를 기반으로 자연 생태계를 보존하면서 새로운 인류 문명을 건설한다.

[그림 1-8] 미래 사회 시나리오 네 가지 전망

자료: 이명호(2017)

4 4차 산업혁명을 위한 준비와 대응

디지털 기술이 인간의 모든 생활에 심어지고 있고, 디지털 기술을 외면한 생활은 생각할 수 없는 사회가 되고 있다. 4차 산업혁명으로 인해 사회가 변화되

고 있다. 인간이 다가오는 변화에 대해서도 적응력을 발휘해서 긍정적 영향을 늘리고 부정적 영향을 줄여 갈 수 있을지 여부는 미지수다. 하지만 4차 산업혁명의 결과로 나타날 수 있는 변화의 방향과 양상을 파악하고, 사회적 합의를 준비하는 작업은 인간의 적응력을 높이는 데 분명 도움이 될 것이다(한준, 2017: 13-14). 그렇다면 획기적으로 발전되고 있는 기술로 인한 사회 변화에 대해 인간은 어떤 준비와 대응을 해야 하는가? 이명호(2017)는 '다양성'을 강조했다. 인공지능 등 자동화로 인해 미래에는 결국 기존 직업이 줄어들 것이다. 이때 사회가 직면한 갈림길은 사라져 가는 일에 맞게 육성된 획일적 인재들이 넘쳐나는지, 다양한 일을 찾아서 만들 수 있는 창의적이고 개성을 가진 인재들이 넘쳐나는지에 달려 있다고 본다. 획일적 인재들로 넘쳐나는 사회는 AI로 무장한 플랫폼을 장악한 대기업이 지배하고 노동에서 배제된 사람들은 기본 소득을 받는 사회가 될 수 있다. 다른 길은 자신의 개성을 찾는 사람들이 늘어나 다양한 직업들과 여러 산업이 생기면서 창조 중소도시 속에서 다양한 일과 삶, 문화예술을 추구하는 사회도 생각해 볼 수 있다. AI의 도움으로 쉽게 새로운 일을 배우고, 빠르게 전문적인 수준에 도달하며, 하고 싶은 일을 즐기는 것이 가능해지고 있다. 이 방향으로 가기 위해서는 획일화된 대도시, 빅브라더가 될 수 있는 플랫폼의 독재를 극복하고 공동체성과 다양성이 강화돼야 한다. 한마디로 로봇의 생산물의 가치가 더 큰지, 인간의 개성이 들어간 생산물의 가지가 더 큰지에 따라 갈라질 것이다(이명호, 2017).

사회가 전체성보다는 다양성 쪽으로 가기 위해서는 작은 도시 공동체가 강화될 필요가 있다. 이는 자기가 원하는 삶의 스타일, 가치관이 같은 사람이 모여 사는 공간일 것이다. 만화, 재즈, 와인, 드론 등 여러 가지 사람들이 좋아하는 것(일, 산업)을 중심으로 형성된 도시, 다양한 운영 방식(협동조합, 주식회사, 관료제, 직접민주제 등)을 가진 도시도 생각해 볼 수 있다. AI와 인간의 다양성이라는 것이 미래 사회의 중요한 키워드다. AI에 의해 인간의 개성이 사라질 것인지, AI로 인해 인간의 개성(다양성)이 더욱 풍부해질 것인지, 미래는 우리의 선택과 의지, 노력에 달려 있다(이명호, 2017).

[그림 1-9] 새로운 기술혁명의 도래에 따른 사회 변화와 인간의 관계 모형

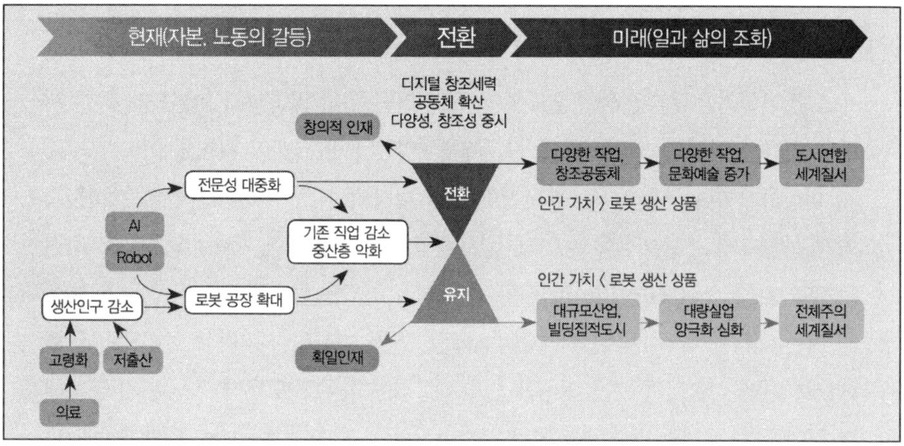

자료: 이명호(2017)

4차 산업혁명에 부응하기 위해서는 '창의적 인재'여야 한다. 창의성을 위해서는 새로움을 느끼고 받아들일 수 있는 열린 사고를 가져야 하며, 다양한 학문에 대한 학제적 지식을 통해 융합적 지식을 창출할 수 있어야 한다. 그리고 가능한 다양한 분야의 사람들과 네트워크를 형성해서 지식과 스킬을 공유할 수 있어야 하며, 다양한 영역에 대한 직·간접의 경험을 쌓는 것이 필요하다.

[그림 1-10] 4차 산업혁명에 부응한 창의성 기반

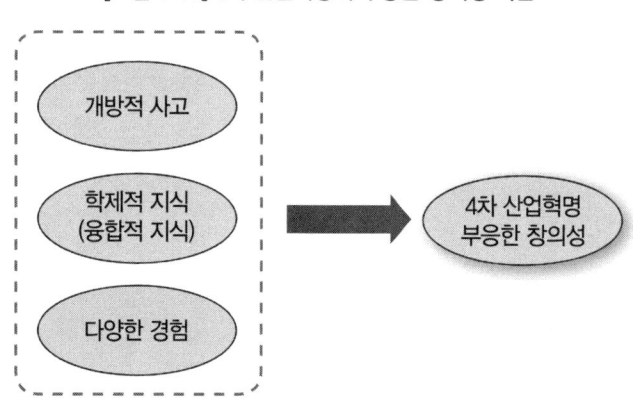

Rethinking 대한민국, 문제를 스스로 정의하는 국가인가?

(중략) 과학기술이 발전하면 할수록 앞으로 어떤 일이 일어날지 확실하게 아는 사람은 없다는 사실이다. 인터넷도 같은 길을 걸었다. 인터넷이 사회를 어떻게 바꿀지 확실하게 아는 사람은 없었다. 인터넷이 보급되던 초기에는 근거 없는 비판과 희망 섞인 기대가 난무했을 뿐이다. 역사는 반복된다 했던가. 4차 산업혁명도 마찬가지다. 자칭타칭 4차 산업혁명 전문가는 많다. 하지만 앞으로 사회가 어떻게 변할지 아는 사람은 없다. 새로운 기술이 사회를 크게 변화시킬 거라고 말하지만 구체적으로 어떤 기술이 무엇을 어떻게 변화시킬지는 아무도 모른다. 지금까지 경험해 본 적이 없는 문제가 발생하면 전문가는 과거 유사 사례와 비교해서 미래를 예단한다. 그러나 미래는 예단대로 다가오지 않는다.

지금 우리에게 필요한 건 문제를 스스로 정의하려는 노력이다. 가설을 세우고 실험하고 검증하는 노력을 반복해야 한다. 이런 노력을 통해 과거에서 미래로 가는 길을 다져야 한다. 요즘 지구인의 관심을 끌고 있는 국가를 보면 공통점이 있다. 누구도 경험하지 못했던 문제에 대해 가설을 세우고 적극적으로 실험한다. (중략)

새로운 기술이 계속 등장하고 사회는 빠르게 변하고 있다. 앞으로 어떤 문제가 생길지도 모르고, 문제가 생겼을 때 어떻게 전개될지 예측하기도 어렵다. 초연결 시대답게 문제와 문제는 서로 연결되면서 정의하기가 점점 더 어려워진다. 예를 들어 인공지능에 윤리와 도덕을 요구하거나, 로봇에 소득세를 부과하고, 가상화폐의 성격을 정하며, 센서가 취득한 데이터에 소유권을 부여하고, 자율주행차의 사고 책임을 정하는 등 지금까지는 상상조차 하지 못했던 문제가 계속 생겨나고 있다.

문제와 문제가 복잡하게 연결되니 전체 최적화가 점점 어려워진다.

문제의 관점에서 생각하면 문제를 스스로 정의하는 국가는 선진국이고 남의 정의를 따라가는 국가는 후진국이다. 문제를 해결한 과실은 선진국이 독식할 것이 틀림없다. 미래는 내게 오는 것이 아니라 내가 가는 곳이라 했다. 내가 어느 곳으로 갈지는 나 스스로 정의해야 하지 않겠는가.

자료: 윤태성(2018). 대한민국, 문제를 스스로 정의하는 국가인가?「매일경제」, 2018. 5. 9.

제4절 | 4차 산업혁명과 국가

1 인공지능 기반 국가 서비스

국가 및 정부 운영의 기본 틀은 현재의 시급한 당면 문제를 해결하는 정책설계도 필요하지만 미래 사회의 변화에 대응하고 준비하는 것도 중요하다. 국가의 성장과 지속가능성을 도모하기 위해서는 4차 산업혁명, 즉 디지털 기술혁신이 사회 전반에 어떤 영향을 미칠지를 예측하고 준비해야 한다. 미래 사회에는 파괴적 기술혁신을 통해 산업구조의 변화를 야기하고, 사회제도의 변화까지 유발할 것으로 전망되고 있다(4차산업혁명위원회, 2018). 특히 국가는 인공지능(AI) 기술이 사회에 미칠 영향을 파악하고 이에 대응하는 정책을 마련할 필요가 있다.

인공지능(AI) 기술의 비약적인 발전으로 국내외적으로 경제 성장과 사회 난제 해결의 돌파구가 마련될 것으로 기대하고 있다. AI는 단순 신기술이 아닌 경제 사회 대변혁의 핵심 동력으로 작용해서 경제 성장에 비약적인 파급 효과를 실현할 것으로 내다보고 있다. AI가 향후 경제·사회 전반을 혁신할 근본 기술임을 고려해서 국민 삶의 질과 국가 경쟁력 제고를 위해 AI 기술력 확보는 필수다(4차산업혁명위원회, 2018).

향후 국가의 모든 서비스(안전, 의료, 국방, 에너지 금융, 농수산업, 제조, 도시 기능, 복지 등)는 인공지능 기반 플랫폼으로 지원하게 될 것이다. 인공지능 기반 서비스를 제공하기 위해서는 대량의 데이터 학습이 필요함에 따라 클라우드 및 GPU 기반의 고성능 컴퓨팅 인프라가 필요하다(4차산업혁명위원회, 2018). 사물인터넷(IoT), 모바일 등을 통해 획득된 이미지, 영상, 텍스트 등의 데이터는 가공(데이터 라벨링, 구분/선별, 포맷 변경, 결합, 변형 등)되고 반복 학습을 통한 AI 모델(알고리즘) 생성 과정을 통해 최종적으로 국가의 모든 서비스로 제공하게 된다. AI 기술은 학습 방법인 머신 러닝(machine learning), 인간의 인지 지능에 해당하는 시각언어 청각 지능, 인공비서 역할을 하는 지능형 에이전트 등으로 구분된다(4차산업혁명위원회, 2018).

[그림 1-11] 인공지능을 활용한 서비스 제공 모형

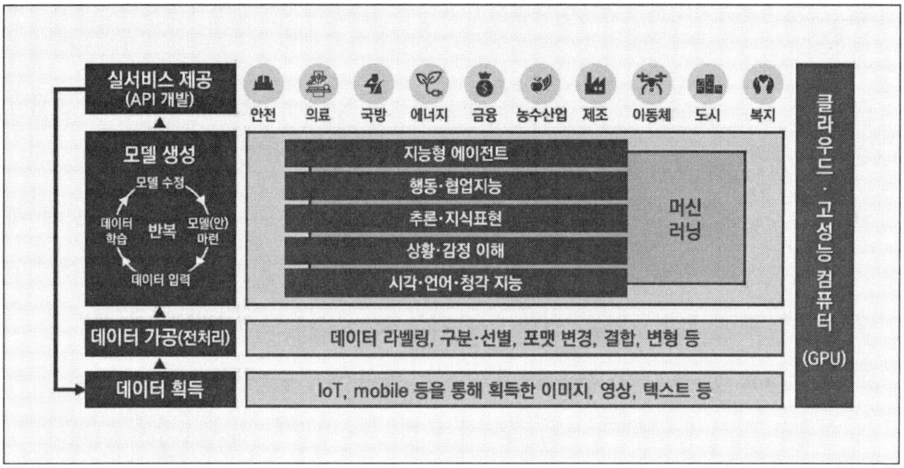

자료: 4차산업혁명위원회(2018)

2 4차 산업혁명 시대의 정부 운영 모형

4차 산업혁명 도래를 맞아 정부모형의 전략적 구상은 지혜정부, 소통정부, 융합정부 등 세 가지의 유기적 연결성과 확장성이 구축돼야 한다(2018: 646-649). 여기에 열린 정부를 추가해서 정부모형을 제시하고자 한다.

1) 지혜정부

디지털 혁신기술이 사회 모든 부문에 적용되고 있는 4차 산업혁명 시대에 정부는 단순 지식의 축적을 넘어 빅데이터를 기반으로 한 타당성 높은 인지 예측 시스템을 통해 사회적 난제를 해결할 수 있는 지혜정부로 나아가야 한다. 4차 산업혁명의 빅데이터 기술을 적극 활용하고, 지능행정을 구현함으로써 4차 산업혁명 시대에 당면하고 있는 양극화 심화, 노동시장의 재편, 일자리 문제 등에 대한 정부의 선제적 대응이 필요하다.

2) 소통정부

정부의 공공 서비스 확산에 인공지능(AI)을 활용한 개별 맞춤형 서비스를 통해 공적인 사회안전망을 강화해야 한다. 이는 기존의 스마트 정부와는 다른 개념이다. 과거 모바일 기기를 활용한 행정 능률 향상에 초점을 두는 것이 아니라, 초연결성, 초지능성, 초예측성을 바탕으로 정책공여자와 정책수혜자들 간의 소통을 통해서 정책 수혜자의 개인적 수요에 부합하는 완전한 맞춤형 정부 서비스를 구현하는 것이다.

3) 융합정부

정부를 비롯해서 국회, 민간, 비영리기관 등 각계각층의 활동이 결합될 수 있

[그림 1-12] 4차 산업혁명 시대의 정부모형

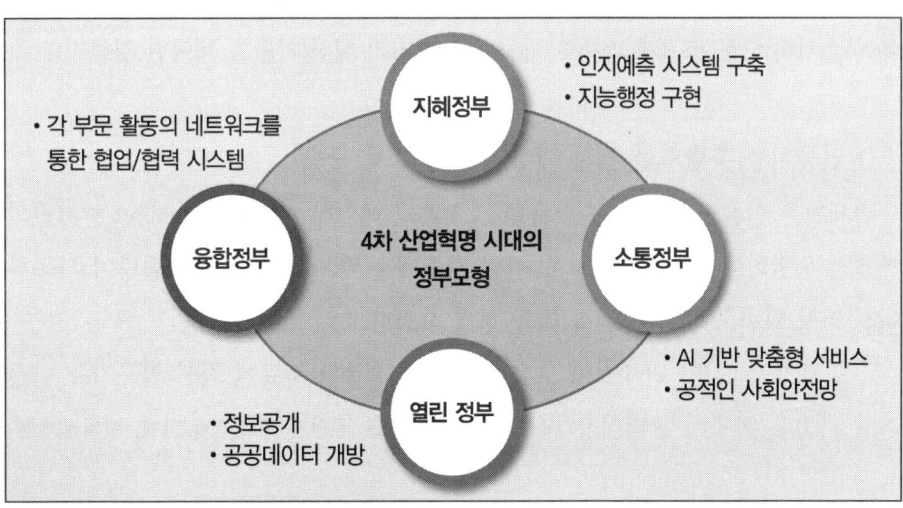

자료: 권기헌(2018: 646-649)의 내용을 토대로 재구성함

도록 네트워크 정부가 구축되고 운영돼야 한다.

4) 열린 정부

정부활동에 관한 정보(information)를 국민에게 공개해서 투명한 정부의 모습을 보여줌으로써 행정의 책임성과 민주성을 확립하고, 공공기관이 생성·보유·관리하고 있는 공공데이터(open data)를 개방해서 민간 부문의 경제적 활동을 촉진하는 데 기여해야 한다.

3 4차 산업혁명 기술과 공공 서비스

행정안전부는 '2018년 첨단 정보기술 활용 공공 서비스 촉진사업'을 통해 인공지능, 블록체인 등 지능정보기술을 적용한 전자정부 서비스를 추진했다. 2018년에 추진한 사업은 ① 인공지능 우범화물 검사 대상 선별 시스템, ② 지능형 스마트 선별관제, ③ 블록체인 기반 원산지증명서 발급·교환, ④ 지능형 대형생활폐기물 처리 서비스, ⑤ 대국민 인명구조 수색 시스템, ⑥ IoT 기반 소외계층 공유차량 카쉐어링 서비스 등 총 6개 과제로, 4차 산업혁명의 핵심 기술을 채택한 것들이다.[3]

1) 인공지능 우범화물 검사 대상 선별 시스템 구축

관세청은 인공지능 기술을 적용해서 기존의 데이터 마이닝(data mining) 기반의 관세청 우범화물 검사 대상 자동 선별 시스템을 자기 스스로 리모델링이 가능한 머신 러닝 기반 우범화물 검사 대상 선별 시스템으로 고도화한다.

주요 내용을 보면, 관세청이 보유한 빅데이터 통관 자료에 최신 인공지능 머신 러닝 기법을 적용해 관리대상 화물(밀수 적발 모델, 원산지 표시 적발 모델, 지재권(짝퉁)

---

[3] 행정안전부(2018), 「보도자료: 4차 산업혁명의 핵심기술, 국민의 삶에 더욱 가까이」, 2018. 3. 29.

적발 모델 등)을 선별한다. 실시간 수입 통관 자료를 스스로 학습해서 변화된 패턴을 인지하고 영향도 분석을 통해 선별 기준에 자동 반영하는 프로세스를 개발하는 것이다.

[그림 1-13] 통합위험관리 시스템 개요

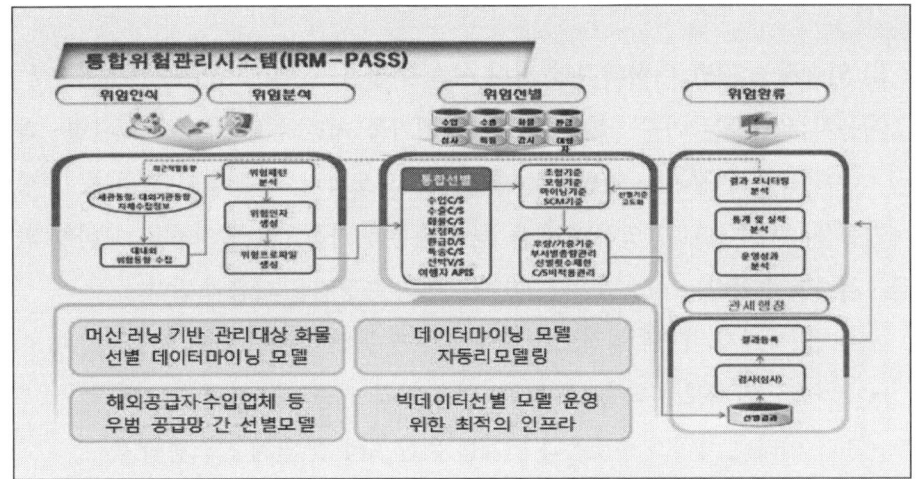

2) 지능형 스마트 선별관제 서비스

경기도 화성시는 지자체에서 운영 중인 CCTV 통합관제센터에 지능형 관제 시스템을 도입해서 부족한 관제 인력을 대체하고 범죄 예방, 교통, 재난 감시 등의

[그림 1-14] 지능형 스마트 선별 관제 서비스 개요

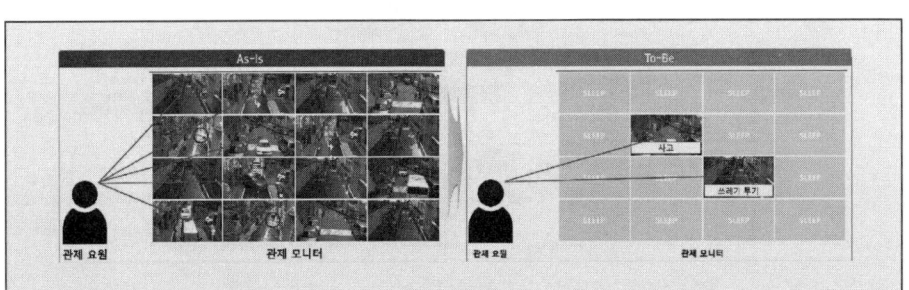

수요 증가에 대응하기 위해서, 사람·차량 등의 움직임이 있는 CCTV 영상만을 선별해서 화면에 표출하는 지능형 스마트 관제 시스템 구축 및 관제 시나리오를 개발한다. 폭행, 차량 충돌, 움직임 표시 등 CCTV 관제센터의 영상을 데이터베이스(DB)해서 CCTV 업체 등이 딥러닝(deep learning) 학습 등에 활용할 수 있도록 환경을 조성한다는 것이다.

3) 인공지능 기반 대형폐기물 처리 시스템 구축

서울시 은평구는 가구, 소파 등의 대형폐기물 처리와 관련된 종류 판별·과금·수거 등을 인공지능 기반으로 효율화를 도모한다. 주민들이 가구 등 대형폐기물을 휴대폰으로 촬영하면 배출 물건 종류를 자동으로 인지하고, 모바일 과금·결제를 수행하는 시스템이다. 이 시스템의 특장점은 다음과 같다.

- 수거업체에서 촬영위치정보를 활용해 수거 동선 효율화 가능
- 추가적으로 확보된 학습 데이터를 활용 시각 인공지능 모델 성능 향상
- 민간 인터넷 서비스 플랫폼과 연계를 위한 API 및 연계 시스템 구축
- 인공지능 학습데이터 개방을 위한 Open API 개발

[그림 1-15] 인공지능 기반 대형폐기물 처리 시스템 개요

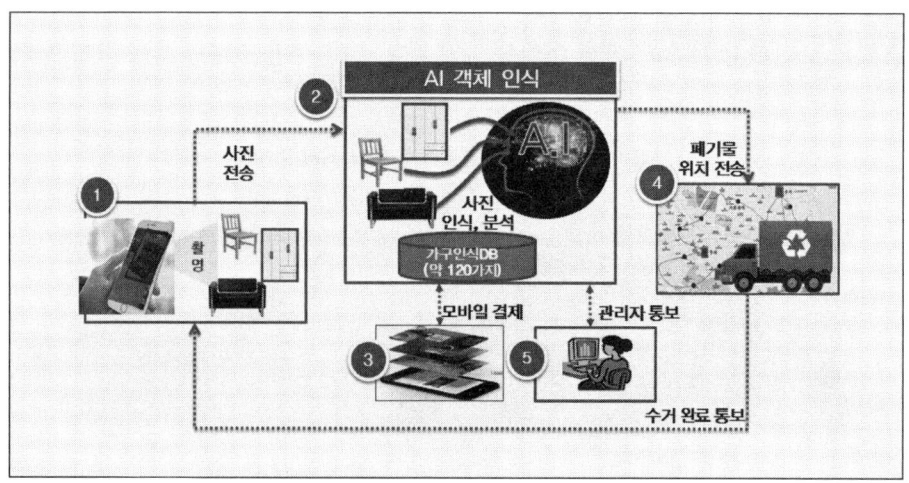

4) 블록체인 기반 원산지증명서 발급·교환 서비스

관세청은 원산지증명서 발급 수출입업체에 대해 현재 오프라인(항공우편 발송, 서면심사 등)으로 처리되는 수출입 원산지증명서 발급·교환 업무를 전자적으로 처리함으로써 물류비용을 절감하고, 세관 업무 효율화 및 서비스 확장(타 국가, 타 수출입서류 등)을 위한 기술력을 확보한다. 서비스의 주요 내용은 한·베트남, 한·싱가포르 간 블록체인 기반 전자적 원산지 증명서(e-C/O)를 발급·교환하는 서비스를 제공한다. 한국, 베트남, 싱가포르의 관세청·상공회의소를 블록체인 노드(node)로 구성해서 자료 발급·상호 교환이 가능하고 높은 보안성을 가진 네트워크를 구축하는 것이다.

[그림 1-16] 블록체인 기반 원산지증명서 발급·교환 서비스 개요

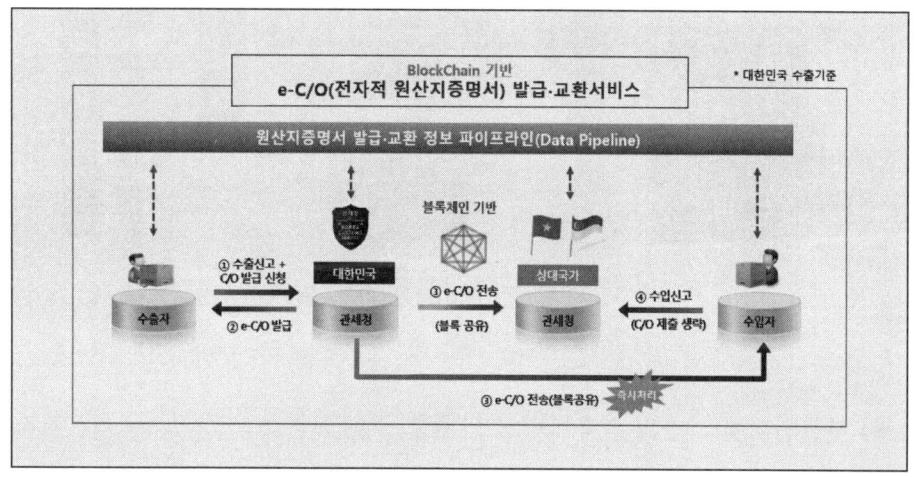

5) 대국민 인명구조 수색 시스템

소방청은 인명구조 현장 업무에 위치정보(GIS)·모바일 기반의 수색 시스템을 적용해서 현장대원의 인명 구조 활동을 지원하는 수색 시스템을 구축한다. 인명구조 수색 시스템이 구축되면, 서비스 대상 재난 유형을 확대해서 유형별(화재, 구

조, 생활안전 등), 대응 단계별 표준 모바일 서비스로 고도화를 도모하게 된다. 특히, 신고자 위치 확인 및 추적 기능을 추가하고 재난 지점 중심의 지도 패치 시스템 구축을 통해 구조시간을 단축하며, 시·도 자체 모바일 서비스용 시스템의 구축과 중앙 시스템과의 연계를 통한 운영 체계를 효율화한다.

[그림 1-17] 대국민 인명구조 수색 시스템

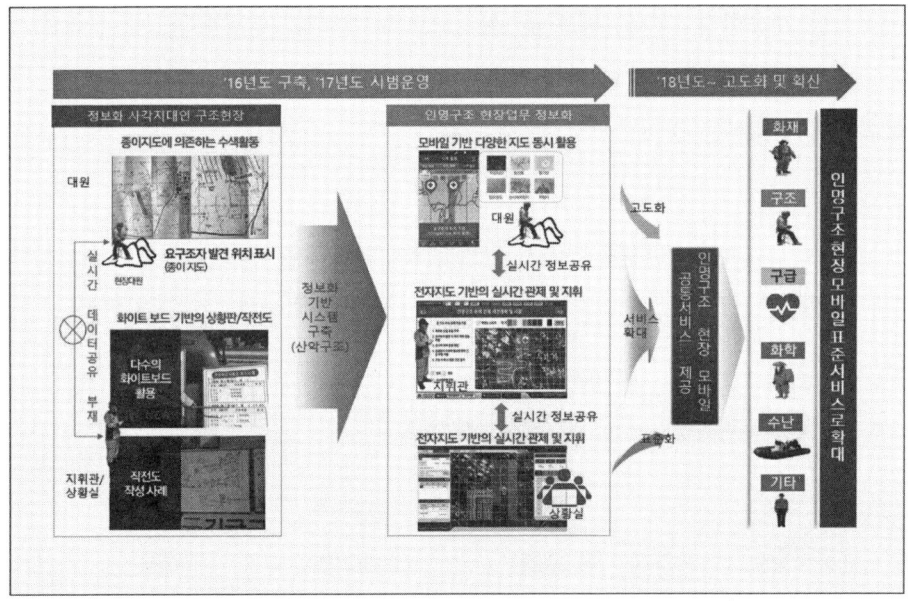

6) 사물인터넷 기반의 관용차량 소외계층 공유 서비스

경기도는 휴일에 운행하지 않는 관용차량을 기초생활수급자, 차상위계층 등 소외계층에게 무상으로 대여해 맞춤형 복지 제공 및 공유경제를 실현한다. 소외계층을 위한 공유 서비스의 주요 내용은, 휴일에 운행하지 않는 관용차량을 지역의 소외계층에게 무상으로 대여하기 위한 정보 시스템을 구축하는 것이다.

[그림 1-18] 사물인터넷 기반의 관용차량 소외계층 공유 서비스

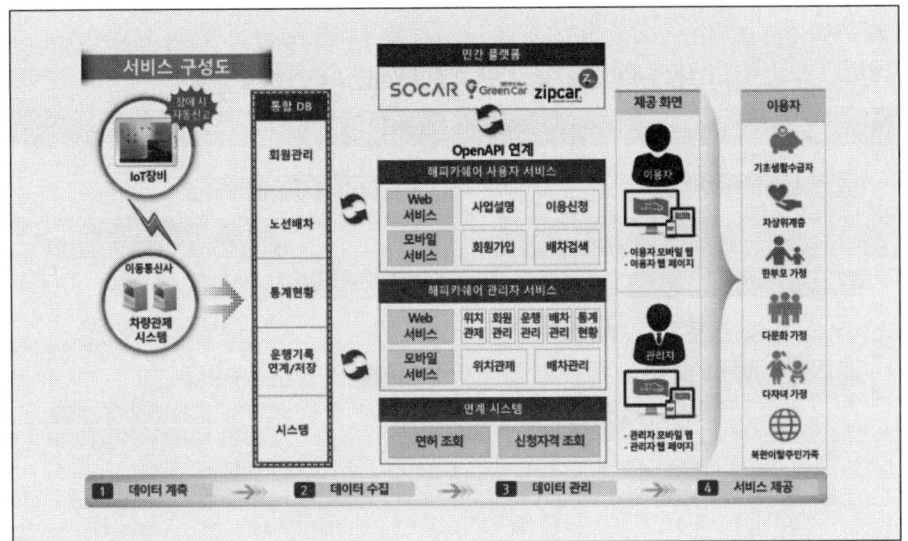

7) 인공지능 기반 자동민원상담 시스템[4]

가상의 인공지능 상담원과 대화를 통해 여권·차량등록 관련 고품질의 민원상담 서비스를 받을 수 있게 된다. 현재 일부 지자체에서 운영 중인 자동민원상담 서비스의 경우 대부분 사전에 정해진 질답세트 기반으로 서비스를 구축해서 한정된 질문 외에는 답변할 수 없는 문제가 있었다. 앞으로는 민원인의 다양한 질의에도 능동적으로 대응할 수 있는 체계를 구축해서 초급 상담원 수준 이상의 민원상담 응대 능력을 확보한다는 것이다. 이를 위해 다양한 민원상담 질문에도 관련 정보를 제공할 수 있도록 온·오프라인 민원상담데이터를 온톨로지(ontology)[5] 형태로 저장·관리하고, 민원인의 질의에 인공지능 상담원이 정확히 이해·답변할 수 있도록 자연어 처리, 질의 의도 분석, 답변 생성 부분에 최신 인공지능 대

---

4) 행정안전부,「보도자료」, 2017. 9. 19.

5) 개념 간의 관계를 정의한 일종의 표현 방식으로, 컴퓨터는 이를 통해 단어의 개념을 이해하고 지식 처리를 할 수 있게 된다.

화로봇 기술[6]을 적용한다.

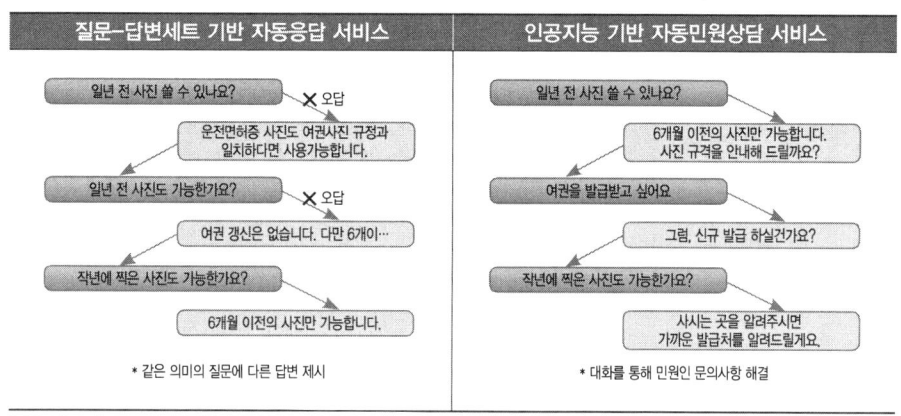

[그림 1-19] 인공지능 기반 자동민원상담 서비스 흐름 모형

Rethinking 4차 산업혁명 과잉의 시대

이른바 '4차 산업혁명'의 과잉시대다. 용어 사용의 과잉이고 정책도 과잉이다. 모든 사업에 4차 산업혁명이라는 말을 갖다 붙이지 않으면 속된 말로 '얘기'가 되지 않는다. 한국과 러시아를 잇는 파이프라인(PNG) 개발로 북극 항로를 개발해야 우리나라가 4차 산업혁명에 성공한다는 주장도 있다. 국산 한약재 고품질화도 4차 산업혁명과 연계시켜 말한다. 모든 산업이 4차 산업혁명을 이끌 주역을 자처하고 있다. 4차 산업혁명과 관련이 있는 분야만 해도 인공지능, 로봇, 사물인터넷, 자율주행차, 3D 프린팅, 나노기술, 바이오기술, 재료과학, 에너지 저장, 양자컴퓨터 등 다양하다. 여기에 얼핏 연관이 없어 보이는 건설산업과 예술 분야 등도 4차 산업혁명이 핵심을 자처한다. 정부 부처도 4차 산업혁명 시대와 관련한 정책을 경쟁적으로 쏟아내

---

6) 기계독해(Machine Reading Comprehension) : 정보가 담긴 지문을 인공지능이 학습해서 지문 내용과 관련된 질의에 답변을 추론하는 방식.

고 있다. 시대의 흐름에 뒤지지 않겠다는 의지의 표현도 있지만 이 기회에 자신의 영향력을 확대하겠다는 '꿍꿍이'도 보인다. (중략)

하지만 한편에서는 4차 산업혁명은 실체가 있는 것인지 의문을 제기하고, 3차와 4차 산업혁명에 차이가 없다는 주장도 있다. 이같이 혼란한 상황에서 우리는 4차 산업혁명을 어떻게 파악하고 개념은 어떻게 정립하면서 사용하는지 궁금하다. (중략)

사실 제4차 산업혁명이라는 단어는 다보스포럼에서 새롭게 창조됐다기보다는 독일의 '인더스트리 4.0'과 미국의 'USA 제조업의 부활' 등의 개념으로 여러 해 전부터 회자되던 용어였다. 4차 산업혁명에 가장 관심이 뜨거운 나라가 한국이고 이 용어는 한국에서만 사용된다는 의견도 있지만 꼭 맞는 것 같지는 않다. 구글 트렌드를 검색해 보면 영어 'the Forth Industrial Revolution'이라는 용어는 거의 검색되지 않는다. 하지만 'Industry 4.0'이라는 용어는 독일, 이탈리아, 인도 등 국가를 중심으로 상당히 검색되고 있다. 한국어 '4차 산업혁명'의 검색량은 두 용어의 중간에 위치하고 있다. 이 점을 보면 '4차 산업혁명'이든, '인더스트리 4.0'이든 세계적으로 관심을 끄는 변화가 있기는 한 모양이다. (중략)

부존자원도 없고 자본 축적도 많지 않은 우리나라가 새로운 흐름을 놓치지 않고 관심을 기울이는 것은 고무적인 현상이다. 아무것도 안 하는 것보다 과잉 현상이 낫다고 본다. 우리 정부와 기업, 각 개인이 4차 산업혁명 동향과 기술 흐름에 주목하고 달라진 환경에 적응하는 노력이 필요할 것이다. 문제는 이번에도 고질적인 '냄비 근성'이 발현되는 것 아니냐는 점이다. 4차 산업혁명이 하나의 유행어처럼 사용된다면 이명박 전 대통령의 '녹색성장'이나 박근혜 정부의 '창조경제' 같은 수준에서 벗어나지 못할 것이라는 우려도 있다. 4차 산업혁명의 개념이 정립되지 않은 상황에서 국가 주요 정책 방향으로 다뤄지는 것도 문제. 많은 투자를 하고도 만족스러운 결과가 나오지 않는 국가 연구개발(R&D) 정책의 실패를 되풀이해서는 안 될 것이다. 4차 산업혁명은 단기간에 끝나는 흐름이 아니라 장기적으로 경제·사회·문화 등 우리의 삶 전반에 걸쳐 광범위한 결과를 가져오는 폭넓은 현상이다. 4차 산업혁명 과잉의 시대, 관심은 나쁘지는 않지만 유행이 되는 것을 경계해야 한다.

자료: 박기효(2017), 「매일경제」, 2017. 5. 25.

참고 | 행정 서비스 통합·연계 추진

정부가 추진하는 행정 서비스 통합·연계 추진 내용은 다음과 같다.[7]

행정안전부는 그동안 정부 서비스가 각 기관(부처·지자체·공공기관)별 개별 사이트에서 분산 제공됨에 따른 국민 불편을 해소하기 위해, 행정 서비스 통합·연계 사업의 일환으로 2017년 7월 26일 정부서비스 통합포털인 '정부24'(www.gov.kr)를 구축했다. '정부24'는 '하나로 연결된 정부' + '손끝으로 만나는 정부'를 지향하고, 기관별로 분산된 행정 서비스·정책정보를 국민이 단일 창구에서 이용할 수 있도록 모바일 중심의 통합 포털이다. 정부 서비스 통합·연계를 위해 행정안전부의 3개 시스템(민원24, 정부대표포털, 알려드림e)을 우선 통합하고, 다른 기관 주요 서비스 22종(소득확인증명(홈택스), 건강보험자격, 국민연금 자격 변동 등)을 시범 연계할 예정이다.

'정부24'에서는 중앙부처, 지자체, 공공기관의 정부 서비스 7만여 건을 모아 주제별로 안내·제공하고, 다양한 방식으로 필요한 서비스를 찾을 수 있게 했다. 이를 위해 필요한 서비스를 쉽게 찾고, 이용하도록 3단계 주제별 분야(대12→중73→소261)로 안내하고, 나의 혜택찾기, 생애주기별 서비스 등 맞춤형 서비스를 제공하도록 설계됐다.

또한 '민원24'에서 제공하던 주민등록 등·초본, 건축물대장, 토지대장 등 민원서류 발급은 물론, 주요 상황별로 민원과 정부 서비스를 함께 안내해서 서비스 이용에 대한 국민 편의를 높였다. 특히 건강, 세금, 병역, 연금 등 생활정보를 실시간으로 확인할 수 있는 '나의 생활정보 서비스' 42종(연금, 휴면예금, 여권 만료일, 예방접종, 교통 위반, 세금 납부액 등)을 안내하고, 출산에서 노후까지 생애별로 필요한 서비스를 한 곳으로 모아 패키지로 이용할 수 있는 '생애주기별 서비스(생애주기별

---

7) 정부 서비스를 유용하고 편리하게 이용할 수 있도록 정부 정보의 공유 및 확산 차원에서 정리·수록했음을 밝힌다. 자료: 행정안전부(2017), 「보도자료」, 2017. 7. 27.

서비스 분야 : 혼인 → 출산 → 취학 → 이사 → 상속)'도 제공한다.

그리고 모바일 이용자가 급증하는 추세에 맞춰 모바일 기반 서비스(주민등록등본, 전입신고, 건축물대장, 운전면허증명, 납세증명서 등)도 32종 신청에서 371종 신청으로 대폭 확대했다. 또한 그동안 국민들이 불편해 하던 액티브 엑스(Active-X)를 걷어내 다양한 브라우저에서 사용이 가능하며, 이용자가 좀 더 편리하게 서비스를 이용할 수 있도록 화면을 구성했다.

행정안전부는 3개년(2017~19) 간 행정 서비스 282종을 '정부24'에 연계해서, 2020년부터는 정부의 주요 서비스를 정부24에서 바로 이용할 수 있도록 할 계획이다. 즉, 국민에게 One Touch, One Gov 서비스로 다가갈 수 있고 쉽고 편리하게 이용할 수 있도록 추진할 계획이다.

■ '정부24' 서비스 연계 현황

현재의 「정부24」 서비스

정부24 즐겨 쓰는 연계 서비스 이용 현황 (2017. 3.~ 7. 현재)

순번	정부24 즐겨 사용하는 연계 서비스 목록(20종)		서비스 분류	
			민원	행정
1	건축물대장 등 · 초본 발급(열람) 신청	(모바일 2위)	O	
2	주민등록표등본(초본) 교부	(모바일 1위)	O	
3	토지(임야)대장 열람 · 등본 발급 신청	(모바일 3위)	O	
4	지방세 납세증명		O	
5	지적도(임야도) 등본 발급 및 열람		O	
6	토지이용계획 확인 신청		O	
7	자동차 등록원부등본(초본) 발급 · 열람 신청	(모바일 5위)	O	
8	지방세 세목별 과세증명		O	
9	납세증명서		O	
10	전입신고	(모바일 4위)	O	
11	예방접종 증명		O	
12	출입국 사실증명		O	
13	건강보험 자격정보 조회			O
14	건강보험 자격득실 조회			O
15	건강보험 연말정산 조회			O
16	건강보험 차상위증명서 조회			O
17	분양주택 계약사실증명원			O
18	분양주택 당첨사실확인원			O
19	우편물 주거이전 서비스 신청			O
20	임대대금 납부확인원			O

■ 생활정보 서비스 체계

필수 생활정보 42종 안내 '나의 생활정보'

4차 산업혁명과 공공사회 ••• 제1장

생활정보별 연계 기관 현황

영역	생활정보명	연계 기관	영역	생활정보명	연계 기관
가족건강 (6종)	일반건강검진일	건강보험공단	생활금융 (6종)	디딤돌 대출	주택금융공사
	생애전환기 건강진단일			U-보금자리론	
	암 검진일			아낌e 대출	
	영유아 검진일			주택연금 잔액	
	예방접종일	질병관리본부		주택자금 대출 보증료 미환급금	
	영아 B형간염 접종일			긴급노후자금 (실버론) 대출	국민연금관리공단
세금 미환급금 (8종)	종합소득세 신고 안내	국세청	주택복지 생활 지원 (5종)	근로장려금 대상자	국세청
	재산세	행정안전부		자녀장려금 대상자	
				여권 만료일	외교부
	주민세			예비입주자 순위	토지주택공사
	자동차세			건축물에너지 사용량 등급	국토교통부
	등록면허세		연금 (3종)	국민연금 예상액	국민연금공단
				사학연금 예상액	사학연금공단
	미환급금 (국세,지방세, 국민연금 등)	국세청, 연금공단 등		공무원연금 예상액	공무원연금공단
			병역 (4종)	징병검사일	병무청
				입영일/병역소집일	
	휴면예금	금융위원회 (미소금융재단)		병력동원 훈련일	
	휴면보험금			민방위교육 훈련일	
생활금융 (4종)	든든학자금 대출	장학재단	범칙금 과태료 (2종)	교통범칙금 과태료	경찰청
				주정차 위반 과태료	행정안전부
	일반상환 학자금 대출		자동차 (4종)	운전면허 갱신 및 처분정보	경찰청
	농어촌대학생 학자금 대출			자동차 검사기간	교통안전공단
				자동차 압류 건수	
	공무원 연금 대여학자금	공무원연금공단		고속도로 미납통행료	한국도로공사

■ 생애주기별 서비스

혼인, 출산, 취학, 이사, 상속 등 5대 생애주기·상황별로 관련된 서비스를 선별해 묶어서 안내한다.

생애주기별 서비스 패키지

분야	서비스 패키지
혼인	• 공공시설 예식장 이용 • 국제결혼 안내 프로그램 참가 신청 • 주택 특별공급 제도 • 버팀목 전세자금 • 결혼 이민자 통번역 서비스 • 다문화가족 방문교육 서비스 등
출산	• 가정양육수당 지원 온라인 신청 • 전기요금 복지 할인 • 주민등록등본 신청 • 해산급여 신청 • 여성장애인 출산비용지원 신청 등
취학	• 예방접종 증명 신청 • 정기예방접종 사전알림 안내 • 나이스 학부모 서비스 등
이사	• 우체국 주소이전 서비스 • 부동산 중개사무소 조회 • 개별 주택가격 확인 • 등기부등본 열람 • 전기요금조회 신청 • 전입신고 등
상속	• 안심상속 서비스 신청 • 사망신고 • 국민연금 사망일시금 지급 청구 • 건강보험피부양자 상실신고 안내 • 미지급 실업급여 청구 안내 등

4차 산업혁명과 공공사회 ••• 제1장

모바일에서 생애주기별 서비스 찾기

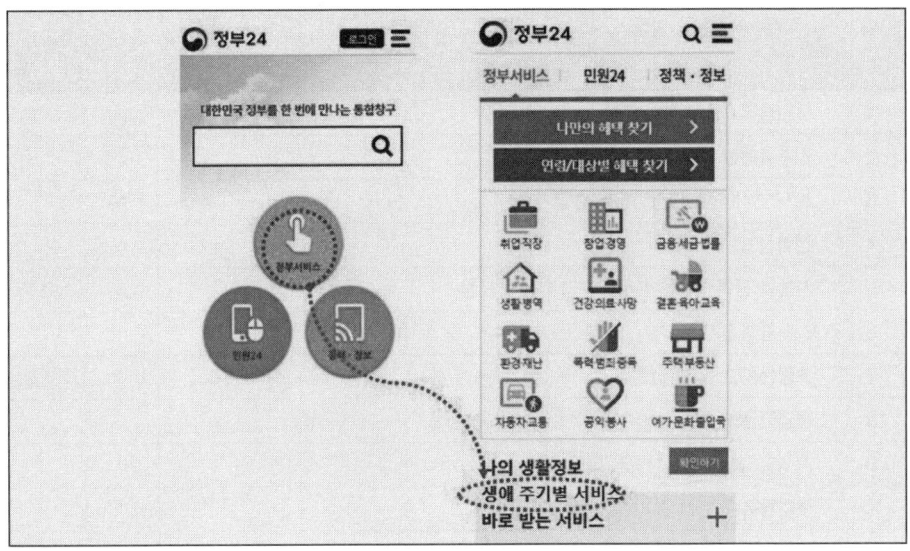

■ 모바일 중심의 「정부24」

'정부24'는 모바일 앱으로 민원사무 및 정부 서비스 371종의 신청이 가능하다. PC에서는 1,465종 민원 신청이 가능하며, 모바일은 민원사무 352종과 정부서비스 19종의 신청이 가능하며, 모바일 중심으로 2019년까지 700여 종으로 지속적으로 확대해 나갈 예정이다.

모바일 신청 · 조회 서비스 확대 계획

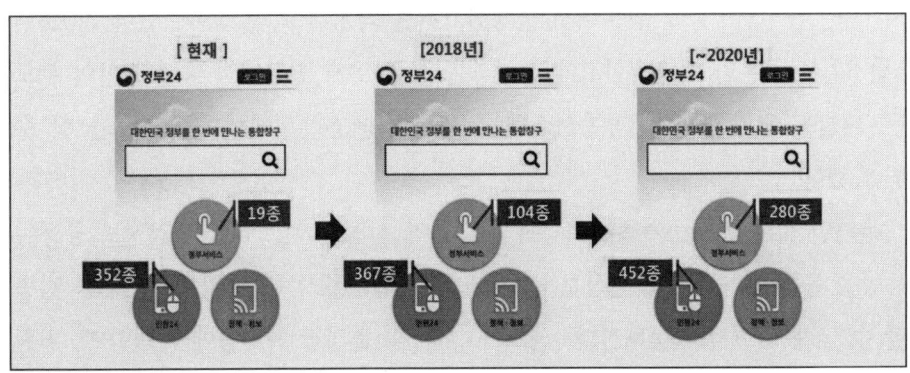

모바일로 즐겨 쓰는 연계 서비스 (2017. 3.~ 7. 현재)

순번	모바일로 즐겨 사용하는 연계 서비스 목록(15종)	서비스 분류	
		민원	행정
1	주민등록표등본(초본) 교부	○	
2	건축물대장 등·초본 발급(열람) 신청	○	
3	토지(임야)대장 열람·등본 발급 신청	○	
4	전입신고	○	
5	자동차 등록원부등본(초본) 발급·열람 신청	○	
6	소득금액 증명	○	
7	초중등학교 졸업(예정) 증명	○	
8	출입국 사실증명	○	
9	지적도(임야도) 등본 발급 및 열람	○	
10	주민등록증 분실신고(철회)	○	
11	건강보험 자격 득실 조회		○
12	건강보험 자격정보 조회		○
13	건강보험 연말정산 조회		○
14	임대계약(해약) 사실확인원 발급		○
15	분양주택 계약사실증명원		○

■ 출생신고, 이제 온라인으로 신청하세요.

그동안 출생신고는 신고 의무자(출생아의 부모)가 출생증명서와 신분증을 가지고 시·구·읍·면·동을 방문해서 출생신고서를 작성하고 신고해야 했다. 2018년 5월 8일부터 온라인 출생신고에 참여하는 전국 18개 병원에서 출생한 아이 부모는 '대법원 전자가족관계등록시스템(efamily.scourt.go.kr)'에서 출생신고를 할 수 있게 됐다.

온라인 출생신고는 가족관계등록 시스템과 심평원 시스템을 행정정보 공동이용망을 통해 연계해서 출생정보(산모성명 및 생년월일, 출생자 출생 일시 및 성별)를 전송할 수 있게 되면서 가능해졌다. 산모가 분만 후 출생정보 제공에 동의하면, 병원은 심평원으로 그 정보를 전송하고 심평원은 병원에서 받은 정보를 가족관계등록 시스템으로 전송하게 된다. 이후 출생아의 부모가 대법원 전자가족관계등록 시스템에서 본인 확인 후 '출생신고서'를 작성하고 '출생증명서'를 첨부(스캔 또는 촬영)해서 제출하면, 가족관계등록관서에서는 병원에서 송부한 출생증명정보와 대조해 일치하는 것을 확인하고 출생신고를 처리한다.

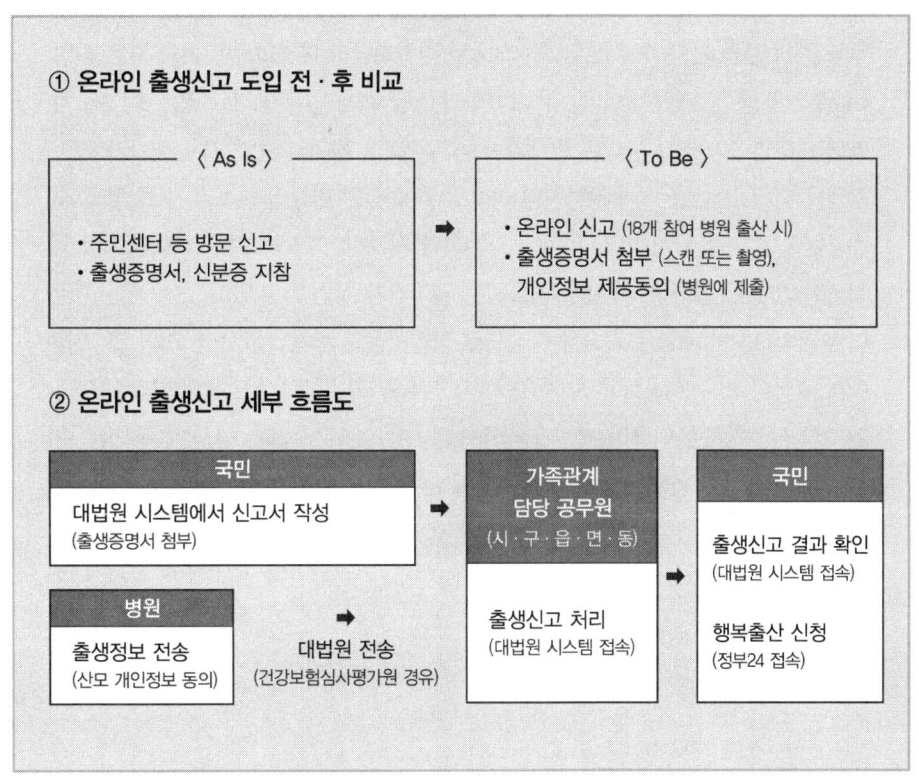

자료: 관계기관 합동. 참고자료, 2018. 5. 8.

Rethinking

국회 포위한 택시들, 멀고도 먼 신산업 태동

(중략)

카풀 사태는 4차 산업혁명이 기존 직업과 생활양식에 몰고 올 파문의 예고편적 성격을 갖는다. 지금은 카풀이지만 머지않아 무인자동차 시대가 닥친다. 그때는 운수 직종의 존립 기반 자체가 무너진다. 4차 산업혁명이 본격화하면 거의 모든 직업이 새 기술 등장의 영향을 받는다. 그때마다 지금 택시 업계가 겪고 있는 홍역을 치러야 한다면 그야말로 중대한 문제가 아닐 수 없다. 돌이켜 보면 기술 진보가 기존 직업을 위협하는 일은 1차 산업혁명 이후로 늘 있었던 현상이다. 19세기 초 영국 직조공들이 펼쳤던 기계 파괴 운동이 고전적인 사례다. 그러나 지나고 보면 새로운 기술이 없애는 일자리보다 새로 창출하는 일자리가 훨씬 더 많았다. 초기에는 혼란이 불가피하지만 새로운 기술을 중심으로 직업시장이 재편되곤 했다. 다만 그 과정에서 얼마나 빠른 적응력을 보여주느냐가 성패를 좌우한다. 1차 산업혁명은 영국, 2·3차 산업혁명은 미국이 세계 최강국으로 서는 계기가 됐다. 4차 산업혁명은 변화 정도와 속도가 앞서 산업혁명과 비교할 수 없을 만큼 크고 빠르다. 변화 적응력이 뛰어난 국가만 살아남는다. 노동시장 진출입이 원활하고, 직업 재교육이 활성화돼 있으며, 사회 갈등이 적은 나라일수록 유리하다. 정치권의 갈등 조정 능력이 국가 운명을 가를 만큼 중요해진다.

(중략)

자료: 사설, 「매경」, 2018. 12. 21.

제1장 참고 문헌

경향비즈. (2016). 「다보스포럼, 제4차 산업혁명을 논하다」. http://biz.khan.co.kr. (검색일: 2018. 4. 23).
곽 현·전성태·박성혁·석왕헌. (2016). 인공지능(AI) 기술 및 정책 동향. 「이슈페이퍼」. 한국지식재산연구원.
권기헌. (2018). 「정책학강의」. 서울: 박영사.
김정열. (2017). 「4차 산업혁명이 공공 분야에 미치는 영향 및 대응 방향」. 「인더스트리 포커스」, 제42호. 딜로이트 안진회계법인.
김진하. (2016). 제4차 산업혁명 시대, 미래사회 변화에 대한 전략적 대응 방안 모색. 「KISTEP Inl」, 15: 45-58.
박기효. (2017). 4차 산업혁명 과잉의 시대. 「매일경제」, 2017. 5. 25.
박승규. (2018). 인공지능 기술 동향. 「주간기술동향」, 정보통신기술진흥센터. 2018. 8. 29.
박정민. (2018). 「공유가치와 블록체인」. 전자신문, 2018. 5. 3. http://www.etnews.com. (검색일: 2018. 5. 4).
이명호. (2017). 4차 산업혁명의 미래사회 시나리오. 「See Futures」, vol.15. 여시제. https://yeosijae.org. (검색일: 2018. 11. 12).
오정근. (2018). 암호화폐 규제가 블록체인 기술까지 망친다. 「이코노미조선」, 2018. 4. 22. http://economychosun.com/special. (검색일: 2018. 4. 25)
유현재·김지연(역). (2018). 「트루스 머신: 블록체인과 세상 모든 것의 미래」. 서울: 미래의 창.
윤태성. (2018). 대한민국, 문제를 스스로 정의하는 국가인가?. 「매일경제」, 2018. 5. 9. (검색일: 2018. 5. 9).
이은민. (2016). 4차 산업혁명과 산업구조의 변화. 「정보통신방송정책」, 25(15): 1-22.
장필성. (2016). 2016 다보스포럼: 다가오는 4차 산업혁명에 대한 우리의 전략은?. 「과학기술정책」, 26(2): 12-15.
정보통신기술진흥센터. (2017). 4차 산업혁명과 ICT 기술. 「ICT Zoom」, 2017. 6. 21.

한국경제매거진. (2017). 「4차 산업혁명이 불러올 '다섯 개의 변화'」. 제1130호. 2017. 7. 26.

한 준. (2017). 제4차 산업혁명과 사회적 변화. 「지식의 지평」. 대우재단.

행정안전부. (2017). 「보도자료」. 2017. 7. 27.

행정안전부. (2018). 「보도자료: 4차 산업혁명의 핵심기술, 국민의 삶에 더욱 가까이」. 2018. 3. 29.

매일경제. 2018. 4. 14.

KBS. (2018). 「블록체인 '보안성' 부각…실생활 속으로」. 2018. 4. 22. http://news.kbs.co.kr/news. (검색일: 2018. 4. 24).

KBS. 「4차 산업혁명」. http://www.kbs.co.kr/1tv/sisa/revolution/about/index.html. (검색일: 2018. 4. 23).

4차산업혁명위원회. (2018). 「I-Korea 4.0 실현을 위한 인공지능(AI) R&D 전략」. 과학기술정보통신부. 2018. 5.

https://www.weforum.org/agenda/2015/09/navigating-the-next-industrial-revolution2/(Retrieved on April 23, 2018).

World Economic Forum(2016). The Future of Jobs. http://www3.weforum.org/docs/WEF_Future_of_Jobs.pdf. (Retrieved on April 23, 2018).

제2장
공공사회와 사회적 규범

제1절 | 공공사회

1 공공사회의 개념

우리 인간은 자연 속에서 홀로 살아가는 자연인이 아닌 한 많은 사람과 상호작용하면서 살아가는 공동체 구성원이다. 공동체를 좁게는 집단, 지역사회로, 넓게는 공공사회로 부르기도 한다. 여기에서 공공사회는 가능한 개인의 사적 요소에 관한 접근보다는 다수 또는 모두에게 공통적으로 관련된 생활의 모습에 관심을 둔다. 공동체 구성원 모두가 개인적 니즈(needs)를 충족하면서 타인에게 손실이나 피해를 끼치지 않은 사회가 형성되고 유지돼야 하는데, 그런 사회 상태는 누가, 어떻게 만들어 가야 할 것인가?

공공사회(public society)가 원활하게 작동되기 위해서는 공공사회를 구성하는 요소들이 무엇이며, 그들 요소를 통해 공공사회의 방향이 어떻게 설계돼야 하고, 그 구성원들은 어떤 태도와 자세를 가져야 하며 행동해야 하는지에 대한 이해가 필요하다. 여기에서 설명하고자 하는 핵심 개념은 '공공사회'와 '인간'이다. 공공사회를 이루는 것이 인간이고, 인간이 가치 있고 행복한 삶을 영위할 수 있도록 바탕이 되는 것이 공공사회다.

공공사회의 개념적 정의를 살펴보자. 공공사회를 '공공'과 '사회'라는 두 개의 개념으로 구분해서 사전적 정의를 살펴보면 다음과 같다.『옥스퍼드 영어사전』[8]에 의하면 '공공(public)'이란 "전체적인 사람", "한 지역 또는 국가의 모든 사람에게 공개 및 공유되는 것", "공동체의, 특히 정부와 관련된 문제(일)"로 정의하고 있고, 국립국어원의 『표준국어대사전』[9]에 의하면 '공공(公共)'이란 "국가나 사회의 구성원에게 두루 관계되는 것"으로 정의하고 있다. 다음은 '사회(society)'에 대한 사전적 정의를 보면,『옥스퍼드 영어사전』에 의하면 "다소 질서 정연한 공동체에서 함께 사는 사람들의 집합", "특정 국가 또는 지역에 거주하며 관습, 법률 및 조직을 공유하는 사람들의 공동체"로 정의하고 있고, 국립국어원의『표준국어대사전』에 의하면 '사회(社會)'란 "같은 무리끼리 모여 이루는 집단" 또는 "공동생활을 영위하는 모든 형태의 인간 집단"으로 정의하면서 가족, 마을, 조합, 교회, 계급, 국가, 정당, 회사 따위가 그 주요 형태라고 제시하고 있다.

이상과 같이 '공공'과 '사회'의 사전적 정의를 토대로 '공공사회'에 대한 개념을 정리하면, "사람들이 공통적으로 인식하고 공감하며 공유하는 일정한 지역 및 국가의 공동체"로 정의할 수 있다. 따라서 공공사회의 개념적 내용에는 개인적이고 개별적이며 특수적인 일과 구분되며, 공동체 구성원들의 집합적 또는 전체적 관점에서 모두에게 공유되는 일과 관련된다.

2 공공사회 이해의 필요성

공공사회를 이해해야 하는 이유는 우리가 사는 공동체가 건강하고 지속가능성

---

[8] https://www.oxforddictionaries.com/

[9] http://stdweb2.korean.go.kr/search/List_dic.jsp

을 확보하기 위해서는 개인의 노력만으로 이뤄지는 것이 아니고, 공동체 구성원 모두의 공동의 인식과 공감으로부터 시작해서 실천적 행동이 뒷받침돼야 하기 때문이다. 공공사회는 다양한 사람들이 다양한 생각과 이해를 가지고 공동체를 이루면서 살고 있기 때문에 이해관계의 충돌이 일어날 수도 있고, 욕구 불만족으로 인해 다양한 문제를 일으킨다. 그러한 현상이나 문제들의 특징을 살펴보면 다음과 같다(송근원, 1978: 252-255).

첫째, 문제가 다양성을 띤다. 물질문명의 발달로 인해서 직접적으로 파생되는 문제들로 수질 및 대기오염 등과 같은 환경문제, 식품위생문제, 광고공해, 난개발문제 등을 들 수 있고, 사회 가치 체계의 급격한 변화로 인해 발생하는 문제들로 이혼문제, 저출산문제, 아동 및 청소년문제, 노인문제 및 초고령화문제, 자살문제, 성문제 등을 들 수 있다. 또한 사회 변동으로 인해 발생하는 문제로 실업문제, 빈곤문제, 교육문제, 노동문제, 주택문제, 교통문제 등을 들 수 있으며, 생활의 질적 향상, 즉 소득 증대로 인해 발생하는 문제로 여가활용문제, 의료보건문제 등을 꼽을 수 있다.

둘째, 문제 자체가 대규모화되고 그 파급 효과 및 영향력이 크다. 공해문제, 환경문제, 교통문제, 정보통신기술의 발달로 제기되는 정보격차(digital divide)와 정보역기능문제, 식품위생문제, 교육문제 등은 그 이해관계자가 전국적이고 문제의 당사자가 많다는 특성을 가지고 있다. 근래 들어 문제가 되고 있는 금융 사기 및 보이스피싱, 개인정보 유출 및 남용, 불특정 다수를 대상으로 하는 '묻지마' 범죄 등도 그 피해가 대규모화되고 있다.

셋째, 문제가 복합성을 띠면서 다른 문제와 연관성을 가진다. 문제가 단순히 하나의 욕구 불만족에 의해 발생되는 것이 아니라 여러 가지의 불충족된 욕구가 복합적으로 작용해서 발생한다는 것이다. 지역차별문제의 경우, 지역 인재에 대한 차별적 대우뿐 아니라 지역소득 수준, 지역개발 지원을 위한 예산 배분 등 물질적 요인을 전통적으로 인식돼 온 지역의 특성과 연관해서 생각함으로써 등장한다고 볼 수 있다. 또한 한 문제의 발생이 또 다른 문제를 야기한다. 예를 들어,

이혼문제는 부부 두 사람만의 문제가 아니라 자녀양육문제, 노부모 부양문제, 싱글맘(single mom) 및 싱글대드(single dad) 문제 등과 연관되며, 실업문제는 가족 해체, 이혼, 빈곤문제, 자살, 노동문제 등과도 연관된다.

넷째, 문제의 원인이 불명확하다. 예를 들어 빈곤문제, 청소년 비행문제, 주택문제, 실업문제, 노인문제 등을 보면 근본적 원인이 개인에게 있는지 아니면 국가에 있는지를 명확하게 구분하기 힘들다. 즉, 빈곤이 개인의 나태와 게으름, 노동력 상실 등에서 비롯된 것인지, 아니면 국가의 경제정책, 노동정책, 복지정책이 뒷받침되지 못해서 제도적으로 야기된 것인지 명확하게 선을 긋기 힘들다는 것이다.

다섯째, 문제를 개인적으로 해결하기 힘들다. 현대의 문제는 복잡성과 다양성 그리고 문제 원인의 불명확성으로 인해 다양한 이해관계가 얽혀 있기 마련이다. 예를 들면 쓰레기처리장, 하수처리장, 위생시설, 정신병원, 방사성폐기물처리장 등의 입지 선정 같은 문제는 시설의 필요성에 원칙적으로 찬성하지만 자기 주거지역에 그것이 들어서는 데는 강력히 반대하는 님비(NIMBY) 현상을 보인다.

여섯째, 기존의 사회적 규범과 가치를 파괴하는 개인의 행동과 상황에서 문제가 발생한다(김영화 외, 2006: 26-29). 공동체 구성원 대부분이 문제라고 인식하는 사건이나 현상 및 상황이 발생해서 사회적 규범과 가치를 파괴하거나 일탈시키는 경우로, 각종 범죄행위가 대표적으로 여기에 해당된다. 그러나 사회구성원의 규범과 가치 체계는 여러 가지 요인으로 인해 변하기 때문에 한편으로는 일탈행위 및 문제라고 인식하는 반면 또 한편으로는 적절한 행위로 간주될 수 있다. 예를 들면, 전쟁에서 사람(적)을 죽이는 행위는 훈장으로 치하받지만 일반적인 살인은 범죄라는 사회문제로 인식된다.

일곱째, 사람들이 받는 심리적·물질적 고통의 원인이 되는 사회적 조건으로 인해 유발되는 문제들이 있다(김영화 외, 2006: 26-29). 공동체 구성원 일부가 경험하는 심리적·물리적 고통의 원인이 되는 사회적 조건과 관련된다. 여기에서는 사회 작동 시스템과 사회제도에 의해 권리나 혜택이 박탈되거나 소외되는 경우에 문제가 발생하게 된다. 예를 들어 입시제도, 고용제도(비정규직), 의료보험제도, 국민연금제도, 로스쿨 등 국가가 만든 사회제도의 변동으로 인해 여기에 불이익과 소외감을 받은 사람들이 일으키는 문제가 있다.

이상과 같은 문제들을 '문제'로 규정하는 것은 공동체 구성원들이 공동으로 인식하고 수용하며 공유하는 정상적 범위를 벗어난 현상이기 때문이다. 공공사회를 이해해야 하는 이유는 건전하고 바람직한 공공사회를 유지 및 발전하기 위해 사회적으로 합의된 규범을 학습하고, 규범에 비춰 어떤 행동과 현상이 정상이고 비정상인지 식별할 수 있는 지식을 습득하고 실천 행동의 역량을 함양하기 위함이다.

제2절 | 사회적 규범

1 사회적 규범의 개념

국가, 지역사회, 조직 및 단체 등 모든 공동체가 존속하기 위해서는 발전·변화·혁신을 통해 시대 변화에 대응하는 것도 중요하지만, 기본적으로 사회의 질서가 유지되고 안정·균형·조화·통합 등이 이뤄져야만 지속가능성과 성장을 기약할 수 있을 것이다. 공동체 또는 공공사회의 안정과 번영을 이루기 위해서는 구성원 모두가 그들에게 주어진 명시적 또는 암묵적 약속을 지키는 일이다. 어떤 사람의 행동을 '좋다/나쁘다', '옳다/틀리다', '바람직한' 등의 표현의 식별은 어떤 기준일까? 그것은 과학적이든 비과학적인 지식이든 또는 관습 및 전통적인 지식이든, 인간이 알고 있는 지식이나 행동의 규범에 비춰 판단하게 되는데, 그것을 통칭해서 사회적 규범이라고 일컫는다. 사회구성원 모두가 보편적으로 인식하고 동의하며 수용하는 규범이 사회적 규범이다.

규범에 대한 사전적 정의는 다음과 같다. 국립국어원『표준국어대사전』에 의하면 '규범(norms)'이란 "인간이 행동하거나 판단할 때에 마땅히 따르고 지켜야 할 가치 판단의 기준"으로 정의하고 있다. 『옥스퍼드 영어사전』에는 "전형적이거나 예상되는 사회 행동의 표준 또는 패턴"으로 정의하고 있으며, 동의어로 표준, 보통, 평균, 규칙, 예측 가능, 기대치, 기대되는 것, 예상되는 것 등으로 정의하고 있다. 그리고 사회적 규범(social norms)에 대해『표준국어대사전』에서는 "사회의 질서를 유지하고 사회생활을 바람직하게 이끄는 여러 규범으로서 법률, 도덕, 종교, 관습 따위가 있고 사회적 규준 및 사회적 기준"으로 정의하고 있다.

논자들이 제시하는 규범 및 사회적 규범에 대한 주장을 살펴보면 다음과 같다.

- 규범은 행위에 대한 공유된 기대다. 기대는 관례적이거나 공동체 구성원들이 인정한 행동이다(Bell & Cox, 2015: 29).
- 규범은 집단행동의 표준이며 일체화된 가치 판단을 내포하고 있다(Shah, 2017).
- 규범은 행동을 위한 청사진이다(Broom & Selznick; Mondal, 2017에서 재인용).
- 집단이 공유한 기대다(Young & Mack; Mondal, 2017에서 재인용).
- 행동에 대한 특정 제한을 설정해 놓은 마음속의 추상적 패턴이다(H. M. Johnson; Mondal, 2017에서 재인용).
- 일상적 상황에서 행동을 인도하는 규칙 또는 가치로부터 파생되는 규칙이다 (Donald Light Jr. & Suzanne; Mondal, 2017에서 재인용).
- 사회적 상황에서 행동을 지배하는 규칙 또는 표준이며 사회에서 행동을 인도하는 문화적 특성을 내포하고 있다(Robert Bierstedt; Mondal, 2017에서 재인용).
- 규범은 사회적으로 강요되는 행동에 대한 규칙이나 기대다(Horne & Kennedy, 2017: 44).

규범은 일반적으로 "어느 정도의 합의가 이뤄져 있고 사회적 제재를 통해 강요되는 규칙"이다. 즉, 주어진 사회 맥락에서 '내가 어떻게 행동해야 하는가에 대한 방향을 제시해 준다'(강내원, 2012: 74). 영(Kimball Young)과 맥(Raymond W. Mack)에 따르면 "규범을 집단이 공유하는 기대"로 정의했다(Farooq, 2012a).

사회적 규범은 다른 상황에서 개인이나 사람들의 역할을 명확하게 정의하므로 이러한 사회적 규범은 상호 관계의 규약이기도 하다. 이들 규약은 옳은 것과 잘못된 것 사이의 선을 긋는 기준이 되기도 한다. 또한 이들 규약은 우리의 상호작용 패턴을 안내하기도 하고 동일한 반복 과정을 통해 발전된 규범으로 구축되기도 한다. 사회적 규범은 인간과 동물의 행동을 구분하고 사회적 과정에서 발전된다. 사회적 규범은 동물세계에서는 없고, 인간사회에서만 존재한다(Farooq, 2012a).

사회적 규범은 집단이나 사회에서 행동을 지배하는 관습적인 규칙이다(House, 2018: 87). 사회적 규범이란 행위자가 어떤 행위를 하는 것과 관련해서 그러한 행위를 해야만 하거나 해서는 안 되는 것을 의미하며, 규범을 지키거나 어겼을 때 내적·외적 편익을 얻거나 내적·외적 비용을 지불하지만 이를 어겼다고 해서 공식적인 처벌이 가해지는 것은 아니다(강은숙 외, 2012: 245). 사회적 규범이란 사회에서 사람들이 생활하면서 자신과 타인이 모두 지켜야 한다고 함께 믿고 있는 기대로서, 이 사회적 규범은 한 사회에 속한 사람들이 공유하는 사회 표상, 개인이 경험하는 인지, 정서, 동기, 행동 의도는 물론이고, 실제로 실행한 행동을 통해서도 표출된다(한덕웅, 2006: 357).

사회적 규범은 인간의 일반적인 행동뿐만 아니라 이러한 행동에 부합하는 신념을 모두 가리키는 데 사용되는 개념이다. 사회적 규범은 일반적으로 승인과 비승인에 의해 부분적으로 유지되는 공유된 행동 규칙으로 이해하기도 하고(Elster, 1989), 사회나 집단에서 받아들일 수 없는 것과 있는 것을 명시하는 것으로 설명되기도 한다(Bicchieri & Muldoon, 2014). 또한 비공식적인 규칙과 비공식적인 규칙을 포함해서 우리가 다른 사람들에게 기대하는 것과 다른 사람들이 기대하는 것으로 정의하기도 한다(Farrow et al., 2017: 2). 이상과 같이 사회적 규범은 "사회구성원들이 공유하는 기대 가치와 행동의 표준"으로 정의할 수 있으며, 다음 〈표 2-1〉과 같은 개념적 구성 요소로 제시할 수 있다.

⟨표 2-1⟩ 사회적 규범의 개념적 구성 요소

- 동태적 사회적 합의
- 행위에 대해 집단이 공유하는 기대/공유된 행동규칙
- 구성원 상호 관계의 규약
- 관례적
- 공동체 구성원들이 인정한 행동
- 집단행동의 표준/행동을 인도 및 지배하는 규칙
- 일체화된 가치 판단
- 행동을 위한 청사진
- 마음속의 행동의 추상적 패턴
- 사회적 과정의 산물

2 사회적 규범의 특징

사회적 규범의 특징에 대해 몬달(Mondal, 2017)은 다음과 같이 설명했다.

첫째, 규범은 모든 사회에서 존재하는 보편성을 띤다. 사회적 규범은 모든 사회에서 존재하며, 사회 질서의 토대다. 규범 없이는 어떤 사회도 원활하게 작동될 수 없다. 따라서 사회가 유지되기 위해서는 반드시 규범이 존재한다.

둘째, 규범은 공동체 구성원의 가치 판단을 반영한다. 규범은 집단 및 공동체 구성원들에 의해 공유된 표준이다. 규범은 한 마디로 기대되는 행동 방식과 관련된 '표준화된 일반화(standardized generalization)'다. 표준화된 일반화로서 규범은 집단 및 공동체의 가치 판단을 반영하게 되며, 가치 판단을 통해 행동을 평가하는 개념이다. 가치의 관점에서 보면 우리는 어떤 행동이 옳은지 나쁜지, 좋고 나쁜지, 예상됐거나 예상하지 못한 것인지 등을 판단한다.

셋째, 규범은 상대성이다. 규범은 절대적이고 정태적이며 고정적 및 확정적이지 않고 시공간에 따라 가변적이고 상대적이며 동태적이다. 규범은 사회마다 다양하다. 때로는 규범은 같은 사회에서 지역, 집단 및 공동체마다 다르다. 일부 규범은 모든 사람의 행동을 규율하지 않는다. 노인에게 적용되는 기준은 어린이에게 적용되지 않는다. 마찬가지로, 경찰에게 적용되는 규범은 교사의 규범과 다르다. 회사원에게 적용되는 규범과 공무원에게 적용되는 규범은 다르다.

넷째, 규범의 중요성 및 가치에는 그 차이가 존재한다. 규범은 보상과 처벌과 같은 제재로 작용한다. 하지만 규범은 중요성 및 가치에 따라 다르기 때문에 모든 규범이 동등하고 엄격한 것은 아니며, 같은 종류의 처벌이 주어지는 것도 아니다. 사회에서 가장 중요한 규범은 관습(mores)으로 풍속(folkways)에 비해 상대적으로 관습을 위반하는 사람에게는 제재가 뒤따른다.

다섯째, 규범은 개인에게 내재화된 것이다. 규범은 사회화(socialization) 과정을 통해 퍼스낼리티(personality)의 일부분이 되기도 한다. 개인은 사회의 규범을 내재화(internalization)하고, 사회적 규범에 따라 행동한다. 즉, 개인과 사회적 규범은 순환적 과정으로 이뤄진다. 개인은 사회 속의 규범을 통해 자신의 행동 표준을 정하게 되고, 그런 행동들의 집합이 사회적 규범으로 외재화(externalization)되며, 다시 개인은 외재화된 규범을 따르게 됨과 동시에 내재화하게 된다.

3 사회적 규범의 필요성과 기능

1) 사회적 규범의 필요성

공공사회가 안정과 균형을 유지하면서 지속적으로 발전하는 데는 몇 가지 필수 요소가 있다. 그것은 일정한 공동체, 질서, 규칙, 규범을 통한 예측가능성·확실성·안정성, 구성원들의 기대에 대한 충족, 구성원 간 신뢰성 등의 요소가 확립돼야 한다.

사회적 규범은 행동에 대해 집단이 공유한 표준이다. 규범은 사회적 가치에 기반을 두고 있으며, 사회에서 옳고 바람직하며 수용 가능한 행동을 정의하는 사회적 규칙이다. 또한 규범은 사람들이 특정 상황에서 행동해야 하는 방식을 규정하고 있다. 규범은 인간의 행동을 결정하고 인도하며 통제하고 예측한다. 간단히 말해서, 규범은 해야 할 일과 하지 말아야 할 일의 묶음이기도 하다. 규범은 특정 상황에서의 행동 규칙이다. 예를 들어, 모든 사회에서 허용되는 남녀 복장을 규정하는 규범, 운전에 관한 규범, 학교생활에 관한 규범, 인간관계에 대한 규범, 직장생활에서의 규범, 군대에서의 규범, 가정에서의 규범 등 가정, 집단, 조직, 국가 등 규범은 사회생활의 모든 영역에 존재한다(Mondal, 2017). 규범은 사회를 통제하는 데 중요한 역할을 하며, 제재를 통해 공식적으로 강제할 수 있으며, 사람들이 그들의 문화에 순응하도록 한다(Farooq, 2012a). 규범에 대한 순응은 사회적으로 정의된 상황에 따라 다르게 된다. 규범에 대한 순응의 정도는 다를 수 있지만, 실제 행동의 모습으로 나타나게 된다. 규범의 위반자는 명예 훼손, 사회적 조롱, 심지어는 처벌을 받을 수도 있다. 규범은 주로 비공식적으로 적용되지만, 특정 규범은 법으로 변환돼 공식적으로 적용된다. 어떤 사회에서 적용하는 사회적 규범은 다른 사회 시스템에서 똑같이 작용하지는 않는다(Mondal, 2017).

한편, 규범은 관례에 뿌리를 두고 있으며, 행동의 표준 및 지침을 제공한다. 규범은 문화적 목표를 향해 노력하는 개인의 선택을 규제하거나 인도한다. 규범은 사회 결속의 동인이 되기도 하고 상황에 따른 행동을 이해하는 표준이며 개인의 태도에 영향을 미친다(Mondal, 2017). 이처럼 사회에서 규범은 공동체를 유지 및 발전할 수 있는 기본 틀 및 청사진으로서 필요하다.

샤(Shah, 2017)는 규범의 중요성으로 다음과 같이 제시했다.

첫째, 사회에서 규범은 중요한 가치를 갖는다. 규범이 없는 행동을 예측할 수 없기 때문에 규범 없는 사회를 상상하는 것은 불가능하다. 사회적 관계의 상호작용을 위해 규범에 포함된 행동 기준은 개인이 집단 및 공동체 규범을 따르도록 한다. 규범적 질서는 인간사회의 실제적 질서를 가능하게 한다. 만약 규범적인 명령이 없다면 인간사회는 존재할 수 없다. 사회가 기능적으로 원활하게 작동되도록 하고, 인간이 사회에서 살아가기 위해서는 규범적인 명령이 필요하다. 인간은 홀로 존재할 수 없다. 인간이 사회에 의존하는 것은 사회적 자극에 대해 타고난 반응에서 나온 것이 아니라 의미 있는 자극에 대한 학습된 반응에서 비롯된 것이다. 그러므로 사회에 대한 인간 의존은 궁극적으로 규범적 질서에 의존한다.

둘째, 규범은 사회에서 결속의 동인을 이끄는 데 기여한다. 집단이나 공동체는 규범과 동떨어져 생각할 수 없다. 인간의 유기체는 규범적으로 규제된 사회 시스템에서 살아야 하는데, 시스템은 하나의 유기체로서 유대와 결속으로 작동된다. 규범적인 질서를 발전시키지 못하거나 구성원에 대한 규범적 통제를 유지할 수 없는 집단은 내부 협력과 결속이 결여돼 생존하지 못한다.

셋째, 규범은 개인의 태도와 행동 동기에 영향을 미친다. 공동체의 일원이 되는 것은 공동체 규범과 관련해서 개인의 태도를 형성하는 것을 의미한다. 개인은 공동체의 규범을 준수하는 범위에서 훌륭한 구성원이 된다. 규범은 다른 사람들에 대한 그의 직관적인 판단과 자신에 대한 직관적인 판단을 결정하고 인도한다. 규범은 양심, 감정, 기분과 우울의 현상을 이끌어 낸다. 구성원은 공동체 규범을 내면화함으로써 옳고 그름을 판단한다.

2) 사회적 규범의 기능

사회적 규범은 공동체의 형성 및 발전을 위해서, 그리고 공공사회의 안정과 예측가능성을 위해서 필요하다. 사회적 규범이 공동체 및 공공사회에서 어떤 기능적 영향을 미치는지 살펴본다(Farooq, 2012a; Mondal, 2017).

(1) 사회 작동의 동인

규범은 사회에서 중요한 부분이고, 규범과 사회는 불가분의 관계를 가진다. 인간은 자신의 존재를 위해 사회에 소속되고자 하는 사회적 존재다. 규범은 개인이 사회에서 공동체 구성원들과 함께 생활할 수 있도록 하는데, 규범적인 질서가 없다면 원활한 사회 시스템 작동은 불가능하다.

(2) 행동의 규제와 인도

규범은 한마디로 통제(controls)다. 규범은 사회적 요구에 필요한 활동을 수행하는 방식으로서 사회가 구성원들의 행동을 규제하기 위한 것이다. 사회적 규범은 우리의 행동 패턴을 제공하는 방식에서 행동을 통제한다. 이들 행동 패턴이 사회적으로 인정되면 관습이 된다. 사람들은 이들 관습에 따르기를 기대한다.

(3) 사회 질서의 유지

규범은 사회 질서의 부분이며, 사회 질서는 규범을 통해 유지된다. 인간의 사회질서는 규범적 질서를 의미한다. 사회적 규범은 사회를 통제하고 사회의 구조를 유지하는 데 기여한다. 사람들은 사회적 규범을 통해 집단행동의 생존에 중요한 것이 무엇인지를 분석할 수 있다.

(4) 사회적 유대와 결속의 동인

사회는 규범을 통해 일관된 구조를 이룬다. 사람들의 집단적 및 협동적 삶은 규범 때문에 가능하며, 규범적 체계는 사회에 내부 결속력의 토대다. 사회적 규범은 사회적 조화를 만들고 사회적 통합을 향상시키는 토양이다.

(5) 자기 통제

사회적 규범은 자기를 통제 및 관리하는 데 도움을 준다. 규범은 개인들이 자제력을 갖도록 도와준다. 규범에 의해 부과된 제약으로 인해 개인은 규범에 순응하고 자신의 행동에 대해 규율을 실천한다.

(6) 행동을 체계적인 패턴으로 만듦

사회적 규범은 사람들의 행동이 체계적이고 패턴화되는 데 기여한다. 사회를 조화롭게 하기 위해 법의 집행을 통해 통제할 수 있으며, 법을 통해 질서가 유지되고 질서 때문에 사회가 유지된다.

(7) 가치의 보호

사회적 규범은 우리의 사회문화적 가치를 보호하며, 수호자 역할을 담당한다.

4 사회적 규범과 공공사회

사회적 규범은 다양한 과정, 즉 상호작용과 내재화 및 외재화 과정을 통해 인간 행동에 영향을 미친다. 사회적 규범은 사회적 보상 또는 제재를 통해 인간 행동을 자극하고 영향을 미친다(Ajzen & Fishbein, 1980; Maloney, Lapinski, & Neuberger, 2013; Cho et al., 2015: 507). 사회적 규범은 친사회적 상호작용을 증진하고 반사회적 행동을 제한함으로써 대규모 공동체 구성원들의 협력을 촉진한다. 규범 기반 행동은 '자기 통제', 즉 '자기 규제', '충동 통제', '인지 통제' 및 '집행 기능' 등과 관련된다. 친사회적 행동이 자제력의 노력을 필요로 한다면, 자기 통제의 실패는 반사회적 행동을 유발하게 되고, 자신의 행동에 대한 의사결정을 적절하게 억제할 수 없다는 것이다(Buckholtz, 2015: 122). 공동체의 안정적 유지와 지속가능성을 위해서는 반사회적 행동을 스스로 규제하고 친사회적 행동을 촉진해야 하기 때문에 사회적 규범의 내재화가 중요하다.

강은숙·김종석(2012)은 내면화된 사회적 규범을 따르는 경우에 얻는 심리적 만족감과 따르지 않을 경우 치러야 하는 심리적 비용을 요인이라고 개념화하고, 이런 요인들을 통해 공공정책의 성공 조건을 연구했다. 연구 결과 사회적 규범을 따르는 개인들의 비율이 클수록, 정책 대상이 되는 개인들의 행위에 대한 관측가능성의 정도가 높을수록, 사회적 규범의 준수가 개인의 이익과 연계될수록, 정책으로 실현하고자 하는 가치와 기존 규범과의 충돌이 최소화될수록, 합리적 이기주의자에 대한 통제가 충분히 이뤄질수록 하는 요인은 정책과 보완적 관계가 형성돼 정책 집행의 성공가능성을 높이는 것으로 제시했다.

공공사회가 작동되는 방향은 거시적인 국가 정책의 영향을 받기도 하는데, '사회적 규범 → 국가 정책 → 공공사회'라는 순환적 메커니즘을 고려할 때, 올바른 사회적 규범의 형성과 내재화는 국가 정책 집행의 성공은 물론 사회구성원들의 일상생활에서 신뢰와 예측가능성을 높이는 데 기여한다.

제3절 | 사회적 규범의 수준과 유형

1 사회적 규범의 수준

사람들은 개인적 수준과 집단적 수준에서 다양하게 규범을 인지할 수 있다. 개인은 규범을 인식할 때에는 특정 집단의 규범과 사회 전반의 규범 정도는 인식하고 식별하게 된다.

개인적 수준의(혹은 개인적 수준에서 인식된) 사회적 규범은 특정 행위의 만연(prevalence)에 대한 인식이라 정의할 수 있다. 즉, 개인적 수준의 사회적 규범은 "개인이 중요하게 생각하는 사람들이나 내가 의견을 귀담아 듣는 사람들 사이에 특정 행위가 얼마나 보편적인가와 관련된 믿음"이라 할 수 있다. 예를 들어, 내 가족이나 친구와 같은 내 주변의 중요한 사람들이 법과 질서를 얼마나 준수하고 있는가에 대한 인식은 나 자신의 법질서 준수와 연관이 있고, 영향을 미친다(강내원, 2012: 80-81).

한편, 집단적 수준의(혹은 사회 수준에서 인식된) 사회적 규범은 사회구성원의 행위를 규정하고 금하는 일반적인 행동수칙이라고 이해할 수 있다. 집단 수준의 사회적 규범은 자신이 속한 사회에서 특정 행위가 어느 정도 보편적이며 인정받는다고 생각하는가에 관한 것이다. 즉, 내가 속한 사회의 익명의 구성원들이 법과 질서를 어느 정도 준수한다고 인식하는가가 나의 법질서 준수와 관련이 있다는 것이다(강내원, 2012: 80-81).

2 사회적 규범의 유형

규범은 사회구성원들이 사회관계와 관련된 비정형적 규칙을 따를 것인가 아니면 정형적 규칙을 따를 것인가에 대해 개개인이 갖는 기대라고 한다. 결국, 규범은 '내가 어떻게 행동해야 하는가'에 대한 방향을 제시해 주는 것이다(강내원, 2012: 77에서 재인용).

강내원(2012)은 규범을 비정형적 규범과 정형적 규범으로 구분했다. 일상적인 행위에서 나타나는 불명확한 기대나 제재를 의미하는 비정형적인 규범과 명확한 제재(sanctions)나 강제의 기제(mechanisms of enforcement)를 의미하는 정형적인 규범으로 구분했다. 전자의 경우는 이타심, 자기 희생, 협동심, 관용 등이 있으며, 후자의 경우는 법 조항, 조례, 규칙 등을 예로 들 수 있다. 즉, 규범은 기대와 처벌이라는 각기 다른 체계에 의존하는 경향이 있다(강내원, 2012: 77).

파르크(Farooq, 2012a, 2012b)는 사회적 규범의 종류로 풍속, 관습, 법률 등 세 가지로 구분했다.

(1) 풍속

런드버그(George A. Lundberg)에 의하면 풍속(習俗, folkways)은 "공동체 집단 내에서 관찰되는 행동의 전형적 또는 습관적 신념, 태도 및 스타일"을 의미한다. 풍속/습속(folkways)은 습관에 의해 반복되는 사람의 행동과 관습으로 인정하고 순응하는 사람들에 의한 반복된 행동이다. 풍속은 사회에서 승인된 행동 방식으로서 무의식적으로 공개되는 사람들의 삶의 방식이다. 풍속은 사회적 상호작용에서 발생되는 규범이며, 한 세대에서 다음 세대로 이어진다. 풍속은 사회적 규범의 가장 기본적인 요소이자 패턴이다. 사회적 통제의 기본적 형태인 풍속은 우리의 삶의 방식을 제재하기도 하고, 특정 상황에서 우리의 구체적인 행동을 규정하기도 한다.

(2) 관습

관습(慣習, mores)은 행동 양식의 압박감이나 잘못에 대해 상당히 강한 느낌을 암시하는 것을 의미한다. 사회적 규범의 모든 형태는 사회적 통제를 위한 도구다. 우리의 행동을 규제하는 습속의 사용이 관습이다. 관습은 사회적 규범의 한 형태로서 상호작용의 결과다. 풍속과 관습은 모두 일상생활의 습관적 방식이며 옳고 그름의 표준으로서, 사람들은 이러한 패턴을 학습함으로써 제재의 방향을 모색한다. 관습은 도덕적 실천이며 집단의 기대에 따라 신념을 갖게 되고 행동으로 실행한다. 관습은 습속처럼 비공식적이나 관습의 위반은 사회적 질서에 심각한 위협이 된다. 관습은 사람들의 높은 가치를 다루고 있다.

(3) 법률

법률(laws)은 사회적 통제의 기본적 요소로서, 삶의 사회적 상황에 따라 책과 사회의 산물로 기록된다. 법률은 사회적 규범의 유형으로서, 사회를 통제하는 장치이며 공식적인 사회적 규범이다. 법률은 실제 생활에 적용할 때 서면 형식을 갖추고 있으며, 법률의 위반과 처벌이 명확하게 정의돼 있다. 법률은 삶의 사회적 조건에 따른 사회의 산출로서, 법을 만드는 것은 상황에 따른 행위를 정의하는 것이다. 또한 법률은 관습이기도 하지만 사회 상황에 따라 세밀하고 분명하게 규정돼 있다. 법 위반을 범죄라고 하며, 법을 위반한 사람을 범죄자 또는 범인이라고 한다. 사회에서 법 위반은 심각한 사회문제를 유발하게 되는데, 사회문제를 예방하는 데 사회적 규범 중에서 가장 효과적인 것은 법의 힘이다.

한편, 사회규범이론에서는 사회적 규범을 기술적 규범(descriptive norms)과 명령적 규범(injunctive norms)의 두 가지 유형으로 분류한다. 기술적 규범은 대부분의 사람이 하는 일을 언급하는 반면, 명령적 규범은 대부분의 사람이 승인하는 것을 의미한다(Farrow et al., 2017: 2).

기술적 규범은 대부분의 다른 사람이 행동하는 것처럼 개인도 다른 사람과 같이 행동하기를 바라는 패턴을 의미한다(House, 2018: 87). 기술적 규범은 개인이 속한 사회집단 내의 다른 구성원들이 실제로 행한 특정 행위에 대한 인지된 믿음이라 정의할 수 있다. 다시 말해, 기술적 규범은 개인이 '다른 사람들은 실제로 ~을 한다(actually do)'라고 인식하는 것을 의미한다. 따라서 만일 개인이 모든 사람이 특정의 행위를 한다고 인식하게 된다면, 그러한 인식이 편리한 의사결정 과정의 지침으로서 그 자신의 행위를 용이하게 만들 것이다. 즉, 기술적 규범은 '만일 모든 사람이 특정 행위를 한다면, 그 행위는 분별 있는 행위임에 분명하다'는 인식을 의미하므로, 사회구성원의 지배적인 행동수칙으로 기능을 하게 되는 것이다(강내원, 2012: 79).

한편, 명령적 규범은 주어진 상황에서 해야만 하는 기대와 약속을 의미한다. 이러한 규범은 우리의 사회적 기대치를 변화시킴으로써 우리의 행동에 영향을 미친다(House, 2018: 87). 명령적 규범은 무엇이 행해져야 하는가(what ought to be done)에 대한 사람들의 신념이라고 정의될 수 있다. 명령적 규범은 개인이 '다른 사람들은 내가 ~을 반드시 할 것(should do)이라고 생각한다'라고 인식하는 것으로서, 어떤 행동이 도덕적으로 승인된 행동인지 아닌지를 보여주는 규칙이나 신념이라 할 수 있다. 명령적 규범이 특정한 행위를 하지 않았을 때 생기는 사회적 제재 때문에 그 행위를 할 수 있다는 믿음에 근거한 것이라면, 기술적 규범은 실제로 무엇이 행해졌는가에 대한 정보를 주는 것이다. 기술적 규범과 명령적 규범의 근본적인 차이는, 기술적 규범이 규범에 순응하지 않음으로써 뒤따르는 사회적 재제를 대체로 포함하지 않는 반면, 명령적 규범은 사회적 제재나 강제를 포

〈표 2-2〉 사회적 규범의 유형

유형	개념
기술적 – 명령적 (descriptive vs. injunctive)	대부분의 사람이 행동하는 방식–대부분의 사람이 행동해야 한다고 믿는 방식
실제적 – 지각적 (actual vs. perceived)	입증된 규범 – 검증되지는 않았지만 사실로 여겨지는 기준
처방적 – 금지적 (prescriptive vs. proscriptive)	바람직한 행동의 적절성 – 바람직하지 않은 행동의 부적절함을 강조

자료: Farrow et al.(2017: 4)

함한다는 데 있다(강내원, 2012: 80).

이 밖에 사회적 규범을 대조적으로 비교해서, 기술적/명령적 규범, 실제적/지

각적 규범, 처방적/금지적 규범으로 분류하기도 한다(Farrow et al., 2017: 4).

또한 규범의 유형과 수준을 〈표 2-3〉과 같이 구분하기도 한다. 규범을 사회적 규범과 개인적 규범으로 구분하고, 사회적 규범을 다시 외재적 규범으로 구분하며, 외재적 규범 수준을 다시 명령적 규범, 주관적 규범, 기술적 규범으로 구분한다. 개인적 규범은 내재화된 규범으로 구분한다. 이와 같이 규범 수준을 사회적(외재적) 규범과 개인적(내재적) 규범으로 구분하고 있지만, 사회에서의 규범이 형성되고 행동으로 이어지는 관계는 개인에서 사회로 또는 사회에서 개인으로의 인과적 관계보다는 개인과 사회의 선순환적 관계로 이해해야 할 것이다. 따라서 개인적 규범의 내재화를 위해서는 외재화된 사회적 규범이 중요하고, 또한 바람직한 사회적 규범의 외재화를 위해서는 개인의 학습 환경과 양질의 프로그램 마련이 중요하다.

〈표 2-3〉 규범의 유형

규범	규범 수준	규범의 유형	정의
사회적	외재적	명령적 규범	다른 사람들이 용인한 행동, 규정 준수는 권장되고 위반 사항은 처벌된다.
	외재적	주관적 규범	가족, 동료와 같이 다른 사람들이 기대하거나 지원하는 행동
	외재적	기술적 규범	대부분의 사람이 하는 행동을 지각하는 것
개인적	내재화된	개인 규범	도덕적으로 올바른 행동을 해야 한다는 자기 기대감과 느낌

자료: Fang et al.(2017)

제4절 | 사회적 규범의 형성 과정

사회적 규범은 어떻게 형성되는가? 사회적 규범은 다양한 경로를 통해 인식되고 경험되는 과정 그리고 개인의 주관적 인식 수준 등 다양한 요인에 의해 형성된다. 사회적 규범은 대인간 커뮤니케이션을 통해 학습되며, 다양한 집단의 전통과 기존의 규범에 의해 형성되고 강화된다(Perrucci & Perrucci, 2014: 252). [그림

2-1]은 기본적인 규범 형성의 틀을 이해하는 데 도움을 준다.

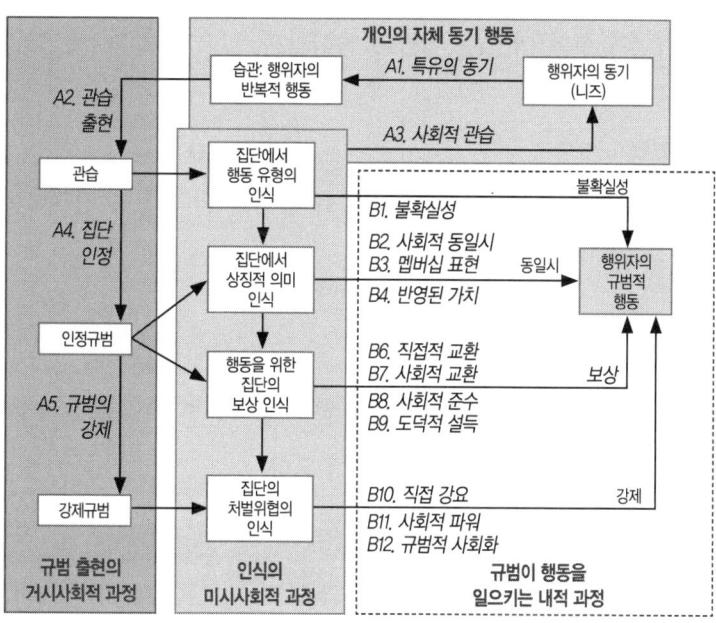

[그림 2-1] 규범 형성에 관한 개념적 틀

자료: Bell & Cox(2015: 32)

[그림 2-1]에서 제시하는 규범 형성 과정을 설명하면 다음과 같다(Bell & Cox, 2015: 33-26).

A1. 특유의 동기

습관을 유발할 수 있는 많은 동기가 있다고 가정하고, 행동을 유발하는 행위자의 개인적인 동기가 많이 부여될수록 행위자가 행동을 더 많이 수행한다.

A2. 관습 출현

한 집단 내의 행위자가 행동을 수행할수록 집단에서 행동이 더 자주 발생한다.

A3. 사회적 학습

관습적인 행동이 널리 퍼져 있고 행위자가 현재 또는 예상되는 미래의 상황에 대한 행동을 인식할수록 더 많은 행동이 발생한다.

A4. 집단 인정

집단 내에서 행동의 유행이 널리 퍼질수록 집단 내의 행동을 인정하는 집단이 더 많아지게 된다.

A5. 강제규범

집단이 이미 고착화된 규범을 인정하면 할수록 집단은 필요한 목표 행동을 고려해서 규범을 위반하는 행위자를 처벌하게 된다.

B1. 불확실성

관습적인 행동이 더 많이 행해지고 그런 행동을 하는 행위자가 많아지게 될 것이다. 이 경우 어떤 새로운 상황에서 행위자의 동기를 충족시킬 수 있는 적절한 행동이 무엇인지 확신을 갖지 못하면 못할수록 관습적 행동을 수행하게 될 것이다.

B2. 사회적 의미 동일시

행위자의 행동을 인정하는 한정된 집단이 많을수록 행위자는 그 행동을 수행할 것이다. 왜냐하면 행위자는 자신의 행동이 집단이 인정하고 있다고 인식하기 때문이다. 이어서 행위자는 집단이 인정하는 행동의 의미와 자신의 생각이 일치한다고 여긴다.

B3. 멤버십 표현 동일시

행위자의 행동을 인정하는 한정된 집단이 많을수록 행위자는 그 행동을 수행할 것이다. 왜냐하면 행동에 대한 집단의 인정을 행위자에 의해 인식하면, 행위자는 자신의 행위가 집단을 상징한다는 인식을 갖게 되기 때문이다. 이어서 그 행위자는 동일한 행동을 수행하면 집단 내의 다른 구성원들로부터 인정받을 것으로 추정한다.

B4. 반영된 가치 동일시

행위자는 경계가 있는 집단이 기존 행동을 인정할수록 그 행동을 더 많이 수행할 것이다. 왜냐하면 행동에 대한 집단의 인정을 행위자가 인식하면, 행위자는 자신의 행동을 식별한 집단이 추구하는 가치와 같은 것으로 추정하기 때문이다.

B5. 집단지지 동일시

행위자의 행동을 인정하는 한정된 집단이 많을수록 행위자는 그 행동을 수행할 것이다. 왜냐하면 행동에 대한 집단의 인정을 행위자가 인식하면 행위자는 자신의 행동이 집단에게 유익할 것으로 추정하기 때문이다. 이어서 집단에게 도움이 되기를 바라는 행위자가 많을수록 집단이 인정한 행위를 하려는 행위자가 많아질 것이다. 왜냐하면 행위자는 집단에게 도움이 되는 것을 바라는 행위자의 욕구를 충족시키기 때문이다.

B6. 직접적 교환

행위자는 집단이 선호하는 행동을 수행할 것이다. 행위자는 집단이 인정하는 행동이라고 인식하는 범위 내에서 그러한 행동을 수행하면 그에 따른 보상이 주어질 것이라고 생각하기 때문에, 행위자가 보상을 기대할수록 더 많은 행동을 수행할 것이다.

B7. 사회적 교환

행위자는 집단이 선호하는 행동을 반복적으로 수행할 것이다. 행위자는 집단이 인정하는 행동이라고 인식하는 정도까지, 집단이 인정한 행동을 반복적으로 수행하고 이에 대한 보상이 주어질 것이라고 기대하기 때문이다. 보상의 기회가 많고 클수록 행위자는 계속 보상을 기대하면서 행동을 계속 수행하고자 한다.

B8. 사회적 준수

행위자가 인정받기를 원하는 집단이 선호하는 행동이 많을수록 그 행동을 수행하는 행위자가 많아질 것이다. 행위자는 집단이 인정하는 행동을 인식하는 정도에서 집단의 구성원들에게 인정받을 것으로 기대할 것이며, 행위자는 예상되는 인정 수준에 도달되도록 더 많이 준수할 것이기 때문이다.

B9. 도덕적 설득

집단이 선호하는 행동이 많을수록 그 행동을 수행하는 행위자가 많아질 것이다. 행위자가 집단이 선호하는 행동을 인식하는 범위 내에서 집단의 도덕적 메시지에 따라 설득되고 집단이 선호하는 행동이 의미 있는 가치라고 생각하기 때문에 행위자의 행동이 집단의 공유된 가치에 잘 부합할 것으로 여긴다. 규범의 인과적 영향은 설득 과정에서 발생되고, 행동은 행위자의 가치에 기인한다.

B10. 직접 강요

처벌을 통해 행동의 수행을 강요하는 집단의 의지가 커질수록 그 강요하는 행동을 수행하는 행위자가 많아질 것이다. 집단의 강요 의지가 행위자에게는 집단의 처벌 위협으로 인식하게 되고, 처벌에 대한 두려움은 처벌의 부정적인 보상을 피하기 위한 조치를 취하도록 유도하기 때문이다.

B11. 사회적 파워

처벌을 통해 행동의 수행을 강요하는 집단의 의지가 커질수록 그 강요하는 행동을 수행하는 행위자가 많아질 것이다. 집단의 강요 행동을 따르면 부정적인 보상이 보류될 것이라는 행위자의 인식을 이끌어 내고, 행위자가 인식한 긍정적 보상의 가치가 있는 행동을 수행하지 않는다면 그 보상의 손실을 놓치고 싶지 않을 것이다.

B12. 규범적 사회화

조기에 처벌을 통해 행동 수행을 강제하려는 집단의 의지가 커질수록 그 행동을 취하는 행위자는 많을 것이다. 집단에서 취약한 행위자에게 초기에 규범의 인정 기준을 효과적으로 가르쳤지만 행위자가 이 규범을 따르지 않은 것에 대해 스스로 벌을 줄 것이기 때문이다.

제5절 | 사회적 규범 모형과 측정

1 사회적 규범 관련 모형

사회적 규범에 관한 모형은 사회적 규범을 통해 인간의 행동이 유발되는 경로를 이해하는 데 도움을 주게 되는데, 대표적 이론 모형이 아이젠(I. Ajzen)의 합리적 행동이론(Theory of Reasoned Action: TRA)과 계획행동이론(Theory of Planned Behavior: TPB)이다.

합리적 행동이론(TRA)은 사회심리학 분야에서 인간 행동을 연구하기 위해 연구자들에 의해 활용됐으며, 다양한 사회적 행동을 예측하는 데 적용됐다(Mishra et al., 2014: 30). [그림 2-2]처럼 합리적 행동이론 모형은 인간의 행동은 신념이 태도에 영향을 미치고, 태도가 의도에 영향을 미쳐 행동으로 연결된다는 인과적 모형이다. 합리적 행동이론은 사회의 어느 분야에서든 인간의 행동이 유발되기까지 과정을 이해하는 데 설명적 토대로서 적용되고 있다.

[그림 2-2] 합리적 행동이론 모형

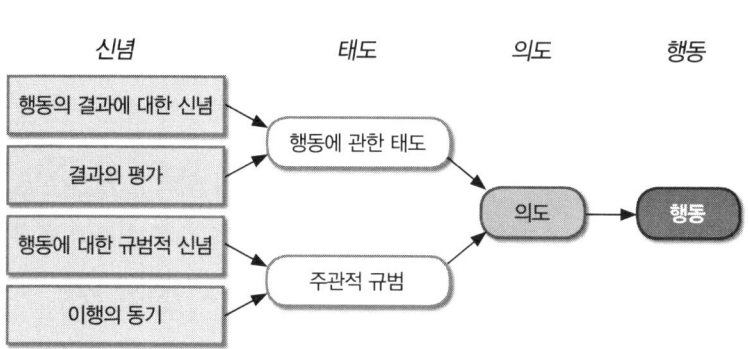

합리적 행동이론 모형의 구성 요인에 대해 예시를 통해 설명하면 다음과 같다.

- 행동의 결과에 대한 신념(예): 만약 내가 운동을 한다면 과체중을 줄이고 건강을 회복할 것이다.
- 결과의 평가(예): 건강하게 되면 즐겁고 유쾌한 일이다.
- 행동에 대한 규범적 신념(예): 가족과 친구들은 내가 운동해야 한다고 생각한다.
- 이행의 동기(예): 나는 가족과 친구들이 원하는 것을 하고 싶다.
- 행동에 관한 태도(예): 운동은 내가 할 수 있는 좋은 일이다.
- 주관적 규범(예): 운동한 적절한 행동이다.
- 의도(예): 운동 프로그램을 시작할 것이다.

계획행동이론(TPB)은 합리적 행동이론(Ajzen & Fishbein, 1980; Fishbein & Ajzen,

1975)을 확장한 것이다. 합리적 행동이론에서와 같이 계획행동이론의 핵심 요소는 행동을 수행하려는 개인의 의도에 초점을 두고 있다. 의도는 행동에 영향을 미치는 동기 요인을 포착한다고 가정한다. 따라서 이 모형은 사람들이 행동을 수행하기 위해 얼마나 많은 노력을 기울일지를 파악하는 데 도움을 줄 수 있다 (Ajzen, 1991: 181). 계획행동이론은 인간은 어떤 의도(intention)를 가짐으로써 행동(behaviour)을 유발하게 되는데, 의도에 영향을 미치는 요인은 태도(attitude), 주관적 규범(subjective norms), 지각된 행동통제(perceived behavioural control) 등의 요인들이 상호작용하게 된다.

[그림 2-3] 계획행동이론

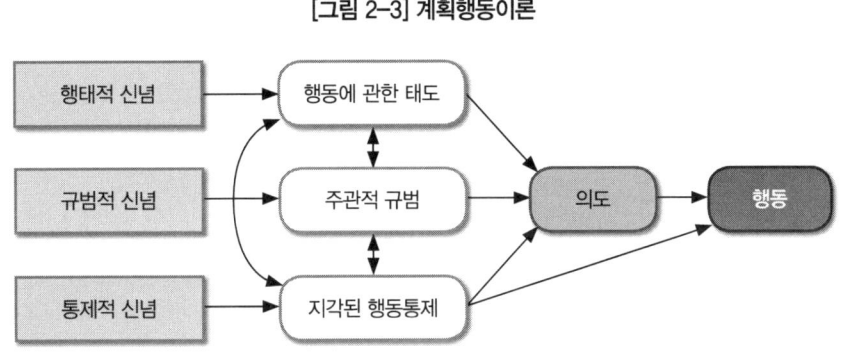

자료: Ajzen(1991: 182); Ozkan & Kanat(2011: 504)

스턴 외(Stern et al., 1999)의 가치-신념-규범이론(value-belief-norm theory) 모형이다. 스턴 외는 환경문제에 대한 인식의 전환을 통해 친환경적 규범으로 바뀌는 인과적 과정을 설명했다. 인간에게는 이타적 가치, 이기주의 가치, 전통적 가치 등이 있으며, 이들 가치가 새로운 생태계 패러다임에 영향을 미쳐 생태계의 중요성을 인식하고, 책임과 의무감을 깊이 새기고 개인의 친환경적 규범이 형성된다는 것이다. 친환경적 규범은 환경에 대한 행동으로 나타나며, 환경에 대한 시민성을 확립하고 환경정책을 지지하게 된다.

[그림 2-4] 가치-신념-규범이론 모형

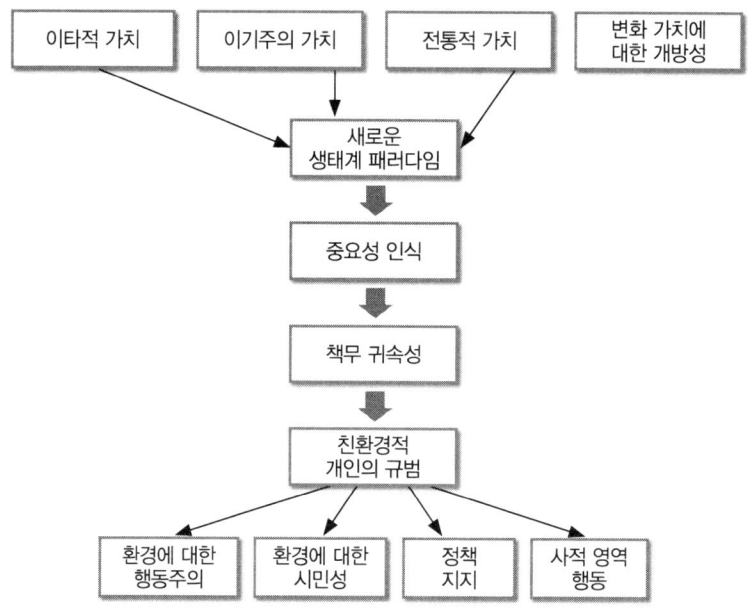

자료: Stern et al.(1999)

다음은 비치에리(Cristina Bicchieri)의 수정된 신념/선호 모형(Modified Belief/Preference Model)이다. 이 모형에 의하면, 개인의 선호(preference)에는 규범적 신념(normative beliefs), 사회적 기대(social expectations), 사실적 신념(factual beliefs) 등의 요인들이 영향을 미치고, 이로 인해 어떤 선택(choice)을 한다는 것이다. 여기에서 선호는 모든 것을 고려해서 특정 방식을 선택하는 경향을 의미한다(Bicchieri, 2016).

개인의 규범적 신념은 반드시 어떤 사건(일)이 자신이 평소 생각한 대로 당연하게 일어나야 한다고 확신하고 있는 정도를 의미한다. 예를 들어, "강의실에서 전화 통화를 해서는 안 된다", "길거리에서 폭력 행동을 보면 경찰에 신고해야 한다", "온라인상에서 타인을 비방하는 글을 올려서는 안 된다" 등이다. 사회적 기대는 경험적 기대와 규범적 기대 두 가지 유형이 있다. 경험적 기대(empirical expectations)는 우리가 기대하는 것을 다른 사람도 그렇게 할 것이라고 확신하고 있는 정도로, "흡연은 폐암을 유발할 것이다", "추운 날씨에 여름옷을 입고 활동하면 감기에 걸릴 것이다" 등으로 기대하는 확신을 가진 사람의 경험에 비춰 다른 사람의 행동에 대한 예상된 결과를 설명하는 것이다. 규범적 기대(normative expectations)는 다른 사람들의 기대에 비춰 자신의 행동도 다른 사람들이 생각한 대로 실현해야 한다고 믿는 정도다.

[그림 2-5] 수정 신념/선호 모형

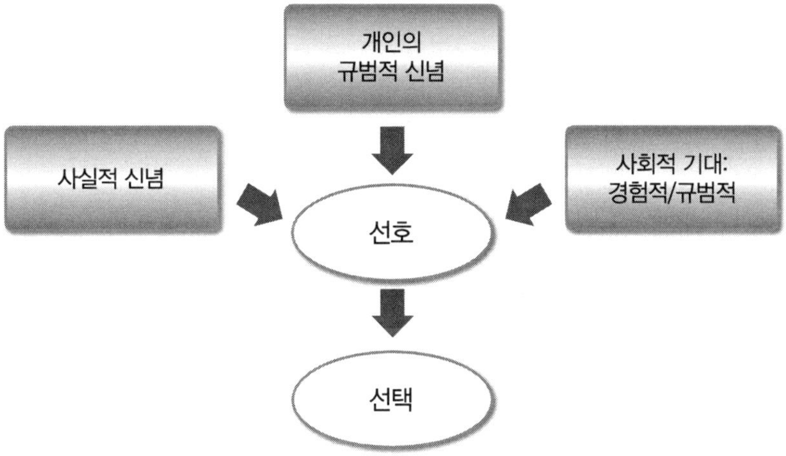

자료: Bicchieri(2016)

팡 외(Fang et al.,2017)는 아이젠의 계획행동이론(TPA), 합리적 행동이론(TRA), 그리고 스턴 외의 가치-신념-규범이론 등을 통합하고 수정한 연구모형을 [그림 2-6]과 같이 제시했다. 규범적 신념은 태도와 사회적 규범을 거쳐 행동 의도에 영향을 미친다는 경로모형을 제시한 것으로, 지금까지의 모형을 '신념-태도-규범-의도'의 관계로 단순화한 것이다.

[그림 2-6] 행동 의도의 영향 모형

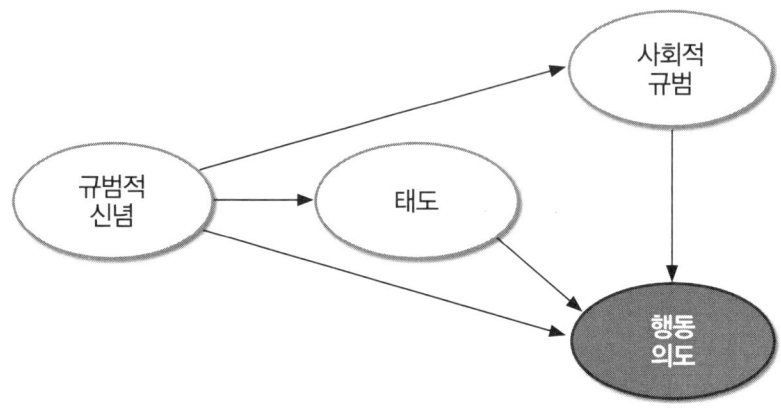

자료: Fang et al.(2017)

2 사회적 규범의 일반적 측정 지표

사회적 규범을 측정하는 차원과 지표는 국가와 지역사회의 역사적·전통적·문화적 특성, 사회 시스템, 정치구조와 수준, 교육 수준, 개인의 인식 수준 등 다양한 요인과 이들 요인의 복합적 작용에 의해 영향을 받게 되고 차별화된다. 따라서 일반적인 사회적 규범을 단정짓기는 곤란하며, 측정하고자 하는 대상과 지역 등의 생활공간과 인문사회학적 특성을 고려하고 측정의 목적에 따라서 그 차원과 지표가 달라질 수 있다.

한덕웅(2006)은 한국 문화에서 사회적 규범이 된다고 평가하는 사회행동들 가운데 일상생활에서 관습화돼 있으면서 사회 관계에서 중요한 의미를 지니는 사회행동들을 타당하고 신뢰성 있게 측정하기 위해 아래와 같이 15개 척도를 사용했다.

① 가정가족   ② 효도
③ 가문 조상   ④ 친척관계

⑤ 윗사람 관계　　　　⑥ 아랫사람
⑦ 친구　　　　　　　⑧ 인간성
⑨ 예의·예절　　　　　⑩ 성의성실
⑪ 감정 억제　　　　　⑫ 집단주의
⑬ 신의·신용　　　　　⑭ 노력·근면
⑮ 물질 절약

비저 외(Bizer et al.,2014)는 사회적 규범 지지 척도로서 다음과 같이 14개 측정 문항을 제시했다.

---

1. 나는 사회적 규범을 따르는 편이다.
2. 우리는 언제나 정해진 사회적 규칙을 따라야만 하는 것은 아니다.
3. 사람들은 규범에 맞추려고 하는 것보다 그들이 원하는 행동을 할 수 있어야 한다.
4. 모든 상황에서 올바른 행동 방법이 있다.
5. 만약 많은 사람이 사회의 규칙을 따랐다면, 세상은 더 나은 곳이 됐을 것이다.
6. 사람들은 명문화된 규칙을 엄격하게 따르는 만큼 관습적인 규칙도 따르는 것이 필요하다.
7. 사람들이 사회구성원으로서 따라야 할 중요한 관습이 많이 있다.
8. 우리가 활동하게 될 사회의 기준은 너무 제한적이다.
9. 사회가 기대하는 것을 행하는 사람들이 더 행복한 삶을 살게 된다.
10. 우리 사회는 구성원들이 따라야 할 관습적인 규칙에 기초하고 있다.
11. 나는 주변에 있는 모든 사람이 사회의 규범을 지키고 있을 때만 편하게 지내는 편이다.
12. 우리가 사회의 규범을 따르려고 하지 않으면 더 행복할 것이다.
13. 완벽한 세상에 대한 나의 생각과 사회적 기대는 일치하지 않을 것이다.
14. 나는 항상 사회의 규칙을 따르기 위해 최선을 다한다.

> Rethinking
>
> ## 초연결사회에서의 미래 규범과 인터넷 윤리
>
> 모든 것이 인터넷으로 연결되는 초연결사회(hyper-connected Society)에서의 인터넷은 더 이상 우리의 삶과 분리되는 대상이 아닌 사회 기반으로 자리를 잡았다. 어떻게 생각하면 인터넷이 개발되고 정보사회로 변화를 시작하는 때에 이미 예상된 미래라고도 할 수 있다.
>
> 하지만 막상 초연결사회로 빠르게 진보하는 상황에서 디지털 시민은 어떤 사회 규범을 준비해야 하고, 그 규범은 어떤 방향을 지향해야 하는지에 대한 논의는 아직 미흡한 실정이다. 더군다나 인공지능에 대한 폭발적인 관심으로 인해 미래 정보사회의 가장 중요한 기반이라고 할 수 있는 초연결사회에 대한 규범적 논의는 인공지능 관련 규범 논의에 비해 상대적으로 미흡하다.
>
> 고대나 중세와 같이 단순하지 않은 현대 사회는 하나의 가치관, 하나의 규범이론을 가지고 운영되지는 않는다. 초연결사회도 마찬가지일 것이다. 하나의 가치관으로 모든 문제를 해결할 수 없으며, 초연결사회가 안정적으로 작동하기 위해서는 레이어(layer)에 따라서 구체적으로 구분해 사회적 문제에 접근해야 한다. 물론 기술의 영향이 많이 작용하는 사회인 만큼 효율성을 바탕으로 최대 행복을 추구하는 목적론적 윤리론에 입각해 많은 사안이 결정될 것이다. 또한, 법치주의 사회에서 법규범에 의한 권리와 의무의 규율이 이뤄지는 것은 당연하다.
>
> (중략)
>
> 또 하나 생각해야 하는 것은 초연결사회의 문제들이 법규범만으로 해결되지 않는다는 점이다. (중략) 경우에 따라 법 이외의 다른 규범에 관심을 기울여야 한다. 인간 중심의 초연결사회를 위한 법규범은 물론이고, 인터넷 윤리나 윤리적 코드가 매우 강조된다. 연결사회에서는 초연결사회를 구성하는 기술이나 기기가 우리나라 법규범의 지배를 받는 관할권 안에만 존재하는 것이 아니라 관할권 밖에 존재해 법적 강

제력이 미치지 않을 수 있기 때문이다. 이 또한 정보사회의 초창기부터 제기된 문제이지만 현대에 들어서 그 의미는 더욱 커졌다.

　인공지능 윤리에 대해 국제적으로 활발하게 논의되는 이유도 마찬가지다. 기술이 발전할수록 인터넷 윤리의 중요성이 더욱 커질 수밖에 없다. 인간 중심의 정의로운 초연결사회, 디지털 시민주권(digital citizenship)이라는 가치관이 공허한 글귀로 취급될 수도 있겠지만 미래 사회의 법규범, 윤리규범, 기술 기준의 중요한 방향타가 돼야 할 것으로 본다.

자료: 오태원(2018), 「초연결사회에서의 미래규범과 인터넷윤리」, 보안뉴스, 2018. 3. 7. http://www.boannews.com, (검색일: 2018. 4. 25)

제2장 참고 문헌

강내원. (2012). 시민의 뉴스정보 이용이 호혜성 및 사회규범 인식에 미치는 영향: 사회자본이론과 사회규범이론을 중심으로. 「사회과학연구」, 38(2): 73-100. 경희대학교 사회과학연구원.
강은숙·김종석. (2012). 사회적 규범과 정책의 성공가능성. 「한국정책학회보」, 21(3): 241-264.
김영화 외. (2006). 「현장과 함께 생각하는 사회문제」. 서울: 삼우사.
송근원. (1978). 현대 사회문제의 성격 및 그 해결 방법의 특성. 「한국행정학보」, 12: 250-265.
전주상·배재영·임재진·채원호·이종수. (2018). 「행정윤리론」, 서울: 대영문화사.
한덕웅. (2006). 한국문화에서 사회규범에 따른 행동들이 주관 안녕에 미치는 영향. 「한국심리학회지: 건강」, 11(2): 363-387.

Ajzen, I. (1991). The theory of planned behavior. *Organizational Behavior and Human Decision Processes*, 50(2): 179-211.
Ajzen, I. & Fishbein, M. (1972). Attitudes and normative beliefs as factors influencing intentions. *Journal of Personality and Social Psychology*, 21(1): 1-9.
Bell, D. C. & Cox, M. L. (2015). Social Norms: Do We Love Norms Too Much?. *Journal of Family Theory & Review*, 7(March): 28-46.
Bicchieri, C. (2006). *The Grammar of Society: the Nature and Dynamics of Social Norms*, Cambridge University Press.
Bicchieri, C. (2016). *Measuring Social Norms*. Penn Social Norms Group. http://irh.org/wp-content/uploads/2016/09/Bicchieri_MeasuringSocialNorms.pdf. (Retrieved on November 18, 2018).

Bizer, G. Y., Magin, R. A., & Levine, M. R. (2014). The Social-Norm Espousal Scale. *Personality and Individual Differences*, 58: 106-111.

Buckholtz, J. M. (2015). Social norms, self-control, and the value of antisocial behavior. *Current Option in Behavioral Sciences*, 3: 122-129.

Cho, H., Chung, S., & Filippova, A. (2015). Perceptions of social norms surrounding digital piracy: The effect of social projection and communication exposure on injunctive and descriptive social norms. *Computers in Human Behavior*, 48: 506-515.

Fang, W-T., Ng, E., Wang, C-M., & Hsu, M-L. (2017). Normative Beliefs, Attitudes, and Social Norms: People Reduce Waste as an Index of Social Relationships When Spending Leisure Time. *Sustainability*, https://www.mdpi.com/2071-1050/9/10/1696/pdf. (Retrieved on November 18, 2018).

Farooq, U. (2012a). *Social Norms Definition and Functions & Types of Social Norms*. http://www.studylecturenotes.com/social-sciences/sociology/355-social-norms-definition-and-functions-of-social-norms. (Retrieved on December 21, 2017).

Farooq, U. (2012b). *Types of Social Norms Folkways*, Mores and Laws. http://www.studylecturenotes.com/social-sciences/sociology/356-types-of-social-norms-folkways-mores-and-laws. (Retrieved on December 21, 2017).

Farrow, K., Grolleau, G., & Ibanez, L. (2017). Social Norms and Pro-environmental Behavior: A Review of the Evidence. *Ecological Economics*, 140: 1-13.

Horne, C. & Kennedy, E. H. (2017). The power of social norms for reducing and shifting electricity use. *Energy Policy*, 107: 43-52.

House, B. R. (2018). How do social norms influence prosocial development?. *Current Opinion in Psychology*, 20: 87-91.

Mishra, D. & Akman, I., & Mishra, A. (2014). Theory of Reasoned Action application for Green Information Technology acceptance. *Computer in Human Behavior*, 36: 29-40.

Mondal, P. (2017). *Social Norms: It's Meaning, Characteristics, Institutionalization and Functions*. http://www.yourarticlelibrary.com/society/social-norms-its-meaning-characteristics-institutionalization-and-functions/8514. (Retrieved on December 21, 2017).

Ozkan, S. & Kanat, I. E. (2011). e-Government adoption model based on theory of planned behavior: Empirical validation. *Government Information Quarterly*, 28(4): 503-513.

Perrucci, R. & Perrucci, C. C. (2014). The Good Society: Core Social Values, Social Norms, and Public Policy. *Sociological Forum*, 29(1): 245-258.

Shah, S. (2017). *Values and Norms of Society: Conformity, Conflict and Deviation in Norms*. http://www.sociologydiscussion.com/society/values-and-norms-of-society-conformity-conflict-and-deviation-in-norms/2292. (Retrieved on December 21, 2017).

Stern, P. C., Dietz, T., Abel, T. D., Guagnano, G. A., & Kalof, L. A. (1999). value-belief-norm theory of support for social movements: The case of environmentalism. *Human Ecology Review*. 6(2): 81-97.

제3장
사회적 가치와 공공사회

제1절 | 사회적 가치

1 사회적 가치의 개념

　사회적 가치를 한마디로 정의하기는 곤란하다. 그것은 국가, 사회, 사람, 시간과 공간 등에 따라 사회적으로 중요하게 여기는 것이 다르기 때문이다.
　가치(values)의 사전적 정의에 대해,『옥스퍼드 영어사전』에서는 "행동의 원칙이나 표준 또는 생활에서 중요한 것이라는 자신의 파단"으로 정의돼 있다. 가치의 용어에는 윤리(ethics), 원칙(principles) 등의 의미를 담고 있다(Bannister & Connolly, 2014: 120). 가치는 사람들의 사고와 행동에 영향을 미치는 추상적인 관념이다. 가치는 개인의 태도와 행동을 유도하고 정당화하며(김상묵, 2017: 3), "유용한 수단이나 목표에 대한 선택에 영향을 미치는 영속적인 신념"이다(Kernaghan, 2003: 711). 또한 가치는 "구체적인 상황을 초월해서 행동과 사건의 선택 혹은 평가를 유도하고, 상대적 중요도에 따라 서열화 가능한 바람직한 최종 상태 또는 행동에 대한 신념"이다(Schwartz & Bilsky, 1987: 551; 김상묵, 2017: 3에서 재인용).
　로키치(Rokeach, 1973, 1979)는 가치에 대해, 사람들이 추구하는 보편적인 가치를 궁극적 가치와 수단적 가치로 구분했다. 궁극적 가치란 추구할 만한 의미가 있는 목표나 목적에 대한 신념을 의미하며, 수단적 가치는 이러한 목표를 달성하기에 적절한 행동 유형에 대한 신념을 뜻한다. 모든 사람은 궁극적 가치와 수단적 가치를 함께 가지고 있지만, 사람마다 이들 가치의 우선순위는 다를 수 있다(김상묵, 2017: 3). 가치는 개인의 내재화된 신념으로 대상이나 현상에 대한 중요성의 우선순위를 판단하는 데 작용한다.

사회적 가치(social values)는 개인의 가치와 다르다. 개인은 자신이 추구하는 가치를 즐기거나 찾는다. 개인의 가치는 공유될 수는 있지만 사회적 가치가 부여되지는 않는다. 개인적 가치와는 달리 사회적 가치는 다른 사람의 복지에 대한 관심이 포함돼 있고, 개인의 퍼스낼리티를 통해 조직화되며 자신의 사고와 행동을 규제한다(Shah, 2017). 사회적 가치는 "한 사회에서 어떤 현상, 사물, 행위 등이 구성원에게 의미 있고 바람직하다고 인정되는 것"으로 경제적 효용과 상대적 개념으로 이해하거나(Mulgan, 2010), "한 지역의 경제적, 사회적, 환경적 복리(well-being)를 증진시키는 것"이다(Mark Upton, 2012; 김호기 외, 2018에서 재인용). 사회적 가치는 다양한 사회 구조와 기대되는 행동 패턴의 결과를 가져온다(Shah, 2017).

사회적 가치는 유기체의 사회생활에 바람직한 것으로 간주되는 문화적 표준으로서 사회에 옳고 중요한 것이 무엇인지를 가정한다. 사회적 가치는 추상적인 감정이나 이상을 포함하고 있으며, 사회적 배열과 행동에 궁극적인 의미와 정당성을 제공한다. 중요한 사회적 가치의 예로는 '기회 균등'이 있는데, 이것의 본질 자체가 바람직한 목적으로 중요하게 여기고 있다(Shah, 2017). 사회적 가치는 사회·경제·환경·문화 등 모든 영역에서 공공의 이익과 공동체의 발전에 기여할 수 있는 가치다(행정안전부, 2018a; 공공기관의 사회적 가치 실현에 관한 기본 법안). 인권, 안전, 환경, 사회적 약자 배려, 양질의 일자리 창출, 상생·협력 등 공공의 이익과 공동체 발전에 기여하는 가치, 이미 우리 경제에서 자리를 잡아가고 있는 기업의 사회적 책임(CSR), 공유가치 창출(CSV), 환경·사회·지배구조(ESG) 정보공개, 사회적 경제 등을 큰 틀에서 사회적 가치라는 개념으로 한데 묶을 수 있다.

영국의 사회적가치법(공공서비스법, 2012년 제정)은 사회적 가치를 "한 지역(사회)의 경제적, 사회적, 환경적 복리"로 풀이하고 있다(「동아일보」, 2017. 12. 26). 지금까지의 논의를 바탕으로 사회적 가치 개념을 정리하면, 특정 국가 및 지역의 공동체를 형성하고 살아가는 "사람들의 행동 표준이나 중요한 것으로 여기는 것으로 공익과 공동체 발전에 기여하는 가치"로 정의할 수 있으며, 이상의 개념을 정리하면 다음과 같다.

- 공동체 형성과 유지를 위한 구성원들의 행동 표준
- 사회구성원들의 사고와 행동에 영향을 미치는 추상적인 관념
- 사회구성원의 기본적 태도와 행동의 유도
- 사회구성원의 보편적 행동에 대한 신념
- 공공의 이익과 공동체의 발전에 기여할 수 있는 가치
- 구성원에게 의미 있고 바람직하다고 인정되는 것으로 경제적 효용과 상대적 개념

2 사회적 가치의 등장 배경

첫째, 효율성 위주의 성장의 한계를 보완 및 극복하기 위한 대안적 가치가 필요하다. 신자유주의 패러다임에 기반을 둔 양적 성장은 실업률의 증가, 소득과 부(富)의 양극화의 심화, 자살률 증가를 비롯한 삶의 질 만족도가 저하되는 사회경제적 위기 상황을 초래했다. 즉, 경제의 양적 성장에도 불구하고 국민이 체감하는 행복감은 그와 비례하지 않고 있다. 신자유주의 패러다임에 따라서 양적 성장, 효율, 경쟁의 논리가 경제 및 사회의 운영 원리로 자리 잡으면서 개인의 선택과 자유, 성취가 협동, 연대, 사회적 책임보다 우월한 가치로 받아들여지면서 개인의 사회·경제적 안정성, 사회적 포용성, 사회적 역능성, 사회적 응집성도 저

하되고 있다. 또한 경제의 양적 성장은 천연자원의 낭비와 환경오염을 동반해서 미래 세대의 쾌적하고 안전한 삶까지 위협하는 상황에 이르렀다. 따라서 경제적 측면에서의 성장뿐만 아니라 사회-경제-환경의 통합적 성장을 통해 지속가능성을 담보해야 할 필요성이 대두됐다(행정안전부, 2018a에서 재인용). 즉, 사회적 가치의 실현은 지금까지 균형 있게 다뤄지지 못한 개인의 삶의 질의 문제, 사회의 질의 문제, 지속 가능한 성장의 문제를 효과적으로 해결하고자 하는 것으로 이해할 수 있다(행정안전부, 2018a).

[그림 3-1] 사회적 가치의 논의 출발

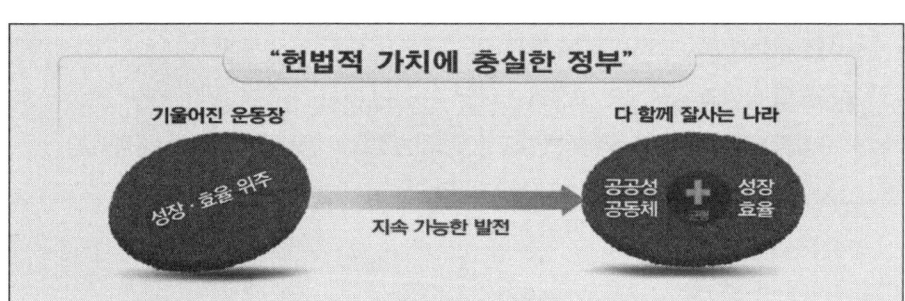

자료: 행정안전부(2018b)

둘째, 사회가 안고 있는 여러 문제에 대한 해결 방식에 의문을 가지고 사회적 가치의 내재화 확산이 하나의 대안으로 제시할 수 있다고 보는 것이다. 우리 사회는 저성장으로 일자리 문제, 열악한 주거, 장시간 노동, 에너지 문제, 환경위기, 낮은 삶의 질, 지역공동체 쇠퇴, 각자도생, 교육문제, 부패와 비리, 공공 갈등, 사회적 약자의 차별과 배제, 노인 빈곤, 격차와 불평등, 돌봄과 육아, 취약한 복지 등 다양한 문제가 존재한다. 이런 문제를 해결하기 위해서는 국가 주도 산업화와 시장경제 및 기업 성장에 의한 효율, 수익, 경쟁의 접근 방식으로 한계가 있고, 이에 대한 대안으로 등장하는 접근 방식이 사회적 가치에 주목해야 된다는

것이다.[10]

　셋째, 물질적 풍요로운 시대에 행복과 삶의 질에 대한 진지한 고민과 대안을 모색해야 한다는 것이다. 지금까지 사회 발전을 GDP(국내총생산지표)로 측정·평가하는 방식이 적절한가에 대한 반성과 이를 보완할 수 있는 방식으로서 사회적 가치를 고려해야 하는데, 그 지표는 행복, 삶의 질, 지속가능성 지표 등을 들 수 있다.[11] 국민 의식의 변화와 사회 변화에 따라 사회 발전 수준을 파악하는 지표도 달라져야 하는데, 그 대안적 지표가 사회적 가치다. 사회적 가치가 구성원 모두 공감하고 적절하고 적실성 있는 내용으로 형성돼 사회 전체에 확산되고 내재화하느냐는 그 사회의 건강성을 나타낼 수 있는 지표가 되기도 한다. 따라서 시대 변화에 적합한 사회적 가치의 창출이 필요하다.

[그림 3-2] 한국의 삶의 질 지수

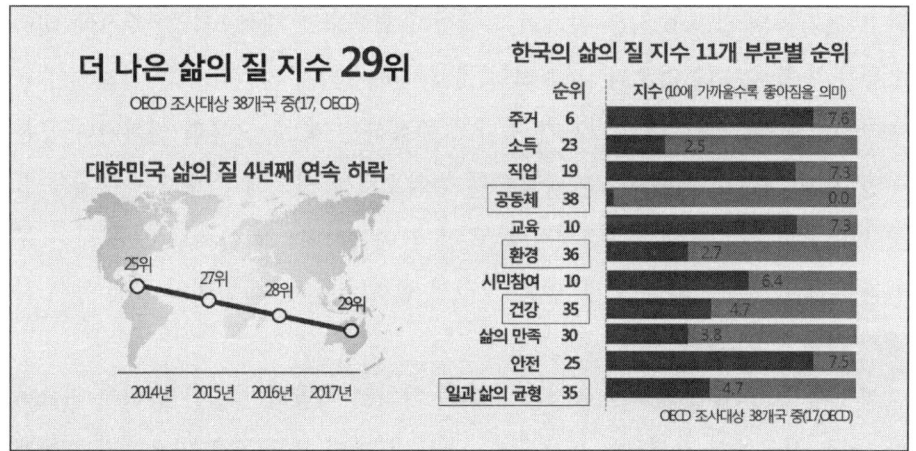

자료: 행정안전부(2018b)

---

10) 김호기 외(2018)의 내용을 정리함.

11) 보건복지부는 사회보장 관련 환경 변화와 수요 파악을 위해 7~8월 전국 20세 이상 국민 1,000명과 전문가 100명을 대상으로 한 '2018년도 사회보장 대국민 인식조사' 결과를 20일 발표했다. 이 발표 내용에서 전반적인 삶의 만족도는 10점 만점에 6.6점인 것으로 나타났다(뉴시스, 2018. 11. 20).

넷째, 사회의 질이 높아져야 성장도 가능하다는 시각이다(김호기 외, 2018). 유형적 경제 성장 중심은 심각한 소득 격차 문제를 야기하고, 사회 배제 및 사회 격차로 연결해 사회적 박탈감을 불러일으킨다. 소득의 불평등은 결국 사회 불안정을 부추기며, 사회구성원의 안정과 통합에 부정적 요인으로 작용하게 된다. 형평성과 공정성, 투명성과 신뢰, 공유와 협력 등과 같은 사회적 가치가 성장의 한계를 극복하는 데 새로운 원동력이 된다는 시각이 있다(김호기 외, 2018).

다섯째, 시장의 기능에 한계가 있고 이에 대한 대안은 사회적 가치를 실현하는 것이다. 모든 것이 상품화되고, 사회생활의 모든 영역에서 시장 가치가 확산되고 있다. 예를 들어, 교육, 성, 결혼, 출산, 건강, 여가, 안전, 삶과 죽음, 시민생활 등 원래는 시장에서 사고팔 수 없는 것들에까지 시장 논리가 확산되고 있다. 다양한 행위나 삶의 의미들이 화폐 가치의 유무에 따라 평가되고 있는데(김호기 외, 2018), 질적인 성질의 문제이거나 돈으로 살 수 없는 것들까지 화폐 단위로 측정하고 평가하는 접근 방식은 평가의 타당성이 결여되고 해석, 설명, 주장에 대한 오류를 범할 수밖에 없으며, 본질적인 문제가 해결되지 않는다. 즉, 정책(사업, 프로그램)이 효과가 없는데도 효과가 있다고 주장하는 제1종 오류를 범하거나 근본적인 문제 정의를 잘못하는 메타오류를 범함으로써 사회에 존재하는 문제를 잘못 파악할뿐더러 문제가 해결되지 않고 계속 존재하며, 그 문제로 인해 다른 문제를 파생시키는 결과를 낳게 한다. 따라서 질적인 문제, 복합적인 문제 등은 사회적 가치로의 접근이 필요하다.

여섯째, 공공 부문의 비효율성을 사회적 가치로 처방하는 접근 방식이 필요하다. 공공 부문에서 발생하는 비효율성, 낭비, 부패의 문제 등을 명문화된 규제제도만으로 해결하기 곤란하다. 특히 복지 수요의 증가로 인한 재정 부담의 증가, 각종 보조금 및 지원금의 부정 수급, 국가지원금을 받기 위한 형식적인 프로그램 운영, 공익 및 공공성을 포장한 사익 챙기기 등은 국가 세금을 낭비하는 심각한 사회적 적폐다. 이런 문제는 해결의 주체를 정부로 여기고 시민을 객체로 보고 처방책을 주는 사람과 받는 사람의 관계로 규정했기 때문이다. 따라서 문제 해결을 위해 정부에 의존하기보다는 시민이 자정력(自淨力)을 가질 수 있는 사회적 가치가 확산 및 내재화될 필요가 있고, 문제 해결을 위해 정부-기업-시민사회 등 다양한 주체의 참여를 바탕으로 한 공동 대응, 즉 '협력적 거버넌스'를 새로운 사회 운영 원리로 추구할 필요가 있다(김호기 외, 2018). 여기에서 '공공성'이 아니라 왜 '사회적 가치'로의 접근인가에 대한 의문이 제기될 수 있다. 공공성 개념은 '민영화(시장) vs. 공공 부문(정부)'의 이분법에 기초해서 해결의 주체를 공공사업, 공권력, 공공 업무, 공공기관, 정부 재원 등으로 초점을 맞출 수 있다. 사회문제 해결을 위해서는 공공 부문을 비롯해 기업, 공동체 모두가 사회 혁신에 적극적 역할을 수행해야 한다(김호기 외, 2018).

이상의 내용을 정리하면, 그동안 사회문제 및 사회 발전을 위한 접근 시각은 시장 중심 및 유형적 성장 중심 등 양적 접근이었지만, 근본적 문제는 해결되지 않고 오히려 하나의 문제가 새로운 다른 유형의 문제를 유발하는 등 다양한 문제가 동시에 발생되고 문제의 범위와 정도가 심각해지는 상태에 놓이게 됨으로써 이를 해결하기 위한 처방적 및 대안적 접근 시각으로서 사회적 가치가 등장하게 된다. 사회적 가치는 장기적이고 질적인 접근이며, 사회적 가치 실현을 위한 주체는 다양한 참여와 협력이 이뤄져야 한다.

[그림 3-3] 사회적 가치의 등장 배경

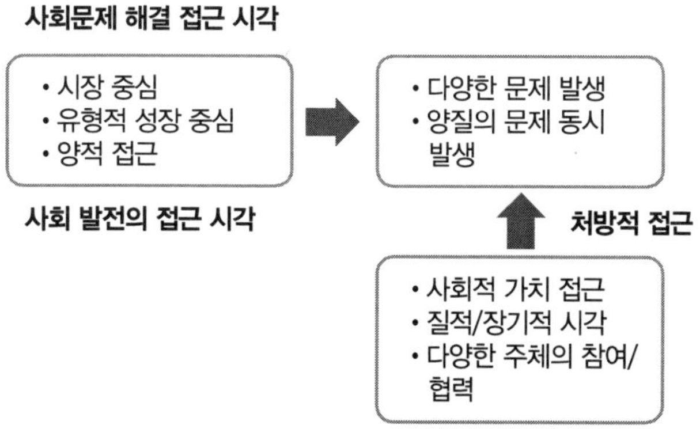

사회문제 해결 접근 시각

- 시장 중심
- 유형적 성장 중심
- 양적 접근

→

- 다양한 문제 발생
- 양질의 문제 동시 발생

사회 발전의 접근 시각   **처방적 접근**

↑

- 사회적 가치 접근
- 질적/장기적 시각
- 다양한 주체의 참여/협력

3 사회적 가치의 중요성과 내용

1) 사회적 가치의 중요성

「공공기관의 사회적 가치 실현에 관한 기본법안」[12]에 따르면, 사회적 가치가 실현되기 위한 제도적 토대가 마련돼야 한다는 이유에 대해서 다음과 같이 제안되고 있다.

"사회적 가치는 인권, 안전, 환경, 사회적 약자 배려, 양질의 일자리 창출, 상생 협력 등 공공의 이익과 공동체 발전에 기여하는 가치로서, 안전에 대한 국민적 우려가 확대되고 고용 불안과 양극화 등으로 국민의 삶의 질이 악화되는 상황에 국민적 불안을 해소하고 사회 통합을 이뤄 나가기 위해서 추구해야 할 핵심적 가치다. 우리의 경우 사회적 경제, 기업의 사회적 책임(corporate social responsibility), 공유가치 창출(creating shared value) 등 사회적 가치 실현과 관련된 다양한 활동이 증가하고 있으나, 공공기관의 공공성에 대한 국내외 평가는 낮은 수준이며, 공공기관에 대한 국민적 신뢰도 미흡한 상황이다. 이에 사회적 가치 실현을 공공 부문의 핵심 운영 원리로 삼고, 업무 수행 시 이를 체계적으로 실행하도록 함으로써 공공 부문부터 사회적 가치 실현을 선도하고, 나아가 민간 부문으로 확산시키기 위해 기본법을 제정하려는 것이다." 또한 이 법안 제2조에서는 "사회적 가치는 공공의 이익과 공동체의 발전에 기여하는 중요한 가치임을 인식하고, 공공 부문에서 사회적 가치 실현을 선도함으로써, 우리 사회 모든 영역에서 공동체적 가치의 회복, 호혜 협력과 상생이 실현되는 사회로 나아갈 수 있도록 하는 것을 기본 이념으로 한다."고 명시하고 있다.

사회적 가치의 체계는 헌법적 가치로서 사회권을 실질화하기 위한 가치이며, 경제적·환경적·문화적 가치를 포괄하는 상위 가치다. 사회적 가치는 헌법이 지향하는 가치 중 사회의 재생과 건전한 발전을 위한 가치로서 인권, 노동권, 안

---

[12] 의안번호 9920, 발의 연월일 2017. 10. 26.

전, 사회적 약자 배려, 민주적 의사결정과 참여의 실현 등 공동체와 사회 전체에 편익을 제공하는 가치로서 중요성을 가진다(행정안전부, 2018a).

이와 같이 사회적 가치는 공공의 이익과 공동체 발전에 기여하는 가치이자 국민의 삶의 질을 개선하고 국민 안정화 및 사회 통합을 이루기 위한 핵심적 가치로서 의미를 지닌다.

2) 사회적 가치의 내용

「공공기관의 사회적 가치 실현에 관한 기본법안」 제3조에서 사회적 가치를 구성하는 요소들을 〈표 3-1〉과 같이 제시하고 있으며, 이에 따른 구성 요소별 정의 및 정책사례는 〈표 3-2〉와 같다.

〈표 3-1〉 사회적 가치를 구성하는 요소들

1. 인간의 존엄성을 유지하는 기본 권리로서 인권의 보호
2. 재난과 사고로부터 안전한 근로·생활환경의 유지
3. 건강한 생활이 가능한 보건복지의 제공
4. 노동권 보장과 근로조건의 향상
5. 사회적 약자에 대한 기회 제공과 사회 통합
6. 대기업, 중소기업 간의 상생과 협력
7. 품위 있는 삶을 누릴 수 있는 양질의 일자리 창출
8. 지역사회 활성화와 공동체 복원
9. 경제적 이익이 지역에 순환되는 지역경제 공헌
10. 윤리적 생산·유통을 포함한 기업의 사회적 책임 이행
11. 환경의 지속가능성 보전
12. 시민적 권리로서 민주적 의사결정과 참여의 실현
13. 그밖에 공동체 이익 실현과 공공의 강화

자료: 행정안전부(2018a, b)

<표 3-2> 문재인 정부의 사회적 가치 구성 요소별 정의 및 정책 사례

구성 요소	의미	정책 사례
1. 인권의 보호	행복추구권, 평등권, 알권리 등 정보기본권, 직업의 자유, 안정적 주거생활 보장	• 보복범죄 피해자 등 대상 신변 보호 확대, 아동-장애인의 소송 진술권 보장을 위한 진술조력인 배치(법무부) • 외국인 인권 보호 강화를 위한 외국인인권 증진협의회 운영(법무부)
2. 재난·사고로부터의 안전	시장 논리로 해결되지 않는 국민의 안전을 지키기 위한 공공의 적극적 조치	• 취약계층 안전시설 무상점검 및 보강, 범죄 예방 환경 셉티드(CPTED) 설계 확대 • 도심지 차량속도 제한, 등하굣길 이면도로 정비 중 보행자 중심 도로 정책
3. 건강한 생활을 위한 보건복지	인간다운 생활의 기본 조건으로서 건강한 생활을 영위할 수 있는 보건 및 의료 서비스 제공	• 방문 건강관리 간호사 서비스 확대, 독거노인 응급안전 서비스 제공 • 장애인 등 노인 등 수요자별 특성, 사회보장 정도 등 빅데이터 분석을 통해 수요자 맞춤형 복지 서비스 제공
4. 노동권 보장과 근로조건 향상	생계를 유지하기 위한 일할 수 있는 노동3권 등 권리 보장, 안정적인 근로조건 유지	• 안전한 고용 보장, 공공 부문 비정규직의 정규직화, 동일노동 동일임금 원칙 실현 • 작업장 안전시설 확충, 충분한 휴식시간 보장, 직장 내 갑질 관행 타파
5. 사회적 약자 기회 제공과 사회 통합	노인, 청소년, 신체장애자, 기타 생활 능력이 없는 국민도 인간으로서의 존엄과 가치를 보장받을 수 있는 사회보장 정책 추진	• 관리자급 이상 여성·장애인 임용 비율 확대 • 민원서식 음성 변환 서비스 확대(청각장애인) 및 외국어 병기(이주민) • 장애인·고령자·임산부도 자유롭게 이동할 수 있는 공공시설 인프라
6. 대기업-중소기업 간 상생 협력	시장의 지배와 경제력의 남용을 방지하고, 경제 주체 간의 조화를 통한 경제의 민주화를 위해 필요한 규제·조정	• 공공조달 시 사회적 경제 기업 우대 등 활성화 정책 추진, 일감 몰아주기 관행 근절 • 대기업-중소기업 간 임금 격차 해소, 중소창업기업 재정지원 육성 확대
7. 양질의 일자리 창출	민간 및 공공 부문 일자리 창출, 노동시간 단축 등을 통한 일자리 나누기 등 품위 있는 삶 유지를 위한 일자리 창출	• 1주 근로시간 52시간 단축, 청년일자리 창출 • 최저임금 인상을 통한 1만 원 달성 • 소방, 경찰 등 민생 현장 중심 공공 부문 채용 확대
8. 지역사회 활성화와 공동체 복원	자치와 분권의 원칙을 지역 공동체 차원에서 보장하는 지방자치 실현	• 사무이양 등 자치분권, 국세-지방세 조정 등 재정분권 • 노후화된 도심을 주민과 지역상인 주도로 도시재생 • 적정 임대료 유지를 위한 상생협약을 통해 젠트리피케이션 해결
9. 지역경제 공헌	지역 간 균형 있는 발전을 위한 지역경제 육성, 수도권 과밀화로 인한 부작용 해소	• 공공 부문 공사에 지역 업체 일정 비율 이상 참여 보장 • 지역별 혁신도시 육성, 공공기관 이전 • 마을기업 등 지역공동체 육성 지원

구성 요소	의미	정책 사례
10. 기업의 사회적 책임	사회적 존재로서 기업의 사회적 책임 이행, 인권을 보장하는 근로환경 구현, 지역사회 공헌, 좋은 지배구조	• 사회적 책임 구현 우수기업 인증 및 세제 혜택 제공, 공공기관 입찰 시 우대 • 일정 규모 이상 기업 사회적 책임 활동보고서 작성 유도 • ISO 2600 등 윤리경영 기준
11. 환경의 지속가능성 보전	국민들이 쾌적한 환경에서 생활할 권리를 보장	• 주민이 참여하는 협동조합이 공공기관 유휴부지에 태양광발전소 설립 및 운영 • 행정-공공기간 친환경차 보유 비율 60% 달성, 탄소배출권 거래제 활성화
12. 시민 참여 확대	민주의 의사결정과 시민 참여를 통한 정부 운영 방식 개선, 참여 기제 확대, 실질적 의사결정 참여 강화	• 광화문 1번가 등 국민 소통 및 피드백 제공 • 공론화위원회, 국민-주민참여예산제, 국민참여 법령심사, 국민참여평가 등 전 의사결정 과정 참여 확대 • 주민투표 및 소환 등 직접참여제도 강화
13. 공동체의 이익 실현과 공공성 강화	경제적 양극화 등으로 파괴된 사회 공동체 회복 추구, 시민사회 등 제3섹터의 지원 및 육성	• 재정사업 추진 시 효율성 중심 평가에서 공동체에 미치는 영향을 중심으로 평가 • 이용률 저하로 수익이 저하된 여객선 항로 운영비 지원 확대 등 준공영제 확대

자료: 행정안전부(2018a, 2018b)

4 사회적 가치의 방향과 과제

1) 사회적 가치의 방향

사회적 가치에 대한 절대적이고 보편적인 원칙은 있을 수 없다. 그 대신 변동될 수 있는 방향을 이야기할 수 있을 것이다. 그것은 국가, 사회, 시간과 공간에 따라 사회적 가치가 적용되는 대상이나 집단 등 공동체마다 중요하게 여기는 가치가 다르기 때문이다. 하지만 사회적 가치는 국가, 사회, 공동체가 안고 있는 상황을 반영해야 하며, 가능한 사회 발전을 위한 미래 지향적인 가치여야 한다.

한국에서의 사회적 가치의 방향은 국민들이 행복을 느낄 수 있는 환경과 토대를 마련하는 데 주력해야 한다. 물질적인 재화를 아무리 많이 가지고 있더라도 행복하다고 느끼지 못한다면 국가 및 사회의 안정과 번영은 기대하기 어렵다. 우선적으로 내가 살고 있는 국가, 사회, 공동체에서 행복하다고 느낄 때 공간 속의 존재감을 찾게 된다. 자신이 존재하는 공간에는 많은 다양한 사람과 함께 존재한다. 다양한 사람과 공동으로 경험해서 교감하고, 다양한 스토리를 공감하며 소통할 때 행복감을 느낄 것이다. 한국 사회에서 필요로 하는 가치는 상호간 다양성을 인정하고 교감할 수 있는 기회가 주어져야 한다. 즉, 서로가 공동체 구성원으로 인정하고, 상호 교감하고 포용할 수 있어야 한다.

또한 한국 사회에서 사회적 가치의 방향은 시대의 변화를 반영하고 미래 사회를 열어갈 수 있는 가치의 창조도 병행해야 한다. 국가는 국민들이 기본적인 생활을 할 수 있도록 경제활동의 터전을 마련해야 하고, 그 터전에서 자신의 역량을 펼칠 수 있도록 형평성의 기회가 주어지는 제도를 마련해야 한다. 국가는 국민들의 경제활동의 터전을 위해 경제구조를 4차 산업혁명에 부응하는 새로운 산업 육성에 힘써야 함과 동시에 자연과 인간의 조화를 통해 삶의 질을 개선할 수 있는 새로운 가치 창출에 국민 모두의 의견을 모으고 국민적 합의를 이끌 수 있도록 해야 한다.

[그림 3-4] 사회적 가치의 방향

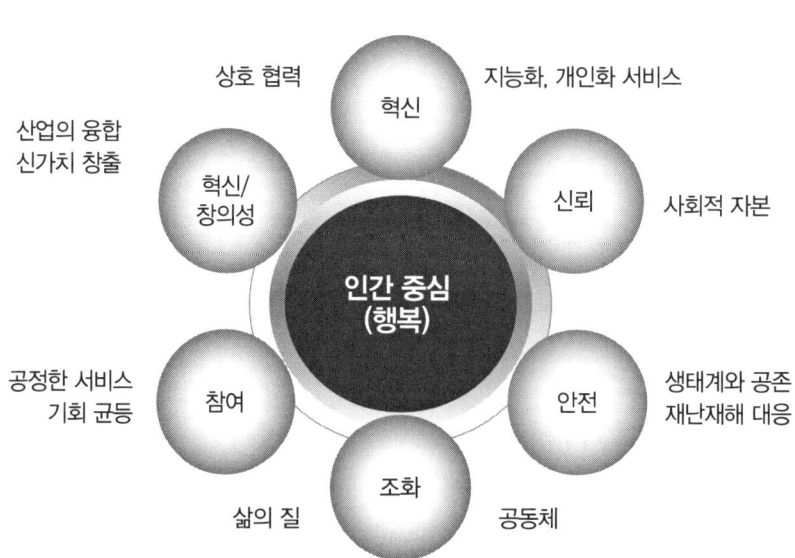

2) 사회적 가치의 실현 과제

사회적 가치는 추상적이며 질적 개념이다. 추상적이고 질적인 특성을 가진다는 것은 현상에 대해 다양한 의견이 존재하고, 그 의견들을 하나로 모으기가 쉽지 않다는 의미다. 따라서 다양한 생각을 보편적 가치로서 합의하는 것이 쉽지 않으며, 역시 개념화 및 조작화하는 것도 쉽지 않다. 국가 및 사회 발전을 위한 '바람직한', '좋은' 사회적 가치가 도출되고 지향점을 찾았다고 하더라도 사회 전체로 확산하고 내면화하는 일 또한 쉬운 일이 아니다. 김호기 외(2018)는 사회적 가치의 확산과 주체의 내면화를 위한 방안으로서 시민 역량을 키울 공간과 기회가 주어져야 하며, '참여'와 '경험'을 강조했다. 구성원의 사회적 가치를 행동으로 연결하기 위한 참여 기회는 많을수록 좋다. 직업 가치이든, 환경 가치이든 바람직하다고 공감하는 가치를 행동으로 내면화시킬 수 있는 방법은 직접 참여할 수 있는 기회가 주어져야 하고, 기회를 통해 경험해야 한다. 특히, 지역 실생활 문제 해결에 사회적 가치 실천이 유용하다는 인식 전환에는 경험의 축적이 가장 중요하다(김호기 외, 2018).

사회적 가치를 확산하고 내재화하기 위해서는 현실적 문제를 인식하고 정확히 정의하며 경험적으로 느낄 수 있는 개념화와 조작화의 작업이 이뤄져야 한다. 사회적 가치 개념이 다양하고 이해관계자들에 따라 상이하다는 것을 인정하고 이에 대한 사회적 가치 평가 기준에 대한 사회적 합의가 필요하다(김호기 외, 2018). 하지만 평가 기준의 표준화에도 공통성과 차별성이 반영될 수 있는 지표 체계가 구성돼야 한다. 공정성을 도모하기 위한 표준화에 몰입하는 경우에는 획일성이 강조돼 다양성의 가치가 훼손될 우려가 있고, 차별성을 통해 다양성을 반영하려는 경우에는 공정성에 위배될 우려가 있음을 간과해서는 안 된다. 공정성과 다양성의 균형과 조화를 어떻게 할 것인가에 대한 공동체 구성원들의 사회적 합의도 선결돼야 한다.

> **Rethinking**
>
> ## "효율성보다 공공성… 사회적 가치가 경제 살린다"
>
> "국민의 행복을 높이려면 사회적 가치 개념이 모든 정책에 통합돼야 한다. 특히 예산과 금융, 무역 등 경제정책에 사회적 가치를 반영하는 게 중요하다. 통계청도 사회적 가치 지표를 측정해야 한다." 2017년 12월 22일 서울 중구 명동 은행회관에서 열린 '사회적 가치, 경제를 살리다' 포럼에서 기조 연설자로 나선 알렉산더 바르카위 스위스 경제정책위원회(CEP) 사무총장의 말이다. 그는 "정부가 소득 위주의 국내총생산(GDP) 개념을 넘어 사회적 연결망, 개인의 안전, 환경의 질 등 사회적 가치나 지속 가능성 요소를 정책에 반영하는 것이 전 세계적인 추세"라고 강조했다. 이어 "경제협력개발기구(OECD)의 더 나은 삶 지수, 유엔 지속가능 발전목표 지수, 사회발전지수 등 대안적 지표들에 대한 지지도가 높아지고 있는 것이 그 증거"라고 덧붙였다.
>
> (중략)
>
> 이처럼 정부가 나서서 사회적 가치를 강조하는 이유는 한국의 낮은 공공성 탓이다. 서울대 사회발전연구소가 2015년 객관적 지표를 통해 평가한 OECD 30개 국가의 공공성을 살펴본 결과 한국은 최하위인 30위를 차지했다. 우리의 공공성 수준은 10점 만점에 4.5점. 일본은 5.5점이고, 1인당 GDP 3만 5,000달러 이상인 나라들은 대부분 6.5점이 넘었다.
>
> (중략)
>
> 정부는 사회적 경제를 활성화하기 위한 방안을 10월 대통령 주재 제3차 일자리위원회에서 발표했다. 특히 사회적 경제 3법(사회적가치실현법, 사회적경제법, 사회적 경제 기업 구매 촉진 및 판로 지원에 관한 특별법)을 제정해 제도적 기반을 마련키로 했다.
>
> 자료: 「동아일보」. 2017. 12. 26. http://news.donga.com. (검색일: 2018. 4. 25)

제2절 | 공공가치

1 공공가치의 개념

우리는 흔히 판단 및 결정, 그리고 행동에 관해 말할 때 그 기저로 '가치'를 언급한다. '가치가 어떻다'라고 말하는 것은, 가치가 판단, 결정, 행동에 영향을 미치기 때문이다. 가치는 바람직한 것에 관한 사람들의 관념으로서 사람들의 행동에 영향을 미치는 힘이다. 가치는 옳은 것과 그른 것, 또는 좋은 것과 나쁜 것, 또는 해야 하는 것과 해서는 안 되는 것, 또는 있어야 하는 것과 있어서는 안 되는 것에 대한 관념이이라고 말할 수도 있다(오석홍, 2013: 147). 앞에서 살펴본 '사회적 가치'가 공공기관에 종사하는 사람, 즉 공무원을 비롯한 사회 전체 구성원을 대상으로 한다면, 공공가치는 공공성을 띤 모든 공공기관의 구성원들을 대상으로 설명하려는 것이다. 공공기관은 공익 및 공공성을 실현하기 위한 활동을 수행한다. 공공가치는 공익 및 공공성을 위한 근본이다. 근본이 잘 확립돼야 공공기관의 판단·결정·행동이 공익 및 공공성을 지향하게 된다. 따라서 국가와 국민에게는 공공기관 및 그 구성원들이 어떤 공공가치를 확립하고 실현하는지가 매우 중요하다.

공공가치(公共價值, public values)는 일찍이 정치철학에서 활발하게 논의됐던 개념으로 공공재, 공익, 공공영역 등의 개념과 관련된다(Benington & Moore, 2011: 1). 공공가치의 접근은 공공 행정에 대한 시민들의 기대를 포함해서 정부활동, 정책 수립, 서비스 제공 등의 흐름에서 찾을 수 있다(Cordella & Bonina, 2012: 516). 무어(Moore, 2017)는 공공가치의 개념에 대해, 정부의 적절한 목적에 관한 철학적 관념으로서 정부에서 행정 권한을 가진 사람들을 위한 규범적이며 실제적인 가이드이자, 정부 성과를 측정하고 안내하는 데 사용할 수 있는 기술적 사상(technical idea)을 포함하고 있다고 했다. 따라서 공공가치는 특정 정책, 프로그램, 사업, 프로젝트 등에 관해 단순히 금전적 비용과 편익 이상의 가치가 부여된 것이라고 했다.

보즈먼(Bozeman, 2007: 13)은 공공가치에 대해, "(a) 국민들이 향유할 자격이 있는 권리, 편익과 특권, (b) 사회와 국가, 그리고 서로에 대한 국민의 의무, (c) 정부와 정책이 기초로 삼는 원칙에 대한 규범적 합의를 제공하는 가치"로 정의했다(김상묵, 2017: 3에서 재인용). 이러한 공공가치와 조화를 이루는 행정을 수행하는 데 필수적인 공무원의 태도, 기술, 행동을 이끄는 가치를 공직가치(public service value)라고 부를 수 있다. 즉, 공공가치가 한 사회의 집합적 노력에 의해 성취되는 사회적 차원의 결과라고 한다면, 공직가치는 개별적인 공무원의 행동을 정당화하는 가치라고 할 수 있다(김상묵, 2017: 3-4). 공직가치는 공직생활에서 긍정적인 관계를 형성하고, 전문가적 역량을 발휘하며, 공정성과 일관성을 증진하고, 개인적 신뢰성을 유지하는 데 필요한 태도·역량·행동을 증진하도록 유도한다(김상묵, 2017: 4). 공공가치는 행정가치(administration value)에 비해 공공조직 내부뿐만 아니라 사회 전체에 공유되는 가치를 의미하기 때문에 좀 더 넓은 개념으로 이해될 수 있다고 했다(정명은 외, 2014: 31).

이상의 논의를 통해 공공가치를 정의하면, "공공 영역 활동에 영향을 미치는 관념"으로 정리할 수 있다. 하지만, 공공 영역의 범위를 어디까지 볼 것인가에

[그림 3-5] 사회적 가치, 공공가치, 공직가치의 관계

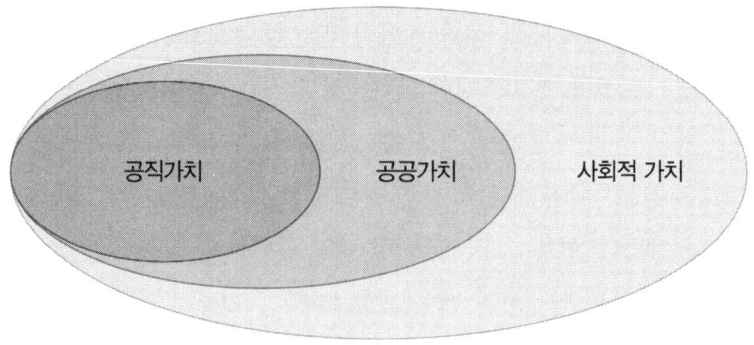

따라 앞에서 살펴본 사회적 가치와 중첩될 수 있고, 공무원의 태도, 기술, 행동을 설명하는 공직가치를 포함하는 관계로 개념화할 수 있다. 공공가치는 가장 넓은 사회적 가치 범위에서 벗어날 수 없으며, 사회적 가치에 영향을 받게 되고, 공직가치는 사회적 가치와 공공가치의 영향을 받게 된다.

공공 부문에는 다양한 공공 영역이 존재하기 때문에 공공가치의 개념 정의도 다양한 관점에서 논의될 수 있다. 공공가치 개념의 다양성을 도출하고 새로운 공공가치를 창출하는 데 전제가 되는 질문을 정리하면 다음과 같다(Benington & Moore, 2011: 21).

- 공공 부문과 민간 부문의 가치 차이는 무엇인가?
- 공공가치는 공공 영역, 공익, 공공재 등의 개념과 어떻게 관련되는가?
- 공공가치의 의미는 무엇이고, 우리가 그것을 어떻게 판단하는가?
- 공공가치를 어떻게 인식하고 사정(assess)해야 하는가?
- 공공가치는 어떻게 측정되고 평가될 수 있는가?
- 공공가치 창출과 관련해서 정치적, 경제적, 사회문화적 맥락이 주는 함의는 무엇인가?
- 공공가치에 대해서 권력과 정치 영역은 어떤 관점에서 논의해야 하는가?
- 공공가치의 협력적 창출(co-creating)을 위한 조건은 무엇인가?
- 공공가치는 사회적 가치와 어떻게 관련되는가?
- 공공가치를 공공 서비스에 적용했을 때 혁신과 개선의 조건은 무엇인가?

2 공공가치 이론

공공가치 이론(Public Value Theory: PVT)은 여러 행정이론 중에서 전통적인 공공관리(Traditional Public Management: TPM)와 신공공관리(New Public Management:

NPM)의 비교를 통해 엿볼 수 있다.

공공가치 이론은 역사적 맥락에서, 행정을 정립하려는 노력에서부터 출발한다. TPM은 초기 행정의 핵심적 접근 방법이며, 19세기 후반과 20세기 초반에는 정치적 이익과 부패로부터 행정이 독립돼야 한다는 노력의 일환으로부터 접근됐으나 20세기 후반에 NPM에 의해 급격한 도전을 받게 됐다. 작은 정부를 강조한 NPM은 효율성을 강조하는 시장 기반의 행정을 지향하게 됐다(Turkel & Turkel, 2016: 1-2).

1) 전통적 공공관리

관료주의의 학자인 윌슨(Thomas W. Wilson)과 베버(Max Weber)는 행정을 정치 과정으로부터 분리된 시스템에서 일하는 전문직업인의 관점에서 봤다. 윌슨은 정부 행정가와 정치를 분리할 필요성을 강조했다. 윌슨의 '행정학(science of administration)'은 정치행정 이분법이라고 알려진 행정 업무와 정치는 분리돼야 한다고 주장했다. 또한 베버는 합리적이고 관료적인 행정부의 위계적 시스템을 강조했다. 베버는 합법적·합리적인 권위와 경험적 과학 및 독립적인 법률제도가 지배적인 현대 경제생활과 사회에 가장 잘 부합한다고 주장했다. 관료제의 특징인 합법적 권한은 특정 업무를 전문적으로 취급하는 고정된 사무실을 필요로 한다. 전문화는 기술 개발, 자동화된 처리 및 계층적 명령 및 통제 시스템을 허용하기 때문에 조직적이며 효율적이라고 강조한다. 이러한 시스템에서 계층구조는 상위 계층의 주요 권한과 상위 및 하위 역할로 분리되는 수직적 분업화다. 권한은 분할되고 명문화돼 특정 작업에 대한 명확한 경계를 설정할 수 있다. 권한의 분배와 일의 추진을 위해 명령과 의사소통 네트워크를 수립하고 공식적인 규칙과 절차를 강조한다(Turkel & Turkel, 2016: 2).

2) 신공공관리

신공공관리(NPM)는 자원 배분과 효율성에 관한 이슈를 불러일으켰다. 1970년대의 석유파동에 의해 촉발된 경제 위기 이후 정치 및 이데올로기 변화와 더불어 사회문제에 대한 해결책의 접근은 집단주의에서 개인주의로 전환했다. 전통적 공공관리(TPM)에 대한 비판적인 정치 및 정책환경은 글로벌 경쟁, 시장의 확대, 국가 중심의 행정 및 규제에 대한 이데올로기적 도전으로 나타났다. TPM이 강조한 적극적 관리, 예산과 규칙에 의한 관리는 책임과 성과로 대체됐다. NPM의 관점에서 관료주의는 경직되고 혁신을 저지하며 경제적 효율성이 부족한 것으로 진단했다. 따라서 이에 대한 대안적인 접근 방법으로 민간 부문에 대한 의존도가 높은 시장 기반 솔루션이 가장 유망한 방안으로 여겨졌다(Turkel & Turkel, 2016: 2).

오스본(David Osborne)과 게블러(Ted Gaebler)의 정부재창조(reinventing government)는 NPM의 논리와 목표를 제공했다. 정부재창조는 곧 정부혁신에 관한 논의를 불러일으켰으며, 시장 중심, 고객 중심, 결과 중심 등을 강조한 것이다. 그들은 정부 프로그램에 할당된 많은 자원이 사회문제를 해결하는 데 도움이 되지 않는다고 강력히 주장하면서, 대신 창조적인 시장 기반 솔루션을 지지했다(Turkel & Turkel, 2016: 2).

3 공공가치의 대두 배경

공공가치를 논의하게 된 이념적 토대는 최고위관리자의 정책 결정이나 공동체 실천가 등의 결정과 행동에 주목하고 있으며, 공공 서비스 개혁과 개선에 관련해서 논의가 시작됐다(Benington & Moore, 2011: 2). 특히, 공공가치 창출과 관련된 핵심 사상에서는 ① 사회에서 정부의 역할, ② 정부 관리자의 역할, ③ 공공 관리자의 정책 개발의 기법(방식) 등에 관심을 가진다(Benington & Moore, 2011: 3-4).

공공가치의 대두 배경에 관한 이해를 돕기 위해서는 행정이론의 변천과 이론별로 강조하는 가치를 살펴보는 것이 유익하다. 행정이론의 관점에서 본 정부/행정가치는 효율성을 중시하는 신공공관리(NPM)에서 후기 신공공관리(post NPM)

패러다임으로 뉴거버넌스(new governance)와 신공공서비스(new public service)를 거쳐 연계형 정부(joined up government)로 변천하게 된다(남궁근, 2017: 9; 행정안전부, 2018a에서 재인용). 전통행정론에서 지향하는 가치는 합법성과 관료주의적 합리성을 강조했고, 공공관리론에서는 효율성과 전문성을 강조했으며, 신행정론에서는 공평성과 책임성을 강조했다. 그리고 신공공관리론에서는 탈규제와 경쟁/성과를 강조했고, 뉴거버넌스에서는 반응성과 참여를 강조했으며, 신공공서비스론에서는 민주주의, 시민권(시민성), 공익, 시민 참여 등을 강조했다. 마지막으로 연계형 정부에서는 네트워크 협치, 정책일관성, 협업을 강조했다.

〈표 3-3〉 행정이론의 정부/행정가치의 변화

행정이론	정부/행정가치
전통행정론 (Public Administration: PA)	• 정당성/합법성(Legitmacy) • 관료주의적 합리성(Bureaucratic Rationality)
공공관리론 (Public Management: PM)	• 효율성(Efficiency) • 전문성(Professionalism)
신행정론 (New Public Administration: NPA)	• 공평성(Impartiality) • 책임성(Accountability)
신공공관리론 (New Public Management: NPM)	• 탈규제(Deregulation) • 경쟁(Competition)
뉴거버넌스 (New Governance)	• 반응성(Responsiveness) • 참여(Participation)
신공공서비스론 (New Public Service: NPS)	• 공공가치(Public Value): 민주주의, 시민성, 공익 • 시민 참여(Citizen Involvement)
연계형 정부 (Joined Up Government)	• 네트워크 협치(Network Governance) • 정책일관성 및 협업(Policy Coherence and Collaboration)

자료: 행정안전부(2018a)에서 재인용

특히, 공공가치는 신공공관리론(New Public Management: NPM)의 시장 지향적 정책의 부작용을 완화하기 위한 대안으로 인식하면서 집중 조명을 받게 됐다(조현대 외, 2015: 6). 공공가치, 공익성, 공공성 등의 개념은 공공행정의 존재를 정당화하는 가치로서 널리 활용되고 있다. 신공공관리는 1980년대 들어 관료제 형태는 전통적인 정부 중심의 관리 방식을 개선하기 위해 나타난 일종의 새로운 개념과 논리 그리고 가치를 추구한다. 정부실패(government failure)의 반성 속에서 태동한 신공공관리는 경제적 효율성에 주목해, 절차적 규칙의 완화, 시장 경쟁 원리 및 민간 부문 경영 방식의 적용을 통해 관료국가의 병폐를 개선하는 것을 강조하게 된다(조현대 외, 2015: 8).

그러나 공공 부문에서 신공공관리 관념의 강조는 공공 부문이 지향해야 할 근본적 가치를 훼손하고 있다는 비판이 제기됐다. 공공 부문은 양질의 일을 수행하지만, 질적이고 장기적이며 다양한 목표를 동시에 실현하는 정책(사업, 프로그램)을 수행하기 때문에 단기적이고 양적인 성과를 측정하기 곤란한 경우가 많다. 하지만 신공공관리는 민간과 공공 부문을 동일선상에 놓고 민간 부문의 성과측정 방법 및 기법을 공공 부문에 적용하려는 탓으로 양적인 성과 중심에 치중한 나머지 성과측정이 어려운 일들에 대해서도 성과를 측정할 수 있도록 양적 지표로 전환해서 정량적 성과를 요구하기에 이르렀다. 이로 인해 공공 부문에서는 측정하기 어렵고 경제적 효율성이 떨어지는 가치들을 배제하고 성과측정이 용이한 과제를 목표로 채택함으로써 공공 부문이 고유적으로 수행해야 하는 일에 관심이 낮고

〈표 3-4〉 신공공관리론 및 대안적 논의(공공가치) 간 의제 비교

신공공관리의 특징	새로운 공공가치 이론들의 접근 방법
경제적 관점에서 문제 해결에 초점을 둠	좀 더 광범위한 사회적 문제에 초점
성과관리를 포함하는 관리주의	좀 더 장기적인 결과를 강조하는 관리적 시각
시장에 기반한 거버넌스	새로운 공공 거버넌스 네트워크에 대한 초점
소비자 선택에 대한 초점/고객 중심 (소비자로서의 시민 강조)	공동생산자, 공동혁신자와 협력자로서의 시민을 강조
효율성을 달성하기 위한 도구로서 IT 기술 강조	디지털시대 거버넌스의 중요한 특징(profile)으로서 IT 기술 강조
결과 및 성과에 초점을 둔 책임성 모형	(공공거버넌스) 네트워크 안에서의 투명성과 책임성에 대한 더 광범위한 이해

자료: 조현대 외(2015: 9-10)에서 재인용

소홀히 하는 결과를 낳게 되는 등 신공공관리의 한계를 드러내게 됐다. 이러한 신공공관리의 한계를 극복하기 위해 최근 공공관리 분야에서 공공가치를 중심으로 한 새로운 접근 방법들이 제기된 것이다(조현대 외, 2015: 9).

4 공공가치의 의의

가치는 모든 행동의 결정 요인이자 정책이나 의사결정의 지침이라고 할 수 있다. 또한 가치는 자신의 행동 선택의 기준이 되며, 이의 실현은 자신을 재확인해 준다는 측면에서 공공 부문에서 그 중요성이 강조된다(Pesch, 2008; 이정철 외, 2015: 289). 공공가치는 공공성을 위한 정책이나 의사결정을 내릴 때 그 정당성이 인정된다. 공공기관은 공공기관 자체로서의 존재 가치를 넘어서 '공공성'에 대한 적극적인 기여가 있어야 할 것이다. 공공성(pubes)은 어원상 자신이 아닌 다른 사람을 배려하고 우선시하는 것을 의미한다. 이타성을 본질적인 속성으로 하는 단어다. 이 어원에 충실하게 공공기관에 의미를 부여하면, 공공기관은 공공기관 자신이 아닌 공공기관을 둘러싼 다수(즉 국민, 공익, 공동체 등)를 위한 역할을 수행해야 한다. 공공기관은 공공을 위한 공적인 역할을 적극적으로 수행하기 위한 조건으로서 정당화된다. 이 점이 특히 일반적인 민간기업과 비교적 명확하게 구분되는 특징이라고 할 수 있다(윤태범, 2016: 25). 민간기업이 수익성, 경제성, 효율성, 생산성 등의 가치를 강조한데 반해 공공기관은 상대적으로 덜 강조될 수 있다. 공공성 혹은 공동체의 관점에서 보면 경제적 효율성보다 사회적 효율성을 상대적으로 강조한다(윤태범, 2016: 26).

무어(Moore, 2017)는 공공가치가 공공기관 및 관리자에게 어떻게 도움을 줄 수 있는가, 즉 공공가치가 갖는 의의에 대해 다음과 같이 주장했다.

첫째, 공공관리자는 자산 배분을 통해 공공가치를 창출하게 되는데, 자산에서는 금전뿐만 아니라 국가의 권위도 포함돼 있기 때문에 공공가치는 자산 배분의 성과와 권위에 영향을 미치게 된다.

둘째, 공공 부문에서 생산된 소중한 결과는 향상된 재무 성과보다는 바람직한 사회적 조건의 변화에서 찾을 수 있기 때문에 공공가치는 바람직한 사회적 조건의 변화에 영향을 미친다.

셋째, 사회적 조건(사회적 결과)의 변화는 단지 고객 만족의 측면에서뿐만 아니라 정부의 공정한 행동, 사회에서의 올바른 관계, 그리고 효율성과 효과성 면에서 평가된다.

넷째, 정부기관의 성과는 정부가 서비스를 제공하거나 의무를 부과하는 특정 개인이 아닌 주로 시민, 납세자, 유권자, 시민들이 선출한 대표자들이 평가되기 때문에, '시민 → 공공가치 → 정책 결정 → 정책 성과 → 사회적 변화/발전' 등의 순환적 관계로 연결된다.

5 공공가치의 내용 및 유형

1) 공공가치의 접근 방법

공공가치는 공공 부문의 영역과 범위를 어떤 기준에서 접근하느냐에 따라 그 개념적 정의가 다르게 된다. 밴 버트(Van Wart, 1998)는 공공행정 가치의 영역을 창출하기 위해 공공 부문의 의사결정은 ① 개인적 가치, ② 전문가 가치, ③ 조직적 가치, ④ 법적 가치, ⑤ 공익의 가치 등 다섯 가지 가치 원천에서 비롯된다고 했다(Bannister & Connolly, 2014: 122). 공공가치는 이들 가치 중에서 상대적 중요성 정도에 영향을 받게 될 것이다.

공공가치의 사고와 행동은 복잡한 이슈와 다양한 횡단적 영역 사이에서 상호연결(interconnection), 상호의존(interdependency), 상호작용(interaction)의 결과로 함축돼 있고, 다음과 같은 여러 요인 간의 관계 속에서 공공가치가 영향을 받는다(Benington & Moore, 2011: 15).

① 다른 부문들(공공 부문, 민간 부문, 자발적 및 비공식적 공동체) 간의 관계
② 다른 정부 수준들(중앙정부, 지방정부, 공공기관) 간의 관계
③ 다른 서비스들(교육, 보건, 주택, 경찰, 사회보장 등) 간의 관계
④ 다른 직업 간의 관계
⑤ 정치적, 관리적, 시민 리더십, 프로세스 관점 간의 관계
⑥ 전략적 관리, 운영적 관리, 일선의 서비스 전달 간의 관계
⑦ 공공 서비스의 생산자와 서비스 이용자 간의 관계

벡 요르겐센과 보즈만(Beck Jørgensen & Bozeman, 2007)은 공공가치로 논의해야 될 범위를 다음과 같이 제시했다(Bannister & Connolly, 2014: 122).
① 대중의 사회 기여 정도
② 의사결정이 이익에 미치는 영향
③ 행정가와 정치인의 관계
④ 행정가와 그들의 환경과의 관계
⑤ 행정조직 간 관계
⑥ 공공 부문 종업원의 행동
⑦ 행정과 시민의 관계

공공가치의 개념은 공공(public)에 뿌리를 두고 있지만 조작화는 공공 분야 및 영역별(일반행정, 교육, 과학기술, 정보통신, 보건의료, 환경, 에너지 등)로 약간의 차이를 보일 수 있다(Benington & Moore, 2011: 45). 예를 들어, 정보통신기술 분야에서 공공가치는 프라이버시(privacy)와 투명성(transparency)이며, 이를 위한 조직의 가치로는 개인의 프라이버시 보호, 개인에 대한 불공정한 차별 방지, 개인정보에 대한 불법 이용의 방지, 형평성 강화, 사회적 결속 촉진, 개인의 안전 보호 등이 제시될 수 있다(Bannister & Connolly, 2014: 121-122).
공공가치를 민간가치와의 관계에서 절대적이고 배타적으로 접근하기보다는

〈표 3-5〉 공공가치의 범주와 해당 공공가치

공공가치의 범주	공공가치
공공 부문의 사회 기여	공공선, 공익, 사회적 결속력, 이타주의, 인간의 존엄성, 지속가능성, 미래지향성, 체제의 존엄성, 체제의 안정성
이익의 결정으로의 전환	다수결 원칙, 민주주의, 국민의 의지, 공동의 선택, 사용자 민주주의, 시민 참여, 지역 협치, 소수집단 및 개인의 권리 보호
공공행정과 정치인 간의 관계	정치적 충성, 책무성, 반응성
공공행정과 환경 간의 관계	개방성-비밀 유지, 반응성, 지지-중립, 경쟁-협력, 이익의 균형, 타협 등
공공행정 내부 조직	강건성, 적응성, 안정성, 신뢰성, 시의성, 혁신, 열정, 위험-준비성, 생산성, 효과성, 절약, 기업적 접근 등
공무원의 행태	책임감, 전문성, 정직성, 도덕적 기준, 윤리의식, 청렴성
공공행정과 시민의 관계	합법성, 개인의 권리 보호, 동등한 대우, 법치주의, 정의, 평등, 합리성, 공정성, 전문성, 소통, 반응성, 사용자 민주주의, 시민 참여, 주민 자기개발, 이용자 지향성, 시의성, 친밀성 등

자료: Jørgensen & Bozeman(2007: 360-361); 주은혜(2016: 278)와 조현대 외(2015: 15-16)에서 재인용)

상대적이고 연속체로 보는 관점도 있다. 〈표 3-6〉에서 보는 것처럼 공공 부문에서는 사회적 정의, 지속가능성, 공평성, 투명성, 복종, 효율성, 합법성, 헌신, 반

〈표 3-6〉 연속체로서 공공가치와 민간가치

공공 부문		민간 부문
사회적 정의	정직	효과성
지속가능성	책무	수익성
공평성	전문지식	자기성취
투명성	신뢰성	혁신성
복종		동료 간 협조·협력 관계
효율성		
합법성		
헌신		
서비스 가능성		
반응성		

자료: van der Wal et al.(2006); Gabel-Shemueli & Capell(2013: 592)

응성, 서비스 가능성 등의 가치를 상대적으로 중요하게 여기고, 민간 부문에서는 효과성, 수익성, 자기성취, 혁신성, 동료 간 협조와 협력 등의 가치를 상대적으로 중요하게 여긴다. 정직, 책무, 전문지식, 신뢰성 등은 공공 부문과 민간 부문에서 공통적으로 중요하게 여기는 가치들이다.

2) 공공 서비스로서 가치

위테스먼과 월터스(Witesman & Walters, 2014)는 공공가치를 공공 서비스에 가치로 설명하면서, 가치의 내용으로 보편주의(공평, 정의, 집단이익), 호의, 객관성(투명성, 중립성), 규칙/관습의 순응, 전통, 안전 보장, 권한, 성취(역량, 개인 성공), 즐거움, 자극, 자주적 방향 설정, 공동체(시민 영향, 협력) 등의 가치 세트를 제시했다.

[그림 3-6] 공공 서비스 가치 프레임워크

자료: Witesman & Walters(2014: 397)

〈표 3-7〉 공공 서비스 가치구조와 목표

가치 세트	이론적 가치 목표	조작적 가치 목표	가치
보편주의 (공평/정의) (집단이익)	보편주의 : 모든 사람의 복지와 자연을 위한 이해, 인식, 관용 및 보호	사회 전체의 복지 증진	• 공익 • 인간 존엄성 • 지속 가능성 • 공동선 • 사회적 결속 • 개인의 권리 보호 • 존중 • 이타주의
	공평 : 개인과 단체의 공평성과 평등을 보장하는 시스템과 행동 지원	차별이나 편애 없이 사회적 이익을 분배하는 것	• 이익의 균형 • 동등한 대우 • 정의/사회적 정의 • 공정 • 형평성 • 수직적 공평성 • 수평적 공평성
	집단이익 : 사람들의 복지의 보전 및 증진	모든 사람의 집단 또는 부문의 복지 증진	• 소수자 보호 • 미래 세대의 요구 • 다수 보호 • 이해관계자 또는 주주 가치
호의	개인적으로 자주 접촉하는 사람들의 복지 보전과 증진	개인적 접촉이 가능한 사람들의 복지 증진	• 사용자 지향 • 필요에 대한 대응 • 지지 • 친절 • 충의
객관성 (투명성) (중립성)	투명성 : 정보와 행동의 감시	정보 접근에 대한 허용	• 투명성 • 개방 • 관성
	중립성 : 정보와 행동에 대한 균형적 시각	편견으로부터 자유	• 정부 중립성 • 정치적 중립성 • 불편부당성
규칙/관습의 순응	타인을 화나게 하거나 다른 사람에게 해를 끼칠 수 있는 행동, 성향 및 충동을 억제하고 사회적 기대 또는 규범의 위반	잠재적으로 허용되지 않는 행동의 삼가	• 정직 • 도덕적 기준 • 윤리적 의식 • 윤리적 행동 • 청렴 • 비밀 • 적법
전통	전통 문화 또는 종교가 제공하는 관습 및 아이디어에 대한 존중, 헌신 및 수용	사회제도로부터 파생된 관습의 지지	• 법의 지배 • 충성도 • 체제의 존엄성
안전 보장	사회, 관계, 자신 등에 대한 안전, 조화, 안정	위험이나 품질 저하 방지	• 체제의 안정 • 국가의 안전 • 정보의 안전

가치 세트	이론적 가치 목표	조작적 가치 목표	가치
권한	사람과 자원에 대한 사회적 지위와 명성, 통제 또는 지배력	사람과 자원에 대한 통제 또는 지배력 달성	• 책임성 • 단호함 • 경쟁력 • 긍정적 영향 • 명성 • 권위
성취 (역량) (개인 성공) 성취 : 사회적 표준에 따라 역량을 입증함으로써 개인적인 성공 사회적 표준에 따른 능력 달성 또는 사회적 표준에 따른 성공 달성			• 책임 • 신뢰성 • 적시성 • 전문직업 의식 • 생산성 • 합리성 • 효과성 • 견고성 • 절약성 • 능력 • 능률 • 민감도
쾌락주의	즐거움과 감각적인 만족감	개인적 즐거움과 만족감	• 좋은 근무환경 • 자신의 이익 • 봉급 • 수당 • 고용 안정 • 업무시간 • 재미
자극	생활에서 흥분, 참신함, 도전	흥분과 도전의 추구	• 적응성 • 혁신 • 위험 준비 • 열정 • 도전 • 사회적 상호작용
자주적 방향 설정	독립적인 사고와 행동—선택, 창출, 탐색	독립적인 사고와 행동 유지	• 종업원의 자기개발 • 시민의 자기개발 • 독립성 • 창의성
공동체 (시민 영향) (협력)	개인적 영향 : 제도 및 정책에 영향을 줄 수 있는 개인 및 단체의 권리 지지	제도와 정책에 영향을 미치는 개인과 단체의 지지	• 시민 참여 • 로컬 거버넌스 • 대화/소통 • 민주주의 • 사람들의 의지 • 집단적 선택 • 여론에 귀 기울임 • 사용자 민주주의 • 다수 규칙
	협력 : 두 명 이상의 개인이나 집단의 상호 이익을 위한 권한과 명성 공유	둘 이상의 개인 또는 그룹의 상호 이익 추구	• 협력 • 타협 • 협업 • 커뮤니티

자료: Witesman & Walters(2014: 380-383)

3) 공공가치의 유형

공공 부문에서의 가치들(values)은 다양한 형태로 존재한다. 먼저 공공가치 및 행정의 가치를 본질적 가치와 수단적 가치로 구분한다. 행정의 본질적 가치와 수단적 가치가 있다. 본질적 가치는 행정이 추구하는 근본적 가치이자 그 자체가 최종 목적이 되는 가치로 정부행위를 통해 달성하려는 궁극적 가치로 공익, 정의, 형평성, 자유, 평등, 복지 등이 있다. 수단적 가치는 본질적 가치를 실현하기 위한 수단적 가치로는 합법성, 합리성,[13] 능률성,[14] 효과성,[15] 민주성, 책임성, 투명성 등이 있다(이종수 외, 2012; 이정철 외, 2015: 291).

둘째, 고전행정학적 가치와 신행정학적 가치가 있다. 전통적 행정학은 효율적인 행정을 구축하기 위해 시작된 것으로 절약과 능률(economy & efficiency)을 좋은 정부가 지향해야 하는 가치로 제시한다. 따라서 과거에는 효율적인 행정이 최상의 목표였기 때문에 능률성, 경제성 등의 가치가 강조됐다. 반면 프레데릭슨(Frederickson, 1980)은 현대 행정에서는 절약과 능률성 대신 대응성을 추구해야 한다고 주장했다. 이에 신행정학은 능률주의를 탈피해 사회적 형평성, 대응성, 시민 참여, 행정적 책임성 등이 중요한 가치로 제시됐다(이정철 외, 2015: 291).

공공가치도 관리의 사상과 흐름에 따라 그 가치도 변동되는데, 전통적 관리(TPM)와 신공공관리(NPM)의 가치를 비교하면 〈표 3-8〉과 같다. 1970년대에 발생한 두 차례의 석유파동과 공공 부문의 비효율성에 대한 반작용으로 1980년대 이후 영미 국가들을 중심으로 감축관리의 필요성이 대두됐고, 기존의 큰 정부를 지향하는 정부 관리로는 공공 부문의 문제를 해결할 수 없다는 인식이 증가했다. 특히 국가경쟁력의 제고에 공공 부문의 역할이 중요시됐고, 이에 따라 영미 국가

---

[13] 합리성은 "목표 달성에 대한 수단의 최적합성"으로, 다시 내용적 합리성과 절차적 합리성으로 구분한다. 내용적 합리성은 정답을 찾아가는 것이고, 절차적 합리성은 공식에 따르는 것이다. 공식에 따랐다고 해서 정답이 된다는 보장은 없다.

[14] 능률성은 최소한 시간, 비용, 노력을 들여 최대한의 결과를 산출하는 것을 의미한다.

[15] 효과성은 목표 달성 정도를 의미한다.

들에서 공공 부문의 구조조정을 포함한 행정개혁을 추진했는데 신공공관리론이 주요 이론적 근거가 됐다(김용운 외, 2014: 299). 신공공관리론은 일반적으로 '시장주의'와 '신관리주의(neo-managerialism)'를 결합해서 전통적인 관료제 패러다임의 문제점을 극복하기 위해 민간 부문의 경영 방식을 공공 부문에 도입하고 공공 부문의 성과와 실적을 강조하며 권한의 위임과 이에 따른 관리적 책임을 중시함으로써 공공 부문의 능률성을 향상시키고자 하는 이론이다(김용운 외, 2014: 299에서 재인용).

〈표 3-8〉 행정에서 전통적 공공관리와 신공공관리의 가치

전통적 공공관리의 가치	신공공관리의 가치
관료적	혁신적
절차 중심	고객 중심
비용 의식	결과중심
통제 중심	행동 중심
유지적/보수적	위험 감수
소극적/방어적	개방/커뮤니케이션
권위주의적	인간 중심
위험 회피	팀워크 중심
활동 지향	납세자 중심 참여적

자료: Graven and Paris(1995); Gabel-Shemueli & Capell(2013: 592)

셋째, 공공가치는 관리적·법적·정치적 가치 등 세 가지로 구분한다. 관리적 가치에는 효율성, 효과성, 고객지향성, 전문성, 생산성 등이 포함되며, 정치적 가치에는 시민 참여, 민주성, 책임성, 투명성, 신뢰성 등이 포함된다. 그리고 법적 가치에는 인간의 존엄성, 합법성, 평등, 적법절차 등이 포함된다(Ingraham & Rosenbloom, 1990; 이정철 외, 2015: 291).

넷째, 마이어(Meier, 2000)는 공공가치를 대응성과 유능성으로 구분했다. 그는 현대 행정에서 대중들이 공공조직에 기대하는 가치들을 크게 대응성(responsiveness)과 유능성(competence) 두 가지로 분류하면서, 〈표 3-9〉와 같이 구성 요인을 제시했다.

〈표 3-9〉 공공 부문에서의 가치 유형

기준	내용
대응성	• 외부(political institutions, the public, law)에 대한 대응 • 유연성(flexibility) • 윤리(ethics) • 공정과 공평(fair and impartial)
유능성	• 효과성(effectiveness) • 적시성(timeliness) • 효율성(efficiency) • 신뢰성(reliability)

자료: 이정철 외(2015: 298)

오석홍(2013: 155)은 일반적으로 행정이 추구해야 할 가치로 경제성, 고객의 만족, 공개성, 공공복지, 능률성, 대응성, 민주성, 사생활의 비밀 보호, 사회적 능률, 사회적 형평성, 생산성, 생존, 신뢰성, 자유, 적응성, 정의, 정직성, 중립성, 가외성(redundancy),[16] 질서, 참여, 창의성, 통합성, 평등, 합리성, 합법성, 환경으로부터의 지지, 효과성 등을 제시했다.

정정길(2003)은 행정의 지도 원리로서 넓은 의미의 민주성과 능률성의 가치를 제시하면서 민주성의 가치에는 정치적 책임성, 대응성, 시민 참여, 형평성, 합법성의 가치 등이 포함되고, 능률성의 가치에는 생산성, 절약, 경제성, 효과성, 효율성 등의 가치들이 포함된다고 했다(이정철 외, 2015: 291-292).

---

16) 현재는 중복되고 과잉으로 불필요한 것처럼 보이지만, 만일의 사태에 대비해서 여분으로 준비해 두는 것을 의미한다.

> Rethinking

"제사, 뭣이 중헌디?… 치킨도 괜찮여… 가족이 화목해야지"

얼굴도 모르는 남편의 조상님들. 4월 6일 한식이 또 일주일 앞으로 다가왔네요. 제게 한식이 왔다는 건 '시제(時祭)' 제사상을 또 준비해야 한단 의미죠. 지난 설 명절 차례상 차리다 삐끗한 허리가 아직도 시큰거리는데…. 돌아서면 또 돌아오고, 눈을 뜨면 어느새 코앞인 제사가 이젠 정말 신물 납니다. 26년째니까요. 조금만 지나면 제가 제사상을 받을 판이네요.

지난 시간 저는 웃음과 공경의 마음보다 눈물과 원망의 마음으로 억지 제사를 준비했습니다. 요즘은 기독교다 뭐다 해서 아예 제사를 안 지내는 집도 많건만, 아버님은 "기일 제사는 4대까지 지내는 게 기본이고, 한식날 시제를 올리지 않는 집은 뼈대 없는 집안"이라며 맏며느리인 제게 매년 기제사 8번, 설·추석·시제 등 12번의 제사를 맡기셨죠.

남편 집안 뼈대를 세우느라 제 뼈는 녹아내렸습니다. 3년 전 무릎 수술을 한 다음 달에도 제사상을 차리라고 했을 땐 20년 넘게 쌓인 서러움이 터져 차라리 남편과 헤어지는 게 낫겠다는 생각까지 들더군요. 아가씨는 여자라고 빠지고, 서방님과 동서는 직장일이 바쁘다고 빠지고…. 맏며느리의 숙명이라지만 가끔 와서 차려놓은 밥만 먹고 가는 형제들을 볼 때면 속에서 천불이 납니다.

심지어 아버님은 "제사엔 여자가 나서는 게 아니다"라며 정작 제사를 올릴 때는 저를 뒤로 물러나게 하셨죠. 다음 주말이면 저는 또 묘소 끄트머리에 없는 듯 서 있을 겁니다. 이 집에서 전 가족인가요, 식모인가요. 이런 전통, 이제 저도 더는 싫습니다.

⊙ 하늘나라 시증조모의 조언

아가. 우릴 원망하는 증손자 매늘아가. 나는 저승에 사는, 니 시아부지의 할매 되는 사람이다. 니가 내가 사는 신줏단지를 하도 째려봐싸서 니 꿈속을 빌려 너에게 편지를 쓴다. 니가 그렇게 화를 내싸니 니 밥을 받아먹는 내 맴도 편치가 않다. 지난 설에 얻어먹은 제삿밥도 여즉 명치끝에 걸려 있구나.

니가 일생 이 집안의 젯밥을 차리느라 고생한 것을 누구보다 내가 안다. 나도 그렇게 살았응게. 죽고 보니 나도 내 인생이 억울혀. 그래도 우리 때는 매느리만 아홉이고 식구도 많아 서로 도와감서 했다만. 시방은 너 혼자 20년 넘게 이게 먼 고생이다냐.

내가 저승에 와서 다른 집 자손들 사는 것을 보니 우리 집이 너무 고리타분혀. 내가 여그서 들었다만 요즘 젊은 사람들 말로 '참말로 조상복 받은 자손들은 제삿날 다 해외여행 가 있다'는 말이 있다믄서. 나는 너도 그렇게 한번 살아봤음 쓰것다. 그래야 조상복 받았다 할 것 아니냐. 내 신줏단지만 챙겨가믄 내가 귀신같이 알고 따라갈랑께. 거기 가서 느그들이 먹고자픈 현지 음식으로 제사상 차리고 즐겁게 먹어. 나도 덕분에 해외여행하면 을매나 좋냐.

내가 엊그저께 저승 경로당에서 김 씨 영감님을 만났는디, 그 양반의 손주가 그런다드만. 그 집은 4남 1녀인디 몇 년 전부터 부모, 조부모 제사를 1년에 한 번 어버이날이 있는 주 토요일로 합쳤단다. 2년 전부터는 다 같이 여행을 가서 거기서 제사를 지낸다는디 그렇게 화목할 수가 없다드만. 작년에는 제주도로 놀러가 제사를 지냈는디 덕분에 김 씨도 젯밥으로 전복부터 활어회, 오메기떡, 치킨, 아이스크림 케이크까지 별거 별거 다 먹어봤다고 죙일 자랑이여. 너도 그렇게 해부러라. 뭣이 중헌디?

그라고 요새는 종갓집들도 겁나게 간단하게 제사 지낸다 안 혀. 1,000원짜리에 그려진 퇴계 이황 선생 알지? 얼마 전 그 양반을 뵀는디 그 집이 종갓집이 되다 보니 여자들이 부담시럽다고 시집을 안 온다고 하더라고. 그 바람에 종가에서 제사를 엄청 쭐였다 하드만. '간소하게 차려라'가 그 집안 어른들의 가르침이란다.

이러코롬 설명을 했는디도 느그 시아부지가 계속 제사 타령을 하믄 "호호, 아버님도 돈을 좀 쓰세요"라고 함 혀봐. 지금 내 옆집에 충남이 고향인 이 씨 영감님이 사는디, 그 집 종친회는 제사 때 자손들 모을라고 묘제에 참석하면 무조건 인당 5만 원을 준다드라. 뱃속의 아기까지 1명으로 쳐서 준다드만. 이 씨 영감님 아들은 매번 애들 싹 다 데려가서 수십만 원 벌어 온다더라고. 그 말 듣고 우스워서 혼났다야.

솔직헌 얘기로다가 느그 시아부지가 하는 말 중엔 틀린 말도 많어. 원래 우리 제사는 기일 제사만 지내지 명절 제사는 지내는 것이 아니여. 명절에는 그저 묘소에다가 과일 하나 놓고 술 한 잔 올리믄 됐는디, 너도나도 양반이랍시고 경쟁하다 이 모양이 돼 부렀어. 명절 차례만 없어져도 여자들이 한결 편안해질 틴디 말여.

맏매느리니까 니가 다 하란 것두 거시기한 소리지. 내가 여그서 고려 때 조상님도 뵙고 조선 때 조상님도 뵀는디, 오히려 그때는 남녀 할 것 없이 형제간에 돌아가며 제사 지냈다 하더라고. 음식도 혼자 안 허고 형제마다 각자 혀서 한데 모아놓고 제사를 지냈단다. 딸만 있는 집은 사위가 장인 장모 제사 모시고 손녀가 외조부모 제사 지내는 집도 더러 있었다더라.

또 제사 때 너를 뒤로 빠지라 하는 것은 참말로 잘못된 것이여. 원래 종갓집들은 조상한테 올리는 술 석 잔 중 두 번째 잔은 무조건 맏며느리에게 맡긴다드라. 젯밥 차려준 당사자인디 을매나 고맙냐. 며느리 없이 집안이 돌아가냐. 그것을 모르고 그런 말을 하면 안 되는 거여.

아가. 너도 들었겠지만 지난 추석 때 젊은이들이 '제사를 없애자'믄서 청와대에 6,121명이나 청원을 했다지? 오죽하믄 자손들이 나라님께 청원을 다 혔겠냐. 내가 지금 꿈속에서 전한 말을 개꿈이라 생각허지 말구 새겨들어. 못 믿겠으믄 저 양반들 헌테 물어봐.

자료: 「동아일보」, 2018. 3. 30. http://news.donga.com. (검색일: 2018. 4. 25)

제3장 참고 문헌

김상묵. (2017). 국가공무원의 공직가치: 공직가치모형의 개발과 검증. 「한국행정연구」, 26(2): 1-41.
김용운·고재권. (2014). 공공부문에 적요된 신공공관리론적 가치의 한계. 「한국거버넌스학회보」, 21(3): 297-316.
김호기·고동현. (2018). 사회적 가치의 이해. 「PPT 발표자료」.
오석홍. (2013). 「행정학(제6판)」. 서울: 박영사.
윤태범. (2016). 공공기관 존재 가치와 사회적 책임. 「KIPF 공공기관 이슈 포커스」, 17: 24-26. 한국조세재정연구.
이정철·이정욱. (2015). 경찰조직이 추구하는 가치에 관한 실증연구. 「한국경찰학회보」, 17(6): 287-315.
이종수 외. (2012). 「새 행정학」. 서울: 대영문화사.
정명은·김미현. (2014). 한국 지방정부의 가치지향성 분석: 조직목표 선언을 중심으로. 「한국정책학회보」, 23(3): 27-56.
조현대·윤문섭·서지영·김명관·정윤성. (2015). 「국가연구개발사업의 공공가치 개념 도입 방안」. 과학기술정책연구원.
주은혜. (2016). 공공가치실패모형(Public Value Failure model)을 적용한 서울시 무상급식정책 분석: 무상급식정책의 공공가치실패 가능성 진단. 「한국정책학회보」, 25(1): 269-296.
행정안전부. (2018a). 「정부혁신종합추진계획 이해와 활용」. 행정안전부.
행정안전부. (2018b). 사회적 가치의 이해. 「PPT자료」, 행정안전부.

Bannister, F. & Connolly, B. (2014). ICT, public values and transformative government: Aframework and programme for research. *Government Information Quarterly*, 31: 119-128.

Beck Jørgensen, T. & Bozeman, B. (2007). Public values: An inventory. *Administration and Society*, 39(3): 354-381.

Benington, J. & Moore, M. H. (2011). Public Value: Theory and Practice. Benington, J. & Moore, M. H. (ed). *Public Value in Complex and Changing Times*. New York, NY: Palgrave Macmillan.

Cordella, A. & Bonina, C. M. (2012). A public value perspective for ICT enabled public sector reforms: A theoretical reflection. *Government Information Quarterly*, 29: 512-520.

Gabel-Shemueli, R. & Capell, B. (2013). Public sector values: between the real and the ideal. *Cross Cultural Management*, 20(4): 586-606.

Moore, M. K. (2017). *Understanding Public Value*. Leaders Roundtable Materials, 5 May, https://www.dpmc.govt.nz/sites/default/files/2017-06/pp_convesation_tracker_-_mark_moore_on_public_value_5_may_2017.pdf. (Retrieved on December 24, 2017).

Shah, S. (2017). *Values and Norms of Society: Conformity, Conflict and Deviation in Norms*. http://www.sociologydiscussion.com/society/values-and-norms-of-society-conformity-conflict-and-deviation-in-norms/2292. (Retrieved on December 21, 2017).

Turkel, E. & Turkel, G. (2016). Public Value Theory: Reconciling Public Interests, Administrative Autonomy and Efficiency. *Review of Public Administration and Management*, 4(2): 1-7.

Witesman, E. & Walters, L. (2014). Public Service Values: A New Approach to The Study of motivation in the Public Sphere. *Public Administration*, 92(2): 375-405.

제4장 공직가치

제1절 | 공직가치의 의의

1 공직가치의 개념

인간에게 '좋음'은 선호를 가리키고, '옳음'은 알맞은 것, 바람직한 것, 도덕적인 것을 가리킨다. '좋음'이 개인 또는 작은 집단 차원의 욕구와 관련된 것으로 볼 수 있다면, '옳음'은 사회구성원 대다수에 의해 조정되고, 승화된 욕구와 관련된 것으로 볼 수 있다(전주상 외, 2018: 19-20). 지금까지 살펴본 사회적 가치나 공공가치는 궁극적으로 무엇이 좋고, 옳으며, 바람직한지에 대한 물음에서 출발한다.

가치가 사람들의 사고와 행동에 영향을 미치는 추상적인 관념이고, 개인의 태도와 행동을 유도하고 정당화하는 데 설명적 기준이 되기도 한다. 가치는 일단 정립된 이후에도 변화될 수 있으며, 항상 일관적이지도 않다. 개인이 옹호하는 가치와 실제 실천하는 가치는 서로 다를 수 있으며, 또한 상충되는 가치들을 동시에 추구하기도 한다(김상묵, 2017: 3). 제4장에서는 공직 및 공무원들에게 요구되는, 그리고 그들의 사고와 행동에 영향을 미치는 공직가치에 대해 살펴본다.

공직가치는 다차원적 개념으로 그 범위가 매우 넓다. 공무원의 공직가치를 변화시키고 강화시키는 것은 사람의 가치를 변화시키는 것이므로, 그 과정에 관한 이해와 인내가 필요하며 소요기간 또한 만만치 않다(남궁근, 2016: 8-9). 공직가치에 대한 개념도 일의적으로 정의하기 곤란하다. 시대와 장소 그리고 행정환경이나 시민의 니즈 등 다양한 요인에 따라 공직 및 공무원들에게 요구하는 가치가 다르기 때문이다. 공직가치는 〈표 4-1〉과 같이 다양한 관점에서 여러 가지 의미로 정의되고 있다. 공직가치는 공직자가 무엇을 중요시하는가를 나타내는 개인 가치관의 표현이자 조직행동의 지침이며, 또한 이들이 자신의 정당성을 이해관계자에게 이해시키기 위한 대화의 수단이라고 할 수 있다(심동철, 2017: 45).

〈표 4-1〉 공직가치의 개념 정리

자료	개념	
김영천 외 (2007: 59)	공직으로서의 가치	공직이라는 업무의 공공성(publicness)에서 나오는 가치; 국민 전체에 대한 봉사자'로서의 공무원의 지위 강조; 공직의 공평성, 공직자의 청렴성만을 강조
	공무원 개인의 직업적 가치	공직(공무원)에 대한 순수한 직업으로서의 가치; 현대 사회에서 중요시되는 '서비스로서의 공무'의 확립
노승용(2007: 74)	공적 가치를 창출하기 위해 공무원이 공직을 수행할 때 지녀야 할 가치	
심동철(2017: 44)	공직자가 정책을 수립하고 실행하는 내부 지침이 되는 가치	
이근주(2015)	핵심 가치	사회와 시대의 변화에도 불구하고 행정의 고유 속성 때문에 언제나 추구되고 달성돼야 할 가치
	전략 가치	사회적·경제적·정치적 변화에 따라 환경으로부터 새롭게 요구되는 가치 또는 기존의 가치가 다른 강도와 우선순위로 요구되는 경우
윤태범(2015: 20)	공직자로서 당연히 갖추고 있어야 할 바람직한 가치관"이라고 보며, 일반적으로 대국민, 대직무, 그리고 공직자 자신과의 관계 속에서 구체화되며, 가장 핵심은 세 가지 영역 전체를 관통하는 '윤리'	
행정안전부(2010: 8)	공직자로서 바람직한 행동의 판단 기준이며, 공직을 수행하면서 추구해야 할 궁극적인 목표와 기준	
한국행정연구원 (2015: 3)	공무원들의 의사결정 기준과 우선순위를 정해주는 윤리적 지침	
Witesman & Walters(2014)	공직가치를 공무원이 자신의 직무를 수행하는 데 필요한 사회적, 직업적, 윤리적 그리고 다른 가치들의 합	

자료: 김상묵(2017: 4) 및 심동철(2017: 45)의 내용을 정리함

공직가치는 정부나 공공 관련 조직들이 어떻게 시민이 원하는 서비스를 제공할 것인가에 초점을 맞춘다는 점에서 공공가치(public value)와 유사하다. 공공가치는 사회 혹은 조직 수준의 공익 창출에 초점을 맞추는 반면, 공직가치(public service values)는 공공가치를 실현하기 위해 공무원 개인이 어떻게 공직 수행을 해야 하는가를 논의한다는 점에서 공공가치와 구분된다. 즉, 공직가치는 공공가치 창출을 위해 개인에게 요구되는 수단적 가치라고 할 수 있다(심동철, 2017: 45). 공직가치는 "공직을 수행하는 공무원의 사고와 행동에 영향을 미치며, 기본적으로 지키고 따라야 할 가치"로 정리할 수 있다.

2 공직가치 개념의 접근 방식

공직가치의 개념은 다양한 의미를 내포하고 있듯이 이를 이해하는 접근 방식도 다양하게 논의되고 있다. 공직가치의 내재화에 따른 심리학적 접근은 크게 생각의 변화 및 습관화에 초점을 둔 인지심리학적 접근, 일의 의미에 초점을 둔 직업심리학적 접근, 제고 및 환경의 영향에 초점을 둔 문화심리학적 접근, 그리고 사회적 역할과 기대에 초점을 둔 사회심리학적 접근 등 네 가지로 구분한다.

인지심리학적 접근은 스스로 공무원으로서 인식하고 일상 속에서 공직가치를 생각해 볼 수 있는지에 관심을 가진다.

직업심리학적 접근은 공무원으로서 수행하는 일 자체에 대한 의미를 찾고, 일이 사회적으로 어떤 의미를 가지는가에 관심을 가진다.

문화심리학적 접근은 공직사회의 문화환경이 공직가치를 함양할 수 있는지에 관심을 가진다.

마지막으로 사회심리학적 접근은 우리 사회에서 공무원에게 기대하는 정립된 역할은 무엇인가에 관심을 가진다. 이와 같이 어떤 관점에서 공직가치를 이해하느냐에 따라 그 개념적 정의가 다양하게 제시될 수 있다.

〈표 4-2〉 공직가치 내재화에 대한 심리학적 접근과 주요 질문

구분	가치 내재화 변화	공직가치 내재화를 위한 주요 질문
인지심리학적 접근 (생각의 변화, 습관화)	• 생각하는 방식의 변화 • 자아에 대한 인식의 변화	• (공무원 스스로) 나는 공무원인가? 공무원으로서 어떠한 사람인가? • (공무원을 교육하는 사람) 어떻게 해야 공직가치를 일깨워 줄 수 있는가? • (사회 구성원) 일상 속에서 공직가치를 생각해 볼 수 있는가?
직업심리학적 접근 (일의 의미)	• 일의 의미 발견	• (공무원 스스로) 이 일을 하는 것이 나에게 어떠한 의미가 있는가? • (공무원 스스로) 나의 일이 과연 사회적인 의미가 있는 것인가?
문화심리학적 접근 (제도/환경의 영향)	• 소속된 사회(조직)가 공직가치를 형성한다.	• (공통) 공직사회가 공직가치를 잘 함양할 수 있는 환경인가?
사회심리학적 접근 (사회적 역할과 기대)	• 사회적으로 정의된 역할	• (공통) 우리 사회에서 공무원에게 기대하는 정립된 역할은 무엇인가?

자료: 박정호(2015: 199)

또 다른 공직가치의 접근 방법은 직무 책임적 차원과 직무 동기적 차원으로 구분할 수 있다. 먼저 직무 책임적 차원에서 공직가치에 대한 논의는 주인-대리인 이론에 기초한 경우가 많다. 공공가치의 논의는 개인적 차원보다는 조직적 차원에서 공직자의 역할과 책임이 주요 연구 대상이 된다. 특히 직무 책임적 측면에서 공직가치 이론은 민주적 정당성을 어떻게 확보할 것인지, 정책결정자가 민주적 가치를 어떻게 실현할 것인지, 이러한 과정에서 어떻게 공직가치를 창조하고

〈표 4-3〉 직무 책임적/직무 동기적 공직가치의 접근 방법

구분	직무 책임적 차원	직무 동기적 차원
근거	주인-대리인이론	공공봉사동기이론
연구 대상	조직적 차원, 거시적	개인적 차원, 미시적
핵심적 가치	민주적 정당성, 책임성	이타적 봉사성, 도덕성
공익에 대한 정의	상호작용, 귀납적	개별 규범, 연역적
관리자 역할	중재자, 조정자	수범자, 봉사자
주요 연구 내용	공직가치의 실현 방법, 과정 중심	공직가치의 효과분석, 결과 중심

자료: 이창길(2017: 79)

확보할 것인지 등이 연구의 대상이 된다(이창길, 2017: 78). 직무 동기적 차원의 공직가치 논의는 개인적 차원의 미시적인 접근이 많다. 특히 공공가치의 핵심적인 내용을 이타적인 봉사성과 도덕성으로 규정하고 규범적이고 연역적인 접근 방법을 활용한다. 주요 연구 내용은 공직가치의 실현 방법이나 과정보다는 개인들에 내재된 공직가치의 효과나 결과에 집중한다(이창길, 2017: 79).

제2절 | 공직가치의 내용

1 공직가치의 구성 요소

공직가치의 개념과 다양한 접근 방법이 존재하듯이, 그 구성 요소도 다양하게 제시되고 있다. 또한 공직가치는 다차원적이고 각 차원마다 내포하는 요소도 다양하므로, 그 강조점은 국가와 시대에 따라 달라질 수밖에 없다(남궁근, 2016: 9). 〈표 4-4〉와 같이 OECD를 비롯해서 주요 국가의 핵심 공직가치를 보면 국가마다 중요하게 여기는 가치가 다름을 알 수 있다.

커나헌(Kernaghan, 2003: 712)은 공직가치 목록으로 윤리적, 민주적, 직업적, 사람 등의 네 가지에 초점을 맞추고 분류·제시했다(Bannister & Connolly, 2014: 122). 윤리적 관점의 공직가치에는 청렴성, 공평성, 책임성, 충성심, 수월성, 존경, 정직성, 성실성 등의 요소가 포함되고, 민주적 관점의 공직가치에는 법의 지배, 중립성, 책임성, 충성심, 개방성, 반응성, 대표성, 적법성 등의 요소가 포함되며, 직업적 관점의 공직가치에는 효과성, 효율성, 서비스 지향성, 리더십, 수월성, 혁신, 품질, 창조성 등의 요소가 포함된다. 그리고 사람에 대해서는 돌봄, 공정성, 관용, 품위, 동정, 용기, 호의, 인본성 등의 요소가 포함된다.

〈표 4-4〉 주요 OECD 국가의 핵심 공직가치

국가	핵심 공직가치	
OECD	• 형평성 • 청렴성 • 효율성 • 책임성	• 적법성 • 투명성 • 평등성 • 정의
영국	• 청렴성 • 객관성	• 정직성 • 공정성
캐나다	• 민주적 가치 • 윤리적 가치	• 전문직업적 가치 • 국민의 가치
호주	• 의회와의 관계: 비정치성, 공개적 책임성, 반응성 • 대국민 관계: 공정성, 합리적 기회제공 • 공직 내부적 관계: 실적주의, 다양성, 의사소통이 잘 되는 근무환경, 근무 의욕을 높이는 근무환경, 결과 지향, 고용형평성 추구 • 개인과의 관계: 윤리성, 리더십, 경력 중시	

자료: 강정석 외(2015: 35)

〈표 4-5〉 공직가치 카테고리

윤리적	민주적	직업적	사람
청렴성	법의 지배	효과성	돌봄
공평성	중립성	효율성	공정성
책임성	책임성	서비스 지향성	관용
충성심	충성심	리더십	품위
수월성	개방성	수월성	동정
존경	반응성	혁신	용기
정직성	대표성	품질	호의
성실성	적법성	창조성	인본성

자료: Bannister & Connolly(2014: 122)

놀란(Nolan, 1995)과 셔먼(Sherman, 1998)은 각각 공공생활에서 관리의 원칙과 공무원에게 요구되는 가치를 제시했다(Bannister & Connolly, 2014: 122). 놀란(M. Nolan)은 공공생활에서 관리의 원칙으로는 이타성, 청렴성, 객관성, 책임성, 개방성, 정직성, 리더십 등의 일곱 가지를 제시했고, 셔먼(T. Sherman)은 공무원들에게 요구되는 가치로 청렴성, 몰입, 신중, 절제, 공평, 법에 대한 존중, 인간에 대한 존중, 반응성, 객관성, 개방성, 책임성, 리더십, 경제와 효율성 등의 요소를 제시했다.

〈표 4-6〉 공공생활의 관리 원칙과 공무원에게 요구되는 가치

공공생활에서 관리 원칙 (Nolan, 1995)	공무원에게 요구되는 가치 (Sherman, 1998)	
• 이타성 • 청렴성 • 객관성 • 책임성 • 개방성 • 정직성 • 리더십	• 청렴성 • 몰입 • 신중 • 절제 • 공평 • 법에 대한 존중 • 인간에 대한 존중	• 반응성 • 객관성 • 개방성 • 책임성 • 리더십 • 경제와 효율성

자료: Bannister & Connolly(2014: 122)

노승용(2007)은 밴 버트(Van Wart, 1998)의 공직가치모형에 따라 공직가치를 개인적 가치, 전문직업적 가치, 조직가치, 법적 가치, 공익가치 등 다섯 가지로 구분하고, 다섯 가지 차원에서의 공직가치를 인터뷰, 델파이, 설문조사의 결과를 바탕으로 다음 [그림 4-1]과 같이 제시했다.

여기에서 가장 중요한 가치로 간주되는 것은 'public integrity'다. public integrity는 기본적으로 정직성, 일관성, 정합성, 상호호혜성의 의미를 포함하는 개념이다. public integrity를 지닌 공무원은 좀 더 완전한 업무를 수행하는 공무원이고 업무의 다양한 측면에서, 신념과 행위 간에 조화를 이룬다. 또한 public integrity는 헌법과 법을 존중하고 정치 법률 체계를 존중하는 것을 의미한다. 즉, 자신의 개인적 가치보다 공적 의무를 우위에 놓는 것이다. public integrity를 구성하는 네 가지 개념의 의미와 구체적인 내용은 〈표 4-7〉과 같다.

[그림 4-1] 차원별 공직가치

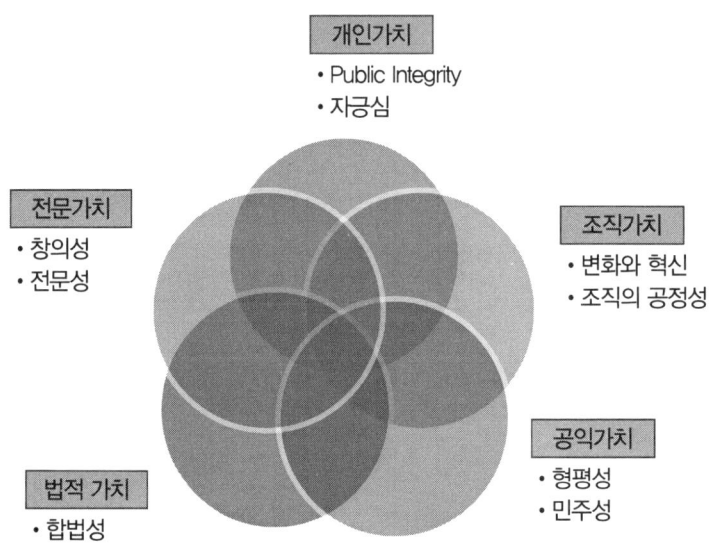

자료: 노승용(2007: 96)

김상묵(2017)은 한국의 국가공무원을 대상으로 조사한 공직가치 유형을 윤리적 가치, 민주적 가치, 혁신적 가치, 전문직업적 가치, 전통적 가치 등 다섯 가지 유형으로 제시했다. 윤리적 가치에는 공직윤리, 공정성, 공익, 책임성, 합법성, 정치적 중립, 업무 전문성, 국가안보, 정보보안, 정부 안정성, 정부 중립성 등의 요소가 포함되고, 민주적 가치에는 민주주의, 사회 정의, 약자 보호, 공평성, 시민 참여, 약자 보호, 여론 수렴, 공동체 의식 등의 요소가 포함되며, 혁신적 가치에는 창의성, 열정, 이타심, 개방성, 도전정신, 독립성, 반응성 등의 요소가 포함된다. 전문직업적 가치에는 신뢰성, 효과성, 효율성 등의 요소가 포함되고, 전통적 가치에는 충성심, 조직에의 충성, 정권의 품위, 정치적 충성심 등의 요소가 포함된다.

⟨표 4-7⟩ Public Integrity의 구성 요소와 그 내용

구성 요소	정의	구체적 내용
정직성		1. 객관적 사실과 정보에 기초해서 업무를 수행함. 2. 공적 목적을 위해서만 공적 자원을 사용함. 3. 정직성과 진실성을 승진, 명성, 개인적 이득을 위해 포기하지 않음.
일관성	기분에 따라서 업무를 수행하기보다는 원칙에 따라서 업무를 수행하려는 이성적인 노력	1. 개인적 가치보다 공직 의무를 중시하며 업무를 수행함. 2. 업무 수행 원칙(공정성, 효율성, 효과성 등)에 따라 업무를 수행함. 3. 부적절한 압력이나 기분에 따라 업무를 수행하지 않음. 4. 전문적 지식과 전문가의 권고를 온당하게 고려해서 업무를 수행함. 5. 최선을 다해 공공을 위한 업무를 공정하고 효율적으로 수행함.
정합성	원칙을 그에 맞는 사례와 연결시키고 가능한 한 원칙들의 조화를 이루려고 하는 이성적인 노력	1. 청탁인사 선물 수수 공적 자원 남용 등으로 조직 내 갈등을 유발함. 2. 업무 수행 시 상충하는 원칙을 잘 조정해서 조직 내 갈등이 크지 않음. 3. 자신의 실책에 책임을 짐.
호혜성	유사한 조건에 있는 당신에게 다른 사람들이 당신을 대하듯 다른 사람을 대하려고 하는 이성적인 노력	1. 상사, 부하 모두 공공을 존중함. 2. 다른 사람의 직무성과와 공헌을 인정하고 보장함. 3. 편파적이지 않게 공직을 수행함.

자료: 노승용(2007: 97)

⟨표 4-8⟩ 공직가치 유형

윤리적 가치	민주적 가치	혁신적 가치	전문직업적 가치	전통적 가치
• 공직윤리 • 공정성 • 공익 • 책임성 • 합법성 • 정치적 중립 • 업무 전문성 • 국가안보 • 정보보안 • 정부의 안정성 • 정부 중립성	• 민주주의 • 사회정의 • 약자 보호 • 공평성 • 시민 참여 • 약자 보호 • 여론수렴 • 공동체 의식	• 창의성 • 열정 • 이타심 • 개방성 • 도전정신 • 독립성 • 반응성	• 신뢰성 • 효과성 • 효율성	• 충성심 • 조직에의 충성 • 정권의 품위 • 정치적 충성심

자료: 김상묵(2017: 16)

심동철(2017)은 한국에서 중앙정부, 지자체, 공공기관 종사원을 대상으로 공직가치를 조사한 결과 공직자들이 가장 중요시 생각하는 공직가치로 공직윤리, 책임감, 합법성, 정보보안, 공정성 등의 요소를 중요하게 인식하는 것으로 제시했다.

〈표 4-9〉 한국 공직가치의 우선순위

순위	공직가치	전체	중앙정부	지자체	공공기관
1	공직윤리	79.8	79.6	80.6	79.2
2	책임감	79.0	78.0	80.6	78.5
3	합법성	78.9	79.1	78.8	77.7
4	정보보안	78.5	80.1	78.0	77.3
5	공정성	78.4	78.0	80.1	77.2
6	신뢰	77.5	77.1	77.6	77.7
7	전문성	77.0	77.6	76.7	76.6
8	공익	75.7	75.6	76.6	75.3
9	지속가능성	75.3	74.2	75.6	76.1
10	투명성	75.0	74.1	75.5	75.4
11	사회 정의	74.6	73.7	76.2	74.0
12	약자 보호	74.5	73.7	75.8	74.1
13	정부의 안정성	74.5	74.9	75.9	72.6
14	복리후생	74.1	75.0	74.0	73.4
15	협력	74.1	74.5	74.1	73.7
16	정부의 중립성	73.8	74.3	75.2	72.1
17	국민의 요구에 부응하는 것	73.8	73.2	74.8	73.3
18	국가안보	73.7	75.4	74.9	70.7
19	여론에 귀 기울이는 것	72.9	72.1	73.6	73.0
20	평등	72.8	71.8	73.8	72.7
21	정치적 중립	72.6	74.0	74.7	68.9
22	민주주의	72.5	71.6	74.3	71.5
23	경제적 보상	72.5	73.1	72.0	72.3
24	고객 지향적인 것	72.5	71.3	72.6	73.5
25	열정	72.3	71.7	71.6	72.3
26	효율성	72.3	73.1	71.6	72.3
27	결단력	71.6	72.6	71.1	71.6
28	공동체	71.7	71.5	73.3	70.3
29	반응성	71.2	70.2	71.0	72.3
30	독립성	70.9	70.0	70.2	72.6

순위	공직가치	전체	중앙정부	지자체	공공기관
31	창의성	70.2	70.0	68.4	72.0
32	이타심	69.6	69.1	69.7	69.9
33	효과성	69.3	70.0	68.9	68.9
34	시민의 참여	68.7	66.3	70.7	68.9
35	도전	68.6	67.2	67.7	71.0
36	개방성	66.8	66.2	66.0	68.2
37	충성심	66.7	68.1	68.2	63.7
38	동기간의 긴밀한 관계	64.6	65.0	65.0	63.1
39	정권의 품위	63.8	66.7	64.9	60.0
40	조직에 대한 충성	62.2	64.1	62.9	59.6
41	이해관계자들의 가치	57.6	59.3	56.0	57.4
42	정치적 충성심	56.2	59.3	57.4	51.8
43	이익집단과의 관계	49.8	53.1	47.5	48.9
44	사익	49.8	52.3	48.4	48.6
45	승진	48.5	53.4	51.2	41.0
46	기관장에 대한 충성	43.4	48.7	44.1	37.5
47	연줄 집단	39.0	43.4	41.0	32.8

자료: 심동철(2017: 59-60)

    우리나라 인사혁신처가 제시한 공직가치 체계도(안)를 보면, 공직가치로 국민에게 봉사하는 공무원으로서 국가관(애국심, 헌신성, 다양성), 헌법 가치를 실천하는 공무원으로서 공직관(책임성, 공평성, 전문성), 도덕성을 갖춘 공무원으로서 윤리관(청렴성, 정직성, 투명성) 등으로 이뤄져 있다. 이와 같은 공직가치가 정립되면 신뢰받는 깨끗한 정부가 돼 국민 모두가 행복한 대한민국이 달성될 것으로 기대하고 있다.

    강정석 외(2015)는 인사혁신처의 공직가치 체계도(안)를 바탕으로 공직가치 도출을 위한 구성 요소를 마련하고, 국민과 공무원을 대상으로 공직가치의 구성 요소에 대한 중요도 인식을 조사했다. 국민 및 공무원 대상 공직가치 인식조사에서 국가관에서는 사명감, 애국심, 역사 의식, 공동체 의식, 헌신성, 민주성, 헌법정신, 자긍심, 개방성, 다양성 등의 순으로 제시됐고, 공직관에서는 책임성, 투명성, 공정성, 준법 의식, 전문성, 봉사정신, 소명 의식, 효율성 등의 순으로 제시됐다. 윤리관에서는 청렴성, 도덕성, 공익성, 성실성, 적극성 등의 순으로 제시됐다.

[그림 4-2] 우리나라 인사혁신처 공직가치 체계도(안)

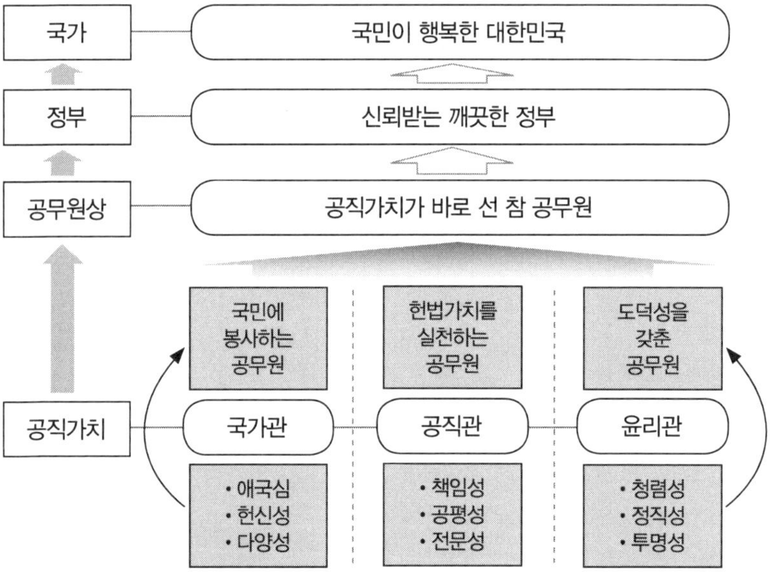

```
국가 ── 국민이 행복한 대한민국
  ↑
정부 ── 신뢰받는 깨끗한 정부
  ↑
공무원상 ── 공직가치가 바로 선 참 공무원
  ↑
공직가치
        ┌─ 국민에 봉사하는 공무원 ─┬─ 헌법가치를 실천하는 공무원 ─┬─ 도덕성을 갖춘 공무원 ─┐
        │        국가관              │           공직관              │        윤리관        │
        │  • 애국심                  │  • 책임성                     │  • 청렴성           │
        │  • 헌신성                  │  • 공평성                     │  • 정직성           │
        │  • 다양성                  │  • 전문성                     │  • 투명성           │
```

자료: 강정석 외(2015: 43); 남궁근(2016: 8)의 내용을 재구성

〈표 4-10〉 국민/공무원 대상 공직가치 인식 조사 결과(순위)

국가관	공직관	윤리관
사명감	책임감	청렴성
애국심	투명성	도덕성
역사 의식	공정성	공익성
공동체 의식	준법 의식	성실성
헌신성	전문성	적극성
민주성	봉사정신	
헌법정신	소명 의식	
자긍심	효율성	
개방성		
다양성		

자료: 강정석 외(2015: 49)

〈표 4-11〉 각 세부 가치별 개념 정의

국가관	① 역사 의식 : 사회의 변화 과정을 시간적으로 이해하고 국가와 사회의 발전을 위한 주인 의식을 가지려는 자세 ② 공동체 의식 : 공동체의 조화로운 발전을 추구하려는 의식 ③ 자긍심 : 한 사회의 일원이자 공무원으로서의 맡은 역할과 소임에 스스로 긍지를 가지는 마음 ④ 헌법정신 : 헌법이 지향하는 가치와 이념을 실천하려는 마음가짐 ⑤ 애국심 : 나라를 사랑하는 마음으로 국가에 충성하려는 자세 ⑥ 사명감 : 국가와 사회로부터 부여받은 역할과 소임을 최선을 다해 수행하려는 마음 ⑦ 다양성 : 다양한 생각과 문화를 이해하고 존중하며 차별하지 않는 자세 ⑧ 헌신성 : 국가와 국민을 위해 몸과 마음을 바치려는 자세 ⑨ 개방성 : 각계각층의 열린 의사소통 및 상호작용을 통해 사회의 변화를 추진하는 자세 ⑩ 민주성 : 국민의 참여와 결정이 중요한 가치라고 여기는 자세
공직관	① 전문성 : 공직자로서 자신의 업무에 대한 높은 지식을 보유하고 투철한 직업 의식을 가짐. ② 책임감 : 맡은 업무를 완수하고자 하는 의지와 노력 ③ 효율성 : 시간과 예산의 낭비를 최소화해서 업무 성과를 높이려는 자세 ④ 준법 의식 : 법과 규칙을 준수하는 자세 ⑤ 봉사정신 : 나 자신보다는 국민을 받들어 열심히 일하려는 자세 ⑥ 소명 의식 : 공직을 천직(天職)으로 여기며 일하려는 자세 ⑦ 투명성 : 적극적으로 정보를 개방하고 공유해 '국민의 알 권리'를 실현하려는 자세 ⑧ 공정성 : 올바르고 공평무사하게 업무를 수행하려는 자세
윤리관	① 청렴성 : 직무와 관계가 있든 없든 금전이나 향응을 받지 않으며 사익을 추구하지 않음. ② 성실성 : 맡은 바 임무를 성심성의껏 수행함. ③ 적극성 : 무사안일하지 않고 능동적이고 솔선수범하는 자세로 직무를 수행함. ④ 공익성 : 특정 개인이나 집단의 이익을 추구하는 것이 아니라 공익을 우선해서 직무를 수행함. ⑤ 도덕성 : 개인의 양심과 사회적 규범을 준수해서 공직자의 본분에 충실함.

자료: 강정석 외(2015: 46).

2 공직가치로서 법적 규범

1) 공무원의 의무와 공직가치

지금까지 공무원의 가치를 선언적·규범적이며, 학자들의 연구 결과를 바탕으로 소개했다. 여기에서는 법적 규범으로서 명시돼 있는 공직가치를 살펴본다. 신용일(2011)은 공직가치를 행정 고유의 측면, 헌법과 법률 측면으로 구분해서 설명했다. 먼저 행정 고유 측면에서 보면, 정치로부터 행정을 분리하고 행정의 고유적 가치를 찾자는 것이다. 미국은 건국 초부터 공무원 임용 시에 정치적 요소가 내재된 엽관제(spoils system)를 시행했다. 엽관제는 선거에서 승리한 정당이 관직을 독점하는 것으로 행정 경험이 없는 비전문가(정치가)가 행정을 담당함으로써 그로 인해 행정이 비능률적이고, 행정부 부패가 양산됐다. 따라서 윌슨(Thomas W. Woodrow Wilson: 행정학 연구, 1887년)은 행정부 부패를 방지하고 행정에서의 전문성과 효율성 저하를 막기 위해 행정을 정치로부터 분리시킬 것을 주장하게 됐으며, 행정은 전문행정관료가 담당해야 하며, 공무원은 행정 업무를 처리할 때 가치 판단 및 가치 지향적인 정치로부터 가치 판단을 배제하고 가치 중립적인 입장에서 행정의 독립성 확보를 통해 전문성과 능률성 그리고 지속가능성을 확보해야 한다는 공무원의 가치가 대두됐다(신용일, 2011: 63-65). 다음, 공직자의 가치는 헌법과 법률 그리고 공무원 윤리 복무 규정 등에 명시하고 있는 공무원의 의무 등에서 도출할 수 있는데, 이를 정리하면 〈표 4-12〉와 같다.

〈표 4-12〉 공무원의 의무와 공직가치

공무원의 의무	공직가치
• 공무원은 국민 전체에 대한 봉사자(헌법 6조) • 공무원의 정치적 중립 의무(헌법 6조) • 노동권 제한(헌법 66조) • 친절·공정 의무(국공법 59조 1항) • 종교 중립 의무(국공법 59조) • 정치활동 제한(국공법 65조, 공노법 4조) • 집단행위 금지(국공법 66조)	공평무사 평등성 정의
• 비밀 엄수 의무(국공법 60조) • 청렴 의무(국공법 61조) • 공직자 재산 등록 및 공개 의무(공직자윤리법) • 퇴직공무원 취업 제한(공직자윤리법)	투명성 청렴성
• 직무 전념(성실의무)(국공법 56조) • 영리행위 및 겸직 금지 의무(국공법 64조) • 직장 이탈 금지(국공법 58조)	전문성 효율성
• 법령 준수 의무(국공법 56조) • 공무원의 품위 유지 의무(국공법 63조) • 복종 의무(국공법 57조)	법적합성 성실성

자료: 신용일(2011: 65)

2) 헌법 및 개별 법령상의 공직가치

헌법을 비롯한 개별 법령에서 명시하고 있는 구체적 내용과 그에 따른 공직가치를 소개하면 다음과 같다. 먼저 헌법에서는 공무원의 정치적 중립 준수 의무에서는 국가관, 공평무사, 준법정신의 공직가치를 내포하고 있고, 공무원은 국민 전체에 대한 봉사자이며, 국민에 대해 책임을 져야 한다는 내용에서는 평등성의 공직가치가 내포돼 있다. 그리고 노동권 제한 내용은 중립성과 준법정신의 공직가치를 내포하고 있다.

〈표 4-13〉 헌법상의 공직가치

조	내용	조문	관련 공직가치
6조	공무원의 정치적 중립 의무	국군은 국가의 안전보장과 국토방위의 신성한 의무를 수행함을 사명으로 하며, 그 정치적 중립성은 준수된다.	국가관, 공평무사, 준법정신
7조	공무원은 국민 전체에 대한 봉사자	공무원은 국민 전체에 대한 봉사자이며, 국민에 대해 책임을 진다.	평등성
66조	노동권 제한	③ 법률이 정하는 주요 방위산업체에 종사하는 근로자의 단체행동권은 법률이 정하는 바에 의해 이를 제한하거나 인정하지 아니할 수 있다.	중립성, 준법정신

자료: 강정석 외(2015: 63)

다음 국가공무원법상의 공직가치를 보면, 공직자로서 지켜야 할 여러 의무 및 금지 사항을 담고 있다. 성실 의무는 준법정신의 공직가치를 의미하며, 복종 의무는 성실성과 책임성을, 직장 이탈 금지는 책임성과 준법정신을, 친절·공정 의무와 종교 중립의 의무는 공평무사와 평등성을, 비밀 엄수의 의무와 청렴 의무는 청렴성을, 공무원의 품위 유지 의무는 정직과 성실을, 영리행위 및 겸직 금지 의무는 전문성과 효율성을, 정치활동 제한과 집단행위 금지는 준법정신과 중립성 등의 공직가치를 내포하고 있다.

〈표 4-14〉 국가공무원법상의 공직가치

조, 항	내용	조문	관련 공직가치
56조	성실 의무	모든 공무원은 법령을 준수하며 성실히 직무를 수행하여야 한다.	준법정신
57조	복종 의무	공무원은 직무를 수행할 때 소속 상관의 직무상 명령에 복종하여야 한다.	성실성, 책임성
58조	직장 이탈 금지	공무원은 소속 상관의 허가 또는 정당한 사유가 없으면 직장을 이탈하지 못한다.	책임성, 준법정신
59조 1항	친절 · 공정 의무	공무원은 국민 전체의 봉사자로서 친절하고 공정하게 직무를 수행하여야 한다.	공평무사, 평등성
59조	종교 중립 의무	공무원은 종교에 따른 차별 없이 직무를 수행하여야 한다.	공평무사, 평등성
60조	비밀 엄수 의무	공무원은 재직 중은 물론 퇴직 후에도 직무상 알게 된 비밀을 엄수(嚴守)하여야 한다.	청렴성
61조	청렴 의무	① 공무원은 직무와 관련하여 직접적이든 간접적이든 사례 · 증여 또는 향응을 주거나 받을 수 없다. ② 공무원은 직무상의 관계가 있든 없든 그 소속 상관에게 공여하거나 소속 공무원으로부터 증여를 받아서는 아니 된다.	청렴성
63조	공무원의 품위 유지 의무	공무원은 직무의 내외를 불문하고 그 품위가 손상되는 행위를 하여서는 아니 된다.	정직/성실
63조	영리행위 및 겸직 금지 의무	공무원은 공무 외에 영리를 목적으로 하는 업무에 종사하지 못하며 소속 기관장의 허가 없이 다른 직무를 겸할 수 없다	전문성, 효율성
65조	정치활동 제한	공무원은 정당이나 그 밖의 정치단체의 결성에 관여하거나 이에 가입할 수 없다 ② 공무원은 선거에서 특정 정당 또는 특정인을 지지 또는 반대하기 위한 다음의 행위를 하여서는 아니 된다	준법정신, 중립성
66조	집단행위. 금지	공무원은 노동운동이나 그 밖에 공무 외의 일을 위한 집단행위를 하여서는 아니 된다. 다만, 사실상 노무에 종사하는 공무원은 예외로 한다.	준법정신, 책임성
78조	징계 사유	2. 직무상의 의무(다른 법령에서 공무원의 신분으로 인하여 부과된 의무를 포함한다)를 위반하거나 직무를 태만히 한 때 3. 직무의 내외를 불문하고 그 체면 또는 위신을 손상하는 행위를 한 때	전문성, 준법정신

자료: 강정석 외(2015: 64)

다음은 공직자윤리법상의 공직가치의 요소를 살펴본다. 공직자윤리법은 공직자 및 공직 후보자의 재산등록 · 등록재산 공개 및 재산 형성 과정 소명과 주식백지신탁을 제도화하고, 공직을 이용한 재산 취득의 규제, 공직자의 선물 신고, 퇴직 공직자의 취업 제한 등을 규정함으로써 공직자의 부정한 재산 증식을 방지하고, 공무 집행의 공정성을 확보해서 국민에 대한 봉사자로서의 공직자의 윤리를 확립함을 목적으로 하고 있으며, 이와 관련된 공직가치는 청렴성이다.

〈표 4-15〉 공직자윤리법상의 공직가치

조	내용	조문	관련 공직가치
제2조의2	이해 충돌 방지 의무	② 공직자는 자신이 수행하는 직무가 자신의 재산상 이해와 관련되어 공정한 직무 수행이 어려운 상황이 일어나지 아니하도록 직무 수행의 적정성을 확보하여 공익을 우선으로 성실하게 직무를 수행하여야 한다. ③ 공직자는 공직을 이용하여 사적 이익을 추구하거나 개인이나 기관·단체에 부정한 특혜를 주어서는 아니 되며, 재직 중 취득한 정보를 부당하게 사적으로 이용하거나 타인으로 하여금 부당하게 사용하게 하여서는 아니 된다.	청렴성
제3조	재산등록 의무자	① 다음 각 호의 어느 하나에 해당하는 공직자(이하 "등록의무자"라 한다)는 이 법에서 정하는 바에 따라 재산을 등록하여야 한다.	청렴성
제17조	퇴직 공직자의 취업 제한	① 등록 의무자(이하 이 장에서 "취업심사대상자"라 한다)는 퇴직일부터 3년간 퇴직 전 5년 동안 소속하였던 부서 또는 기관의 업무와 밀접한 관련성이 있는 다음 각 호의 어느 하나에 해당하는 기관(이하 "취업제한기관"이라 한다)에 취업할 수 없다.	청렴성

자료: 강정석 외(2015: 65)

다음은 형법에서 공직가치를 찾을 수 있는 내용은 직무 유기, 직권 남용, 공무상 비밀 유지, 제3자 뇌물 제공, 수뢰 등에 관한 사항은 준법정신, 정직/성실, 책임성, 청렴성 등의 공직가치를 요구하고 있다.

⟨표 4-16⟩ 형법상의 공직가치

조	내용	조문	관련 공직가치
122조	직무 유기	공무원이 정당한 이유 없이 그 직무 수행을 거부하거나 그 직무를 유기한 경우	준법정신, 정직/성실, 책임성
123조	직권 남용	공무원이 직권을 남용하여 다른 사람으로 하여금 수행할 의무가 없는 일을 하게 하거나 다른 사람의 권리행사를 방해한 경우	준법정신, 책임성
127조	공무상 비밀의 누설	공무원 또는 공무원이었던 자가 법령에 의한 직무상 비밀을 누설한 경우	준법정신, 책임성
129조	수뢰, 사전 수뢰	공무원 또는 중재인이 그 직무에 관하여 뇌물을 수수, 요구 또는 약속한 경우; 공무원 또는 중재인이 될 자가 그 담당할 직무에 관하여 청탁을 받고 뇌물을 수수, 요구 또는 약속한 후 공무원 또는 중재인이 된 경우	청렴성
130조	제3자 뇌물 제공	공무원 또는 중재인이 그 직무에 관하여 부정한 청탁을 받고 제3자에게 뇌물을 공여하게 하거나 공여를 요구 또는 약속한 경우	청렴성
131조	수뢰 후 부정 처사, 사후 수뢰	공무원 또는 중재인이 수뢰·사전수뢰·제3자 뇌물 제공의 죄를 범하여 부정한 행위를 한 경우; 공무원 또는 중재인이 그 직무상 부정한 행위를 한 후 뇌물을 수수, 요구 또는 약속하거나 제3자에게 이를 공여하게 하거나 공여를 요구 또는 약속한 경우; 공무원 또는 중재인이었던 자가 그 재직 중에 청탁을 받고 직무상 부정한 행위를 한 후 뇌물을 수수, 요구 또는 약속한 경우	청렴성
132조	알선수뢰	공무원이 그 지위를 이용하여 다른 공무원의 직무에 속한 사항의 알선에 관하여 뇌물을 수수, 요구 또는 약속한 경우	청렴성

자료: 강정석 외(2015: 66)

기타 공직가치와 관련된 법률을 보면, 「부패 방지 및 국민권익위원회의 설치와 운영에 관한 법률」 제7조에서 '공직자의 청렴 의무'를 명시하고 있는데, "공직자는 법령을 준수하고 친절하고 공정하게 집무하여야 하며 일체의 부패행위와 품위를 손상하는 행위를 하여서는 아니 된다."고 규정함으로써, 청렴, 반부패, 준법, 친절, 공정한 업무 처리, 품위 유지 등을 포함하는 가치를 내포하고 있다. 또한 제2조 제4호는 "부패란 공직자가 직무와 관련하여 그 지위나 권한을 남용하거나 법령을 위반하여 자기 또는 제3자의 이익을 도모하는 행위와 공공기관의 예산 사용·재산관리·계약에 있어서 법령에 위반하여 공공기관에 재산상 손해를 가한 행위 및 이런 행위나 그 은폐를 강요·권고·제의·유인하는 행위"로 규정하고 있다(강정석 외, 2015: 67).

「공직선거법과 공무원 노동조합 설립 및 운영에 관한 법률」 제4조는 공무원의 선거 관여와 공무원노조의 정치활동을 금지하고 있고, 「지방공무원법」은 6장 복무규정에 국가공무원법에 규정한 내용을 규정하고 있으며, 「공무원 교육법」 제1조에는 "이 법은 교육훈련을 통하여 국가공무원에게 국민 전체에 대한 봉사자로서 갖추어야 할 정신적 자세를 확립하게 하고 그 직무를 효과적으로 수행할 수 있는 기술 및 능력을 향상하게 함을 목적으로 한다."라고 규정하고 있다. 그리고 「지방공무원교육훈련법」 1조도 유사하게 "교육훈련을 통하여 지방자치단체에 근무하는 공무원에게 주민에 대한 봉사자로서 지녀야 할 바람직한 공직윤리와 맡은 바 직무를 효율적으로 수행할 수 있는 기술과 능력을 함양시킴을 목적으로 한다."라고 규정하고 있다(강정석 외, 2015: 67).

「국가공무원복무규정」 제2조 제2항(책임 완수)에서도 "공무원은 국민 전체의 봉사로서 직무를 민주적이고 능률적으로 수행하기 위하여 창의와 성실로써 맡은 바 책임을 완수하여야 한다."고 명시하고 있다.

이 밖에 「공무원윤리헌장」 및 「공무원윤리헌장 실천강령」, 「공무원행동강령」, 「공무원 복무선서」 등에서 공직자의 규범적 가치를 선언하고 있다.

우리나라 공무원 헌장

우리는 자랑스러운 대한민국의 공무원이다.
우리는 헌법이 지향하는 가치를 실현하며
국가에 헌신하고 국민에게 봉사한다.

우리는 국민의 안녕과 행복을 추구하고
조직의 평화 통일과 지속 가능한 발전에 기여한다.

이에 굳은 각오와 다짐으로 다음을 실천한다.

- 공익을 우선시하며 투명하고 공정하게 맡은 바 책임을 다한다.
- 창의성과 전문성을 바탕으로 업무를 적극적으로 수행한다.
- 우리 사회의 다양성을 존중하고 국민과 함께 하는 민주 행정을 구현한다.
- 청렴을 생활화하고 규범과 건전한 상식에 따라 행동한다.

제4장 참고 문헌

강정석 외. (2015). 「바람직한 공직가치 재정립 및 내재화 방안 연구」. 인사혁신처·한국행정연구원.

김상묵. (2017). 국가공무원의 공직가치: 공직가치모형의 개발과 검증. 「한국행정연구」, 26(2): 1-41.

김영천·박경규. (2007). 공직가치·공직윤리와 법. 「서울행정학회 학술대회 발표논문집」, 2007. 10. pp. 59-72.

남궁근. (2016). 미래지향적 인사혁신: 공직가치와 행정윤리 강화방안 소고. 「행정포커스」, 05/06(통권 제121호): 7-15.

노승용. (2007). 한국 공직가치 현황 분석과 재정립. 「서울행정학회 학술대회 발표논문집」, 2007. 10. pp. 73-97.

박정호. (2015). 공직가치 내재화에 관한 이론적 소고: 교육훈련 분야에 대한 함의를 중심으로. 「한국인사행정학회보」, 14(3): 191-217.

신용일. (2011). 공공조직에서의 공직가치의 중요성. 「월간 자치발전」, 4월호: 63-68.

심동철. (2017). 지방공무원의 공직가치에 대한 이해: 공직가치 내재화를 중심으로. 「한국행정연구」, 25(2): 43-73.

이창길. (2017). 공공기관 공직가치의 특성과 현실: 민주적 가치의 갈등상황을 중심으로. 「한국행정연구」, 26(2): 75-107.

전주상·배재영·임재진·채원호·이종수. (2018). 「행정윤리론」. 서울: 대영문화사.

Bannister, F. & Connolly, B. (2014). ICT, public values and transformative government: A framework and programme for research. *Government Information Quarterly*, 31: 119-128.

Kernaghan, K. (2003). Integrating values into public service: The values statement as centrepiece. *Public Administration Review*, 63: 711-719.

Nolan, M. (1995). *First report of the Committee on Standards in Public Life*. London: HMSO.

Sherman, T. (1998). Public Sector Ethics: Prospects and Challenges. In C. Sampford & N. Preston with C-A. Bois, *Public Sector Ethics: Finding and Implementing Values*. pp. 13-25. The Federation Press, London, Routledge.

Van Wart, M. (1998). *Changing public sector values*. New York: Garland Publishing.

제5장

공공성과 공익

제1절 | 공공성

1 공공성의 개념

공공성은 공공사회의 균형과 안정을 유지하고 지속 가능한 발전을 이룰 수 있도록 하며, 공공기관의 존재 정당성을 부여하는 근본적 가치다. 공공성의 개념적 정의에 앞서 공공 또는 공적(public)의 사전적 의미를 살펴보면, 임의영(2003: 29-27)은 공적(public)의 사전적 의미로서 그 구성 개념을 다음과 같은 제시했다.

① 국가 혹은 정부 및 공공기관에 의해서 이뤄지는 행위 일체
② 다수의 사람에게 공통적으로 혹은 보편적으로 관련되는 경우
③ 사생활과 대립되는 모든 공식적(officiality) 활동
④ 공익(규범적, 가치 추구적, 윤리적 토대)을 추구하는 경우
⑤ 접근 가능성과 공유성
⑥ 개방성(openness)과 널리 알림(publicity)

이상과 같이 공공 및 공적의 사전적 의미를 구성하는 요소들을 정리하면, 다수의 사람에게 공통적이고 공식적으로 널리 알려진 일이나 문제이며, 그 일이나 문

제를 처리하기 위해 주로 공공기관의 활동이 개입하게 된다.

다음은 공공성(公共性, publicness)에 관한 개념을 살펴본다. 『국립국어원 표준국어사전』에는 공공성이란 "단체가 아닌 일반 사회구성원 전체에 두루 관련되는 성질"로 정의돼 있고, 『옥스퍼드 영어사전』에는 "대중이 일반적으로 받아들이고 있는 상태 및 조건"으로 정의하고 있다. 이들 사전적 정의는 공공성을 "사회구성원 및 대중이 인식하고 있는 성질 및 상태"로 정의하고 있다. 환원하면 특정 개인이 아닌 일반 대중과 관련되는 일로 해석된다. 따라서 공공성을 개념적으로 정의하는 데 중요하게 고려해야 하는 것은 사(私)의 문제다. 왜냐하면 공(公)과 사(私)는 서로를 규정하고 제한하는 대립 관계에 있기 때문이다. 공을 생각할 때 사를 전제하고, 사를 생각할 때 공을 전제하는 것이 우리의 사고 속에서는 당연한 일이다. 따라서 일반적으로 공공성을 개념화할 때, 사적인 것과 공적인 것을 구별할 수 있는 기준을 제시하거나 사적인 것과 구별되는 공적인 것의 특성들을 나열하는 방식을 취하고 있다(임의영, 2010: 2).

벤과 가우스(Benn & Gaus, 1983)는 공적인 것과 사적인 것을 구분하기 위한 기준으로서 접근성(access), 주체(agency), 이익(interest) 등을 제시한다. 접근성은 공간, 활동이나 교류, 정보, 자원 등에 사람들이 접근 가능한 정도를 의미하는 것으로, 그 정도가 클수록 공공성이 큰 것으로 본다. 다음으로 주체가 공직자로서 활동하는 경우에 공공성을 갖는다. 공직자는 공인이면서 동시에 사인이기 때문에 경계를 설정하는 데 항상 어려움이 따른다. 이익은 추구하는 목적을 의미하는 것으로, 공익을 추구할 때 공공성을 갖는 것으로 본다(임의영, 2010: 2-3).

백완기(2007b)는 공공성 개념과 내용이 너무 광대하고 복잡해서 한마디로 정의하기가 어렵다고 하면서, 공공성이 다의적으로 이해되는 데에는 여러 가지 이유가 있고, 인문사회과학의 거의 모든 분야가 공공성의 문제를 다루고 있는데 각각 파악하고자 하는 내용이나 접근 방법이 다르다는 것이다. 예컨대 철학이나 정치학에서 다루는 공공성은 시민사회의 성립 과정에서 나타난 자유, 평등, 정의, 객관화 등을 중심으로 다루고, 법학에서는 공법의 성립 기반과 공권력을 중심으로 다루고, 경제학에서는 시장의 실패를 중심으로 공공성을 다루고 있다. 그런가 하면 행정학에서는 정부의 역할을 중심으로 공공성의 문제를 다루고 있다. 여기에다 같은 분야에서도 학자마다 이해하는 내용이나 접근 방법이 달라 공공성의 개념은 공중 분해의 정도까지 이르게 됐다고 말하고 있다(백완기, 2007b: 1).

백완기(2007b: 2-5)는 공공성 개념을 동·서양으로 구분해서 제시했다. 동양사회에서의 공공성은 '하늘의 이치에 따르는 것', '나라를 통치하는 데 필요로 하는 기관, 제도, 직무 등', '공평한 것(정의, 공정, 형평)', '백성으로서의 공중', '공론' 등의 요소로 이뤄져 있다고 말했다. 그리고 서양 사회에의 공공성 개념은 시대별로 구분해 볼 수 있는데 그리스와 로마시대에는 "시민으로서 공동체에 참여해서 직접 정치에 참여하는 것"으로 인식됐고 절대왕조시대에서는 "국왕의 모든 행위 및 왕비의 행위 자체"를 공공성으로 인식됐으며, 시민사회에서는 "다원화된 이익들의 통합된 정치적 표명"과 "아래로 부터 창조되는 공화주의적 개념"으로 인식됐다고 한다.

페시(Pesch, 2008)는 행정에서 공공성(publicness)의 개념은 공공재(public goods)와 공익(public interest)에 바탕을 두고 접근해야 하며, 공공재는 경제적 관점에서, 공익은 정치적 관점에서 이해해야 한다고 했다. 행정이 공공재를 생산하고 공급하는 활동이 공익을 추구하는 경우 공공성에 해당된다고 보는 것이다. 은재호(2008)는 프랑스의 공공 서비스 개념 속에서 공공성 개념을 파악했다. 그에 따르면, 공공 서비스 개념 자체가 공공성의 표현 도구이자 실행 도구이며, 아울러 공공성 개념은 공공 서비스 개념 뒤에 잠복하면서 선험적이지도 객관적이지도 않은 '집단적 합의의 산물'로서 규정했다.

이명석(2010)은 공공성 개념이 정부와 관련된 것으로 이해돼 왔으나, 정부가 사회문제를 해결하는 역할을 더 이상 독점적으로 수행하지 못하는 현상을 의미하는 거버넌스(governance)라는 새로운 개념이 등장함으로써 공공성에 대한 새로운 시각이 필요하다고 강조했다. 그의 주장에 따르면, 최근 행정학을 비롯한 사회과학 분야 전반에서 정부를 포함한 공공 부문과 민간 부문의 다양한 사회구성원들

간의 자발적인 협력을 통한 네트워크의 구축에 의한 사회문제 해결을 의미하는 '협력적 거버넌스'에 대한 관심이 크게 증가하고 있다는 점에 주목하고, "공공기관의 주도에 의한 자율적인 행위자와 조직들 사이의 구조화된 상호작용을 활용해서 기존의 조직적 경계와 정책을 초월해 새로운 공공가치를 창조하는 사회문제 해결 방식"으로 정의되는 협력적 거버넌스에서의 공공성을 이해해야 한다고 설명했다. 그러면서 공공성은 더 이상 공공 부문이나 정부와 관련된 것에만 국한되는 조직 중심의 개념이 아니라 "공공가치를 추구하고 사회문제를 해결하기 위해서 다양한 주체에 의해서 공동으로 이뤄지는 노력과 관련된 것"을 의미하는 개념으로 정의했다.

이와 같이 공공성 개념을 정의하기 어렵지만 대신 공공성의 개념을 대표하는 공공 영역의 특징을 사적 영역과 비교하면 이해하는 데 도움이 된다.

〈표 5-1〉 공공 영역과 사적 영역의 특징

공공 영역	사적 영역
• 시민정신(citizenship) • 대표성(representation) • 책임성(accountability) • 평등성(equality) • 공정성(impartiality) • 공개성(openness) • 반응성(responsiveness) • 정의감(justice) • 인간의 존엄성(human dignity)	• 능률성(efficiency) • 생산성(productivity) • 경쟁성(competitiveness) • 이윤성(profitability) • 시장성(internal market) • 공동투자(joint venture) • 사용자 부담(user charge) • 동업자(partnership) • 외부계약(contracting out) • 조합주의(corporatization)

자료: 백완기(2007b: 8)

2 공공성 개념의 구성 요소와 발생

공공성을 내포하고 있는 구성 요소들이 무엇인가를 파악하면 공공성의 개념과 내용을 이해하는 데 도움이 될 것이다. 〈표 5-2〉는 공공성 개념의 구성 요소를 정리한 것이다. 앞에서 설명한 개념에 관한 내용을 보거나 〈표 5-2〉에서 정리한 것처럼 공공성 개념을 구성하는 요소는 다양하며, 한마디로 정의하기 어렵다는 것을 알 수 있다. 하지만 공공성은 개인적, 사적, 전유성, 사익, 비공개, 민간 부문, 경영, 불평등 등의 속성과 비교된다는 것을 통해 그 개념을 쉽게 인식할 수 있다.

〈표 5-2〉 공공성 개념의 구성 요소 정리

연구자	구성요소
소영진(2003)	- 전체 또는 다수에 관한 일(public as group affairs) - 권위(public as authority) - 정부(public as government) - 전유불가능성(public as non-exclusiveness) - 이타성(public as altruistic interest)
백완기(2007b)	- 정부와 관계되는 것들(governmental) - 정치성(political) - 다수에 대한 공개성(open)/개방성/투명성/접근성 - 공익성(public Interest) - 공유성(publicly shared)/공유적(물질적/비물질적/심리적) - 공정성(fairness) - 인권(human rights)
임의영(2017)	- 관계 - 공감 - 책임
조대엽 외(2013)	- 공민성 - 공익성 - 공개성
채창수(2009)	- 정부적인 것 - 보편성 - 공정성 - 공개성 - 공익 - 평등 - 자원 배분 - 연대와 정의

공공사회에서 공공성을 강조하는 이유는 역설적 관점에서 보면 비공공성의 활동들로 인해 공공사회의 균형과 안정이 깨지고 지속가능성을 확보하기 어렵기 때문이다. 그렇다면 어떤 이유들로 공공성이 강조되고 있는지를 다음과 같이 살

펴본다(백완기, 2007b: 13-14).

첫째, 공공재 및 공공성의 성격을 띤 용역이 비분할성, 비배제성 및 비전유성의 특징을 가지기 때문이다. 국가는 치안, 국방, 깨끗한 공기 등을 생산하는 공공성의 활동을 수행한다. 이와 같은 공공재와 용역은 분할할 수도 없고 그 이용을 할 때 누군가를 배제시킬 수도 없으며, 개인이나 특정 집단이 전속으로 소유할 수 있는 성격이 아니다. 모두가 공유하고 이용하기 위해서는 공공성이 지켜나갈 수 있는 규범 및 약속이 필요하고 그 규범과 약속에 따라 행동이 실현돼야 한다.

둘째, 국가나 공동체의 존립에 필요한 재화나 용역이 존재한다. 세금의 징수, 질서 유지, 국토 방위, 환경 보존 등의 업무는 국가나 공동체의 존립에 필수적인 업무다. 이와 같은 업무와 정책은 다수를 대상으로 이뤄지는데, 그 활동이 정당성을 얻기 위해서는 공공성 가치에 기반을 둬야 하고, 반대로 공공성과 거리가 먼 활동이거나 사익이나 특수이익을 추구하는 활동으로 변질되는 경우에는 국민 다수가 용인하거나 수용하기 어렵게 됨으로써 결국은 국가나 공동체의 존립이 위태롭게 된다.

셋째, 시장의 원리로 문제가 풀어지지 않는 경우, 즉 기업 운영의 원리로는 문제가 해결되지 않은 경우 공공성의 가치를 내세워 문제를 해결한 경우도 있다. 시장의 원리는 경제성에 입각하고 있다. 요컨대 수익이 없는 것은 개입 및 활동하지 않는다. 예컨대 산간벽지에 사는 사람들도 텔레비전을 시청하고 싶고 외지에 출입할 때에 버스 등 교통시설의 혜택을 받고 싶어 한다. 그러나 사기업은 수익상 이러한 사람들의 수요에 따라 공급을 제공하지 않는다. 이런 경우 수익은 없지만 공공성의 실현을 통해 문제를 해결하려고 한다.

넷째, 업무의 성질이나 규모로 인해 국가 및 정부가 개입할 수밖에 없는 경우가 있다. 업무의 성질이나 규모 또는 동원되는 자본이나 기술의 규모로 봐서 사적 영역에서는 감당하기 어려운 경우 공공성은 나타나게 된다. 예컨대 우주 개발, 해양 개발, 환경문제(미세먼지 대책) 등의 경우가 이에 해당된다.

다섯째, 국민생활의 필수적인 서비스를 제공해야 하는 경우다. 교육, 교통, 의료 등은 국민이면 누구나 누려야 할 기본적 서비스다. 이러한 서비스를 사적 영역에만 맡기면 가난한 사람들은 제대로 공급받기가 어렵게 된다. 여기서 공공영역에서 사회적 약자를 위해서는 이러한 서비스 제공을 맡지 않을 수 없다.

한편 조직(행정기관)의 성과로서 공공성이 발생하게 된 이론적 모형을 보면, 공공성은 정치적 권위, 사회적 공평성, 외부 참여, 투명성 등의 차원들이 결합의 결과로 실현된다는 것이다(Merritt, 2014: 18).

$$Y = f(P, S, E, T)$$

Y : 실현된 공공성(조직의 성과 달성)
P : 정치적 권위
S ; 사회적 공평성
E : 외부 참여
T : 투명성

첫째, 정치적 권위가 공공성에 영향을 미친다. 조직은 정치적 권위에 따라 제약받거나 권한을 부여받는다. 정치적 권위는 조직이 정치적 주체와 시민의 이익에 따르게 하는 힘을 부여하는 것이다.

둘째, 사회적 공평은 공공성에 영향을 미친다. 사회적 공평이란 사회 모든 부문에서 서비스에 대한 동등한 기회와 권리가 부여되는 것으로 사회적 공평성 내용은 다음과 같다(Merritt, 2014: 21).

① 절차적 공정성, 적법 절차, 시민 권리에 대한 동등한 보호
② 서비스 및 혜택의 가용성에 대한 공평성
③ 서비스 및 혜택의 제공 과정에서의 공평성
④ 모든 집단을 위한 동등한 수준의 결과
⑤ 정책 선택에 대한 견해를 표현할 수 있는 장소(기회) 보장과 서비스 제공

셋째, 외부 참여는 공공성에 영향을 미친다. 외부 참여란 조직이 전통적인 구

조를 벗어나 외부 이해관계자들과 상호작용하는 것을 의미한다. 공공성에서 외부 참여가 중요한 것은 서비스 전달에 대한 성과 정도에 대중이 영향을 미치기 때문이다. 특히 외부 참여가 중요한 것은 사회적 압박을 제공하는 것으로 공공가치를 실현하기 위해, 대중의 이미지와 요구에 대한 수용성을 높이기 위해, 지속적인 사회 탐구에 대한 참여를 유발하기 위함이다. 한편 외부 참여는 파트너십 형성과 다양한 조직 간 네트워킹을 구축하고 협업을 증진하는 데 도움이 되며, 공공 서비스에 대한 공동 생산과 공동성과 달성에 도움을 준다.

넷째, 투명성 정도는 공공성에 영향을 미친다. 투명성은 다양한 의미를 함축하고 있다. 투명성 개념은 조직에서 일어나는 일을 알 수 있는 능력, 조직이 수행한 일의 공개 정도, 조직의 일하는 절차가 직접 관여하지 않은 사람들에게 보이는 정도, 조직이 수행하는 활동 및 의사결정을 모니터링할 수 있도록 공개적인 감시가 가능한 상태 등으로 정의할 수 있다(Merritt, 2014: 26). 조직의 투명성은 조직이 하는 일에 대해 대중(시민, 서비스 제공 고객, 정치단체, 이해집단, 언론 및 기타 이해관계자)이 알 수 있도록 공개하는 정도다.

[그림 5-1] 다차원적 공공성에 관한 이론적 모형

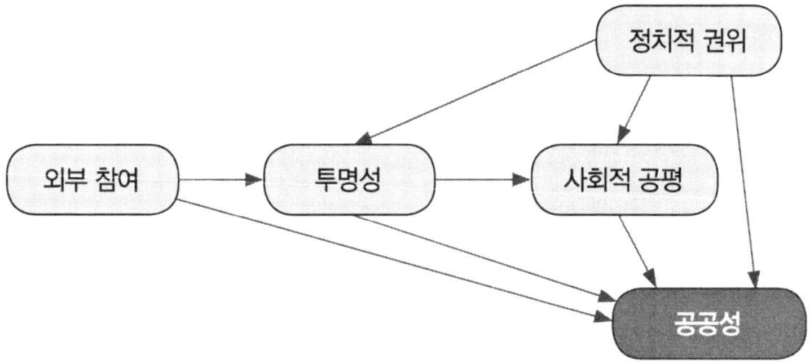

자료: Merritt(2014: 28)

❸ 한국 사회에서 공공성에 대한 관점들

한국 사회에서 공공성을 실현한다는 것은 구성원들의 사회적 행위와 범례를 정의하고 이들의 사회적 관계를 조직하는 원리를 공공성의 철학에 입각해서 재구성한다는 것을 의미한다. 모든 사회는 그 사회구성원들 사이에 사회적 관계의 규칙과 사회제도의 작동 양식을 표현하는 이념적·제도적 조직 원리를 갖고 있다(신진욱, 2007: 18). 한국 사회에서 공공성을 파악하고 이해하기 위해서는 사회구성원들 사이의 사회적 관계의 규칙과 사회제도의 작동 양식을 정의하는 것이 필요하다. 〈표 5-3〉은 공공성을 이해하는 분석적 지표와 그에 따른 규범적 가치를 나타내고 있다. 달리 표현하면, 공공성을 파악하는 분석 기준이 되기도 한다. 한국 사회에서 공공성의 책임성과 민주적 통제의 규범적 가치가 어느 정도 지켜지고 있는지를 파악하기 위한 기준은 어떤 행위가 다수 사회구성원에게 미치는 영향 정도를 살펴봐야 하며, 사회구성원들 사이의 연대와 정의의 가치 실현 정도는 만인의 필수생활 조건(사회구성원의 최소한의 삶의 질과 시민적 권리 보장)에 비춰 봐야 한다. 그리고 공동체 의식과 참여 정도는 사회구성원들의 공동 관심사가 어떤 문제/이슈/쟁점인지를 살펴봐야 한다.

〈표 5-3〉 공공성의 분석적 지표와 규범적 가치

분석적 지표	규범적 가치
다수 사회구성원에 대한 영향	책임성(accountability)과 민주적 통제(democratic control)
만인의 필수생활 조건(사회구성원의 최소한의 삶의 질과 시민적 권리 보장)	연대(solidarity)와 정의(justice)
공동의 관심사	공동체 의식(communitarianism)과 참여(participation)
만인에게 드러남.	개방(openness)과 공개성(publicity)
세대를 넘어서는 영속성	세대 간 연대(intergenerational solidarity)와 책임(responsibility)

자료: 신진욱(2007: 36).

공공성의 개념과 내용이 역사적으로나 사회적으로 구성된다는 입장에서 한국 사회의 공공성의 위기는 현재의 시기가 기존의 공적 질서가 해체되고 새로운 공적 질서에 대한 탐색과 국민적 합의가 절실한 때임을 단적으로 보여주는 것이며, 이는 단순히 공공성의 위기라는 차원을 벗어나 공공성을 규정하는 국가의 정당성 위기로 볼 필요가 있다(김준현, 2014). 공공성의 질서가 좀 더 근원적이고 광범위하게 훼손됨으로써 기존의 공적 질서가 크게 위축되고 있다는 사실은 제도의 해체뿐만 아니라 그와 맞물려 확산되는 개인의 가치와 행태에서도 공적인 것에 대한 관념이 해체되거나 크게 약화되고 있다는 점을 의미한다. 우리 사회가 봉착한 이처럼 심각할 정도의 공공성 위기 현상은 제도와 개인의 행위를 지탱하는 공적 윤리와 규범이 더 이상 사회적 효력을 갖지 못하는 것으로 기존의 공적 질서에 대해 구성원들이 합의하지 않고 있다는 사실을 말해주는 것이기도 하다(조대엽 외, 2013: 10).

우리 시대에 공적 질서의 위기적 징후는 광범위한 사회 현상으로 드러난 지 오래다. 양극화로 인한 공존적 삶의 해체, 경쟁 위주의 교육 시스템으로 인한 교육

한국 사회에서 공공성과 거리가 먼 사례들(예시)

- 공공기관 친인척 취업 비리
- 사립유치원 비리
- 국고보조금 편취
- 국민 건강을 위협하는 유해식품 유통
- 불법 어로행위
- 산림 훼손 행위
- 강이나 하천에 폐수 방류 및 오염물질 배출
- 쓰레기 불법 투기
- 교통 질서 및 주정차 위반
- 금연 장소 및 공중 장소에서의 흡연 갑질
- 층간소음 유발 행동

공공성의 해체, 무자비한 개발에 따른 생태 공공성의 파괴, 자영업자들의 골목상권마저 집어삼키는 대기업의 약탈적 유통업, 공공적 규범과 도덕률의 해체에 따른 범죄의 증대 등은 공존의 공동체를 지탱하는 공적 제도의 위기적 징후들이라고 하지 않을 수 없다(조대엽 외, 2013: 9).

한국 사회에서 뜨거운 이슈로 부각된 공공성과 거리가 먼, 즉 사익 추구 행위의 사례들은 앞의 별표와 같다. 이들 사례는 오래전부터 이뤄져 왔거나 근래에 들어 주목받았던 문제들이다.

제2절 | 공익

1 공익의 개념

왜 공익이라는 단어가 생겨났을까. 그것은 특정 개인이나 집단의 이익보다는 더 넓은 범위의 불특정 다수에게 명시적으로든 묵시적으로든 이익이 되는 무엇인가가 존재하기 때문일 것이다. 이러한 이익의 특징은 분명히 존재하기는 하지만 그 귀속이 불분명하기 때문에 특정 개인이나 집단에게 비용을 청구하기 어렵다는 것이다. 그러다 보니 국가가 나서서 직접 챙기는 것이 보통이다(권오갑, 2002).

공익(公益, public interest) 개념에 대한 사전적 의미를 보면,『국립국어원 표준국어사전』에 의하면 "사회 전체의 이익 또는 공동의 이익"으로 정의하고 있고,『옥스퍼드 영어사전』에서는 "전체로서 공동체의 이익"으로 정의하고 있다. 이 사전적 정의를 조작화하는 과정에서 한정지어야 할 하위 개념으로서 "누구의 이익인가?"에 관한 것이다. '이익'은 '원하는 것(wants)'으로 조작할 수 있지만 '누구'를 분명하게 한정하기가 쉽지 않다. 요컨대 누구를 위한 공익인가는 정책(사업, 프로그램)의 목표와 내용, 해결해야 할 문제 상황, 이해관계자(수혜자와 부담자) 등 다양한 요인에 대한 종합적 접근이 필요하다. 공익의 개념에는 특정 정책의 비용을 누구에게 어떻게 부담시키고, 그 편익을 누구에게 귀착시킬 것인가에 관한, 즉 사회적 가치의 배분 원칙과 관련된 가치 개념이라고 할 수 있다(이종수 외, 2012: 162).

공익의 개념은 매우 추상적이고 광범위하며 다의적인 특성을 가지고 있다. 일반적으로 공익은 국가와 정부의 존립 근거이자 정당성의 근거로서 공동체 전체의 이익을 증진시키는 것을 말한다(박병식, 2002). 공익은 행정의 기본 방향을 규정하는 궁극적 가치 요소로서, '일반적인 불특정·다수인의 배분적 이익'이다. 즉, 공익이란 다수인의 이익이어야 함은 물론 불특정 다수인의 이익이어야 하고, 그 이익은 일반성을 가진 이익이어야 한다는 것이다. 그리고 그 이익은 경쟁하는 여러 이익의 단순한 총합이 아님은 물론, 상반된 이익 간의 타협물도 아닌 배분적 이익이라는 의미를 가진다(최창호 외, 2006: 89). 공익은 사회구성원들이 일반적으로 그 정당성을 인정하는 사회구성원 전체의 이익이다(오석홍, 2013: 165). 이상의 다양한 정의를 정리하면, 공익은 "개인 및 특정인의 이익이 아닌 불특정 및 다수인에게 돌아가는 이익"으로 정의할 수 있다.

2 공익의 필요성

공공사회에서 공공성 및 공익을 강조하는 이유는 국가, 정부, 공공기관의 존재의 정당성을 확보하는 것이자, 공공사회의 질서 유지와 안정을 도모해주는 근본적 가치가 되기 때문이다. 국가, 정부, 공공기관이 수행하는 일이 정당성을 얻기 위해서는 국민 다수의 이익에 부합하는 활동이어야만 한다. 만약, 특정인이나 특정 집단을 위한 정책 의도가 숨어 있는 경우 국민 다수는 그 정책에 동의하지 않을 것이며 순응하지 않는다. 그리고 개인이나 특정 집단이 자신의 이익을 취할 목적으로 법률을 위반하거나 사회적 규약을 어길 경우 그에 대한 비난은 감수할 수밖에 없게 되고, 공공사회의 질서와 안정은 도모하기 어렵게 된다. 우리 사회에 만연해 있는 개인주의와 집단 및 지역이기주의는 우리가 국가라는 하나의 공동체 내에서 함께 살아가는 데 큰 장애 요인이 되고 있다. 오늘날의 국가들이 국민 모두가 인간답게 살아보자는 복지국가를 실현하거나 지향하고 있는 마당에 배치되는 현상이 아닐 수 없다(허영, 2000: 37). 공공성 및 공익의 실현은 공동체 내에서 모두가 함께 살아가기 위한 가장 기본적 가치로서 필요하다.

사회 속의 개인이나 조직은 이기적인 성향을 나타낸다. 이기심의 성향은 사회 속에서 개인과 조직의 발전을 가져오는 중요한 동인으로 작용한다. 그러나 개인주의적 속성은 이익을 산출할 수 있지만, 때로는 무임승차(free-rider)나 불로소득, 기득권 옹호, 직권 남용, 무사안일 등의 행위를 통해 공동체의 이익을 침해하고, 사회의 장기적인 위험 요인이 되기도 한다. 이런 공익을 침해하는 개인주의적 행위를 억제하고 공동체 발전에 기여할 수 있는 행위로 전환시키느냐가 중요한 과제다(박병식, 2002).

공익은 가치의 배분 과정에서 판단 기준이 되기도 한다. 사익과 공익을 조화시키려는 노력은 일반적으로 정치와 행정활동을 통해 이뤄진다. 정치는 가치의 권위적 배분을 의미하며, 행정은 배분된 가치의 집행 기능을 수행한다. 바람직한 정치와 행정활동이 되기 위해서는 가치의 배분 과정이 공익이라는 판단 기준에 입각해서 이뤄져야 한다(박병식, 2002).

또한 공익은 행정인(공무원)의 행동 방향을 안내하는 역할을 한다. 현대 국가에서 조직되어 있고 집중돼 있는 특수이익과, 조직돼 있지 못하고 분산돼 있는 일반이익과의 대립·투쟁에서 특수이익이 언제나 우세할 가능성이 있는 반면, 행정인은 특히 일반이익의 옹호에 주의를 기울여야 한다. 조직된 특수이익이 반드시 일반이익과 대립되는 것은 아니라 하더라도 이러한 특수이익을 가진 조직된 집단이 자신의 목적을 달성하기 위해 공권력을 왜곡·오용할 우려가 있다(최창호 외, 2006: 94). 행정인은 조직돼 있지 않은 다수의 일반이익을 위한 공권력을 행사해야 할 책무를 지니고 있다.

③ 공익의 구성 요소

공익을 이해하기 위해서는 공익의 구성 요소를 살펴보는 것이 도움이 된다. 공익은 공공재를 생산 및 공급하고 공공시설물의 설치 및 건설에 강조되는 가치이며, 공공시설물 설치를 위해 개인 및 집단의 토지를 수용하는 과정에서 재산권 제약에 관한 정당성의 근거가 되기도 한다. 공익은 정부의 정책 및 제도와 관련된 대상 집단의 이익을 보장 및 보호하기 위한 주장의 근거로서 작용하기도 한다. 공익은 공동체 다수의 이익을 보호해야 하기도 하지만 어린이, 장애인, 노령층, 저소득층 등의 사회적 약자도 보호하고, 사생활 및 개인정보 보호 등과 같은 공동체 구성원의 개인적 권리도 보호하는 기본 가치가 되기도 한다.

〈표 5-4〉 공익 개념의 구성 요소

개념의 구성 요소	세부 내용
공공재 생산 및 공급	- 공공재 생산 - 공공시설물의 설치 및 건설
재화나 용역의 외부경제성	- 효용가치가 분할될 수 없고 공동의 사용에서 배제될 수 없는 재화 - 국방, 치안 및 공공 질서, 도로, 공중위생, 공원, 교육, 환경 정화 등이 해당
이익 보장	- 정책 및 제도 관련 특정 대상 집단의 이익 보호
재산권 제약	- 공공시설 설치를 위한 개인 및 집단 토지 수용 - 공유물에 대한 개인 및 집단의 행위 제한
공동체 자체의 권익	- 공동체에 당연하게 귀착된 권리와 그에 따르는 이익
공동체 다수 이익	- 불특정한 다수의 이익 보호
보편적 가치	- 공공 안녕 질서, 환경 보존, 재해 방지, 선량 풍속 유지
사회적 약자 보호(이익)	- 어린이, 장애인, 노령층, 저소득층 등의 보호
개인 권리 보호	- 사생활, 개인정보 보호 등
공정성	- 사회구성원 이익의 균형적 반영
공개성	- 정책 및 제도 관련 의사결정 과정 공개 및 방법

자료: 백완기(2007a: 420-422); 이계만 외(2011: 9)

4 공익의 다양한 관점

어떤 학문 분야에서 공익을 이해하느냐에 따라, 또는 어떤 관점에서 보느냐에 따라 공익의 개념은 다양하다. 공익에 대한 다양한 관점을 정리하면 다음과 같다(백완기, 1981: 243-269; 최창호 외, 2006: 90-91; 국민권익위원회, 2008; 이종수 외, 2012: 161-162; 이계만 외, 2011: 4-5에서 재인용).

1) 규범설/실체설

공익에 대한 규범적 입장은 인간은 선천적으로 공공선(common good)을 추구하며, 따라서 인간이 정치적 결사(political association)를 형성할 때에 사적 이익을 위해서 만드는 것이 아니라 더 나은 공동생활을 위해서 만든다는 논리에 근거하고 있다. 공익의 규범설은 개인이나 이익집단의 이익들과는 다른 사회 전체로서 공동체의 공공선이 있다고 보기 때문에 공익을 하나의 독립적 실체로 파악한다. 이 견해는 사회 전체에 바람직하거나 올바르게 추론되는 가치의 실현을 공익이라고 보고, 사회가 지향해야 할 궁극 목표 내지 '최고선'이 곧 공익 내용이라고 보는 입장이다. 사회공동체 내지 국가의 모든 가치를 포괄하는 절대적인 선의 가치가 있다고 가정한다. 이러한 공익은 실정법에는 나타나지 않을 수 있지만 상위법인 자연법에는 반드시 나타난다고 본다. 예컨대, 정의, 자유, 평등의 가치의 실현을 공익으로 보는 것이다. 또한 국민 개개인의 기본권을 보장하는 것이 모든 국민에게 도움이 되므로 공익으로 보는 것이다. 개인의 기본권, 그중에서도 자유를 가장 중요한 가치로 취급하고 자유를 신장시키는 것 자체가 공익이라는 것이다. 자유, 평등의 기본권과 정의, 안정 등과 같은 사회적 가치는 중요한 공익 내용이다.

공익에 대한 이 견해는 공익은 사익을 초월한 실체적·규범적·도덕적 개념으로 파악하며, 공익과 사익과의 갈등은 있을 수 없다고 본다. 공익은 사익을 단순히 합한 것이 아니고 사익과 구별되는 적극적 개념으로 보고 공익의 존재성을 인정하는 입장이다(이종수 외, 2012: 161). 그리고 공익을 실체적 개념으로서 보고 행정에 대해 구체적인 지침이 될 수 있다고 보는 입장이다. 이 입장에서는 공익이 행정의 가치 체계에서 최고의 지위를 점하고 있는 것으로 보고, 공익을 행정에 대한 도덕적 명령으로 이해한다(최창호 외, 2006: 90). 다만 그 실체가 무엇이냐에 대해서는 다양성을 보이고 있다(이종수 외, 2012: 161).

그러나 규범설 및 실체설은 공익의 추상성을 면치 못하고, 따라서 현실적인 공익의 파악에 도움을 주지 못한다는 평가가 있다(최창호 외, 2006: 91). 또한 일반 대중은 공익을 산출하기에 부적절하고 무능하기 때문에 소수의 엘리트들에 의해 산출될 수 있는 것으로 소수의 엘리트주의, 배타적이고 독선적인 자의성으로 흐르기 쉬운 한계가 있다.

2) 과정설

과정설의 입장에서 본 공익이란 상호 경쟁적인 다원적 이익이 적절히 조정된 결과라고 보며, 각 사회집단의 특수이익과 본질적으로 구별되는 공공적인 이익은 존재하지 않는다는 입장을 취하고 있다. 사익을 초월한 별도의 공익이란 존재할 수 없으며, 공익이란 사익의 총합이거나 사익 간의 타협 또는 집단 간 상호작용의 산물이라고 본다(이종수 외, 2012: 162; 오석홍, 2013: 165).

현실주의적이고 개인주의적인 공익 개념을 주장하는 과정설은, 공익이란 현실적인 정치 과정에 여러 개인·단체·정당 등이 참여해서 대립·투쟁·협상·타협을 벌임으로써 결과적으로 다수인의 이익에 일치하는 그 무엇이 도출된다고 보고 있다. 이 입장은 다원적인 특수이익이 경쟁 과정을 통해서 일반이익으로 승화하게 된다고 보는 것이다(최창호 외, 2006: 91; 이종수 외, 2012: 162).

과정설은 공익의 실제적 내용보다는 공익이 형성되는 과정 내지 절차에 중점을 두는 입장이다. 이는 이익집단 간의 타협 내지 절차를 거친 결과를 공익으로 보는 견해다. 즉, 공익이란 집단이익의 상호작용에서 나오는 결과라는 것이다. 이는 사회 속의 수많은 이익집단 간의 존재를 인정하고 이들 간의 민주적 분쟁 해결과 이의 절차 및 이를 통한 타협의 결과가 공익이라는 것이다. 공익은 상충되는 이익을 가진 집단들 사이에 상호 조정 과정을 거쳐 균형 상태의 결론에 도달했을 때 실현되는 것이라고 본다.

이러한 입장은 여러 가지 이익이 골고루 균형 있게 대변될 수 있는 정당하고 합리적인 과정을 중시한다. 결국 민주적인 절차, 게임의 법칙, 대표성, 의견 교환의 공개성, 전문가적 지식과 기술 등이 보장되는 과정이 중요하다. 이러한 과정설의 한계점들로는 조직화되지 못한 이익의 존재, 지배집단 이익의 과다 대표성, 내용이 아닌 과정으로서의 공익의 한계, 그리고 집단이익의 이질성 및 배타성 등을 들 수 있다. 또한 과정설은 토의·비판·경쟁적 과정이 발달하지 못한 신생국가나 전체주의 국가에는 그 적용에 한계가 있을 수 있다(최창호 외, 2006: 92).

3) 합리설

기본적으로 합리설의 관심은 주어진 목표를 어떻게 하면 가장 적은 비용으로 달성할 수 있느냐에 있다. 공익의 가치를 찾는 방법으로서 합리성에서 보는 것이다. 합리성에 따르면 공익의 근원은 국민 대다수의 의사라고 전제한다. 그리고 이러한 의사를 발견하는 데는 두 가지 방법이 있는데, 정당을 통하는 방법과 선거민을 통하는 방법이다. 정당을 통해서 국민 전체의 다수 의사를 발견하는 방법으로 가장 바람직한 방법은 양당 체제라고 한다. 양당 이상의 다당 체제는 다수의 의사를 대변하지 못할 가능성이 크기 때문에, 양대 정당제야말로 국민의 의사를 명백하게 표명할 수 있는 가장 바람직한 제도로 본다. 정당제도 이외에 국민의 의사를 발견하는 다른 방법으로는 여론조사나 선거민의 반응을 통해서 국민의 의사를 보충하는 방법이 있다. 국회의원이 선거민의 의사에 따라 행동할 때 공익에 최대로 봉사하게 되는 것이다.

그러나 합리설의 한계로는 첫째, 공익의 근원이 되는 민심 또는 국민의 의사를 어떻게 볼 것인가다. 그 시대의 지배적 의사가 국민의 의사라고 할 수 있지만 지배적인 의사가 조작되는 경우 무엇이 지배적 의사인지 확인하기가 쉽지 않다는 한계가 있다. 둘째, 국민의 의사를 찾는 방법으로서 양당제의 한계다. 나라마다

양당제가 발달한다는 보장이 없으며, 또 양당제가 발달한다 할지라도 정당이 계급성을 띠는 경우도 있기 때문이다. 그리고 선거구민의 여론이나 반응을 추적하는 경우에도 각 선거구민의 경우 자기구역의 이익을 대변하기 쉽기 때문에 국민 전체의 의사를 대표한다고 보기 어렵다.

5 공익의 재조명: 공익과 사익의 조화

공익의 개념은 다의적이고 매우 추상적이어서 이를 구체화 및 조작화할 때에는 이해 당사자들 간에 견해를 달리할 수 있고, 경우에 따라서는 충돌이 일어날 수도 있다. 이해 당사자들 간 견해가 다르고 충돌이 일어나는 경우는 사익과 공익의 간극이 크거나 공익에 대한 합의 및 동의를 이끌어 내기 어렵다는 설명이다. 여기서 공익의 추구와 사익의 보호를 어떻게 조화시킬 것인가 하는 매우 어려운 문제가 남는다(허영, 2000: 38).

공익의 내용을 특정하고 판단할 수 있는 객관적인 분명한 기준이 없는 이상, 그 구체적인 내용은 결국 정책결정자, 즉 국가 권력 담당자에 의한 판단에 의존할 수밖에 없다. 이러한 문제는 특히 행정의 수요가 급증되고 있는 현대 복지국가에서 두드러지게 나타난다. 국가의 기능과 역할이 복잡하고 급격히 확대됨에 따라 개인의 권리가 공익 실현이라는 이름으로 현저히 제한되고 때로는 공권력에 의한 침해 문제도 일어나고 있다. 사익 보호와 공익 실현이라는 두 가지 목표를 어떻게 달성할 것인지가 주요 쟁점이 된다(허영, 2000: 38).

공익은 일부가 아닌 모든 사람의 이익이라는 의미를 내포하고 있지만 우리 공공 부문에서 만장일치는 사실 드물다. 그렇다고 공익을 다수결의 원칙에 따라 결정할 수도 없다. 51%가 49%에게 너는 사익이고 나는 공익이다라고 말할 수는 없다. 어떤 경우에는 단 1%의 사람만이 찬성하는 내용도 공익일 수 있다(윤성식, 2002). 공공 부문은 다양한 집단의 이익이 치열한 경쟁을 하는 와중에서 어떤 특정 집단의 이익이 선택되기도 하고 여러 집단의 이익이 갈등과 타협을 통해 하나로 수정 통합되기도 한다. 공공 부문의 결정은 어떤 결정이건 집단의사 결정의 성격을 지니게 된다. 공공 부문에서는 어떤 특정 집단이 정치적 경쟁에서 승리하면 그 집단의 이익이 바로 공익으로 위장하게 된다. 다양한 집단의 이익을 충분히 고려해서 바람직한 타협점을 찾는 경우는 그리 많지 않다(윤성식, 2002).

공공 부문에서는 공익이 무엇인가에 대해 생각하고 주장하고 갈등을 겪을 필요가 없다. 왜냐하면 그것은 결코 도달할 수 없는 종착지를 찾는 방황에 불과하기 때문이다. 차라리 공공 부문이 추구해야 하는 중요한 가치인 민주성, 투명성, 효율성, 효과성, 합법성, 합리성 등이 더 중요하다. 이러한 중요한 가치가 충족되고 실현될 수 있는 환경이 갖춰질 때 달성되는 결과는 가장 공익에 가까운 것으로 생각하는 것이 더 타당한 생각이다(윤성식, 2002).

> **Rethinking**
>
> ## '공익'이라 쓰고 '사익'이라 읽는다… 대기업 공익법인 비리 백태
>
> (중략) 일부 공익법인들이 특수관계인들의 이익을 위해 설립돼 운용되고 있다는 의혹이 끊이지 않고 있다. 공익법인은 사회 공헌 활동을 장려하는 취지에서 특수관계 법인의 최대 5% 지분까지, 출연에 따른 상속·증여세를 면제해 주는 혜택을 받는다. 하지만 일부 대기업과 자산가 등은 이런 제도를 악용해 계열사나 자산을 특수관계인들이 지배하는 공익법인에 넘겨 총수 일가의 지배력을 확대하는 수단으로 활용한다는 의심을 받고 있다. 한마디로 세금까지 내지 않으면서 공익이 아니라 사익을 추구하는 것이 공익법인이라는 비판도 받고 있다.
>
> (중략)
>
> 한 대기업 계열 공익법인 문화재단은 계열사 3곳으로부터 기념관 건립을 명목으로 수백억 원의 출연금을 현금으로 받았다. 하지만 재단은 이 돈을 기념관 건립이 아닌 창업주의 생가 주변 땅을 매입하는 데 사용했다. 공익사업에 쓰라고 증여세까지 면제해 준 공익법인 출연금이 대기업 사주 일가의 땅투기에 전용된 것이다. 국세청은 출연재산을 공익 목적에 맞지 않게 사용한 데 대해 증여세 30여억 원을 추징했다.
>
> 특수관계인은 공익법인에 임직원으로 취임하는 것도 제한돼 있다. 하지만 대기업 계열의 한 학교법인은 최근까지 계열사 퇴직 임원을 등기이사로 선임하고 급여와 복리후생비 등 20여 억원을 지급했다.
>
> 자료: 「프레시안」, 2018. 9. 5.

> **Rethinking** 이해 충돌과 공익
>
> 연고주의는 동서양을 막론하고 있었다. 서양에서는 연고주의라는 의미인 네포티즘(nepotism)의 어원은 자식이 없는 성직자가 자기 조카(네퓨)를 주요 성직에 임명한

것을 두고 네포티즘이라고 부른 것에 기인한다. 우리는 왕조시대에 친족이 같은 관청에서 종종 근무하기도 한 모양이다. 그래서 상피제도(일정한 범위 내 친족이 같은 관서에 근무하는 것을 제한)가 생겨났다.

상피제도는 고려시대에 성문화되고 조선시대에 와서 널리 활용됐다고 알려져 있다. 이는 공직자가 업무 수행 과정에서 연고주의나 사사로운 이해관계에 얽히는 상황을 방지하기 위한 것이었다. 우리는 살면서 다양한 이해관계의 충돌을 경험한다. 특히 공직자는 업무를 수행하면서 종종 공익과 사익 간 이해 충돌 상황에 맞닥뜨리게 된다. 일반적으로 이해 충돌 상황에서 개인이 갖고 있는 신념(가치관)이 중요하지만 공직자는 공익을 판단 기준으로 삼아야 한다. 이것이 공직자에게 요구되는 중요한 자질이며, 공직윤리 확립의 핵심이다.

우리 역사 속에서도 이러한 점을 강조하고, 제도 구축을 위해 노력한 사례를 여러 곳에서 찾아볼 수 있다. 다산 정약용은 『목민심서』에서 목민관에게 가장 중요한 자질로 공렴(공정과 청렴)을 꼽았다. 또한 공직은 다른 직업과 달리 "사사로운 마음으로 구해서는 안 된다"고 강조했다. 『조선왕조실록』에 따르면 세종대왕은 1424년 관료들 반대에도 불구하고 뇌물 수수를 근절하기 위해 뇌물을 준 사람과 받은 사람 모두를 처벌하는 양자처벌법을 제정하기도 했다.

공익과 사익 간 이해 충돌을 방지하고 직무 공정성을 확립하기 위한 공직자윤리법은 공직자가 공직을 이용해서 사적 이익을 추구하거나 제3자에게 부정한 특혜를 주는 것을 금지하고, 구체적으로 재산등록·주식백지신탁·취업 제한 등 제도를 규정하고 있다. 표현만 다소 다를 뿐 공직자가 지켜야 하는 규범의 핵심은 시대를 초월해서 일맥상통하는 것이다.

최근 상사의 부정 청탁 등 불의에 맞서는 판사를 주인공으로 한 법정 드라마(미스 함무라비)가 인기를 끌었다. 사적 이익을 위해 관직을 이용하려는 사람들에게 일침을 놓는 주인공의 모습에 국민이 기대하는 공직자상이 어느 정도 투영돼 있다고 생각한다. 공직자들이 이해 충돌 상황에 직면했을 때 공익이라는 기준에 따라 한 치도 흔들림 없이 업무를 수행해 주기를 바라는 마음이 간절하다.

자료: 김판석, 매경춘추: 이해충돌과 공익, 『매일경제』, 2018. 7. 27.

제5장
참고 문헌

국민권익위원회. (2008). 「공익신고자 보호제도 도입 방안 연구」. pp. 49-54.
권오갑. (2002). 과학기술과 공익. 「kapa@포럼」, 한국행정학회. 2002년 9월.
김준현. (2014). 사회서비스 전달체계 공공성 위기 고찰: 정당성 위기를 중심으로. 「한국사회와 행정연구」, 24(4): 187~208.
박병식. (2002). 공익의 실천. 「kapa@포럼」, 한국행정학회. 2002년 9월.
백완기. (1981). 공익에 관한 제학설의 검토. 「법률행정논집」, 제19집. 서울: 고려대학교 법과대학.
백완기. (2007a). 「행정학」. 서울: 박영사.
백완기. (2007b). 한국행정과 공공성. 「한국사회와 행정연구」, 18(2): 1-22.
소영진. (2003). 행정학의 위기와 공공성 문제, 「정부학연구」, 9(1): 5-22.
신명환·김해영·신상윤. (2016). 공익 개념에 대한 존재론적 인식과 당위론적 인식: 한국인의 공익 인식 유형. 「주관성 연구」, 33: 47-68.
신진욱. (2007). 공공성과 한국사회. 「시민과 세계」, 11: 18-39.
오석홍. (2013). 「행정학(제6판)」. 서울: 박영사.
윤성식. (2002). 행정과 공익. 「kapa@포럼」, 한국행정학회. 2002년 9월.
이계만·안병철. (2011). 한국의 공익 개념 연구: 공익 관련 법률 내용 분석을 중심으로. 「한국정책과학학회보」, 15(2): 1-27.
이명석. (2010). 협력적 거버넌스와 공공성. 「현대사회와 행정」, 20(2): 23-53.
이종수 외. (2012). 「새 행정학」. 서울: 대영문화사.
임의영. (2003). 공공성의 개념, 위기, 활성화 조건. 「정부학연구」, 9(1): 23-50.
임의영. (2010). 공공성의 유형화. 「한국행정학보」, 44(2): 1-21.
임의영. (2017). 공공성의 철학적 기초. 「정부학연구」, 23(2): 1-29.
은재호. (2008). 공공성 개념 연구: '프랑스식 공공서비스' 개념을 중심으로. 「한국거버넌스학회보」, 15(3): 213-299.
조대엽·홍성태. (2013). 공공성의 사회적 구성과 공공성 프레임의 역사적 유형. 「아세아연구」, 56(2): 9-43.

최창호 · 하미승. (2006). 「새행정학」. 서울: 삼영사.
허　영. (2000). 공익과 사익의 관계. 「법학논총」, 12: 37-38.

Bozeman, B. & Bretschneider, S. (1994). The "Publicness Puzzle" in Organization Theory: A Test of Alternative Explanations of Differences between Public and Private Organizations. *Journal of Public Administration Research and Theory*, 4(2): 197-223.

Merritt, C. C. (2014). *Specifying and Testing A Multi-Dimensional Model of Publicness: A Analysis of Mental Health and Substance Abuse Treatment Facilities*. Dissertation, University of Kansas.

Pesch, U. (2008). The Publicness of Public Administration. *Administration & Society*, 40(2): 170-193.

MEMO

시민성과 공동체 ••• 제6장

제6장 시민성과 공동체

제1절 | 시민성

1 시민성의 개념

　시민성에 관한 개념을 설명하기에 앞서 시민(citizen)에 대한 개념부터 살펴보자.『표준국어대사전』에 따르면, 시민(市民)은 "시(市)에 사는 사람 또는 국가 사회의 일원으로서 그 나라 헌법에 의한 모든 권리와 의무를 가지는 자유민"으로 정의하고 있다. 공동체와 관련해서 시민이라는 개념은 공동체에 관심사를 공유하고 자유롭고 평등한 주체로 서로 관계를 맺으며, 공동의 문제를 함께 숙의하고 해결하는 사람들을 일컫는 말이라 할 수 있다(김경래, 2010: 89). 민주주의의 확산, 심화와 밀접한 연관성이 있는 시민이라는 개념은 국민이라는 말이 내포하고 있는 수동적이고 부정적인 이미지를 넘어서 민주사회의 능동적이고 주체적인 구성원으로서의 함의를 갖는다(이동수, 2008: 7; 김경재, 2010: 93에서 재인용).

　'시민성'을 뜻하는 영어의 'citizenship'이라는 용어는 시민을 의미하는 'citizen'과 자질, 조건, 자격 등을 의미하는 'ship'이 합쳐져서 만들어진 것이다. 따라서 시민성은 "시민으로서 요구되는 자질 혹은 자격"이라는 의미를 내포하고 있다(조일수, 2003: 20). 사전적 의미에서 『옥스퍼드 영어사전』에 따르면 시민성은 "특정 국가의 시민이 되는 지위 또는 자격"으로 정의하고 있다. 이와 같이 어원적으로나 사전적 의미에서 시민성 개념은 "시민으로서 자격 및 자질을 가진 사람"으로 정의할 수 있다. 시민성은 '바람직한 구성원(good citizen)'으로 요구되는 것으로 우리가 바람직한 민주주의를 어떻게 상정하는지(Dahlgreen, 2000)와 어떠한 가치를 중시하는지(Dalton, 2008)에 달려 있다(김은미 외, 2013: 308). 시민성은 시민으로서 요구되는 자질이라는 뜻으로, 개인으로서 요구되는 자질이 아니라 특정한 공동체의 구성원, 즉 시민으로서의 지위에서 요구되는 자질을 의미한다. 시민성은 상호 관계의 의미로 독립된 개인으로서가 아니라 사회인 전체로서 의미를 가지며, 사회공동체의 구성원으로서 지녀야할 책임인 공동 목적, 공동체 의식 등의 의미를 담고 있다. 그리하여 시민성은 일종의 도덕적 자질이며, 경쟁보다는 협동에 그리고 개인적 합리성보다는 집단적 연대에 우선적이며 상위의 가치를 포괄하는 의미다(심연수, 2010: 9).

시민성은 시간과 공간에 따라 변화하는 가변적인 성격을 지닌다. 시민성의 개념은 오랜 시간에 걸쳐 변화돼 왔다(조철기, 2016: 715). 시민성 개념은 공동체 또는 공동선을 위해 자신의 이익을 희생하는 태도를 의미하는 것이다. 즉, 시민성은 민주적인 시민이 되기 위한 기본적인 자질로 이웃들의 필요에 대한 공감 능력이며, 공동체적 목적의 실현을 위한 자발적 봉사로 정의될 수 있다(박승관, 2000: 170; 김경재, 2010: 93에서 재인용). 현대 사회의 보편적 가치인 시민성은 시민사회의 덕성으로서 자신만을 위한 편협하고 이기적인 특수 이익으로 기울어지는 것을 자제하고 "공동의 이익에 우선권을 부여하고자 하는" 자발적 의지와 심리적 준비상태를 의미한다(심연수, 2008: 7-8). 시민성은 인간이 자신의 이익보다는 공동의 이익을 우선하는 것으로서 근대 시민사회의 기반이 되는 원리다(심연수, 2010: 8). 시민성은 사회의 기능, 유지, 보전 및 개발을 책임지며 권리와 의무가 있고 국가의 활동적인 부분으로서의 집합으로 정의할 수 있다(Montero, 2009: 151). 시민성의 활동은 주로 참여 행동(공동체 프로그램 내에서의 변화와 공공정책의 결정에 대한 투표에서 특정 수준의 의사결정에 이르기까지)을 통해 표현된다(Montero, 2009: 151).

시민성 개념의 핵심 요소에 대해 자유주의적 시민성의 핵심이라 할 수 있는 자율성(autonomy)과 공동체주의적 시민성의 핵심이라 할 수 있는 시민적 덕성(civic virtues)이 언급되기도 한다(조일수, 2011: 3). 자율성은 개인이 자신의 삶에서 가치 있는 것이 무엇인지를 결정하고, 그러한 자신의 결정에 따라 삶을 영위하는 것을 의미한다(조일수, 2011: 9). 덕성은 시민으로서 어질고 너그러운 것을 의미한다. 이 두 요소는 독립적이라기보다는 상호간 균형과 조화를 필요로 하는 규범적 성질을 가지는 것으로 볼 수 있다.

시민성은 공적 영역에서 실현된다. 공적 영역은 그 내부에 다양하면서도 서로 얽혀 있는 복합적인 공간으로서 인간들이 서로 보고 듣는 곳이다. 이처럼 인간들이 서로 보고 들으면서 더불어 하나가 되는 사회적 공간을 만드는 곳으로서 공적 영역은 인간들 사이의 상호 존중과 합의의 창출 그리고 공동 이익의 증진을 지향함으로써 성립되는 소통적 인간관계의 장소다(김경래, 2010: 94). 시민성은 진정한 인간성의 실현, 인류 공동체의 실현, 평화와 정의에 그 가치를 둔다(김동춘, 2013: 5). 시민성은 인간의 존엄성을 향한 보편적인 과제에 동참하려는 의지를 갖는 것을 말한다(김동춘, 2013: 8). 시민성은 동등한 권리를 찾고 책임과 의무를 다하는 시민 의식의 성격을 갖는데, 여기에서 시민 의식은 정치적 문제를 포함한 사회 제반 문제에 대해서 정확한 이해와 올바른 판단을 내릴 수 있는 지적 능력이자(오관석, 2009a: 71에서 재인용), 시민사회에서 개인이 공동체의 일원으로 갖춰야 할 중요한 의식과 태도를 의미한다(이명진, 2017: 23). 민주주의 사회에서 시민 의식은 공동체 생활 속에서 상호 존중과 타인을 배려하는 도덕성 그리고 문제 해결에 합리성을 말한다. 도덕성과 합리성에 의해서 형성되는 민주 시민의식은 민주주의의 가치를 위해 함양된다(오관석, 2009a: 71).

이상과 같이 시민성에 대한 개념은 다의적이며 포괄적이고 규범적인 성격을 가지고 있다. 시민성 개념을 정리하면, "민주적 시민사회 및 공동체에서 바람직한 구성원으로서 시민"이라고 할 수 있으며, 개념적 정의를 구성하는 요소들은

〈표 6-1〉과 같이 도출할 수 있다.

〈표 6-1〉 시민성에 대한 개념과 구성 요소

개념	구성 요소
민주적 시민사회 및 공동체에서 바람직한 구성원으로서의 시민	- 공동체 의식/공동 이익 - 도덕적 규범과 자질 - 사회적 자본 - 협동정신 - 집단적 연대 - 공감능력 - 전체에 대한 책임과 의무 - 공공성(법과 규율 준수)과 자율성 - 참여와 협력/상호 존중/관용/배려 - 인간의 존엄성 - 인간성 실현

2 시민성의 유형

시민성 개념은 다의적인 성격을 가지고 있고, 시대와 장소 그리고 국가 사회의 상황에 따라 그 개념과 지향점이 다르다. 즉, 시민성을 어떤 관점에서 보느냐에 따라 자유주의적 시민성, 공화주의적 시민성, 공동체적 시민성, 탈국가적 시민성, 포스트모던 시민성 등으로 유형화할 수 있다.

첫째, 자유주의적 시민성(liberal citizenship)은 시민으로서의 의무(책임)보다는 개인의 권리를 강조한다. 그러나 자유주의적 시민성도 자유를 보호하기 위해 자유의 남용을 막는 도덕적 책임이 필요하다고 주장한다. 자유주의적 시민성은 시민들이 책임 있게 행동하도록 동기화시켜 줄 가치들을 설정한다(김종후, 2009: 45-46). 자유주의적 관점은 개인의 자유, 평등과 같은 개인의 시민적, 사회적, 정치적, 그리고 경제적 권리를 중요한 요소로 생각하고, 개인의 복지와 서비스 제공을 비롯해서 시민의 법적 권리와 실제적인 권리에 관심을 기울인다(최문선 외, 2015: 276; 조철기, 2016: 717).

둘째, 공화주의적 시민성(republican citizenship)은 권리보다 의무(또는 책임성)를 강조한다(조철기, 2016: 717). 공화주의적 시민성은 시민으로서 의무를 다하도록 공적인 덕성을 조장하는 데 관심을 두고 있다. 이러한 시민성은 시민들이 좀 더 광의의 공동체 이익을 위해서 개인적 이해를 버리고 우정의 정신으로 공적인 것에 관여하고 행동하는 것을 강조하고 있다. 공화주의적 시민성은 시민들이 공적인 것에 관여하면서 책임 있는 시민들의 도덕적 능력을 개발해야 한다고 강조한다(김종후, 2006: 45-46). 공화주의적 시민성은 지역 및 국가 사회를 포함한 정치집단에 대한 정치적 참여를 강조하고 투표와 정부를 위한 봉사활동과 같은 정부에 대한 협조적인 참여를 강조한다(최문선 외, 2015: 276).

셋째, 공동체적 시민성(communitarian citizenship)이다. 공동체적 시민성은 시민들을 사회적 또는 문화적으로 형성된 실체로 보고, 개인의 관심보다는 공동체의 요구가 중요하다고 강조하며 좋은 사회를 만드는 것이 시민들의 의무로 보고 있다. 그리고 사회가 기능하는 데 필요한 규칙들을 인정해야 한다는 것이다(김종후, 2006: 45-46). 즉, 공동체적 시민성은 시민의 개별적 행동보다는 공동체를 위한 책임과 의무를 강조하는 시각이다.

넷째, 탈국가적 시민성(postnational citizenship)은 국가가 시민을 위한 유일한 것일 수는 없다는 것을 강조한다. 전통적인 관점에서의 시민성 개념은 한 국가 안에서 태어난 국민에게 국가의 구성원으로서 합법적인 지위를 인정해주는 일종의 라이선스 개념으로 이해된다(최문선 외, 2015: 275). 탈국가적 시민성은 특정 국가 안에서의 시민성의 가치 또는 시민성 형성 과정을 찾기보다는 다른 국가나 초국가에 의해 또는 국제적 연계를 통해 시민성이 어떻게 형성되는지를 살펴보려는 관점을 가진다.

다섯째, 포스트모던 시민성(postmodern citizenship)은 국가 정체성보다 오히려 사회적·문화적 정체성을 강조하면서 다양성과 차이를 인식한다. 특히 전통적인 시민성 개념은 세계화와 이주민의 증가로 인해 많은 학자에 의해 비판을 받게 되는데, 전통적인 시민성 개념이 합법적 지위를 가지고 있지 못한 개인의 다양한 인종, 언어, 종교 등을 배제함과 동시에 세계화 시대에 걸맞은 글로벌 시민으로서의 정체성 또한 포함하지 못하는 협소한 개념이라고 비판한다. 이러한 비판 속에서 글로벌 시민성(global citizenship) 개념과 다문화 시민성(multicultural citizenship) 개념이 시민성 담론에서 중요한 부분을 차지하게 된다(최문선 외, 2015: 276). 포스트모던 시민성은 원주민 또는 소수민족, 젠더, 성, 종교, 연령 및 장애에 관심을 기울인다(조철기, 2016: 717).

이상과 같이 시민성을 보는 관점이 다양하고 다의적인 것은 바람직한 시민으로서 요구되는 시민의 권리와 의무의 내용이 정치·경제·사회·문화 등의 국제적·국내적 상황 변화에 따라 변동된다는 점이다. 따라서 특정 국가 및 사회에서의 시민성은 변동될 수 있으며, 요구되는 수준이 다르다고 할 수 있다. 현대 사회에서 시민성에 대한 고민의 방향은 다양한 관점에서 시민성에 관한 논의가 확장돼야 한다. 예컨대 글로벌 및 세계화의 흐름 속에서 권리와 의무의 관계가 조화롭게 구현될 수 있는 방향이 설정돼야 하며, 정치·경제·사회적 소외계층을 포용하는 시민성에 관한 심층적인 논의와 실현 방안이 마련돼야 할 것이다.

3 시민성의 육성 방안

시민성을 육성 및 회복하기 위한 방안에는 어떤 것들이 있는가? 여기에서는 규범적이고 선언적인 방안들을 탐색해 본다.

1) 지속적인 시민성 교육

시민성 육성 및 회복을 위해서는 지속적인 시민성 교육이 뒷받침돼야 한다. 그 교육 프로그램은 누가·어느 집단이 주관하고 주도해야 하는지보다는 시민공동체 모두가 상호 교육자이자 피교육자여야 하는 상호 학습이 이뤄질 수 있어야 한다. 즉, 시민성에 관한 선순환적 학습이 이뤄져야 한다. 선순환적 학습이 이뤄지기 위해서는 모두가 공감하고 동의하며 신뢰할 수 있는 선순환 구조의 학습고리가 확립돼야 한다. 시민공동체 구성원 모두가 용인하고 동의하며 신뢰할 수 있는 교육 프로그램이 마련돼야 한다. 구체적인 시민성 교육 방안은 다음과 같다.

첫째, 시민성 교육에서 제3자의 개입을 고려해야 한다. 이영애(2012)는 지역사회의 질서를 유지하고 가치를 보전할 책임이 '우리', 즉 시민공동체에 있다고 보고, 또한 지하철, 학교, 주차장 등 각종 공공 영역에서 발생하는 질서 훼손 및 폭력사건을 제대로 처리하지 못하는 이유가 국가나 경찰의 무능보다는 시민성의 실종에 있다고 보고, 이를 회복하기 위해 시민공동체의 역할을 발양시키기 위한 구체적 방법으로서 제3자 개입의 필요성을 제시했다. 요컨대 공동체 폭력을 제어하고 예방하는 사회적 책임은 공동체 구성원 모두에게 있으므로, 지속적인 교육과 사회관계망 확충이 필요하며, 그 구체적인 방법으로는 제3자 개입 교육이 바람직하다고 제안했다.

둘째, 정확한 정보에 근거해서 합리적인 판단을 할 수 있는 교육이어야 한다. 시민들은 독자적으로 또는 남들과 협동으로 일할 수 있는 능력이나 정확한 정보에 근거해서 의사결정을 할 수 있는 능력으로서 포괄적인 능력을 개발하기 위해서 자존심, 신뢰, 창의력, 정서적 성숙 등과 같은 개인적 자질을 소유해야 하며, 정확한 정보에 근거한 합리적인 견해를 개발하고 남의 관점을 평가할 수 있는 가치관과 성향을 갖고 현시대의 사회적 이슈 및 자신들의 권리와 책임에 대해 이해할 수 있는 능력을 배양해야 한다(김종후, 2009: 57).

셋째, 포용적 시민성(inclusive citizenship)을 함양해야 한다. 사회적 또는 경제적 배타성으로 불평등이 지배적인 사회에서의 시민성 교육은 배타적이고 소외적인 결과로 야기된 사회응집력의 쇠락과 불평등을 해소하기 위한 학습 프로그램이어야 한다. 포용적 시민성을 위한 학습은 개인의 내적 만족의 문화에서 벗어나 사회 정의와 빈부문제, 노동문제 및 환경문제와 같은 사회 공동의 이해가 걸린 문제를 협동으로 해결할 수 있는 학습이 되도록 해야 한다(김종후, 2009: 57-58).

넷째, 다원적 시민성(pluralistic citizenship)을 함양해야 한다. 다원적 시민성은 인간의 보편적 기본권의 존재를 인정하면서 다양성과 문화적 다원주의를 포용한다. 이를 위한 시민성 교육은 개인이나 집단의 정체성을 존중하고 서로 다름을 인정하며 동시에 공동의 이해와 공동의 문화를 연계시키려 노력한다. 이는 다양한 문화가 존재하는 사회에서 서로 다른 문화들을 완벽하게 경계짓기보다는 중복될 수 있으며, 서로 다른 이해와 의미를 함께 탐색하는 과정에서 상호 및 집단적인 이해를 위한 공동의 이해와 상호작용을 이끌어 낼 수 있어야 한다는 것이다(김종후, 2009: 58).

다섯째, 적극적 시민성(active citizenship)을 함양해야 한다. 적극적 시민성은 시민사회(civil society)에서 시민들의 참여를 강조한다. 시민들이 자선조직 및 다양한 사회운동집단이나 조직에 더 많이 참여할수록 사회의 공동선을 더 많이 이해하며, 기꺼이 자기를 희생하며 다른 사람들의 권리를 존중하고 보호해줄 수 있어야 한다(김종후, 2009: 58).

2) 사회적 자본 형성하기

사회적 자본(social capita)은 유형적인 경제적 자본과 대칭되는 개념으로서, 사람이 살아가면서 어떤 곳에서 누구와 어떤 관계를 맺고, 어떻게 활동하며, 무엇을 추구하는지 등 공동체의 핵심 자원으로 논의하고 발전시켜 온 주제다. 사회적 자본 개념은 사람이 공동체 어느 공간에서 누구와 무엇을 위해 활동하는가에 관심을 두기 때문에, 존재와 활동의 주체를 개별적으로 볼 것인가 아니면 집합적으로 볼 것인가에 따라 사회적 자본 수준을 크게 개인수준과 집단 및 조직 수준 차원으로 접근할 수 있으며, 또한 어떤 학문 영역에서 논의하는 배경과 목적이 무엇인가에 따라 다양한 의미를 가질 수 있다(김구, 2016: 89).

개인 수준에서의 사회적 자본의 개념들은 개인에게 도움이 되는 자원으로서 네트워크의 부분인 행위자 개인의 이익에 초점을 맞추고 있는 것으로 이해할 수 있으며, 집단 수준에서의 사회적 자본에 관한 정의들은 집단이나 조직 등의 공동체 및 사회적 수준에서 협력을 촉진하기 위한 자원으로서 공동의 문제를 해결하거나 상호 이익을 위한 네트워크에 초점을 맞추고 그 네트워크를 구축하고 유지하는 공동의 규범(norms), 신뢰(trust), 사회적 결속(social cohesion), 그리고 가치로 이해할 수 있다(김구, 2016: 90).

사회적 자본은 시민들 상호관계에 영향을 미치거나 이를 결정하는 일련의 가치와 태도로 구성되는 주관적 현상으로 이들 사회적 자본의 특성과 형식은 대체로 사회공동체에서 자생적으로 형성되지만, 국가나 정부가 제도들을 통해 이러한 가치를 조장하기도 한다(김종후, 2009: 51). 사회적 자본을 형성하기 위해서는 시민공동체 구성원의 자발적 참여와 지속적 활동이 가능하도록 동기 부여와 자긍심이 고양될 수 있는 제도 및 프로그램이 마련되고 운영돼야 한다.

사회적 자본은 유대와 연대 그리고 결속력에서 비롯된다. 유대와 연대감 그리고 결속력은 공동의 목표와 일상의 삶의 영위 방식에 경험의 공유를 바탕으로 교감되면 공감을 얻게 될 것이고, 소통이 이뤄짐으로써 가능하게 된다. 따라서 시민성 회복을 위한 사회적 자본을 형성하고 축적하기 위해서는 경험적 사례를 공유할 수 있는 포용적 참여 기회가 주어져야 할 것이다.

3) 정보통신기술 및 인터넷을 활용한 시민성 역량 제고

지식정보사회에서 시민들이 시민사회에서 배제 및 박탈감(소외감)을 느끼지 않도록 정보통신기술(ICT) 및 인터넷을 활용한 정보접근성 제고와 전자적 소통의 기회를 확보해야 한다. 시민성은 정보와 지식에의 동등한 접근성 기회가 보장되고, 그 정보와 지식을 통해 시대 흐름 및 현황을 파악하며, 합리적인 의사결정 과정에 참여함으로써 시민으로서의 자긍심을 갖는 데서 출발한다. ICT 및 인터넷의 보편적 활용으로 인해 국가, 지역, 공동체 등에 관한 이슈, 쟁점, 문제 등에 대해 전자공청회, 전자 의견 제시, 전자상담(협의), 전자투표 등의 채널 마련 및 운용을 통해 온라인 공간에서의 공론장이 활발히 이뤄질 수 있어야 한다.

4 시민성의 측정

시민성의 육성 및 회복을 위한 방안을 찾기 위해서는, 먼저 시민성의 수준을 파악해야 한다. 국내외 시민성 측정에 관한 연구를 살펴보면 다음과 같다. 최지영 외(2015)는 경험적 연구를 통해 한국 사회의 시민성의 수준과 내용의 추이를 살펴보기 위해, 2013년 한국인의 의식 및 가치관 조사 자료를 분석했다. 최지영 외(2015)는 시민성의 요소로 '공공성'과 '자율성'을 제시하면서, 공공성은 '공동체를 위한 의무와 책임'과 '공동체를 위한 희생과 봉사'로 측정했고, 자율성은 '사회집단 간 소통'과 '타인에 대한 배려'를 통해 분석했다. 이들은 시민성을 공공성과 자율성으로 나눠 세대별로 살펴보고, 세대별 시민성을 다른 사회적 가치와 비교했다.

최지영 외(2015)의 분석 결과는 다음과 같다. 첫째, 시민성의 수준은 세대별로 부분적으로 차이가 있다. 공공성은 세대별 유의미한 차이가 없었지만, 자율성은 세대별 차이가 나타났다. 특히, 베이비붐 세대는 사회집단 간 소통 의식과 타인에 대한 배려 의식에서 모두 X세대보다 낮았다. 또한 386세대 역시 X세대보다 타인에 대한 배려 의식이 낮게 나타났다. 둘째, 시민성의 구체적인 내용은 세대별로 차이가 났다. 베이비붐 세대는 개인의 이익과 타인에 대한 배려 사이가 가장 멀다고 보고, 개인의 자유와 권리의 존중을 경제 발전과 동일시하는 경향이 크다. 386세대는 타인에 대한 배려, 사회집단 간 소통, 공동체를 위한 의무와 책임, 개인의 개성 및 다양성의 존중과 같은 항목을 중요한 사회적 가치로 인식했다. 이러한 경향은 X세대에서 좀 더 강화되고 있지만, N세대의 경우에는 그러한 시민성의 확산을 살펴보기 어려웠다.

이상의 연구 결과를 보면 세대별로 시민성을 인식 수준이 다르다는 것을 보여주고 있다. 향후 연구에서는 2013년 이후 발생한 정치·경제·사회적 사건들을 인식하고 경험한 세대들을 대상으로 지속적인 시민성 수준의 측정이 이뤄져야 할 것이다.

〈표 6-2〉 세대 구분

세대 구분	출생 연도	주요 사건	1인당 국민총소득(달러)
베이비붐 세대	1955~1961년	유신체제, 10·26사대, 12·12 항명파동, 5·18 광주민주항쟁	563·1,686
386세대	1962~1969년	6·29선언, 86아시안게임, 88올림픽	1,842~4,653
X세대	1970~1978년	유엔 가입, 한·중 수교, IMF 경제 위기	5,718~1만2,059
N세대	1979~1992년	2002한일월드컵, 2002 대선, 2007 대선	7,989~2만 4,302

자료: 최지영 외(2015: 122)

호스킨스 외(Hoskins et al., 2006)는 유럽 국가를 대상으로 적극적 시민성(active citizenship)의 측정도구를 개발했다. 적극적 시민은 사회적 가치(social values)와 부분적으로 중첩되지만 광범위한 참여(participation)를 강조하고 있다(Hoskins et al., 2006: 10). 호스킨스 외(Hoskins et al., 2006)가 제안한 적극적 시민성의 측정모형은 〈표 6-3〉과 같다.

〈표 6-3〉 적극적 시민성 측정모형과 측정지표

차원	하위 차원	측정 문항
정치적 생활 (political life)	9개 지표	1. 정당 당원 가입 2. 정당 참여 3. 정당 기부 4. 정당 자원봉사 5. 과거 1년 중 정당/정치적 행동단체에서 일을 해 본 경험 6. 과거 1년 중 정치조직/정치적 행동단체에 대한 기부 7. 유럽의회 투표율 8. 국가의회 투표율 9. 여성의 국회 참여
시민사회 (civil society)	항의*	1. 조직이나 단체에서 활동하기 2. 탄원서에 서명하기 3. 합법적 시위에 참여 4. 제품 보이콧하기 5. 윤리적 소비

차원	하위 차원	측정 문항
시민사회 (civil society)	인권단체	1. 인권단체 가입 2. 인권단체 참여 3. 인권단체 기부 4. 인원단체 자원봉사
	노동조합	1. 노동조합 가입 2. 노동조합 참여 3. 노동조합 기부 4. 노동조합 자원봉사
	환경단체	1. 환경단체 가입 2. 환경단체 참여 3. 환경단체 기부 4. 환경단체 자원봉사
공동체 (communities)	비조직화된 도움	1. 공동체에서 비체계적인 도움
	종교단체	1. 종교단체 가입 2. 종교단체 참여 3. 종교단체 기부 4. 종교단체 자원봉사
	영리단체	1. 영리단체 가입 2. 영리단체 참여 3. 영리단체 기부 4. 영리단체 자원봉사
	스포츠단체	1. 스포츠단체 가입 2. 스포츠단체 참여 3. 스포츠단체 기부 4. 스포츠단체 자원봉사
	문화단체	1. 문화단체 가입 2. 문화단체 참여 3. 문화단체 기부 4. 문화단체 자원봉사
	사회단체	1. 사회단체 가입 2. 사회단체 참여 3. 사회단체 기부 4. 사회단체 자원봉사
	교사단체	1. 교사단체 가입 2. 교사단체 참여 3. 교사단체 기부 4. 교사단체 자원봉사

차원	하위 차원	측정 문항
가치 (values)	인권	1. 이민자들에 대한 동일한 권리 부여 2. 일터에서의 차별 금지법 3. 인종적 증오에 반대하는 법
	상호문화	1. 이민자와 다른 인종의 허용 2. 이민자들의 문화생활 허용 3. 이민자들이 국가를 나빠지게 만듦.
	민주주의	1. 시민들이 투표하는 것의 중요성 2. 시민들이 법률을 준수하는 것의 중요성 3. 시민들이 독립적인 의견을 개발하는 것의 중요성 4. 시민들이 자원봉사단체에서 활동하는 것의 중요성 5. 시민들이 정치에서 적극적으로 활동하는 것의 중요성

자료: Hoskins et al.(2006)
주: 차원과 하위 차원별 가중치를 둘 수 있음.
* 항의에는 청원서 서명, 시위 참여, 제품 불매운동 및 윤리적 소비 등의 활동이 포함된다.

Rethinking 학력 측정에 '시민성'도 넣자는 교육감들

기존 학력과 시도 교육감들이 도입하려는 '새로운 학력'

	기존 학력	새로운 학력
개념	- 지식(학습) 중심 - 읽고 쓰고 셈하기	- 지식이 아닌, 협업 능력, 소통 능력, 창의력 등 - "지성뿐 아니라 감성·시민성이 함께 발달해야 진짜 학력"
평가	- 지필고사 (전국 단위 학업성취도 평가) - 4단계(우수보통기초미달)평가	- 지필고사, 교사 평가, 학생 설문 등 복합적 - 구체적 평가 지표·방식 개발 중
필요성	- 기초학력 평가 가능	- 미래 사회 역량 평가 가능

자료: 새로운 학력 개념 정립 및 구현 방안 보고서(성열관 교수팀)

전국 시도교육감들이 학생들의 학력(學力)을 측정하는 새로운 지표를 개발하겠다고 나섰다. 기존 국어·영어·수학 등 교과목 성취도로 평가하는 학력은 4차 산업혁명 시대에 맞지 않는다며 감성과 시민성까지 아우르는 새로운 학력 개념을 만들어 측정하겠다는 것이다.

새로운 학력 측정 필요

17개 시도교육감들 모임인 전국시도교육감협의회는 지난달 '새로운 학력'을 측정하는 지표를 개발하는 연구를 한국교육과정평가원에 맡겼다. 지난해 ○○○ 교수 팀에 새로운 학력 개념이 무엇인지에 대한 연구를 의뢰한 데 이어, 구체적으로 이를 측정할 수 있는 지표 연구를 시작한 것이다.

○○○교수 연구팀은 지난해 연구에서 새로운 학력을 "지성뿐 아니라 감성·시민성이 함께 조화롭게 발달한 것"이라고 정의했다. 시도교육감협의회는 내년 초까지 이 새로운 학력을 측정하는 지표 개발을 끝내고, 내년 하반기에는 일부 지역 학생들을 대상으로 시범 조사를 할 계획이다.

조사는 지필고사, 학생 설문조사, 교사의 평가 등 다양한 방법으로 진행할 예정이다. 기존 학업성취도평가처럼 4등급(우수·보통·기초·미달)이 될지, 합격·불합격 방식이 될지 등 구체적인 평가 방식과 평가 지표는 세부 논의 중이다. (중략)

기초 학력 무시하면 곤란

교육계에서는 '새로운 학력' 평가 지표를 개발해 미래 사회에 필요한 다양한 역량을 측정해야 한다는 입장과 기초 학력을 무시하면 안 된다는 의견이 엇갈린다. 시도교육감협의회의 '새로운 학력 개념 정립'을 연구한 ○○○ 교수는 "경제협력개발기구(OECD)가 실시하는 PISA 테스트도 최근 학생들의 협업 능력을 측정하고 있다"며, "기존에 말하던 학력 테두리 밖에 있던 태도, 성장 능력 등을 파악할 필요가 있다"고 했다.

반면 소통 능력, 협업 능력도 중요하지만 국·영·수 등 기초 학력을 소홀히 하면 안 된다는 의견도 만만치 않다. □□□ 교수(교육학과)는 "국·영·수 기초 학력이 있어야 창의성, 문제 해결력, 협업 능력도 나오는 것"이라며 "4차 산업혁명 시대가 온다고 해서 기존 기초 학력의 중요성이 줄어들지는 않는다"고 했다. 일각에서는 평가 지표가 늘어날 뿐이라는 지적도 나온다. △△△ 교수는 "의사소통 능력, 시민성을 평가한다는 게 가능한 일인지, 또 다른 줄 세우기가 되는 것은 아닌지 우려된다"고 했다.

자료:「조선닷컴」, 2018. 8. 29. (검색일: 2018. 11. 6)

제2절 | 디지털 시민성

1 시민성의 변화: 디지털 시민성의 태동

전통적 시민성 개념은 시공간을 중심으로 정치·경제·사회·문화환경이 정태적 관점에서 논의돼 왔다. 그러나 시간의 흐름으로 인해 정태적 환경에서 조명해 왔던 시민성은 정보통신기술의 발전과 인터넷의 보편적 활용으로 인해 시민성 개념이 새로운 관점에서, 또는 확장적 의미에서 시민성 개념이 대두되고 있다.

전통적 시민성 개념은 20세기 후반 그리고 21세기 초반 정보통신기술의 발달로 또 다른 측면이 강조되기 시작한다. 정보화·디지털시대에 시민성 개념은 크게 두 가지 경향으로 나뉘는데, 하나는 인터넷·디지털시대의 시민성 개념을 기존의 시민성 개념과 달리 완전히 새로운 형태의 시민성 개념으로 인식해서 그 특수성을 강조해야 한다는 관점과, 또 다른 경우는, 기존의 시민성 개념 특히 문화시민성(cutural citizenship) 개념을 이용해서 인터넷 기반 의사소통이나 소셜 미디어 사용과 같은 온라인에서의 사회적·정치적 활동을 재해석해야 한다는 관점이 있다(최문선 외, 2015: 276-277).

온라인 공간에서 정치적 의견 표명은 과거 오프라인 공간에서의 활동보다 활발하게 이뤄지고 있다. 온라인 공간에서 정치적 의견을 적극적으로 제시하는 디지털 군중(digital mobs)은 증가되고 있지만, 디지털 군중의 양적 증가만큼 온전한 민주주의 발전을 의미하지는 않는다. 디지털 군중이 정치에 관한 적극적 참여를 통해서 정치 권력에 대한 비판과 감시 그리고 민주주의 발전에 기여하고 있고, 자신의 정체성과 사회적 유대를 긴밀히 하면서 새로운 사이버 문화를 창출하고 있다. 그러나 디지털 군중은 맹목적 마녀사냥과 한풀이 사이버 테러와 같은 디지털 중우주의(衆愚主義)의 폐해를 증폭시키고 사회적 부작용도 심각하게 일으키고 있다. 이들은 타인에 대한 배려나 공공의 질서에 대한 시민성이 부재한 형편이다. 다만 특정의 사건에 의한 자정의 순환 과정을 통해서 정화돼 가는 정도다. 따라서 온라인 공간은 그 어느 때보다도 디지털 군중의 시민성 함양이 절실하게 요구되고 있다(오관석, 2009b: 53). 현대 사회에서 정보통신기술과 인터넷은 정치·경제·사회·문화·교육 등의 분야에서 보편적으로 활용되고 있고, 온라인 공간에서의 활동이 일상화되고 있다. 시민의 활동이 오프라인에서뿐만 아니라 온라인에서 활발하게 이뤄지고 있기 때문에 기존 오프라인 공간에서 논의돼 왔던 시민성에 대한 새로운 접근, 즉 온라인 활동을 전제하는 시민성 개념이 곧 디지털 시민성이다.

한국의 디지털 시민성 연구는 외국에 비해 아직 활발하게 이뤄지고 있지 않지만, 소수의 연구들은 디지털 시민성이 가지는 특수성에 좀 더 초점을 맞추고 있다(김은미 외, 2013; 박기범, 2014; 안정임 외, 2013; 최문선 외, 2015: 276-277에서 재인용). 김은미 외(2013)는 디지털 리터러시(digital literacy)가 디지털 시민성과 어떤 관련이 있는지 밝히려고 했으며, 안정임 외(2013)는 디지털 시민성을 구성하는 요소 중 온라인에서의 정치적 참여 및 활동 부분을 강조했다. 특히, 박기범(2014)은 이론적으로 전통적 시민성 개념과 디지털 시민성의 차이점에 초점을 맞춰서 디지털 시민성이 가지는 고유의 특징을 검토한 바 있다(최문선 외, 2015: 276-277).

2 디지털 시민성의 개념

디지털 시민성(digital citizenship) 혹은 전자시민성(e-citizenship)[17]은 기술 사용과 함께 수용 가능한 행동의 규범에서 대두되는 개념이다(Nordin et al., 2016: 71에서 재인용). 디지털 시민성이란 정보화시대를 살아가는 시민이 필요한 정보를 효과적으로 검색·활용하는 디지털 활용 기술과 온라인 환경에서 윤리적으로 콘텐

---

17) 황용성(2015)은 디지털 시민성을 전자시민성과 같은 의미로 설명했다.

츠를 활용하는 능력을 말한다. 그동안 교육에서는 시민사회를 유지하기 위해 필요한 시민 의식과 사회성이 강조돼 왔으나, 정보화시대로 넘어가면서 디지털 시민성의 중요성이 더욱 부각되고 있다(전자신문, 2017. 10. 24). 디지털 시민성은 기본적으로 디지털 기술의 눈부신 발전과 더불어 일어난 '사회적 연결망'의 확장이라는 문화적 현상에서 비롯된 개념이다. 대부분의 사회적 연결망 서비스는 흩어진 개인들을 온라인 가상공간에서 엮어주고자 하는 사회적 측면에 초점을 맞추고 발전됐다. 페이스북, 트위터, 카카오톡과 같은 사회적 연결망 서비스에 수많은 개인이 합류하면서, 이제 이런 사회적 연결망은 우리 일상에서 없어서는 안 될 문화적 요소로 자리 잡았다(김만권, 2014: 70). 디지털 시민성은 사회적 연결망을 토대로 시민들이 서로 간의 유대에 근거를 둔 '협력'과 '책임'에 기반을 두고, 디지털 공간에 들어와 같이 '일하고 어울린다(work and play)'는 발상에 기반을 두고 있다(김만권, 2014: 70에서 재인용).

디지털 시민성 개념은 네 가지 범주로 소개하기도 한다(최문선 외, 2015: 277). 첫 번째 범주는 디지털 윤리(digital ethics)로 설명하는 것이다. 디지털 윤리에서는 온라인상에서 윤리적이고 도덕적이며 책임감 있는 행동이 무엇인지, 즉 규범적인 측면에서 디지털 시민성을 규정하고 있다. 안전하고 올바른 디지털 기기 및 인터넷 사용을 비롯해서, 인터넷 발달에 기인한 새로운 형태의 정치 참여, 경제활동, 사회문화적 쟁점, 온라인 커뮤니티에서 개인이 가지는 권리와 책임 등을 그 주요 내용으로 한다(최문선 외, 2015: 277).

두 번째 범주는 미디어 및 정보 리터러시(media and information literacy)로 설명하는 것이다. 가장 기초적이고 기술적인 인터넷 접속 및 활용 능력에서부터 단순한 정보 검색 능력뿐 아니라 비판적인 미디어 이해 능력, 미디어를 통한 글쓰기 능력까지 포함한다. 특히, 소셜 네트워크 서비스(SNS)의 발달로 의사소통 능력이나 협업 능력 역시 이 범주의 중요한 역량으로 강조된다(최문선 외, 2015: 277-278).

세 번째 범주는 온라인 참여(online participation/engagement)로 설명하는 것이다. 정치적, 사회경제적, 그리고 문화적 참여와 같이 여러 가지 다양한 측면의 온라인 참여가 디지털 시민성을 구성하는 주요 범주에 해당한다. 특히, 온라인에서 이뤄지는 정치적 토론에 참여한다거나 탄원서나 진정서에 온라인 서명을 하는 등 정치적 측면의 참여가 가장 큰 부분을 차지하고 있다(최문선 외, 2015: 278).

최(Choi, 2015: 44-53)는 디지털 시민성 개념에 대해 다음과 같은 하부 영역 구성 개념으로서 논의돼야 한다는 점을 강조했다.

① 미디어와 정보 리터러시(media and information literacy)
② 정보격차(digital divide)
③ 온라인 시민 참여(online civic engagement)
④ 인터넷 자기효능감(internet self-efficacy) 및 인터넷 불안(internet anxiety)

이상과 같이 디지털 시민성 개념적 요소를 정리하면, 디지털 기술 및 인터넷을 기반으로 온라인 공간에서 정치·경제·사회·문화·교육 등의 분야에서 적극적 참여와 활발한 활동을 할 수 있고, 개인의 자존감을 내면화하고 타인과의 관계 증진과 소통을 통해 건전한 온라인 공동체를 형성 및 유지해 갈 수 있는 역량의 총체라고 정의할 수 있다.

[그림 6-1] 디지털 시민성의 개념적 요소

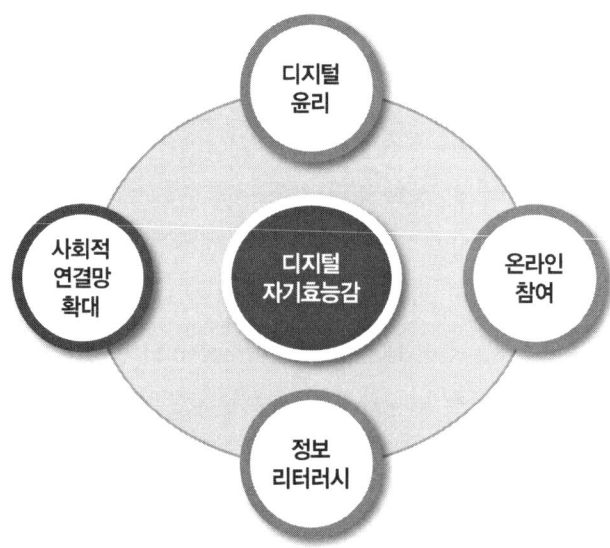

3 디지털 시민성의 요소

디지털 시민성에 관한 요소도 다양한 관점에서 여러 요소가 제시되고 있다.

박기범(2012)은 미래 사회의 특징을 ① 경쟁 심화, ② 가상공간의 가치 증대, ③ 사회적 자본으로서 '신뢰'의 강화, ④ 개인화 및 다원화 확산, ⑤ 디지털과 휴머니즘의 결합 등으로 규정하면서 이에 부응하기 위한 새로운 시민성의 개념적 속성으로 ① 디지털 사회 기능, ② 융합 기반 맥락적 사고, ③ 네트워크 참여 능력, ④ 창의적 사고 등을 제시했다.

조일수(2003)는 사이버 민주 시민성의 구성 요소로서 ① 사이버 시민의 지식, ② 사이버 시민의 태도, ③ 사이버 시민의 기능 등을 제시했다. 사이버 시민의 지식으로는 사이버 공간의 특성, 정치구조와 과정, 정치적 권리와 역할, 사회적 현안 쟁점 등의 하위 요소를 가지며, 사이버 시민의 태도로는 자기 반성, 관용, 사회적 기본 가치 존중, 위해 원리[18] 등을 하위 요소로 가진다. 사이버 시민의 기능

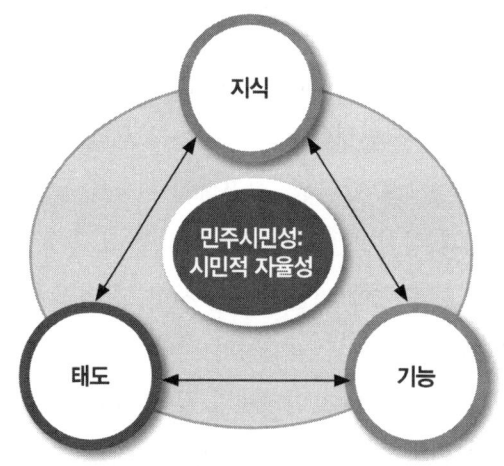

[그림 6-2] 사이버 공간에서의 민주 시민성(시민적 자율성)

자료: 조일수(2003: 28)

---

[18] 사이버 공간에서 자신이 피해를 보지 않기 위해서는 타인에게 피해를 주어서는 안 된다는 태도.

으로는 정보 자주성, 판단 능력, 커뮤니케이션 능력, 정치 참여 능력 등의 하위 요소를 가지는 것으로 제시했다.

노르딘 외(Nordin et al., 2016: 72)는 윤리적 디지털 시민성의 요소로서 다음과 같은 차원을 제시했다.

① 에티켓 : 온라인 공간에서의 행위 또는 절차에 대한 전자적 표준 및 규범
② 거래 : 제품의 적법하고 온당한 전자적 매매
③ 책임 : 온라인 공간에서 행동에 대한 자기 책임
④ 안전성 : 디지털 기술 세계에서의 물리적 안전
⑤ 보안(자기 보호) : 안전을 보장하기 위한 전자적 예방 조치
⑥ 권리 : 디지털 세상에서 모든 사람에게 확대된 자유
⑦ 커뮤니케이션 : 정보의 막힘 없는 교환과 소통
⑧ 교육 : 기술 및 기술 사용에 관한 교육 및 학습 과정
⑨ 접근성 : 정보 접근에 대한 기회 균등의 보장

박기범(2014)은 디지털 시민성을 제안하기 위한 기반으로서 디지털 사회의 특징을 충분한 정보 공유의 기회 확대, 시공을 초월한 양방향적 소통과 참여의 수월성, 다양성과 익명성, 사회적 수평 관계 등을 제시했다.

박기범(2014)은 시민성의 핵심 요소로 합리성, 실천성, 도덕성 등에 관한 경중 관계로 제시했다. 전통적 시민성의 관점에서는 도덕성이 가장 큰 비중과 가치를 두고 있으며, 그 다음으로 합리성, 실천성에 비중을 두고 있다. 전통적 시민성의 관점에서 합리성과 실천성은 도덕성에 비해서 그 활동성이 떨어진다. 합리성 측면에서 충분한 정보 수집에 의한 비판적 사고, 창의적 대안 산출, 합리적 의사결정과 같은 시민적 활동성은 단방향적인 미디어의 속성으로 인해 한계에 봉착할 수 있다. 실천성 측면에서는 인터넷과 같이 전통적 권력 관계를 약화시킬 수 있는 디지털 미디어의 등장 이전에는, 시민들이 권력과 같은 아날로그적 위계를 극복하며 능동적으로 공동체에 참여하는 데에 한계가 있었을 것이다. 결국 디지털 미디어가 확산되기 이전에는 현실 환경의 한계로 합리성과 실천성이 약하

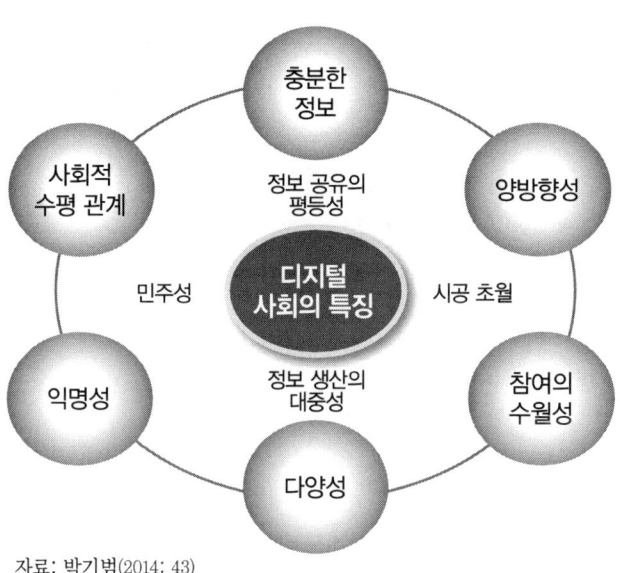

[그림 6-3] 디지털 사회의 특징

자료: 박기범(2014: 43)

게 작동하는 도덕성 중심의 시민성이 주류를 이뤘다고 볼 수 있다(박기범, 2014: 41).

디지털 시대는 다원성과 공동체 구성원 사이의 역동적 상호작용을 촉진해서 창조적인 대안을 산출할 수 있는 기반이 된다. 디지털 시대에서는 도덕성 측면에서 개인 정신의 파괴, 무책임, 인권 침해, 사회적 혼란이라는 문제점을 초래할 수 있어 도덕성은 상대적으로 약화되는 성격을 갖는 반면, 합리성과 실천성이 활성화되는 성격을 갖는다(박기범, 2014).

디지털 미디어의 발달은 우리 사회를 변화시키고 있으며 디지털 시민성이라는 새로운 시민성을 탄생시켰다. 그러나 디지털 시민성과 전통적 시민성은 합리성, 도덕성, 실천성이라는 핵심적 구성 요소를 공유하는 것으로 판단할 수 있다. 이는 도구와 환경이 변해도 인간의 삶에서 사고, 행위, 규범은 유지되기 때문일 것이다. 디지털 시민성은 전통적인 시민성의 구성 요소를 그대로 유지하고 있다. 다만 시민성의 구성 요소들의 활성화 정도는 디지털 미디어의 발달에 따라 전통적 시민성과는 차이점을 보인다. 디지털 사회의 특징인 충분한 정보 수집, 양

[그림 6-4] 전통적 시민성의 특성

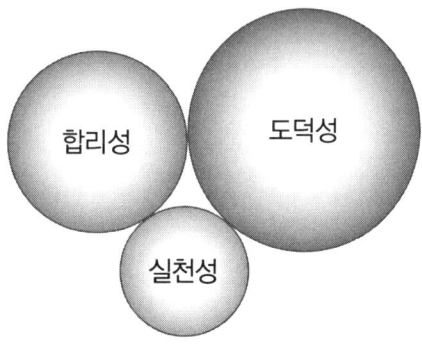

자료: 박기범(2014: 41)

방향성, 시공간의 초월성, 다양성 등은 디지털 시민성의 구성 요소 중에 합리성과 실천성을 높일 수 있는 동인으로 작동한다. 그러나 익명성과 사회적 수평 관계는 실천성의 활성화를 촉진할 수 있으나, 도덕성을 약화시키는 동인이 될 수도 있다. 이러한 양상의 근본적 원인은 시민들이 디지털 세계에서의 익명성과 사회적 수평 관계를 이용하는 데에서 찾을 수 있다. 오늘날 정보사회에서 발생하는 다양한 문제점은 바로 익명성과 사회적 수평 관계에 기인한 미디어의 오용과 남용, 책임성 결여 등의 도덕적 문제들이다. 요컨대, 디지털 시민성을 전통적 시민

[그림 6-5] 디지털 시민성의 특성

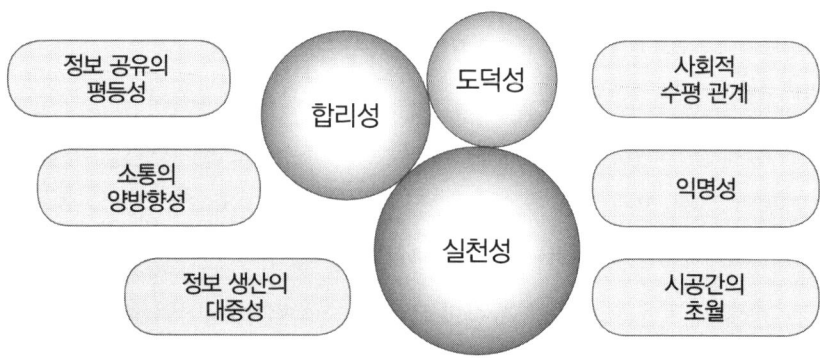

자료: 박기범(2014: 43)

성과 비교하면, 합리성과 실천성은 활성화되지만 도덕성은 상대적으로 약화된다는 점에서 전통적 시민성과 구별된다(박기범, 2014: 43-44).

젠킨스(Jenkins, 2006: 4)는 디지털 시민의 구성 요소로 실행 능력, 상황 인지·문 제정의·상황 파악 능력, 의미를 추출할 수 있는 능력, 정보와 자원의 활용 능력, 타인과의 소통 능력, 정보의 평가 능력, 정보의 조직화 능력, 다양성을 인정하는 능력 등을 제시했다. 이러한 능력 요소는 전통적 시민성에서는 규범적이고 도덕적인 요소에 치중했다면 디지털 사회에서의 시민성은 복잡성과 불확실성이 증대되는 사회 현상에 대응하기 위해 정보 분석력과 지식 응용력을 기반으로 예측력과 실행력을 강조한 것으로 보인다.

〈표 6-4〉 디지털 시민성의 요소

요소	세부 내용
실행(play)	문제 해결의 한 형태로 자신의 주변에 실험하거나 적용해 보는 능력
맥락적 적응(performance)	즉흥적인 문제 해결과 발견을 목적으로 상황적 대안을 수용하는 능력
상황(simulation)	역동적인 실제 상황의 과정을 해석하거나 구성하는 능력
적정화(appropriation)	의미 있는 샘플을 추출하거나 변형하는 능력
다중작업(multitasking)	주변 환경을 살피고 중요하다고 생각될 때 초점을 바꿀 수 있는 능력
분산 인지(distributed cognition)	정보와 자원을 활용하여 개인의 지적인 능력을 확장하는 능력
집단 지성(collective intelligence)	지식을 수집하고 공통된 목적을 위해 다른 사람들과 의견을 교환하는 능력
판단(judgement)	다양한 정보의 신뢰성을 평가하는 능력
미디어 간의 항해(transmedia navigation)	정보의 다중적 표상의 흐름을 인지하는 능력
연결(networking)	정보에 대한 연구, 융합, 배포에 대한 능력
협상(negotiation)	다양한 공동체와의 접촉, 다중적 관점에 대한 관심과 존중, 대안적 규범의 포착과 인정에 대한 능력

자료: Jenkins(2006: 4); 박기범(2014: 38)에서 재인용

4 디지털 시민성 측정

존스와 미첼(Jones & Mitchell, 2015)은 정신분석 관점에서 청소년 대상 온라인 디지털 시민성을 측정하는 구성 개념으로 ① 온라인 존중(online respect)과 ② 온라인 시민 참여로 측정했고, 최문선 외(2015)는 2015년 전국 15개 대학교의 학생을 대상으로 경험적 연구 결과 한국형 디지털 시민성 척도에 관한 구성 요인으로 ① 인터넷 정치 참여, ② 기술적 인터넷 활용 능력, ③ 비판적 관점, ④ 온라인상 의사소통 및 협업, ⑤ 지역사회 및 글로벌 쟁점에 대한 민감도 등을 제시했으며, 그리고 최문선 외(2016)는 대학생을 대상으로 디지털 시민성에 영향을 주는 다양한 예측 변수에 관한 연구에서는 인터넷 효능감과 불안 요인도 추가 제시했다.

5 건전한 디지털 시민성 확립을 위한 토대

현대 사회에서 IT 및 인터넷의 보편적 활용으로 인한 디지털 세상은 인간의 편리성을 추구하는 데 일조하고 있는 현상이다. 디지털 기술이 인간의 삶에 긍정적 또는 부정적 영향을 미친다는 또는 미칠 수 있다는 논의는 차치하더라도 온라인 활동에서의 합법성과 민주성의 공식적 가치를 비롯해, 정보에의 보편적 활용과 온라인 공간에서의 지켜야 할 규범과 윤리 등의 실천적 가치가 지켜져야만 건전하고 지속 가능한 디지털 세상을 열어갈 수 있을 것이다. 이와 같은 가치를 토대로 건전한 디지털 시민성을 확립할 수 있는 토대의 방안을 제언하면 다음과 같다.

첫째, 합법성의 관점에서, 온라인상에서 활동, 즉 거래·교환·소통·의견 제시 등의 모든 활동은 법률을 준수해야 한다. IT 및 인터넷 관련 법률은 온라인상에서 모두가 지켜야 할 기본적 규범이며, 디지털 시민성을 유지시켜주는 기본 틀이다. 디지털 시민성을 항상적으로 유지하며 긍정적 방향으로 확산하고 내재화하기 위해서는 현재의 IT 기술 및 인터넷의 이용 패턴을 파악하고, 미래 기술의 특징을 예측해서 이에 대응하는 법률이 정비(개정 및 제정) 될 필요가 있다. 인터넷이라는 시스템은 정보의 제작·생산, 유통·배포 기능이 선택적이고 이용자 중심으로 이뤄지는 분산구조를 가지기 때문에 경직성이 높은 법률과는 현실적 격차가 클 수밖에 없다. 타율규제는 규제 대상의 변화 속도를 탄력적으로 수용하지 못하는 한편, 과도한 규제 비용과 부작용, 우회 서비스 등으로 인한 낮은 규제 효과 등의 문제를 노출시킨다는 우려도 있다(황용성, 2015). 이러한 비판적 우려는 법률 정비에서 기술에 대한 법률의 대응적 접근에서 벗어나 법률과 기술의 선순환적 접근 방식의 전환이 필요하다. 이를 위해서는 IT 기술 및 인터넷 이용 패턴을 상시 모니터링하는 시스템을 구축함으로써 현재의 법률 내용과의 적합성을 파악할 수 있어야 하며, 그 결과는 법률 정비의 기초 자료로 이용할 수 있어야 한다. 그리고 합법성을 위한 법률 정비는 표현의 자유를 침해하거나 정치적 참여 기회를 제한하는 기본적 침해의 타율적이고 강제적 규제의 관점이 아닌 디지털 시민성 확립을 위한 이용자의 자율규제의 관점에서 파악해야 할 것이다.

둘째, 민주성의 관점에서, 온라인 공간은 전자민주주의를 확립할 수 있는 건전한 정보 유통과 보편적 접근성이 확보되고 자유로운 의견을 교환할 수 있는 숙의민주주의를 이룰 수 있는 공론장이어야 한다. 온라인 공간에서 유통되는 많은 정보는 공공의 이익과 동떨어진 상업적이고 오락적 정보들이 범람하고, 인터넷에서 벌어지는 여론 과정은 파편화되고 극단화돼 사회적 갈등을 오히려 부추기고 있다는 비난을 받고 있다. 인터넷이 오히려 사회적 갈등을 일으킨다는 비판도 있다(황용성, 2015). 인터넷 공간이 이성적이고 건전한 여론 형성의 장과 사회적 합의를 도출할 수 있는 열린 공론의 장으로서 기능할 수 있는 건전한 인터넷 이용 교육이 지속적으로 이뤄져야 하며, 상업적 콘텐츠 공급자의 자율규제 확립과 실천을 유도해야 한다.

셋째, 디지털 정보 격차를 완화 및 해소하는 데 맞춤식 정책이 실현돼야 할 것이다. 디지털 시민성을 함양하고 건전한 디지털 기기의 이용과 정보의 접근성 및 활용을 위해서는 디지털 정보에 대한 시민의 보편적 접근성이 보장되고, 누구나 이용 목적에 대해 정보의 최적 활용이 이뤄질 수 있도록 정보접근성 및 활용에의 장애나 장벽이 없어야 한다. 그동안 디지털사회에서 초래되는 문제에 대한 정책적 대응은 시민의 조건이나 능력을 논의하지 않고 부정적 현상에 대한 처방적 정책이나 시도들이 이어졌다. 체계적인 교육 목표를 설정하기 위해서는 디지털 시민성에 대한 개념을 합의하고 측정하는 지수를 개발하는 것이 필요하다(황용석, 2015). 또한 개인별 및 그룹별 정보 수요와 이용 패턴을 파악해서 맞춤식 정보격차 완화 및 해소 정책을 마련하고 실현해야 한다.

Rethinking 가짜뉴스, 이대로 방치할 건가

요즘 인터넷에 차고 넘치는 가짜뉴스를 규제해야 하는지를 놓고 특히 정치권에서 공방이 심한 것 같다. 가짜뉴스는 그것이 가짜임을 아는 경우에는 별다른 영향력을 갖지 못하지만 국가적 또는 사회적으로 매우 중대한 사안에 대한 가짜뉴스라면 이를 진짜로 믿을 경우 폭발적인 영향력을 가질 수 있는 것이다.

가짜뉴스의 개념에 대해서는 "정치적 또는 경제적 이익을 위해 언론 보도의 형식으로 의도적으로 유포된 거짓 정보"라고 정의하기도 하나, 인종적, 성적 또는 종교적 차별을 목적으로 유포하는 개인적 성향의 증오 표현도 배제하기 어렵다. (중략)

가짜뉴스의 개념 정의가 선행되지 않는 상태에서는 어떤 것이 가짜뉴스이고 어떤 것은 가짜뉴스로 볼 수 없는지 그 범위를 확정할 수 없다. 현재 인터넷에는 가짜뉴스인지 알지 못한 상태에서 보도되는 언론사의 각종 오보에서부터 출처를 알 수 없는 각종의 인터넷상 허위 사실과 루머에 이르기까지 수많은 가짜뉴스가 광범위하게 확산되고 있다. 가짜뉴스를 진단하고 규제를 논하기 위해서는 우선적으로 그 개념과 기준 및 범위를 확정하는 일이 중요한 것이고 다짜고짜 규제부터 논하는 것은 비생산적 논란만 가중될 수밖에 없다.

가짜뉴스가 큰 영향력을 갖는 이유는 무엇일까? 가짜뉴스는 듣는 이에게 흥미를 야기한다. 의외의 소식인 경우가 많아 듣는 이의 감정을 자극하기 때문에 순식간에 확산될 수밖에 없고 다중이 이를 믿을 경우 큰 영향력을 갖게 되는 것이다. 굳이 예를 들어본다면 예컨대 "로마교황이 트럼프를 지지했다"는 뉴스는 지구촌 시민들의 귀를 자극했고 이를 사실로 믿은 미국인들의 추가적 지지에 의해 트럼프가 예상과 달리 대통령으로 당선됐을 가능성도 생각할 수 있는 것이다.

인터넷과 SNS가 보편화된 오늘날 활개를 치고 있는 가짜뉴스에 대비하기 위해 각국은 법안 마련 등 적극적 조치에 나서고 있다. 예컨대, 독일은 지난 1월부터 '가짜뉴스 금지법'이라고 불리는 「네트워크 운용개선법」을 시행했고, 프랑스도 선거기간에 유포되는 가짜뉴스에 대해 당국이 웹사이트를 차단하고 해당 뉴스를 삭제할 수 있도록 하는 법안을 준비 중이며, 영국은 국가안전보장회의에서 가짜뉴스 대응 전담조직을 창설하기로 결정했다. 미국은 2016년 워싱턴 주에서 디지털 시민의식에 관한 법률을 제정해 디지털 리터러시, 윤리와 에티켓, 보안 등 건전한 행위규범을 준수하도록 규정했다고 한다.

우리나라의 허위 사실 관련 입법은 정보통신망법상 허위 사실 유포에 명예 훼손, 공직선거법상 허위 사실 공표행위, 전기통신기본법상 타인 손해 목적 허위통신, 자본시장법상 허위정보 이용 투자권유행위와 시세 조종, 표시광고법상 거짓 표시 등 매우 다양한 허위정보를 형벌로 규제하고 있지만 가짜뉴스와 같은 허위 사실 유포 자체만을 규제하는 규정은 없는 상황이다.

요컨대, 가짜뉴스 확산을 이대로 방치할 경우 사이버공간은 허위정보로 가득 차 더 이상 신뢰할 수 없는 엔트로피 매체로 전락하고 말 것이며 인터넷무용론으로 진화될 것이다. 가짜뉴스는 더 이상 방치해서는 안 되며 적절히 규제하되, 형사입법을 통해 형벌로 규제할 것인지 아니면 행정벌을 동반한 행정적 규제로 대응할 것인지를 먼저 확정할 필요가 있으며, 결국은 가짜뉴스 규제를 위한 입법적 대응 조치가 필요하다.

자료: 정완(2018), 가짜뉴스, 이대로 방치할 건가, 「디지털 타임즈」, 2018. 11. 7.

Rethinking 모호한 정의의 '디지털 시민성'

디지털 플랫폼의 다양화로 청소년들이 왜곡된 정보에 무방비하게 노출돼 있어, 디지털 시대에 걸맞은 교육이 마련돼야 한다는 목소리가 교육계 안팎에서 쏟아져 나오고 있다. 2018년 4월 18일 국회에서 열린 '지금 왜 디지털 시민성인가' 토론회는 디지털 시민성 교육 방향 논의의 첫 시작을 끊었다. ○○당 A의원은 "디지털 시민성에 대한 진지한 성찰 없이 맞이하게 될 미래 사회는 밝지 않을 것"이라며 "디지털 세상에서 태어나고 자라 '본 디지털(born digital) 세대'라 불리는 청소년들에게 건강한 디지털 시민으로서의 소양을 가르치는 일이 중요해 보인다"고 토론회를 주최한 이유를 설명했다.

　4차 산업혁명의 파도가 빠르게 덮쳐옴에 따라 새로운 시민 의식의 정립이 시급한데도 이에 대비하기 위한 논의의 속도는 매우 더디다. 디지털 시민성은 디지털 시대의 시민이 갖춰야 할 행동 양식과 가치관으로 일컬어지지만, 그 정의가 모호한 상태다. B교수는 "디지털 시민성에 대해 매우 다양한 관점에서 논의가 이뤄지고 있어, 정의에 대한 정교화가 필요하다"라고 지적했다. C책임연구원은 "디지털 시민성에 대한 교육이 이뤄지지 않는다면 인공지능과 로봇, 빅데이터가 결합된 기술의 대중화가 다양한 윤리문제를 낳을 것"이라며 우려를 표했다. D교수는 "디지털 시민성 교육의 부재가 정보를 책임 없이 퍼 나르고 '믿거나 말거나'라는 마음가짐으로 가짜 뉴스를 확산시키는 행태를 낳았다"고 꼬집었다.

　E장학관은 "네트워크에 연결된 사람들이 평화롭게 공존하기 위해서는 특수한 시민적 덕성이 필요하다"며 "디지털 시민성을 제도적 장치에 넣어 시민의 공공적 책무감을 키워야 한다"고 제언했다. F교사는 "디지털 교과서를 제작하고 이를 이용해 미디어 활용교육을 실시해야 한다"고 촉구했다. 아울러 "이를 능동적으로 삶과 연계할 수 있는 교육이 될 수 있도록 변화 방향을 모색해야 한다"고 밝혔다. G교수는 이에 동의를 표하며 디지털 시민성 교육을 포함하도록 교육부가 나서서 인성교육진흥법을 개정해야 한다고 주장했다.

　A의원은 "미리 준비하지 않는다면 이성 혐오와 왜곡된 성 의식, 자기 비하와 정보 만능주의로 인간성은 사라지고 아이들은 무엇이 중요한지 깨닫지 못한 채 사회에 흡수되고 말 것"이라 경고하며, 디지털 사회로 나아가기 위한 새로운 시민 의식의 중요성을 강조했다.

　우리 삶에서 디지털이 차지하는 비중이 급속도로 커지고 있지만, 교육은 과거에 묶여 나아가지 못하고 있다. 인공지능과 로봇의 개발로 사람과 기술의 경계가 모호해지는 미래 사회에서 올바른 가치관을 유지하기 위해선 디지털 시민성을 확립하는 게 무엇보다 중요해 보인다. 디지털 시민성에 대한 논의가 이제 막 시작된 만큼 이미 앞서나간 기술의 속도를 따라잡을 수 있도록 사회의 관심과 토론이 더욱 활발해져야 한다.

자료: 「공감신문」, 2018. 4. 18.

제6장 참고 문헌

김경래. (2010). 세계화, 사회적 자본 그리고 시민성. 「인문사회과학연구」, 27: 85-109.
김 구. (2016). 온라인과 오프라인의 사회적 자본이 행복에 미치는 영향에 관한 탐색적 접: 대학생을 중심으로. 「한국정책과학학회보」, 20(3): 87-113.
김동춘. (2013). 시민권과 시민성: 국가, 민족, 가족을 넘어서. 「서강인문논총」, 37: 5-46.
김만권. (2014). 디지털 시민권과 시민정치의 활성화. 「문화와 정치」, 1(2): 67-93.
김은미·양소은. (2013). '디지털 네이티브'의 시민성. 「한국언론학보」, 57(1): 305-334.
김종후. (2009). 지방정부의 市民性 육성에 관한 序說的 연구. 「한국자치행정학보」, 23(1): 41-65.
박기범. (2012). 스마트 시대의 시민성과 지식의 융합. 「사회과교육」, 51(4): 247-257.
박기범. (2014). 디지털 시대의 시민성 탐색. 「한국초등교육」, 25(4): 33-46
심연수. (2010). 한국사회에서 정치적 시민성의 의미. 「인문사회과학연구」, 27: 5-27.
오관석. (2009a). 민주주의의 가치실현을 위한 시민성 교육에 관한 연구: 합리성과 도덕성을 중심으로. 「인문사회과학연구」, 22: 69-107.
오관석. (2009b). 디지털 군중(Digital mobs)의 시민성 부재에 관한 연구. 「사회과학연구」, 25(1): 53-78.
이동수. (2008), 지구화 시대 시민과 시민권. 무폐의 논의를 중심으로. 「한국정치학회보」, 42(2): 5-22.
이명진. (2017). 공론조사의 기반: 시민성과 시민 역량. 「KIPA 조사포럼: 공론화와 갈등관리」, 한국행정연구원. 23: 22-27.
이영애. (2012). 시민성의 회복과 제3자 개입. 「21세기정치학회보」, 22(1): 47-64.
이진희. (2003). 현대 사회의 민주 시민성에 대한 고찰. 「윤리연구」, 53: 101-124.
조일수. (2003). 사이버 공간에서의 새로운 민주 시민성에 대한 연구. 「윤리교육연구」, 3: 17-35.
조일수. (2011). 자유주의적 시민성에 대한 연구. 「윤리연구」, 82: 1-24.
조철기. (2016). 새로운 시민성의 공간 등장: 국가 시민성에서 문화적 시민성으로. 「한국

지역지리학회지」, 22(3): 714-729.

최문선 · 박형준. (2015). 탐색적 · 확인적 요인분석을 통한 한국형 디지털 시민성 척도 타당화 연구. 「시민교육연구」, 47(4): 273-297.

최문선 · 박형준. (2016). 대학생의 디지털 시민성에 영향을 주는 변인. 「시민교육연구」, 48(3): 211-237.

최지영 · 천희주 · 이명진. (2015). 한국사회의 세대별 시민성 비교 연구. 「한국인구학」, 38(4): 113-137.

황용성. (2015). 디지털사회문제 해결에 접근하는 방법: 디지털 시민성 교육. 「The Chungnam Review」, 여름: 63-66.

Choi, M. (2015). Development of a Scale to Measure Digital Citizenship among Young Adults for Democratic Citizenship Education. *Dissertation*, The Ohio State University.

Hoskins et al. (2006). Measuring Active Citizenship in Europe. *CRELL Research Paper 4*, Institute for the Protection and Security of the Citizen.

Jones, L. M. & Mitchell, K. J. (2015). Defining and measuring youth digital citizenship. *New Media & Society*, 1-17.

Montero, M. (2009). Community Action and Research as Citizenship Construction. *American Journal of Community Psychology*, 43(1-2): 149-161.

Nordin, M. S., Ahmad, T. B. T., Zubairi, A. M., Ismail, N. A. H., Rahman, A. H. A., Trayek, F. A. A., & Ibrahim, M. M. (2016). Psychometric Properties of a Digital Citizenship Questionnaire. *International Education Studies*, 9(3): 71-80.

MEMO

제7장

정부과 공공재

제1절 | 공공재의 의의

1 민간재와 공공재의 의미

우리가 일반적으로 사서 쓰는 재화는 사적재(private goods), 즉 민간재다. 민간재는 시장기구를 통해 공급되는 경합성과 배제성을 동시에 가진 재화다. 민간재는 우리가 알고 있는 일반적인 재화로 값을 치른 사람만이 물건을 소유하고 그 자신만이 이용 가능한 재화다. 학교 매점에서 빵을 사거나 PC방에서 컴퓨터 게임을 하려면 값을 치러야만 하고, 대가를 지불한 사람만이 독점적으로 사용할 수 있다. 이런 특성을 소비의 배제성이라고 한다. 한편, 내가 상품의 일정 물량을 소비하게 되면 다른 사람은 내가 소비하고 남은 물량만큼만 소비할 수 있다. 이처럼 여러 사람이 나눠 쓰면 한 사람 한 사람의 몫은 줄어들기 마련인데, 이를 경합성이라고 한다. 민간재는 배제성과 경합성을 동시에 지닌다(KDI 경제정보센터, 2018).

정부는 국민에 대한 공공 서비스를 생산 및 제공하게 되는데 이를 공공재라고 한다. 공공(public)이란 용어는 많은 상이한 맥락에서 상이한 방식으로 사용돼

왔는데 가장 공통된 용법 중의 하나는 공공을 정부와 동등시하는 것이다(박용치, 2009: 1). 공공이란 말의 용법을 살펴보면 ① 정부로서의 공공, ② 공익으로서의 공공, ③ 경제적 특징으로서의 공공 등이 있는데(박용치, 2009: 2에서 재인용), 공공재라고 하면 공익을 실현하기 위한 경제적 재화의 특징을 가지게 된다.

공공재(public goods)란 민간재 및 사적재(private goods)에 대립되는 개념으로 사적재와 달리 공공재에 대한 소비자들의 선호가 드러나지 않기 때문에 시장의 메커니즘에 의한 공급은 불가능하게 되고, 투표를 통한 의사결정의 정치적 과정(political process)을 통해서 공급될 수 있는 성질의 재화와 서비스를 말한다. 공공재란 생산되는 즉시 그 집단의 모든 구성원이 함께 소비할 수 있는 재화나 서비스를 말한다(양기근 외, 2017: 37). 공공재는 사적재와 반대로 비배제성과 비경합성의 두 가지 특성을 동시에 지닌다. 즉 어떤 사람이 재화와 서비스에 대가를 치르지 않는 경우에도 그 소비를 막을 수 없는 비배제성과 많은 사람이 동일한 재화와 서비스를 동시에 소비할 수 있고 한 개인의 소비가 다른 사람들의 소비를 감소시키지 않는 비경합성이 동시에 충족되는 것이다(KDI 경제정보센터, 2018). 공공재는 비경합성과 비배제성의 특성으로 인해 어떠한 경제 주체에 의해서 생산이 이뤄지기만 한다면 모든 구성원이 그 혜택을 누릴 수 있는 재화나 서비스를 말한다(양기근 외, 2017: 37).

공공재의 '공공'이란 재화나 용역의 생산적인 측면이 아닌 소비적 특성과 관련된 것이다. 예컨대 공공재는 공공(대중)에 의해 소비되는 것을 말한다. 왜냐하면, 공공재의 생산은 정부도 할 수 있지만 사기업도 생산할 수 있기 때문이다. 공공재를 제공하는 주체는 대부분 국가이지만 국가가 제공하는 재화나 서비스가 모두 공공재인 것은 아니다. 국가는 의료 서비스나 교육 서비스 등의 가치재(merit goods)도 제공한다(양기근 외, 2017: 37).

2 재화의 유형

인간생활에서 재화의 주요 특징은 '편익 및 이용에서의 배제'와 '소비의 경합성'라는 두 가지 속성을 가지고 있다. 일부 재화는 많은 이용자에 의해 결합적으로 동시에 이용되거나 소비될 수 있지만 대부분의 재화는 결합소비라기보다는 개인소비로서만 이용 가능하다. 즉, 개별소비는 한 소비자가 이용하면 다른 사람은 그것을 이용할 수 없다는 것이다. 그러나 만일 결합이용자의 총수가 그 공원이나 도로의 용량을 초과한다면 그때 이용 가능한 재화의 양과 질은 심각하게 저해받으므로 공원과 도로 같은 재화는 텔레비전 방송과 같은 순수한 결합소비재는 아니다. 사실 거의 대부분의 재화는 순수 개별소비재와 순수 결합소비재의 연속선상에 있다(박용치, 2009: 3). 재화는 배제와 소비의 정도에 따라 네 가지 유형으로 분류된다.

민간재(private goods)는 이용자가 개별적으로 소비되고 공급자의 동의를 얻고 보통 대가(값)를 지불함으로써 획득된다. 공유재(common-pool goods)는 어장과 같이 개별적으로 소비되며 무료로 획득할 수 있다. 요금재(tool goods)는 결합적으로 이용하지만 이용자는 반드시 대가를 지불해야 하며, 대가를 지불할 수 없는 사람들은 그 재화를 이용할 수 없게 된다. 공공재(public goods)는 국방, 소방, 치안 서비스와 같이 결합적으로 이용되며, 어느 누구를 그 이용으로부터 배제하기 곤란하다.

국방 서비스를 예로 들어보자. 지금 이 순간에도 우리는 국방 서비스를 소비하고 있다. 심지어 미국인도 우리나라 땅을 밟는 순간, 우리의 국방 서비스를 소비하기 시작한다. 국방 서비스는 일단 공급되면, 돈을 치르지 않았다고 해서 특정인이 소비를 못하도록 배제시킬 수 없다(비배제성). 또한 미국인이 국방 서비스를 추가로 소비한다 해서, 우리 국민이 소비하는 국방 서비스의 양이 감소하지도 않는다. 즉, 한 사람이 추가로 소비를 늘린다고 해서 다른 사람이 소비할 수 있는 소비량에 영향을 미치지 않기 때문에 더 많이 소비하려고 다투지 않아도(비경합성)

일정량의 소비가 언제나 가능하다. 또한 경찰이 제공하는 치안 서비스, 등대나 가로등이 제공하는 편익은 특정인을 소비하지 못하도록 배제시킬 수도 없으며, 서로 다투지 않아도 일정한 편익을 누릴 수 있다는 점에서 공공재의 또 다른 사례다(KDI 경제정보센터, 2018).

<표 7-1> 재화의 유형

구분	경합성(배제용이)	비경합성(배제 곤란)
배제성 (개별소비)	순수민간재/사적재 • 가격기구에 의한 수급 조정 • 값을 치른 사람만이 독점적으로 사용할 수 있는 재화와 서비스	비순수공공재(공유재) • 선별 과정을 통과해야 소비 가능 • 어장, 교육시설(입학시험, 자격시험) • 한산한 유료국립공원, 한산한 유료 고속도로, 한산한 수영장, 케이블 TV
비배제성 (결합소비)	비순수공공재/요금재 • 요금 징수를 통한 배제 가능 • 공기업재화(우편, 철도), 대부분 사회간접자본, 자연자원, 막히는 국도, 붐비는 무료국립공원	순수공공재/집합재 • 가격기구와는 무관하게 공급 • 사법, 국방, 치안, 홍수 예방, 가로등, 공중파 TV, 무료국립공원, 한산한 무료국도

자료: 박용치(2009: 4); 조태영(2006a: 227-ㅈ228); KDI 경제정보센터(2018)

재화는 그 성격에 따라 소비의 경합성(경쟁)에 따라 민간재와 요금재로 구분되고, 편익의 배제 여부에 따라 민간재와 공동소유재로 구분된다. 소비에서 경합 및 경쟁이 일어나고 편익 배제가 가능한 재화는 그 양이 한정돼서 누구라도 편익을 누릴 수 있는 것이 아니고, 소비를 하는데 대가(돈)를 지불해야 한다. 민간재 중에서 가격이 책정되고 공급이 한정되는 대부분의 상품이 여기에 해당된다. 공동소유재이면서 집단이용재의 경우 편익 배제가 불가능하고 소비의 비경합성이 존재하는 재화로 국방, 소방, 치안, 맑은 공기 등 대부분 공공재가 해당된다. 일부 공공재는 요금과 무료 서비스가 혼합될 수 있는데 공용주차장, 공원입장료가 대표적인 예다.

어떤 경우에는 시장(market)이 공공재를 생산할 수 있다. 예를 들어, 라디오를 생각해 보자. 라디오 신호가 일단 방송되면 누군가 수신을 막는 것은 매우 어려울 것이다. 또한 신호를 듣는 한 사람이 다른 사람이 듣지 못하도록 금지하지 않기 때문에 또한 소비에서 비경합적이다. 이러한 기능으로 인해 기존의 라디오 방송을 청취하기 위해 청취자에게 직접 요금을 청구하는 것은 사실상 불가능하다.[19]

한편, 라디오는 광고를 판매함으로써 수익을 창출하는 방법이 있다. 이는 광고시간을 다소 들여서 청취자에게 요금을 청구하는 간접적인 방법이다. 궁극적으로 광고상품을 구매하는 소비자는 광고비용이 제품원가에 포함되기 때문에 라디오 서비스 비용을 지불한다. 또한 광고 없는 음악 스트리밍 방송을 위해 정기 요금을 부과한 경우 요금을 납부하지 않은 사람은 제외시키고 요금을 지불하는 사람만 방송을 수신하므로 공공재가 아니다.[20]

비배제적이고 경합적인 재화를 공유재(common goods)라고 하며, 대표적으로 어장(漁場)을 들 수 있다. 모든 어부에게 어업활동이 허가돼 있기 때문에 비배제적이지만 어족자원은 한정돼 있기 때문에 경합적이다. 모든 어선이 경쟁적으로 물고기를 잡을 수 있지만 선박의 기동성과 어망 그리고 고기를 잡는 기술 등에 따라 정해진 고기를 많이 잡은 어선이 있는 반면 적게 잡은 어선이 있게 된다. 종종 공유재 문제는 남획, 하천의 과용 또는 재화의 고갈을 낳기도 한다.[21]

공유재를 과도하게 사용하는 문제에 대해, 생태학자 하딘(Garret Hardin)은 1968년 『사이언스(Science)』지에 '공유지의 비극(Tragedy of the Commons)'이라는 문구를 실었다. 경제학자들은 이 상황을 재산권의 문제로 보고 있다. 어느 누구도 어장의 어족자원(고기)을 소유하고 있지 않으므로 아무도 그 자원을 보호할 책임이 없으며 고기를 잡게 되는데 여기에서 남획의 결과를 가져오게 된다. 정부는 어부들의 남획으로 인한 어족자원의 고갈을 막기 위해 일반적으로 어업 허가, 조업 시기, 어구 등의 규제를 시행하게 된다.[22]

---

19) www.khanacademy.org. (Retrieved on January 16, 2018).

20) www.khanacademy.org. (Retrieved on January 16, 2018).

21) www2.pitt.edu/~upjecon/MCG/MICRO/GOVT/Pubgood.html. (Retrieved on January 16, 2018).

22) www.khanacademy.org. (Retrieved on January 16, 2018).

[그림 7-1] 재화의 성격에 따른 유형과 예시

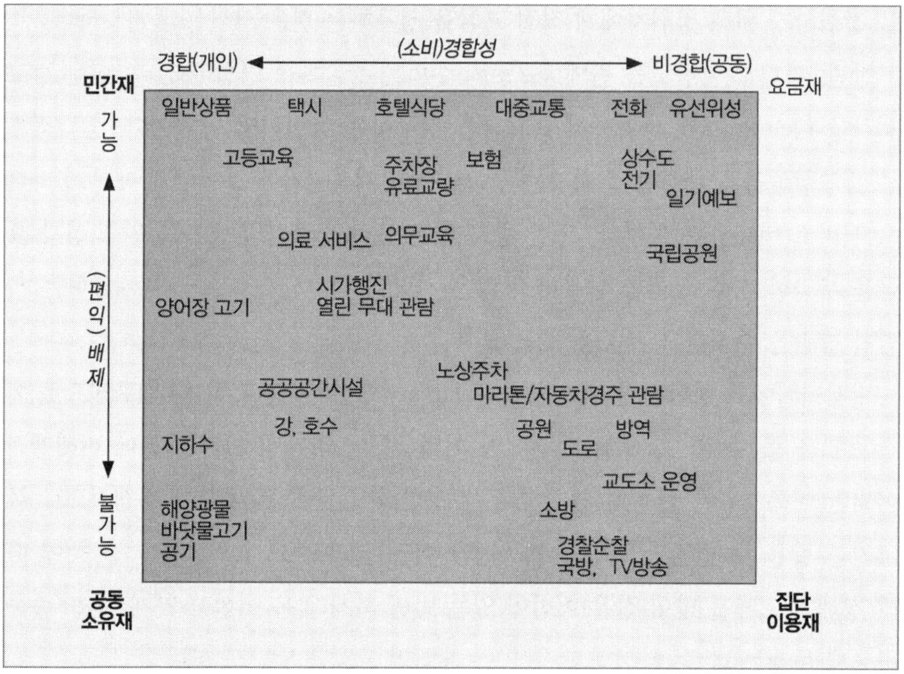

	경합(개인) ←―― (소비)경합성 ――→ 비경합(공동)	
민간재 가능 ↑ (편익)배제 ↓ 불가능 **공동소유재**	일반상품 택시 호텔식당 대중교통 전화 유선위성 고등교육 주차장/유료교량 보험 상수도/전기 일기예보 의료 서비스 의무교육 국립공원 양어장 고기 시가행진 열린 무대 관람 공공공간시설 노상주차 마라톤/자동차경주 관람 지하수 강, 호수 공원 도로 방역 교도소 운영 해양광물 바닷물고기 공기 소방 경찰순찰 국방, TV방송	**요금재** **집단 이용재**

자료: 우윤석(2012)에서 재인용

3 공공재의 특성과 문제

공공재가 갖는 두 가지 특성은 '편익의 비배제성(non-excludability of benefits)'과 '소비의 비경합성(non-rivalry in consumption)'이다(김욱, 1995: 7). 편익 및 이용의 비배제성이란 소비에서 다른 사람들의 소비를 배제시킬 수 없는 재화를 의미한다. 즉, 누구라도 소비할 수 있다. 공공재가 편익에서 배제될 수 없다는 것은 누군가가 그 재화를 사용하는 것을 배제시키는 것이 불가능하다는 것을 의미한다. 한정된 피자 조각처럼 사적(민간재)인 재화를 사면 다른 사람들이 피자를 먹지 못하게 할 수 있다. 그러나 국방이 제공된다면 모든 사람이 편익을 받게 된다. 국방정책이나 국방에 관한 지출 수준에 크게 동의하지 않더라도 국방부는 여전히 국토와 국민을 보호한다. 누군가를 보호받지 못하도록 선택할 수 없고, 누군가를 제외시킬 수 없다. 시민들에게 깨끗한 공기를 마시게 하기 위해 미세먼지 저감정책을 시행한 경우 누군가에게 그로 인해 이익(혜택)을 볼 수 없도록 배제시킬 수 없다.[23] 예를 들어, 홍수를 막기 위해 댐을 건설하는 경우 해당 지역의 모든 사람을 보호한다. 홍수 방어에 기여했는지 여부는 관계가 없다.

소비의 비경합성(비경쟁)이란 재화 및 상품이 소비될 때 다른 사람들이 이용할 수 있는 양을 줄이지 않는다는 의미다.[24] 한 사람이 공공재를 사용할 때 다른 사람도 공공재를 사용할 수 있다는 것을 의미한다. 피자와 같은 사적인 재화가 있다면 누군가가 피자를 먹으면 다른 사람은 그것을 먹을 수 없다. 두 사람은 소비 면에서 경쟁자다. 반면 국방과 같은 공공재의 경우 여러 사람이 동시에 사용 가능하다.[25] 자연 상태의 신선한 공기를 예로 들 수 있다. 어떤 사람이 신선한 공기를 마신다고 해서 다른 누군가가 마실 수 있는 것을 배제하기 어려우며, 또한 어떤 사람이 신선한 공기를 마셨다고 해서 신선한 공기가 고갈되어 다른 누군가는 마실 수 없는 것이 아니다. 즉, 신선한 공기의 양이 줄어들지 않기 때문에 마시려고 하는 사람들 간 경합이 이뤄지지 않고 마실 수 있다는 것이다.

공공재는 소비에서 비경쟁(비경합성)과 편익에서 비배제성이라는 특성 때문에 자유시장(free market)에서 제공되기 곤란하다. 즉, 시장에서 생산자는 개별 소비자에게 상품을 판매하기도 어렵다.[26] 자유시장에서 기업은 소비자(이용자)에게 사용료(이용료)를 청구하는 데 어려움을 겪기 때문에 제품을 제공하지 못할 수도 있다. 공공재 등의 요인이 존재하는 경우에는 경쟁시장에서는 비효율로 귀결된다(이명훈 외, 2008: 73). 공공재는 이용자가 요금을 지불하지 않아도 소비에서 경쟁

---

23) www.khanacademy.org. (Retrieved on January 16, 2018).

24) www.economicshelp.org. (Retrieved on January 16, 2018).

25) www.khanacademy.org. (Retrieved on January 16, 2018).

26) www.khanacademy.org. (Retrieved on January 16, 2018).

하지 않아도 되며, 편익에서 배제당하지 않기 때문에 무임승차(free rider)의 문제를 초래한다. 사람들은 돈을 지불하지 않고 공공재를 소비할 수 있기 때문에 돈을 지불할 동기가 없게 되는 것이다.

정부가 제공하는 다수의 공공 서비스(국방, 소방, 치안, 환경, 안전, 홍수 예방, 국도 이용, 무료 공원 등)은 소비의 비경합성과 편익의 비배제성이 적용된다. 공공재는 긍정적 외부성(positive externality)과 밀접하게 관련된다. 공공재는 경찰활동이나 공중보건과 같은 긍정적인 외부성을 가지고 있다. 그러나 긍정적인 외부성을 가진 모든 재화와 용역이 공공재는 아니다. 교육 투자는 엄청난 긍정적인 파급 효과를 가져오지만 민간(사립학교)이 제공할 수 있다.[27]

[그림 7-2] 공공재의 특징과 문제

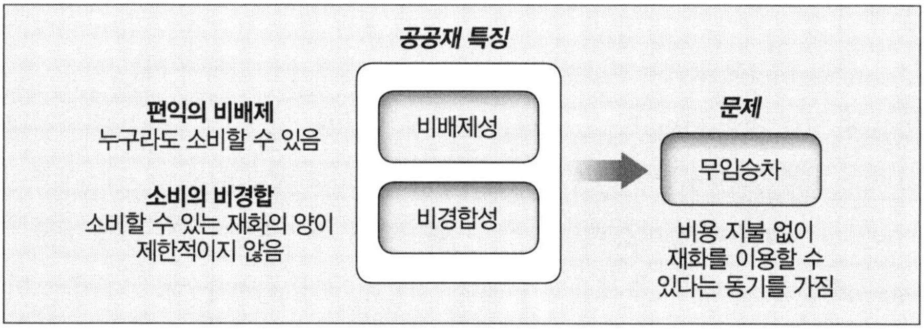

공공재 특징

- 편익의 비배제: 누구라도 소비할 수 있음 → 비배제성
- 소비의 비경합: 소비할 수 있는 재화의 양이 제한적이지 않음 → 비경합성

문제
- 무임승차: 비용 지불 없이 재화를 이용할 수 있다는 동기를 가짐

4 외부성과 정부

외부성(externality) 또는 외부 효과(external effect)란 어떤 경제 주체(사람)의 행위가 다른 경제 주체(사람)들에게 의도하지 않은 혜택을 주거나 손실을 입히는 것으로서 이에 대한 대가를 받거나 부담시키지 않는 것을 의미한다. 혜택을 주는

---

27) www.khanacademy.org. (Retrieved on January 16, 2018).

경우를 긍정적 외부성(외부경제, 양의 외부성), 손실을 입히는 것을 부정적 외부성(외부불경제, 음의 외부성)이라고 한다. 외부성도 시장에서 자원이 효율적으로 배분되지 못하게 만드는 시장실패의 원인이 된다.

우리 집에서 밝힌 외등이 어두운 골목길을 비추게 되면 골목길을 다니는 사람들은 비용을 지불하지 않고도 안전하게 밤길을 갈 수 있다. 소음과 악취를 뿜어내는 화학공장이 있다면 공장 주변에 사는 사람들은 많은 피해를 보게 된다. 전자의 경우 의도하지 않은 편익(외부경제)을, 후자의 경우 피해(외부불경제)를 유발한 것으로 볼 수 있으며, 양자의 경우 모두 대가를 주고받지 않았기에 외부성으로 볼 수 있다(KDI 경제정보센터, 2018). 우리 집 화단에 장미를 심고 가꿨더니 장미 넝쿨이 담장 밖으로 길게 뻗어 있게 되고 5월에 예쁜 장미꽃이 피게 됐다. 길거리를 왕래하는 사람들이 장미꽃을 보고 마음이 즐거움을 느낀 경우 길거리를 왕래하는 불특정 다수인은 예쁜 장미꽃을 보는데 대가를 지불하지 않았다. 양봉업자가 꿀벌통을 특정한 과수원 옆에 놓는 행위 등도 긍정적 외부성의 사례에 해당된다. 양봉업자가 키운 벌은 과수원의 꽃들을 오가며 꿀을 따고 꽃가루를 날라 과일의 열매를 맺게 한다. 배꽃 철에 양봉업자가 다녀가면 훨씬 더 많은 배가 열리게 된다. 양봉업자와 과수농가는 서로 상대방에게 아무런 대가를 지불하지 않고 혜택을 입은 것으로 긍정적 외부성에 해당된다.

자동차 배기가스의 방출, 하수도를 통한 오염물질 방출(건강 악화, 농작물 수확량 감소, 물고기의 폐사 등) 등이 있는데 환경오염 등 부정적 외부성이 발생하는 이유는 오염물질의 방출자가 이로 인한 사회적 비용을 부담하지 않는 데 있다. 이를 해결하기 위해서는 오염물질 방출자로 하여금 비용을 부담하게 하는 방안이 '외부효과의 내부화'다.

오염물질을 방출하는 공장을 어떻게 할 것인가? 오염물질 방출하는 공장에 대해 법적으로 아무런 책임을 지우지 않았다면 공장 사장은 비용을 들여가면서 생산 과정에서 배출되는 오염물질을 스스로 정화할 이유가 없다. 배출된 오염물질은 사회라는 차원에서 본다면 환경오염이라는 비용을 유발하고 있지만, 환경은 생산자의 소유물이 아니기 때문에 환경오염은 생산자의 고려 사항이 아니다. 그러나 생산자가 환경오염을 자신의 피해 또는 비용으로 인식한다면 그렇지 않은 경우보다 생산량을 줄여서 피해를 줄일 것이다. 혹은 오염물질 정화 시스템을 갖출 수도 있는데, 이는 생산단가 상승으로 이어지기 때문에 정화 시스템을 갖추기 전보다 생산을 줄이는 요인이 된다(KDI 경제정보센터, 2018). 이를 해결하기 위해서는 오염물질 방출자로 하여금 비용을 부담하게 하는 방안이 '외부 효과의 내부화'다. 외부성을 내부화하는 것은 소음, 공해를 유발한 경제 주체에게 이를 제거하는 데 필요한 비용을 부담하게 하는 것을 말한다(조태영, 2006b: 214-215).

긍정적 외부성을 일으키는 경제 주체에 대해서 정부는 어떤 대책을 세워야 하나. 자녀의 밤길을 걱정하는 한 아버지가 대문에 두 개의 외등을 설치했다. 외등의 설치로 집 앞을 걷는 모든 사람이 외등의 편익을 보고 있다. 그렇다고 사람들이 아버지에게 통행료를 지불하거나 고맙다는 인사를 건네는 것도 아니다. 그냥 무심히 "어, 밝으니까 좋은데?" 하며 지나갈 뿐이다. 그리고 한편으로 "더 밝아도 좋은데. 주위에 몇 개만 더 설치하지!"라고 생각할 것이다. 아버지가 외등을 설치할 때는 자녀의 편익만을 고려해서 두 개를 설치했지만, 외등 설치로 발생하는 불특정 다수에게 편익, 즉 사회적 편익을 발생시켰다(KDI 경제정보센터, 2018). 이와 같이 긍정적 외부성을 유발하는 경제 주체에 대해 정부는 조세 감면이나 보조금을 지급함으로써 더욱더 사회적 편익을 유발할 수 있는 동기를 부여한다.

〈표 7-2〉 외부성에 대한 정부의 정책

긍정적 외부성 (외부경제)	간접규제정책 (시장 원리)	조세 감면, 보조금 지급 등
부정적 외부성 (외부불경제)	직접규제정책	독극물질 배출 금지, 유해가스 배출량 허용 기준 설정, 자동차 등의 배기가스 정화장치 장착 의무화, 토지용도 지정 등
	간접규제정책 (시장 원리)	조세 부가 보조금 지급, 오염지역의 합병(내부화) 등

자료: 조태영(2006b: 214)

5 비대칭정보와 정부

비대칭정보로 인해 자원이 효율적으로 배분되지 못하는 시장실패를 가져온다. 비대칭정보(asymmetric information)란 시장 거래에 참여하는 경제 주체 중에서 어느 한편은 많은 정보를 갖고 있고, 다른 편은 적은 정보를 갖고 있는 것을 말한다. 비대칭정보가 주어지면 완전정보를 가진 경제 주체가 자신의 이익을 높이기 위해서 불완전한 정보를 가진 경제 주체에게 불리하게 행동한다. 그 결과 역선택 또는 도덕적 해이가 발생한다(조태영, 2006b: 221-222).

역선택(adverse selection)은 거래 계약이 체결되기 전에 비대칭정보가 주어지면 불완전한 정보를 가진 편에서는 원하지 않는 상태방과 거래할 가능성이 높아지는 것을 말한다. 도덕적 해이(moral hazard)는 거래계약이 체결된 후에 비대칭정보가 주어지면 완전한 정보를 가진 편이 바람직하지 못한 행동을 취하는 경향을 말한다(조태영, 2006b: 221-222).

역선택이나 도덕적 해이가 발생하면 과다 및 과소 소비가 발생해서 그 결과 자원 배분의 효율성이 저하되고, 결국에는 시장이 소멸될 수도 있다. 예를 들어, 생산자와 소비자의 관계에서 생산자는 제품에 대한 완전한 정보를 많이 가지고 있고 소비자는 정보가 전혀 없는 경우, 생산자는 자신의 제품을 판매할 목적으로 판매에 유리한 정보를 통해 소비자를 현혹시키거나 또는 원가에 관한 정보를 모른 소비자에게 고가로 판매함으로써 소비자는 합리적인 선택을 할 수 없게 된다. 제품에 관한 완전한 정보를 갖고 있지 못한 소비자는 정보 때문에 불합리한 선택으로 인해 상품의 효용이 떨어지는 것을 알게 됨으로써 두 번 다시 똑같은 제품에 대한 구매 의도를 포기해 버린다. 더 이상 시장에 대한 거래에 참여하지 않게 돼 시장이 소멸될 수 있는 결과를 초래하게 된다. 이와 같이 비대칭정보에 대한 상황이 발생한 경우에 정부는 생산자에 대해 제품의 정보 및 원가를 공개하려고 한다.

〈표 7-3〉 역선택의 예시(의료보험시장)

상황	집안에 유전병이 있는 사람은 위험 회피적 성향이 크므로 의료보험에 자진 가입할 가능성이 높다. 반면 건강한 가문의 사람들은 자진 가입하지 않는다.
결과	보험회사 측에서는 고객에 대한 정보가 불완전하므로 유전병이 있는 고객을 받아들일 수밖에 없으며 그 결과 불량한 고객과 거래할 가능성이 높아진다. 그 결과 그레셤의 법칙(Greasham's law)이 발생한다(악화가 양화를 구축한다).
대책	역선택이 발생하면 고객들의 발병률이 높아져서 보험회사의 수익성이 떨어진다. 그러므로 보험회사는 이를 방지하기 위해서 다음과 같은 대책을 제시한다. ① 보험 가입 이전에 신체검사를 해서 불량한 수요자를 선별한다. ② 직장 단위로 가입을 의무화한다. ③ 보험 가입을 전국적으로 의무화하는 건강보험제도를 도입한다.

자료: 조태영(2006b: 222)

〈표 7-4〉 선택의 예시(중고자동차시장)

상황	중고차의 공급자는 어떤 차가 말썽을 일으키는 불량차인지 알고 있지만 수요자는 이에 대한 정보가 부족하므로 불량차를 가려내지 못한다. 공급자는 이를 이용해 불량차를 낮은 가격에 제공한다.
결과	중고차시장에서는 불량차가 우선적으로 판매될 가능성이 높다. 그러나 불량차는 얼마 후에 다시 중고차시장으로 팔려 나온다. 이러한 현상이 두드러지면 수요자들이 중고차시장을 기피하므로 중고차시장의 존속이 위태로워진다.
대책	보험회사가 중고차의 품질을 보증하고, 일정 기간 내에는 무상으로 수리해주는 등 사후 서비스를 제공한다.

자료: 조태영(2006b: 222)

〈표 7-5〉 도덕적 해이의 예시(의료보험시장)

상황	의료보험에 가입한 사람이 감기에 걸리면 여러 명의 의사를 찾아다닌다.
결과	이는 의료보험을 남용하는 행위로서 보험회사의 수익성을 떨어뜨린다.
대책	보험회사가 비용의 일부를 부담하므로 사전에 스스로 예방하는 노력을 기울일 것이다. ① 환자가 의사를 찾아갈 때 보험회사는 치료비의 일부만 보상해 주고 나머지는 환자가 직접 부담하는 공동보험제도를 채택한다. ② 치료비 중에서 기본요금은 환자가 부담하고 이를 초과하는 부분은 보험회사가 부담하는 기초공제제도를 도입한다.

자료: 조태영(2006b: 223)

6 정부가 공공재를 생산하는 근거

정부가 주체가 돼 생산되는 대부분의 공공재는 막대한 인적 자원과 물적 자원과 같은 비용이 투입되지만 그 편익은 누구나 공짜로 혜택을 볼 수 있다. 막대한 비용을 들여 누구나 공짜로 소비할 수 있는 국방 서비스, 치안 서비스, 소방 서비스와 같은 공공재를 어떤 민간기업도 제공하려고 하지 않는다. 민간기업은 투입(투자) 대비 산출(결과), 즉 경제성 및 능률성을 토대로 운영하기 때문이다. 공공재는 다수가 동시에 누릴 수 있는 재화와 서비스임에도 불구하고, 사회적으로 꼭 필요한 곳에 배분되고 있지 않는 것이며, 이런 의미에서 시장의 실패가 나타난다고 할 수 있다(KDI 경제정보센터, 2018).

예를 들어, 국방 서비스와 경찰치안 서비스 민간기업이 담당한다고 가정해 보자. 이 기업은 국민에게 국방 서비스와 경찰치안 서비스의 비용을 지불하도록 요구할 것이다. 그렇지만 비용을 내지 않아도 국방 서비스와 경찰치안 서비스의 소비가 가능하다면(비배제성) 누구든 공짜로 이용하려 할 것이다. 실제로 특정 계층을 국방 서비스/경찰치안 서비스에서 배제시킬 마땅한 방법을 찾기도 어렵다. 이런 사실이 알려진다면 이미 값을 치른 사람들은 괜히 억울한 생각이 들고, 심지어 값을 치르는 사람이 바보라는 생각까지 들 것이다. 결국 비용을 지불하지 않는 사람들이 늘어나고 국방 서비스/경찰치안 서비스를 제공한 기업은 이윤 확보에 실패해 도산하고, 국방 서비스/경찰치안 서비스 공급은 중단될 것이다. 이처럼 공공재의 비배제성 때문에 공짜로 이용하려는 무임승차(free ride) 문제가 발생하는데, 이는 시장실패로 볼 수 있다. 마찬가지로 소방 서비스, 도로, 다리, 등대, 가로등과 같은 시설들도 민간에 맡길 경우 무임승차 문제가 발생하기 때문에 안정적인 공급이 제한될 수 있다. 이런 이유로 시장실패의 치유 차원에서 정부가 대신 나서 공공재를 공급하는 경우를 흔히 볼 수 있다(KDI 경제정보센터, 2018).

7 공유재 관리의 새로운 접근

공유재 이론의 적용은 한정된 천연자원의 관리(관개용수, 어장, 숲 등)에 대해서만 논의돼 왔다. 공유재 이론은 천연자원뿐 아니라 정부 예산과 같은 사회적 자원에도 적용되고, 물질적 자원뿐 아니라 도시 쾌적성(amenities)과 같은 비가시적 자원에도 적용되며, 자원 고갈 현상뿐 아니라 가치 창조에도 적용될 수 있을 것이다(배득종, 2004).

공유재는 배제성은 없지만 경합성이 있는 특징을 가지고 있는데, 공공 부문에서 적용할 수 있는 사례를 살펴보면 다음과 같다(배득종, 2004: 154-146)

첫째, 총액배정 자율배분(top-down) 예산제도다. 예산은 정해진 금액으로 인해 한 부처가 예산을 많이 배정받으면, 그것이 다른 부처의 예산 배정에 영향을 주기 때문에 경합성이 있다. 예컨대 목초지나 어장처럼 정부예산 또한 고갈될 수 있는 자원이다. 매년 새로운 세수가 들어오기는 하지만, 지출 초과 상태가 심각해지면, 결국 정부 부도 사태에 이를 수 있다. 이 문제를 해결하려면 각 부처에게 일정한 금액에 대해 관리권 또는 사용권을 부여해야 한다. 각 부처는 총액 배정된 예산 금액 내에서 자원을 효율적으로 사용할 방법을 찾아야 할 인센티브를 갖게 된다.

둘째, 공무원총정원관리제 및 총급여관리제다. 기관별로 공무원 정원 확보 경쟁이 치열하지만, 이를 적절히 통제하지 못하면 예산자원의 고갈을 촉진할 수 있다. 총정원관리제도를 총급여관리제도로 전환하게 되면 집행부서의 인사자율권은 신장되고 예산상의 부담은 증가하지 않게 된다.

셋째, 건강보험제도의 개선이다. 우리나라의 건강보험제도는 저마다 목초지에 방목을 많이 하려는 농부처럼, 환자와 진료기관이 필요한 정도 이상으로 진료를 받는 과다 진료를 촉진하고, 그 금액을 건강보험공단에 청구한다. 이 문제를 해결하는 기본 원리는 건강보험금을 공유재에 비교해서 공유재 문제의 해결 방안과 같이 일종의 부분적인 소유권을 부여하는 것이다. 대만의 경우 각 병원마다 시설, 인원, 예상 환자 수 등을 감안해서 정액의 보험금을 지급한 결과, 병원은 과잉 진료를 억제하게 되고, 환자들은 적정한 진료를 충분히 받게 되어 만족감이 크게 향상되는 결과를 가져왔다고 한다.

이 밖에 정부가 제공하는 지원금 및 보조금을 공유재로 간주하고, 이에 대한 관리 방안도 다각적으로 모색될 필요가 있다.

제2절 │ 시장에 대한 정부의 개입

1 시장실패와 정부

소비자들과 생산자들이 자유롭게 경쟁하는 시장에서는 수요와 공급의 원리에 의해 시장가격이 결정된다. 이러한 시장가격은 경제생활에서 희소한 자원을 효율적으로 배분하는 역할을 한다. 까다롭고 성립하기 어려운 조건을 갖춘 완전경쟁시장이라는 이상적인 형태의 시장이 성립하면 효율성이 담보된다는 것을 경제학자들이 증명해 냈다(KDI 경제정보센터, 2018).

그러나 시장에서의 자원 배분이 언제나 효율적으로 이뤄지는 것은 아니다. 경우에 따라서는 재화와 서비스가 소비자들이 원하는 것보다 적게 생산되기도 하고, 반대로 더 많이 생산되기도 한다. 이때 적게 생산된다는 것은 희소한 자원이 필요한 곳에 충분히 배분되지 않았다는 것을 의미하며, 더 많이 생산된다는 것은 희소한 자원이 불필요하게 낭비된 것이라고 볼 수 있다. 이와 같이 시장에서 가격에 의한 자원 배분이 효율적이지 못한 현상을 '시장실패'라고 한다. 시장실패의 원인은 불완전경쟁(독과점), 공공재, 외부 효과, 정보의 비대칭 등이 있다(KDI 경제정보센터, 2018).

정부가 바라보는 이상적인 시장(market)의 기능은 '완전경쟁시장'을 전제로 시장의 가격기구를 통해 자원의 효율적인 상태를 가져오는 것이다. 하지만 민간 부문의 시장은 이윤 추구를 목적으로 하기 때문에 그 목적을 달성하기 위한 수단으로서 ① 시장의 불완전경쟁을 초래하는 자연독점, ② 제품에 대한 정보를 생산자가 독점하는 현상(정보의 비대칭 및 불균형)을 가져옴으로써 효율적인 자원 배분을 가져오기 힘들고, ③ 정부가 독점해서 시장(민간)이 제공하기 곤란한 국방, 경찰, 소방, 환경 등의 공공재가 존재하며, ④ 외부성(externality)으로 인해 시장성 및 경쟁성이 성립되지 못하거나 비용 부담 주체와 편익(손실) 주체가 다르게 되는 결과를 가져오게 되는 등 자원 배분이 효율적으로 일어나지 않는 시장실패(market failure)를 야기하게 된다.

정부는 바람직하지 않은 시장의 작동 시스템을 시정하기 위해, 즉 시장의 경쟁 촉진, 공정성 확보, 비용과 편익의 균형 확보 등을 통해 바람직한 경제사회 질서를 확립하기 위해 시장에 개입하게 된다. 하지만 시장실패를 개선 및 치유하기 위해 개입한 정부의 활동이 오히려 시장 기능을 악화시키는 현상을 초래하게 되고, 이를 두고 정부의 개입 완화, 즉 규제 완화/규제 철폐를 요구하게 되는 것이다.

[그림 7-3] 시장과 정부의 관계

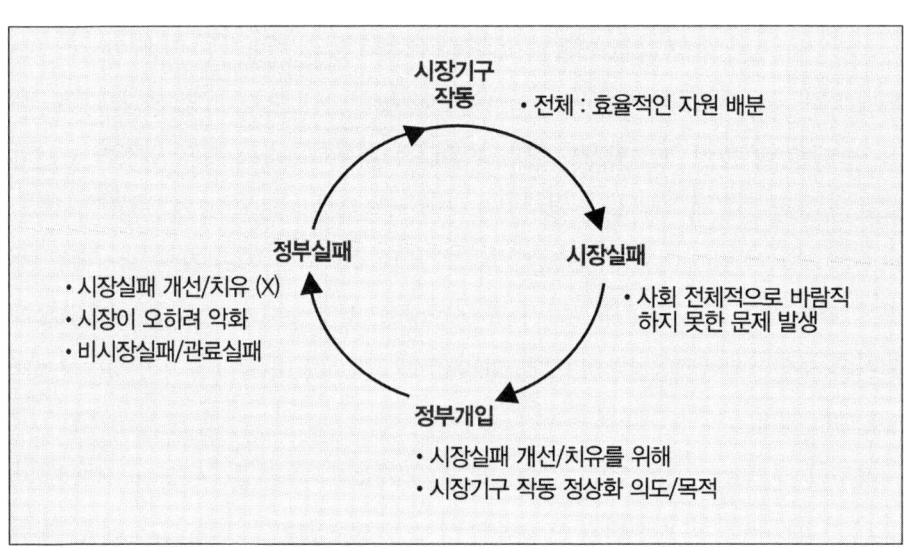

2 경제활동에서 정부의 역할

가계는 만족(효용)을 극대화하기 위해 노동을 공급하고 재화를 소비한다. 기업은 이윤을 극대화하기 위해 재화를 생산하고 판매한다. 정부는 시장이 잘 작동하도록 도와주고 감독하는 경제활동을 한다. 경제활동에서 정부의 역할은 크게 '심판의 역할', '시장실패의 치유', '소득 재분배', '경제 안정화'라는 다음과 같이 네 가지로 요약할 수 있다(KDI 경제정보센터, 2018).

먼저, 정부는 시장경제의 효율적인 작동, 즉 자원의 효율적인 배분을 위해 일정한 규칙을 만들고, 이를 관리·감독하는 심판 역할을 한다. 서로 합의된 규칙을 준수하고 약속을 지킬 수 있을 때 자원의 효율적 배분이 달성될 수 있다. 예컨대 정부는 독점 기업이나 과점 기업이 부당하게 가격을 인상시키거나 생산량을 줄여 시장가격에 영향을 미칠 경우, 이를 금지하거나 제재함으로써 사회적으로 필요한 만큼의 재화와 서비스가 생산될 수 있도록 유도한다. 또한 정부는 기업에 비해 상대적으로 불리한 위치에 놓여 있는 소비자의 권리를 보호하기 위한 장치도 마련한다. 기업의 지나친 과대광고에 시정 명령을 내리거나 결함이 있는 상품에 대해 적절히 보상하도록 하는 것 등이 이에 해당된다. 아울러 정부는 기업들 간의 부당한 거래에 대해서도 법으로 규제하고 있다. 예를 들어, 기업 간 내부 거래나 대기업이 중소기업과의 거래에서 유리한 지위를 남용해서 부당한 거래 조건을 강요하는 행위 등을 규제하는 것이다. 소수 기업 간의 담합을 감독하고 규제하는 것은 물론이다.

둘째, 시장실패의 치유자로서 정부가 시장에 개입하기도 한다. 공정한 경쟁을 저해하는 요소가 나타났을 때 이를 시정하도록 명령하거나, 허위·과장 광고로 소비자가 피해 보지 않도록 감시한다. 정부는 시장에서 공급되기 어렵거나 공급이 불충분한 국방·도로·항만 등 공공재의 공급을 담당하기도 한다. 정부는 이런 재화와 서비스를 직접 생산하거나, 공기업을 만들어 생산·공급하기도 한다. 정부는 외부성의 치유자로서 역할도 담당한다. 외부 효과가 발생하면 재화와 서비스가 시장에서 과소·과다 공급된다. 부정적 외부성의 경우 세금이나 규제를 통해 과다 문제를 해결하며, 긍정적 외부성의 경우 보조금이나 각종 세제 혜택을 통해 과소 문제를 해결한다.

셋째, 정부는 소득 재분배에도 관심을 가진다. 인간은 타고난 능력이 저마다 다르다. 그 결과 능력과 소득의 차이가 발생할 수밖에 없다. 물론 어느 정도 격차가 벌어지는 것은 어쩔 수 없지만, 소득 격차가 크게 벌어져 사회의 안정성을 해칠 정도라면 정부가 나서서 해결한다. 대등한 위치에서 경쟁을 시작한다는 취지에서 소득 재분배에 관심을 가지기도 한다. 이를 위해 정부는 소득이 높아질수록 세금을 더 많이 걷는 누진세 제도를 채택하거나, 소득이 낮은 사람에게 이전소득을 지출하는 등의 정책을 펼치고 있다.

넷째, 정부는 경제 안정화와 지속적 성장에 관심을 가진다. 경제는 호황과 불황이라는 자연스러운 상승과 하강을 거듭한다. 그러나 그 상승과 하강이 극도로 불안정하고 변동이 심한 경우 민간 경제 주체들이 미래를 고려한 안정적이고 합리적 경제활동을 하기 어려워진다. 이는 지속적 성장을 저해하는 요인이 될 것이다. 따라서 정부는 재정정책과 통화정책을 사용해서 경제를 안정적으로 조절하려고 노력한다.

3 정부실패

시장에 모든 것을 맡길 경우 시장의 '보이지 않는 손(invisible hand)'이 제 역할을 수행하지 못해 시장실패가 발생할 수도 있다. 이때 정부는 시장실패를 해결하기 위해 다양한 방법으로 개입한다. 정부의 개입이 언제나 시장실패의 문제를 완벽히 해결할 수 있다고 확신해서는 안 된다. 시장에서 시장실패가 일어나는 것처럼 정부도 실패할 수 있다. 시장 기능의 한계를 보완하고, 시장의 원활한 작동을 도모하기 위해 정부가 민간 경제에 개입하지만, 항상 효율성을 높이는 결과를 가져오는 것은 아니다(KDI 경제정보센터, 2018).

정부실패(government failure)는 시장실패(market failure)를 해결하기 위해 정부가 시장에 간섭(개입)을 하지만 사회적으로 자원의 효율적인 배분을 가져오는 데 실패하는 것을 의미한다. 정부실패는 비효율성(inefficiency)을 야기하고 제한된(부족한) 자원을 잘못 배분한 시장실패를 바로잡기 위해 경제 메커니즘에 정부가 개입하는 상황에서 비롯된다.[28] 민간 부문이든 공공 부문이든 사회 전체적으로 가용할 수 있는 자원은 한정적인데 정부가 민간 부문에 개입해서 비효율적인 자원 배분을 가져오는 것을 정부실패라고 한다.

정부실패의 원인으로는 첫째, 지대 추구 및 정치적 이기심에서 발생한다. 공공성과 공익을 위해 정책을 형성하고 결정해야 될 정치가나 행정관료가 피규제자의 로비에 영향을 받아 궁극적으로 사익을 추구하는 현상을 가져오게 된다. 지대추구행위(rent-seeking behavior)란 사회적으로 볼 때 비생산적인 이윤 추구 행위다. 특히 독점적 지위를 유지하기 위한 목적으로 정부의 허가를 얻거나 규제로부터 제외되어 이윤을 얻기 위한 목적으로 행해지는 로비행위, 이익 추구 행위, 뇌물 수수 행위 등을 말한다. 정부의 시장 개입이 정치인-관료-이익집단의 지대추구행위에 의해 악용되면 정책의 우선순위가 바뀌어서 초기에 의도한 바와 다른 또는 거리가 먼 정책을 집행함으로써 효율성이 상실된다. 정부 내에서도 부처 간에 이익·권한 등을 확보하기 위한 지대추구행위는 예산의 낭비와 정부 개입의 비효율을 초래한다. 지대추구행위에 대한 대책으로는 개방적·경쟁적 경제 여건 조성(보조금이나 허가제 등 관료들의 재량권이 부여될 만한 부분을 축소하고, 시장의 가격기구를 통해 문제를 해결하는 비중을 높임)하거나, 정치자금을 양성화하고, 균형예산을 입법화하며, 관료기구에 대한 민간의 통제 강화 등을 들 수 있다(조태영, 2006a: 225).

---

[28] www.economicsonline.co.uk/Market_failures/Government_failure.html. (Retrieved on January 26, 2017).

둘째, 분배의 불평등이다. 정부는 한정된 자원의 효율적 배분을 해야 하는 기능을 담당한다. 정부가 한정된 자원의 효율적 배분을 위해 개입했으나 근본적인 불평을 해소하지 못함으로써 자원 배분이 효율적으로 이뤄지지 못한 결과를 가져온다.

셋째, 정부기관의 내부성으로 정부실패가 발생한다. 정부기관은 국민의 요구 및 행정 수요에 따라 정책을 만들어 행정 서비스를 제공해야 하지만 국민의 요구보다도 정부기관 내부의 목표나 이기주의 때문에 자원이 효율적으로 배분되지 못하는 결과를 가져온다.

넷째, 단기 위주의 정책에만 관심을 두는 경우다. 정부는 장기적이고 질적이며 미래 지향적이고 가치 지향적인 정책에 관심을 두고 지속가능성의 관점에서 정책을 설계하면서 자원의 효율적 배분에 관심을 둬야 하나 당장 눈앞에 보인 해결책 마련에 급급한 나머지 미래 지향적이고 가치 지향적인 자원 배분을 놓치게 된다.

다섯째, 규제기획의 포획 현상이다. 규제를 해야 할 정부기관이 피규제 대상(생산자)에게 포획당해서 그들에게 유리한 정책을 펴게 돼 자원이 비효율적으로 배분되는 결과를 가져온다.

여섯째, 하나의 목표에 대한 다수 기관 간 정책 목표가 달라짐으로써 자원이 비효율적으로 배분된다.

일곱째, 관료제와 레드테이프(red-tape) 현상으로 인해 자원이 비효율적으로 이뤄진다. 전형적인 관료제의 운영 방식은 형식주의(공식주의)와 문서주의 그리고 정해진 규칙과 절차에 의하게 되는데, 이런 운영 방식은 변화에 능동적으로 대처하지 못한다. 자원이 효율적으로 배분되도록 하기 위해서는 시장의 새로운 변화에 능동적으로 대응해야 하나 규칙과 절차에 얽매여 정형적이고 답습적이며 선례적인 일에만 몰두한 나머지 새로운 자원 배분의 논리를 생각하지 못한다.

여덟째, 파생적 외부 효과로 인해 정부실패가 발생한다. 정부의 정책은 잠재적 오류가 포함된 가설이고, 정책 집행(실현)을 통해 그 가설이 검증된다. 가설로서 표현된 정책 목표는 현재의 입장에서 미래에 실현될 의도된 결과에 대한 예측이다. 하지만 실제 정책 실현에서는 의도된 결과를 가져올 수도 있지만, 의도하지 않은 엉뚱한 결과를 가져올 수도 있다. 당초 정책을 설계할 당시의 정책 목표, 즉 의도한 결과는 자원이 효율적으로 배분될 것이라는 기대를 담고 있다. 그러나 의도하지 않은 엉뚱한 결과는 자원이 비효율적으로 배분됐다는 것을 의미하는 것이다.

〈표 7-6〉 정부실패의 원인

원인	내용
정치적 이기심 (지대 추구)	정부가 영향력 있는 정치적 로비행위에 영향을 받는 것. 공익을 추구하는 것이 아니라 피규제자의 사익을 판파적으로 추구하는 현상 (특혜성 사업, 기득권 옹호 등)
분배의 불평등	정부가 소득 재분배를 위해 개입했으나 근본적인 불평등을 해소하지 못함.
정부기관의 내부성	정부기관 내부 목표와 국민의 요구(수요) 차이로 사회요구에 부응하지 못한 행정활동
정책 단기주의	정부가 빠른 수정/해결을 위한 정책에만 관심을 둠.
규제기관의 포획	생산자를 규제할 정부기관이 생산자에게 유리하게 하는 행위
목표의 갈등	하나의 문제에 대해 기관 및 기관내부의 정책 목표가 다름.
관료제와 레드테이프	형식주의/문서주의 등이 기업의 활동 및 인센티브를 위축시킬 수 있음. (변화에 대한 능동적으로 대처하지 못함)
파생적 외부 효과	예상하지 못하거나 의도하지 않은 정책 결과를 가져옴.

자료: https://www.tutor2u.net/economics/reference/government-failure. (Retrieved on January 26, 2017)

이와 같은 정부실패의 여러 원인을 대표적으로 설명할 수 있는 유형에서 대표적인 것이 수입과 지출이 분리되는 현상이다. 정부가 소비자로부터 세금을 징수하지만 지출은 정부가 담당한다. 수입은 소비자, 지출은 정부가 담당하기 때문에 행정의 비효율성을 초래할 가능성이 존재한다. 인간이나 조직이나 자신의 직접적 노력과 시간을 투입해서 얻게 되는 수입을 지출하는 경우 가능한 낭비적인 요소를 없애고 반드시 지출해야만 하는 곳에 지출할 의도를 갖게 된다. 하지만 자신의 노력과 시간을 투입하지 않고 벌어들인 돈이 아닌 경우 무계획적으로, 즉 비효율적으로 자원을 낭비할 가능성이 존재한다.

[그림 7-4] 정부실패의 유형

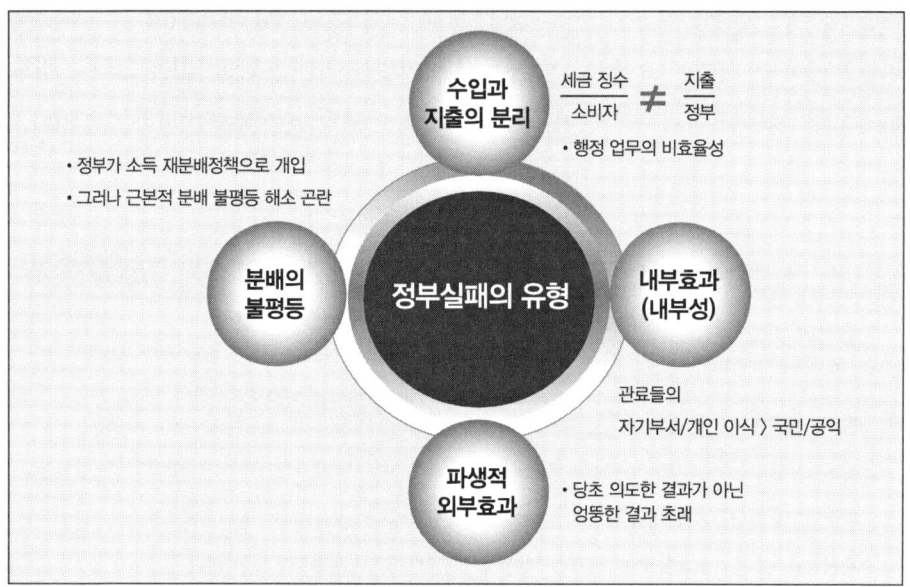

자료: 김정수(2016: 412-415)

4 정부실패에 대한 새로운 접근

그동안 공공재에 대해 경제학적 관점에서 인간의 합리적 선택과 시장 논리의 접근에서 정부실패로 설명했으나, 사공영호(2017)는 공공재라는 용어 대신에 '정치재(political goods)'로 정치적 관점에서 '정치실패'로 설명했다. 그는 경제학의 접근 방법에 의해 정부 및 정치 현상과 정부실패·정치실패를 설명하기에는 한계가 있다고 전제하고, 국방과 치안은 경제학적으로 보면 공공재이나 정부가 개입하면 '정치재'가 된다고 했다. 정치재는 정치의 논리에 의해 작동한다. 인간에 대한 이기성과 합리성 가정은 정부 현상에 대한 설명에도 논리를 제공하고 있지만 '정치재'의 공급 과정에서 인류가 겪어온 많은 실패는 경제학적 설명의 범위 밖에 놓여 있다(사공영호, 2017).

공공재에 대한 경제학적 접근은 합리성을 전제로 하지만, 실제 인간에게는 합리성의 한계를 지니고 있다. 인간은 인지 능력의 한계와 불완전한 정보와 지식으로 인해 합리적 선택을 할 수 없는 경우가 많다. 이런 경우 정부가 제공하는 공공재는 합리적 선택으로서 설명하기보다는 정치적 이해관계로 인해 공공재가 생산되고 공급될 수 있기 때문에 정치적 접근에 관한 이해가 필요할 수 있다. 합리적 인간의 가정은 자신의 선호에 만족시킬 수 있는 여러 가지 대안을 알고, 비교 가능하며 어떤 대안을 선택하면 효용을 만족시킬 것인지도 알고 있다고 전제한다. 그러나 인간은 의사결정 과정에서 인지 능력의 한계로 합리적 선택을 할 수 없는 경우가 있다. 그것은 ① 인간은 자신이 무엇을 좋아하는지 명확하게 알지 못하고, ② 인간의 기억 용량 및 연산 능력의 한계가 있으며, ③ 불확실한 상황에서는 정확한 계산보다는 대충 결정하는 경향을 갖게 되고, ④ 객관적 사실과 주관적 인식에 차이가 있으며, ⑤ 과거 투입된 비용(돈, 시간, 노력 등)에 매몰돼 새로운 결정을 주저하게 되고, ⑥ 객관적 사실 및 정보보다는 감정에 기초하는 경향이 있다(김정수, 2016: 274-287). 따라서 공공재에 대한 설명은 경제적 관점에서 합리적 인간의 가정에 대한 설명보다는 정치적 관점에서, 그리고 인간의 인식론적 한계를 고려하면서 설명될 필요가 있다.

[그림 7-5] 시장과 정부 역할의 관계(정리)

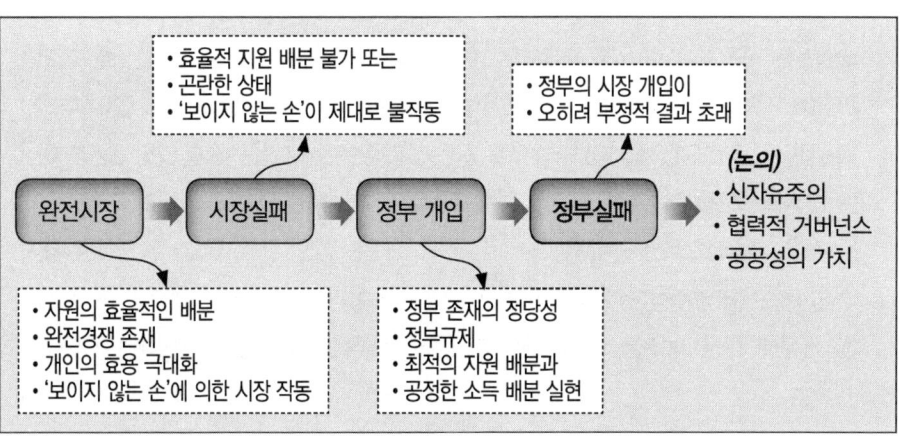

> **Rethinking**
>
> ## (잠깐!) 공공재와 공개재 그리고 공유재
>
> 어느 쾌적한 오후에 길거리에 나온 '멋있는 스포츠카'는 어떤 재화일까? 그것은 사유재산이기는 하지만 public goods의 성격을 많이 띠고 있다. 내가 그 차를 바라보는데 이를 막을 사람이 없다(비배제성), 그리고 내가 그 차를 본다고 해서 다른 사람한테 손해를 끼치는 것이 아니다(비경합성), 이런 사례는 민간기업의 문화사업, 친절한 사람, 옆집의 화단이 주는 아름다움 등도 모두 적용된다. 즉, 위의 사례들을 통해 public goods란 공공 부문에서만 생산되는 것이 아니고 민간 부문에서도 얼마든지 생산되며, 또 공공 부문이 생산하는 것이라고 해서 언제나 public goods가 되는 것은 아님을 알 수 있다. 왜 이런 괴리가 발생하는 것일까? 첫째로 가능한 설명은, 학문은 워낙 고매한 것이라서 상식과 다를 수 있기 때문이라는 것이다. 두 번째 가능한 설명은, 우리가 public goods를 공공재로 잘못 번역해 사용하고 있기 때문이다. 사실 public goods의 정의를 비배제성과 비경합성에서 찾는다면, 그것은 공개재(公開財)로 번역해야 마땅하다. Public이란 말을 '공공'으로 성급하게 오인해서 번역하는 것은 잘못이다. 기업에서 기업을 공개해 주식을 발행할 때 'go public'이라고 한다. 또 public place란 공개된 장소를 뜻한다. 앞에서 public goods의 대표적 사례로 든 불꽃놀이, shareware 등은 모두 '공개된 재화'임을 유의해야 한다. 이처럼 public goods를 공공재가 아니라 공개재로 불러야 마땅하다고 주장하는 데에는 두 가지 까닭이 있다. 첫째로, 그동안 행정학계에서 public goods에 대한 연구가 많이 추진됐는데, 이런 연구들이 자칫 공개재를 공공재로 잘못 알고 연구하지 않았었는가 하는 반성을 촉구하기 위한 것이다. 둘째로는 우리가 상식적으로 공공재라고 생각하는 것은 학술적으로는 공유재(common resources)라는 점을 환기시키기 위한 것이다.
>
> 공유재는 비배제적이이지만 경합성이 있는 재화다. 예를 들어, 정부의 예산 지원, 공무원 정원, 보조금, 어족자원, 깨끗한 물, 쾌적한 교통 등이 대표적 사례다.

공유재에 대한 이론은 전 세계적으로 매우 빈약한 상황이고, 이론보다는 지혜를 필요로 하는 영역이다. 그래서 실용성을 강조하는 행정학에서는 매우 중요한 연구 대상이다. 그런데 우리는 공개재를 공공재로 잘 못 알고, 이를 연구하는 데 많은 힘을 쏟아 왔다. 그런 반면, 정말 중요한 공유재에 대한 분석은 아직도 미답지(未踏地)에 남겨 두고 있다.

자료: 배득종(2001)

제7장 참고 문헌

김 욱. (1995). 공공재 이론과 세계정부의 효율성. 「국제정치논총」, 35(1): 5-26.
김정수. (2016). 「정책학 입문」. 경기: 문우사.
박용치. (2009). 지방공공재의 공공성의 측정. 「한국사회와 행정연구」, 19(4): 1-25.
배득종. (2001). 공공재와 공개재 그리고 공유재. 「한국행정포럼」, 95: 45-46.
배득종. (2004). 공유재 이론의 적용 대상 확대. 「한국행정학보」, 38(4): 147-157.
사공영호. (2017). 공공재와 정부실패: 경제학접 접근의 인식론적 한계. 「행정논총」, 55(2): 67-102.
양기근·고은별·정원희. (2017). 공공재로서의 안전과 안전복지 강화 방안: 충청남도를 중심으로. 「국정관리연구」, 12(3): 33-54.
우윤석. (2012). 공공재 관리의 적정 주체에 관한 검토. 「한국행정학회 동계학술발표논문집」, pp. 1818-1837.
이명훈·이영환·박성훈. (2008). 외부재 및 공공재 定義의 調和. 「한국재정학회 춘계학술대회논문집」, pp. 73-94.
조태영. (2006a). 공공재. 「월간회계」, 14(9): 222-238.
조태영. (2006b). 외부효과, 비대칭정보, 공공선택의 이론. 「월간회계」, 14(11): 212-234.
KDI 경제정보센터. (2018). https://eiec.kdi.re.kr. (검색일: 2018. 1. 15).

https://www.tutor2u.net/economics/reference/public-goods. (Retrieved on January 16, 2018).
http://www2.pitt.edu/~upjecon/MCG/MICRO/GOVT/Pubgood.html. (Retrieved on January 16, 2018).
https://www.economicshelp.org/micro-economic-essays/marketfailurc/public-goods/ (Retrieved on January 16, 2018).
https://www.khanacademy.org/economics-finance-domain/microeconomics/consumer-producer-surplus/externalities-topic/a/public-goods-cnx. (Retrieved on January 16, 2018).
https://www.tutor2u.net/economics/reference/government-failure. (Retrieved on January 26, 2017).

제8장

행정의 본질과 방향

제1절 | 행정의 의의

1 행정의 다양한 개념

 우리는 흔히 사회생활에서 "행정이 어떻다, 정부가 어떻다, 공무원이 어떻다"라는 말을 자주 한다. 여기에서 행정, 정부, 공무원을 지칭하는 것은 일을 수행하는 주체를 의미하는 것이고, '어떻다'라는 표현은 주체들이 누구를 위해, 어떤 일을, 어떻게 하는지에 관심을 두고 있다는 의미다. 이처럼 인간은 태어나서 죽을 때까지 행정과 끊을 수 없는 관계를 맺고 살아간다. 출생하거나 사망하면 행정기관에 신고를 해야 하고, 초·중·고·대학 과정에서 교육행정기관과 관계를 맺고 있으며, 졸업을 하고 사회에 진출해서 자영업을 하든 직장생활을 하든 사회생활에 필요한 여러 행정기관과 관계를 맺고 살아가야 한다. 교통사고, 범죄, 치안 문제가 발생하면 그 해결을 위해 경찰기관에 맡기고, 화재가 나면 불을 꺼 달라고 소방서에 신고한다. 이렇게 인간은 사회생활에서 행정기관과 관계를 맺고 사는 것이 불가분하다. 그러므로 행정이 무엇이고 행정이 하는 일을 알아야 할 필요가 있다.

사회 현상 및 행정 현상을 이해하는 용어가 그러하듯이 국가, 시대, 접근 방법, 학자 등 여러 기준에 따라 그 개념이 다르고, 변동되기 때문에 시공을 초월한 확정적 개념으로 제시하기 곤란하다. 즉, 행정의 개념은 시대와 사회, 그리고 정치문화적 특징에 따라 다양하다(박성복, 2002: 517). 〈표 8-1〉에서 여러 학자가 정의한 내용을 제시하고 있듯이 행정의 개념은 다양하게 제시되고 있다.

〈표 8-1〉 행정의 정의 정리

논자	행정의 정의
E. N. Gladden	행정은 의식적인 목적을 추구하기 위해, 즉 사람들을 돌보고 일을 관리하는 것을 의미한다.
Brooks Adams	행정은 하나의 유기체에서 상반되는 많은 사회적 에너지를 조정할 수 있는 역량을 가지고 있기 때문에 하나의 통일체로서 운영 될 것이다.
Felix A. Nigro	행정이란 목적 달성을 위해 사람과 물자를 조직하고 사용하는 것이다.
John M. Pfiffner	행정은 함께 일을 수행할 수 있는 사람들의 노력을 조정함으로써 정부의 업무를 처리한다.
John M. Pfiffner & Rober G. Presthus	행정은 바람직한 목적을 달성하기 위한 인간 및 물질적 자원의 조직과 방향이다.
M. Ruthanaswami	행정은 정부 공무원의 모든 행위다.
Thomas W. Wilson	행정은 법률을 자세하고 체계적으로 적용한다. 법률의 적용은 행정의 행위이다.
L. D. White	행정 기술(art)은 어떤 목적이나 목표를 달성하기 위한 많은 사람의 방향, 조정 및 통제다.
	행정은 정책의 이행 또는 집행을 목적으로 하는 모든 업무다.
Percy McQueen	행정은 중앙정부/지방정부의 운영과 관련된다.
Luther Gullick	행정은 정의된 목표를 성취하면서 일을 완수하는 것과 관련된다.
Fritz M. Marx	행정은 의식적인 목적을 추구하는 행동으로 결정된다.
H. A. Simon, D. W. Smithburg & V. A. Thompson	행정은 공동 목표를 달성하기 위해 협력하는 집단활동이다.
Corson & Harris	행정은 정부의 목적과 목표를 실현하는 행동이다.
Dwight Waldo	행정은 국가의 업무에 적용되는 관리의 예술이자 과학이다.

http://egyankosh.ac.in/ (Retrieved on December 6, 2018)

디목(Marshall E. Dimock)에 의하면 행정은 정부의 '무엇(what)'과 '어떻게(how)'에 관심이 있다. '무엇'은 관리자가 과업을 수행할 수 있게 해주는 분야의 기술적 지식(technical knowledge)이며, '방법'은 관리기법으로서 협력 프로그램을 성공으로 이끄는 원칙이다. 이들 각각은 필수불가결한 것이며, 행정은 이들을 종합하는 형태를 가지는 것으로 말했다. 헨리(Nicholas Henry)는 행정의 목적은 정부와 그 사회와의 관계에 대한 더 나은 이해를 증진하고, 정부의 정책을 장려하고, 공공정책을 사회적 필요에 보다 잘 대응하도록 장려하는 것으로 설명했다.[29]

행정에 대한 전통적 정의는 정부의 정책과 프로그램을 수행하는 데에만 관여한다는 견해로서 정책 결정에 아무런 역할도 하지 않는다는 것이다. 하지만 오늘날 행정은 정부 프로그램을 수행하는 데에만 관여하는 것이 아니라 넓은 의미에서 사용되며, 정책 수립에서 중요한 역할을 담당하기도 한다. 나이그로(Felix A. Nigro)와 나이그로(Lloyd G. Nigro)는 행정에 대해 다음과 같이 정의했다.[30]

① 공적인 상황에서 협력적 집단 노력
② 정책 수립에 중요한 역할을 하므로 정치 과정의 일부분이다.
③ 사행정(경영)과는 상당한 면에서 다르다.
④ 공동체에 서비스를 제공하는 수많은 개인과 집단과 밀접하게 관련돼 있다.

샤프리츠와 러셀(Shafritz & Russell, 2005: 6-27)은 행정의 개념을 정치적, 법적, 관리적, 직업적 등 다양한 관점에서 아래와 같이 제시했다.

① 정치적 관점
- 행정은 정부가 하는 일이다.
- 행정은 직접적이고 간접적이다.
- 행정은 정책 결정 사이클의 한 국면이다.
- 행정은 공익을 실현하는 것이다.
- 행정은 개별적으로 할 수 없는 것을 집단적으로 한다.

---

29) https://slideplayer.com/slide/12453462. (Retrieved on December 5, 2018).

30) https://slideplayer.com/slide/12453462. (Retrieved on December 5, 2018).

② 법적 관점
- 행정은 법을 실행한다.
- 행정은 규제다.
- 행정은 왕의 증여물이다.[31]
- 행정은 이익(권리)을 제약하거나 비용을 부담시킨다.[32]

③ 관리적 관점
- 행정은 정부의 집행 기능이다.
- 행정은 전문 경영이다.
- 행정은 정형적이고 형식적이다.[33]
- 행정은 예술이나 과학도 아니나 또는 그 반대다.

④ 직업적 관점
- 행정은 직업적 범주 중의 하나에 해당된다.
- 행정은 논술 대회다.[34]
- 행정은 실제 이상주의다.[35]
- 행정은 학문 분야다.

---

31) 왕의 증여물이란 집권 당국이 증여하기로 결정한 재화, 서비스 또는 명예다.

32) 행정은 법의 틀 안에서 개인의 권리를 제약(박탈)하거나 또는 세금을 통해 분배 및 재분배 정책(서비스)을 제공하는데 어느 집단의 세금 탈루(허점)는 다른 집단의 비용으로 작용한다.

33) 'red tape'라고도 한다. 행정은 틀에 박힌 또는 정해진 일만 수행한다는 의미다.

34) 행정은 보고서, 기획안, 각종 메모 등을 작성하는 과정으로서 관료들은 얼마나 글을 잘 쓸 수 있는지에 따라 평가받는다.

35) 국민들은 공직자에 대해 '노블레스 오블리주' 이상을 가지고 있기 때문에 국민들의 이상에 부응하기 위해 노력하는 것이다. noblesse oblige(노블레스 오블리주)는 프랑스어로 '고귀한 신분(귀족)'이라는 노블레스와 '사회에 대한 서비스를 행할 특별한 책임이 주어진다'는 블리주가 합해진 것이다. 높은 사회적 신분에 있는 사람은 그에 상응하는 도덕적 의무를 다해야 한다는 의미다.

- 행정은 전문 직업이다.

행정은 정치사회를 구성하는 사람들이 그 정부를 통해 사회 전체의 공동 목표 내지는 공동선을 달성하고 사회 정의를 실현해 가려는 당위성을 갖는 집합적 행위이며(박성복, 2002: 517), 정부관료제를 통해 공공의 이름으로 공공의 자원을 사용해서 공공의 목적과 사회 정의를 실현하기 위한 정책 및 공공 서비스의 결정과 집행이다(박성복, 2002: 521). 행정이란 "국민(시민)의 요구(수요)에 부응하면서, 공공선(public good)과 복지를 실현할 책임 하에 정치공동체의 질서를 유지 향상 발전시키기 위해 집행부(또는 그 기능적 대체조직)가 정책을 형성하고 집행하는 일련의 활동 및 상호작용의 과정"이다(강신택, 1999: 537).

이상의 다양한 정의를 토대로 행정의 개념을 정리하면 행정은 "행정기관 및 공공기관[36]이 공익 실현 및 공동의 목적을 추구하기 위해 정책을 형성하고 인적 및 물적 자원을 동원 및 관리하는 협력적 활동"으로 설명할 수 있으며, 구체적으로 다음과 같은 내용을 포함하고 있다.[37]

- 비정치적 공공관료제이지만 정치 체제와 무관하지 않으며 정치의 영향을 받는다.
- 국가의 목적, 주권 의지, 공공성, 공익, 법률을 다룬다.
- 정부의 비즈니스 측면과 정책집행에 관심이 있지만 정책 결정과도 관련된다.
- 행정부에 집중되는 경향이 있지만, 다른 정부기관들 모두가 하는 일도 포함된다.

---

36) '행정기관'이란 국회 · 법원 · 헌법재판소 · 중앙선거관리위원회의 행정사무를 처리하는 기관, 중앙행정기관(대통령 소속 기관과 국무총리 소속기관을 포함) 및 그 소속기관, 지방자치단체를 말한다. 또한 '공공기관'이란 ① 「공공기관의 운영에 관한 법률」 제4조에 따른 법인 · 단체 또는 기관, ② 「지방공기업법」에 따른 지방공사 및 지방공단, ③ 특별법에 따라 설립된 특수법인, ④ 「초 · 중등교육법」, 「고등교육법」 및 그 밖의 다른 법률에 따라 설치된 각급 학교, ⑤ 그 밖에 대통령령으로 정하는 법인 · 단체 또는 기관 등을 말한다(전자정부법 제2조).

37) http://egyankosh.ac.in/ (Retrieved on December 6, 2018).

- 바람직한 사회 및 더 좋은 삶을 영위하기 위해 사람들에게 규제 및 서비스를 제공한다.
- 목표 달성을 위해 인적 및 물적 자원을 동원하고 관리한다.
- 사행정(경영)과 크게 다르며, 특히 대중을 강조한다.

2 행정학적 관점에서 행정의 개념

행정학의 출발은 정치와 행정의 관계 설정에서 비롯됐다고 볼 수 있다. 정치와 행정의 관계를 구분해 보느냐, 아니면 정치와 행정을 상호 관계로 보느냐에 따라 학문적 정체성을 찾기 시작했다고 볼 수 있다. 그러나 정치와 행정을 구분해 보느냐에 대해서도 논자의 철학적 배경이나 시대 환경의 변화에 따라 실로 다양한 견해가 제시돼 왔다(박재창, 2008).

정치와 행정의 관계를 규정하는 문제는 행정학의 학문적 성찰과 발전에 핵심적 과제에 속한다. 사회 환경의 변화는 정치와 행정의 관계 자체를 변화시킬 뿐만 아니라 이를 보는 관점과 시각을 바꾸는 데에도 결정적 요인으로 작용한다. 특히, 지식정보사회 및 4차 산업혁명의 도래와 더불어 행정과 경영의 경계가 복잡하게 얽혀져 있는 시대적 상황에서 행정학의 정체성을 모색하려는 노력은 지속되고 있지만 여전히 행정학의 과제로 남아 있다. 여기에서는 행정의 정체성 확립을 위한 출발선에서 논의됐던 관점을 정치행정 이원론, 정치행정 상호작용론, 정치행정 일원론, 그리고 미래 행정의 관계 등으로 구분해서 살펴본다(박재창, 2008).

1) 정치행정 이원론

정치행정 이원론(政治行政二元論)은 정치는 어떤 가치와 목표를 구체화하는 과정인데 반해, 행정은 법률과 규칙을 집행하는 과정이라고 보는 입장이다. 정치행정 이원론은 정치와 행정은 그 경계를 구분 가능하다는 입장에서 입법부를 배경으로 하는 정치의 기능과 행정부를 배경으로 하는 행정의 기능이 별개로 구분돼 있다고 봤다. 정치와 행정의 관계는 본질적으로 결정과 집행(Thomas W. Wilson), 목적과 수단(Max Weber), 가치와 사실(Herbert A. Simon) 등의 관계로 설명됐다(김성수, 2006: 2; 권선필, 2008: 348). 정치행정 이원론에서 보면 행정은 정치로부터 위임된 것을 통치하는 것이다. 단순히 관리하는 것이 아니고 정치를 대행하는 것이다. 정치는 국민을 통치하는 것이고, 행정은 그 정치 이념을 실현하는 이행자다. 행정은 정치 이념을 실현시키는 수단이라는 의미에서 정치의 이행자다. 정치 이념에 담긴 가치를 근본 가치(meta value)라 한다면 행정은 근본 가치의 실현을 위해 수단 가치를 이행한다(윤우곤, 1998: 13). 정치가 규범과 논리의 문제를 다루는 장이라고 한다면 행정은 경험적 실체를 검증하는 곳이라고 보는 것이다. 따라서 정치가 가치 지향적이고 가치를 배분하는 것이라면, 행정은 가치중립성 및 가치배제성을 지향한다.

정치와 행정의 본질이 근본적으로 다를 수밖에 없다는 시각의 논리는 다음과 같다. 정치적 행동의 토대는 선거구의 사례에서 찾아볼 수 있는데, 정치인들은 사안별로 이슈에 접근하고, 거기에서 사안에 대한 일반적인 태도를 취하며, 이러한 사안과의 경쟁 이익에 초점을 두고 있다는 것에 가정하고 있다. 따라서 정치가의 특징은 귀납적 논리로 이슈에 접근한다. 반면에 행정가는 일반 법률, 규칙, 목표 및 가치를 참조해서 특정 사례에 접근하고 문제를 처리하므로 행정가는 조직 계층 내에서 전반적인 목표 및 전략에 대한 합의에 중점을 둔다. 그러므로 행정가의 특징은 연역적 논리로 일을 처리한다는 가정에 토대를 두고 있다(Hansen & Ejersbo, 2002: 738).

2) 정치행정 상호작용론

정치행정 상호작용론(政治行政相互作用論)은 정치와 행정의 개념이 각각 구별되는 경계를 가지나 자신들의 완성을 위해 서로의 도움을 필요로 하는 상호의존적 관계라고 본다. 즉, 정치와 행정은 서로 의존적(interdependence)이면서 동시에 상호 영향을 주고받는 관계로 본다. 행정관료는 정책 입법 과정의 국회의원을 지원하고 정책 내용이나 의미를 부여하는 역할을 수행하는 반면에 국회의원은 행정관료가 담당하는 정책 집행 과정을 감독하고, 왜곡되거나 수준 낮은 집행 결과가 있을 때에는 이를 시정하거나 교정함으로써 일반 시민의 요구에 부응하도록 관리한다. 사회가 복잡다양하고 고도의 전문성과 기술을 요구하는 지식정보사회에서는 양자 간의 상호의존성과 협력적 관계에 대한 수요가 커질 수밖에 없다. 그러나 정치와 행정이 국가 발전과 공익 및 다수의 목적을 위해 상호의존성과 협력적 관계여야 하나 특수 이익을 위해 상호 협력하는 경우 행정 과정의 왜곡과 부패를 낳을 수 있다.

3) 정치행정 일원론

정치행정 일원론(政治行政一元論)은 기본적으로 행정부의 정책 기능을 강조하는 데에서부터 비롯된다. 정책 과정에서 행정은 정책 기능을 필수적으로 수행하는 기능으로 간주한다. 시민의 요구 및 행정 서비스 수요에 반응하는 정책을 수립하기 위해서는 행정의 자율적 의사결정권이 부여돼야 그에 조정과 조율이 가능하다고 보는 것이다. 즉, 정치행정 일원론의 입장인 행정은 정책의 집행 기능에 충실해야 하는 관점에서 행정은 집행 기능을 수행하지만 정치(국회)로부터 위임받은 범위 내에서 전문관료에 의해 정책을 형성하고 결정하는 기능도 담당하는 것으로 본다.

4) 정치-행정-시민사회의 상호작용 관계

사회가 복잡 다양화되고 있고 정보와 지식이 강조되는 지식정보사회에서, 4차 산업혁명 시대에서는 역할의 주체(정치, 행정, 시민사회)가 불분명하고 분명한 경계 설정이 곤란하며, 기능의 다양성과 상호 협업 관계를 필요로 하고 있다. 특히 시민사회의 성숙으로 인해 그들의 역량은 국가사회 및 공동체 발전에 기여할 수 있도록 증대돼야 할 것이다. 그렇게 보면 전통적 시각의 정치와 행정의 관계에서 이제는 시민사회가 공적 활동의 일부분을 담당하고 사회적 가치 실현에 모두가 동참하는 상호 협의·협조·지원·보완 등의 관계로 설정할 필요가 있다.

[그림 8-1]에서 보는 것처럼 정치, 행정, 시민사회 등 사회가치를 수용하고 공공가치를 실현을 통해 서비스 품질이 향상될 수 있는 좋은 정책(good policy)을 설계하고 집행하고 평가 및 환류하는 모든 과정에 서로의 주어진 사명과 역할을 충실하면서 전문적인 핵심 역량을 보완 및 지원하는 관계에서 살펴봐야 할 것이다. 여기에서 시민사회는 사회적 경제 및 사회적 가치가 실현될 수 있도록 조장하고 촉진하는 역할이어야 한다.

[그림 8-1] 미래 정치-행정-시민사회의 관계

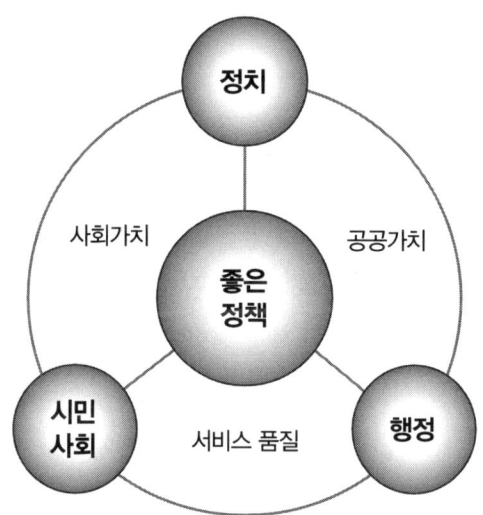

3 행정의 필요성

공공사회에서 행정이 필요한 이유를 모두 나열하기에는 너무 많다. 행정은 무엇보다도 개인이 해결하지 못하거나, 많은 자원이 들어가는 일이거나, 다수에게

서비스 및 혜택이 돌아가는 일을 수행하게 된다. 아래에서는 행정이 필요하게 된 이유를 살펴본다.[38]

첫째, 복지국가와 민주국가의 출현으로 행정의 역할이 더 많아지고 있다. 복지국가와 민주국가의 출현은 자유방임국가의 행정활동에 비해 행정활동의 증가를 가져왔다. 복지국가는 복지 수요의 증가를, 민주국가의 다양한 욕구 분출로 행정서비스의 수요를 증가시키고 있는데, 이 모두를 행정이 담당해야 한다.

둘째, 산업혁명으로 인해 행정의 역할이 요구됐다. 산업혁명으로 인해 사회적·경제적 문제가 발생하고, 정부는 산업 현장 및 시설에서 근로자의 권리 보호 및 증진과 같은 새로운 역할과 책임을 맡게 됐다. 결과적으로 국가는 산업 및 노동법을 제정했고, 노동·복지의 요구 사항을 충족시키기 위해 그러한 법을 시행하기 위해서는 행정의 역할이 필수적이다.

셋째, 과학기술의 발전은 행정의 새로운 역할을 요구하고 있다. 과학기술의 발전으로 인해 전력, 운송, 통신 시스템과 같은 인프라를 국가의 토대로서 간주하고 국가적 관심이 증가됐으며 많은 자원을 가진 국가가 개입할 수밖에 없었다. 또한 복사기, 컴퓨터, 팩스 및 전자 메일과 같은 기계 장치의 발명은 사무실 관리에 혁명적인 변화를 가져왔다. 이로 인해 '큰 정부(big governmant)'와 '대규모 행정'을 가능하게 만들었고, 행정의 특성을 변화시키는 것 외에도 정보통신 혁명으로 사람들에게 서비스를 제공하는 방식을 변화시켰다. 이러한 새로운 과학 및 정보통신기술의 발전을 선도하고, 이를 국가 동력의 발판으로 삼기 위해 정부의 역할은 매우 중요하다.

넷째, 정부는 국가의 중장기 경제계획을 수립하고 관리한다. 정부는 국가의 중장기 경제계획을 수립하고 관리함으로써 국가의 경제 성장을 주도하며, 경제 안정화를 도모한다. 행정은 경계계획의 수립, 구현, 모니터링 및 평가를 위해 많은 전문가와 정교한 방법들을 동원하고 관리한다.

---

38) http://egyankosh.ac.in/ (Retrieved on December 6, 2018).

4 행정의 역할

행정(정부)은 국가와 사회에서, 우리의 일상에서 어떤 역할 및 기능을 수행할까? 즉, 행정기관 및 공공기관은 무엇을 위해 일을 하는가? 행정은 어느 국가를 막론하고 전통적으로 사회 질서를 유지하고 사회를 안정화시키며 특정 국가사회의 체제를 유지하는 기능을 중점적으로 수행해 왔다. 20세기 행정국가에서는 이러한 전통적인 기능들을 수행할 뿐만 아니라 국민의 사회적·경제적 생활에 적극적으로 개입하게 되고 정책 결정 기능을 수행하게 됐으며 사회적·경제적 변동을 관리하는 역할까지 담당하게 됐다. 그리고 행정은 민간 부문의 활동과는 다르다고 봐야 한다. 그것은 개인이나 집단의 사적 노력에 의해서는 해결할 수 없는 사회의 공동 목적을 다룬다. 물론 사람들이 자발적인 합의에 기초해서 의사를 결집하고 그것에 의해 공동문제의 해결을 도모하는 수도 있지만 그것은 행정의 범주에서 제외돼야 할 것이다(박성복, 2002: 517).

행정은 다양한 국면에서 역할을 수행하게 된다. 주요 기능을 살펴보면 다음과 같다.[39]

첫째, 정부는 서비스 제공에 책임을 지고 있다. 행정은 주로 공공의 이익을 위해 정부가 수행하는 다양한 활동의 수행과 관련이 있다. 나이그로(Felix A. Nigro)에 의하면 "행정의 진정한 핵심은 대중을 위해 수행하는 기본적인 서비스다"라고 했다.

둘째, 정부는 정책을 수립하고 집행한다. 현대 정부는 국가 발전과 국민의 삶의 질 향상에 토대가 되는 정책과 법규를 제정하고 채택하는 일을 수행한다. 그러한 법규나 정책 등은 선언적이고 명시적이며 형식적인 것에 그치지 않고 실제 현실에 적용하게 되는데, 그 역할은 행정활동으로서 실현된다.

셋째, 정부는 사회 질서를 유지하고 안정과 균형을 유지하는 데 힘쓴다. 정부

---

[39] http://egyankosh.ac.in/ (Retrieved on December 6, 2018).

는 사회의 안정을 가져오는 데 주요 역할을 담당한다. 정부는 국민들이 평온하고 안정적인 삶을 유지할 수 있도록 토대를 마련하고 방향을 제시하며, 공공 질서를 유지하기 위해 이에 반하는 행동을 규제 및 통제하는 활동을 수행한다.

넷째, 사회 변화를 유도하고 경제 발전을 촉진하는 역할을 담당한다. 정부는 현재 상태보다 바람직한 방향으로 사회적·경제적 변화를 촉진시키는 역할을 수행한다. 정부는 현재의 바람직하지 않은 상태를 개선하고, 의도된 변화를 가져오기 위해 정책을 실현하는 역할을 담당한다.

이상과 같이 정부 및 행정은 정치·경제·사회·문화·교육·환경·노동·보건복지·산업·과학기술 및 정보통신 등 국가의 안정과 질서를 유지하고 국가 번영을 위해 그리고 국민생활의 안정을 도모하고 삶의 질을 향상시키며 궁극적으로 행복을 위해 정책을 수립하고, 인적 자원과 물적 자원을 동원하고 관리하며, 다양한 서비스를 제공하는 활동을 수행한다. 하지만 행정의 개념이 시대 변화와 국가가 처해 있는 상황에 따라 다양하듯이, 행정의 역할도 시대와 장소 및 국가의 상황에 따라 변화돼야 한다. 특히 행정은 국민을 위해 서비스를 편리하고 효율적으로 제공해야 하기 때문에 국민들의 니즈와 눈높이에 따라 행정의 역할도 변화되고 차별화돼야 한다.

〈표 8-2〉 행정의 역할

• 안정성 및 질서 유지	• 형성과 수립 그리고 집행
• 서비스의 전달	• 정치의 보존과 안정화
• 국가의 대표	• 정치적 문제에 대한 반응
• 시장경제의 결함에 대한 보완	• 사회적 약자의 보호 및 형평성 도모
• 개발전략의 수립 및 집행	• 사회 경제적 변화의 제도화
• 성장과 경제 발전 보장	• 국가와 사회 발전을 위한 여론 형성

자료: 백완기(2007: 12-15); Gerald Caiden[40]

---

40) http://egyankosh.ac.in/ (Retrieved on December 6, 2018).

제2절 | 행정과 인접 분야의 관계

1 행정의 학제간 관계

행정은 국가의 안정을 도모하고 질서를 유지하며 국가 번영을 가져오기 위해서 그리고 국민생활을 안정시키고 삶의 질을 향상시켜 국민이 행복을 느낄 수 있도록 하기 위해 정책을 수립하고 인적 자원과 물적 자원을 동원하고 관리해서 편리하고 효율적인 서비스를 제공하는 활동을 수행한다. 정부의 모든 활동은 각 전문 분야의 직·간접적 영향과 그들 분야 간의 융·복합적으로 또는 상호작용을 통해서 국민에게 정책으로 실현되거나 행정 서비스로 제공된다.

정부활동의 수행을 위한 정당성을 확보하기 위해서는 법률에 근거해야 하고, 다양한 의견을 수용하고 이해관계를 조율하며 타협과 조정 그리고 가치를 배분하는 정치학적 접근도 필요하다. 또한 행정활동에 필요한 자원의 효율적 관리를 도모하고 투입 자원에 대한 비용 대비 편익의 극대화를 위해서 경제학의 접근도 필요하다. 그리고 행정은 인적 자원과 물적 자원을 관리하는 활동이기 때문에 회계학을 포함한 경영학적 접근도 필요하다. 그리고 행정은 국민의 욕구 불만족 상태, 즉 사회문제를 해결해야 하는 책임을 맡고 있다. 현대 사회에서 사회문제는 다양하고 복잡하며 인간 생활의 모든 분야에서 발생되고 있다. 현대 행정에서는 각종 범죄를 포함해서 사회계층 간의 갈등문제, 보건 및 복지문제, 에너지문제, 의료문제, 교통 및 물류 시스템, 주택문제, 교육문제, 노동문제, 아동청소년 문제, 공학 및 과학기술 분야, 정보통신기술 분야 등 어느 분야든 전문지식을 필요로 하지 않는 분야가 없다. 행정의 활동에는 이와 같은 다양한 전문 분야의 기술과 지식이 활용된다.

[그림 8-2] 행정의 학제간 본질

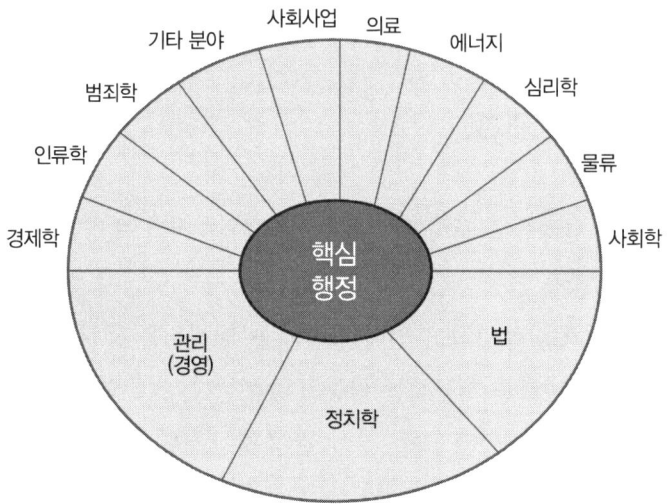

자료: Shafritz & Russell(2005: 26)

다음은 우리나라 공무원 시험과목을 통해 행정의 역할 및 기능이 다양하고, 그 다양한 분야의 행정 수요에 대응하고 각종 문제를 해결하기 위한 정책을 만들고 행정 서비스를 제공하기 위해 각 분야의 전문지식과 기술을 필요로 하며, 다양한 분야의 인재를 선발하는 것으로 알 수 있다.

〈표 8-3〉 국가공무원 5급, 7급, 9급 채용시험 직렬 분류

구분		직렬	직류	주요 근무 예정기관
5급	행정	행정직	일반행정	전 부처
			인사조직	인사혁신처, 그 밖의 수요 부처
			법무행정	공정거래위원회, 국토교통부, 보건복지부, 그 밖의 수요 부처
			재경	기획재정부, 금융위원회, 국세청, 그 밖의 수요 부처
			국제통상	산업통상자원부, 과학기술정보통신부, 그 밖의 수요 부처
			교육행정	교육부
		사회복지직	사회복지	보건복지부
		교정직	교정	법무부
		검찰직	검찰	검찰청
		출입국관리직	출입국관리	법무부
	기술	공업직	일반기계 전기 화공	과학기술정보통신부, 산업통상자원부, 특허청, 방위사업청, 그 밖의 수요 부처
		농업직	일반농업	농림축산식품부, 그 밖의 수요 부처
		임업직	산림자원	산림청
		해양수산직	일반수산	해양수산부
		환경직	일반환경	환경부, 그밖의 수요 부처
		기상직	기상	기상청
		시설직	일반토목 건축	국토교통부, 해양수산부, 그 밖의 수요 부처
		방재안전직	방재안전	행정안전부, 그 밖의 수요 부처
		전산직	전산 개발 정보 보호	전 부처
		방송통신직	통신기술	과학기술정보통신부, 그 밖의 수요 부처
	외교관 후보자	일반외교, 지역외교(중동, 아프리카, 중남미, 러시아, 아시아), 전문외교(경제·다자외교)		

구분	직렬	직류	주요 근무 예정기관
7급	행정직	일반행정	전 부처
		인사조직	인사혁신처, 그 밖의 수요 부처
		고용노동	고용노동부
		교육행정	교육부
		회계	전 부처
		선거행정	중앙선거관리위원회
	세무직	세무직	국세청
	관세직	관세	관세청
	통계직	통계	통계청, 그 밖의 수요 부처
	감사직	감사	감사원
	교정직	교정	법무부
	보호직	보호	법무부
	검찰직	검찰	검찰청
	출입국관리직	출입국관리	법무부
	공업직	일반기계 전기 화공	과학기술정보통신부, 산업통상자원부, 특허청, 방위사업청, 그 밖의 수요 부처
	농업직	일반농업	농림축산식품부, 그 밖의 수요 부처
	임업직	산림자원	산림청
	시설직	일반토목 건축	국토교통부, 해양수산부, 그 밖의 수요 부처
	방재안전직	방재안전	행정안전부, 그 밖의 수요 부처
	전산직	전산개발	전 부처
	방송통신직	전송기술	과학기술정보통신부, 그 밖의 수요 부처
	외무영사직	외무영사	외교부

구분	직렬	직류	주요 근무 예정기관
9급	행정직	일반행정	전 부처
		고용노동	고용노동부
		교육행정	교육부
		선거행정	중앙선거관리위원회
	직업상담직	직업상담	고용노동부
	세무직	세무	국세청
	관세직	관세	관세청
	통계직	통계	통계청, 그 밖의 수요 부처
	교정직	교정	법무부
	보호직	보호	
	검찰직	검찰	검찰청
	마약수사직	마약수사	
	출입국관리직	출입국관리	법무부
	철도경찰직	철도경찰	국토교통부
	공업직	일반기계 전기 화공	중소벤처기업부, 조달청, 그 밖의 수요 부처
	농업직	일반농업	농림축산식품부, 그 밖의 수요 부처
	임업직	산림자원	산림청, 그 밖의 수요 부처
	시설직	일반토목 건축	국토교통부, 해양수산부, 그 밖의 수요 부처
	방재안전직	방재안전	행정안전부, 그 밖의 수요 부처
	전산직	전산 개발 정보 보호	전 부처
	방송통신직	전송기술	과학기술정보통신부, 그 밖의 수요 부처

자료: 2018년도 국가공무원 공개경쟁채용시험 등 계획 공고문

2 정치(정책)와 행정의 관계

행정은 정치 체제 및 정치 권력을 떠나서 설명하기 곤란하다. 전통적 행정은 정치행정 이원론의 관점에서 정치는 가치를 배분하는 정책을 결정하면, 행정은 그 정책을 실현하는 역할을 담당하는 것으로 이해했다. 그러나 현대 사회는 복잡 다양한 사회문제가 발생하고 그 문제를 해결하기 위해 정책을 수립하고 집행하는 데 관료의 전문지식과 기술을 필요로 함으로써 오늘날의 행정과 정치의 관계는 정치행정 일원론 및 정치행정 상호작용론의 관점에서 이해돼야 할 것이다. 행정은 더 이상 정책을 실현하는 역할만을 수행하는 것이 아니라 상위적 정책 목표를 실현하기 위한 하위 정책을 형성하고 수립하는 역할까지도 맡게 됐다.

정치란 가치의 권위적인 배분이라고도 한다. 행정이란 법을 집행하고, 정치적인 결정을 실행에 옮기는 것이라고도 하지만 오늘날은 행정의 정책 결정 기능을 강조하기도 한다(김복규, 2000: 235). 정치의 영역으로 대변되는 입법부는 국민의 의사를 대변해서 대표하는 기능과 법률을 입안하는 기능을 가지는데, 현대의 정부에서는 상당한 부분의 법률 입안 기능이 행정부로 위임돼 있다. 따라서 법률을 입안하는 정치적 기능이 행정부의 관료들에 의해 상당 부분 수행되고 있다(김찬동, 2005: 2).

[그림 8-3] 정치와 행정의 역할에 관한 이중모델

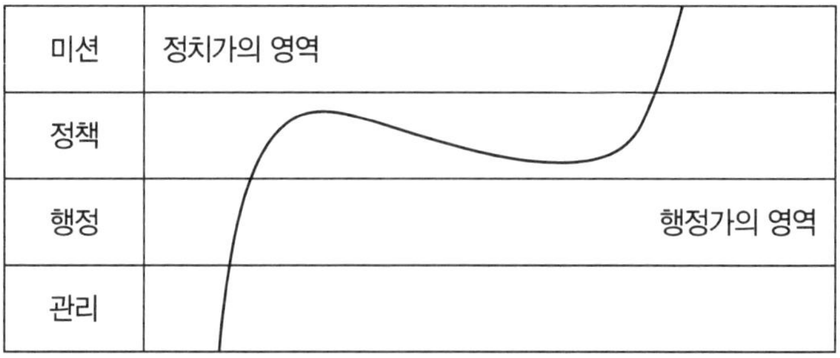

미션	정치가의 영역
정책	
행정	행정가의 영역
관리	

자료: Hansen & Ejersbo(2002: 736); 김찬동(2005: 6)
주: 곡선은 정치가와 행정가 사이의 리더십에 대한 이론적 구분을 나타냄.

정치와 행정은 공통적으로 국가와 국민을 위한 것이지만, 실제에서 추구하는 가치는 다르다. 첫째, 정치는 이해당사자 및 상대방을 대상으로 하는 게임과 같은 활동을 통해 가치를 배분하지만, 행정은 당면 문제를 해결하는 데 초점을 둔다는 점에서 차이가 있다. 둘째, 정치가는 지역선거구민이나 정당구성원 그리고 그를 후원하는 집단들의 이익을 대변하는 역할을 수행하지만 행정관료는 전문가로서 불특정 다수 및 보편적 대중의 니즈와 문제를 해결하는 역할을 한다. 셋째, 정치의 원동력은 정치 지지 세력이나 집단이 가지는 관심에서 비롯되지만 행정의 원동력은 정보, 돈, 인력, 물자 등이다. 넷째, 정치의 유통은 힘(권력)으로 영향력을 행사하지만 행정은 전문지식을 통해 영향력을 행사한다.

〈표 8-4〉 정치와 행정의 추구 가치

	(정치)	(행정)
활동	• 게임	• 문제 해결
플레이어	• 대리인	• 전문가
원동력	• 관심/상징	• 정보, 돈, 사람, 사물
유통	• 파워	• 지식
대화 양식	• 무슨 소리가 들리는가?	• 무엇을 알고 있는가?
활동 방식	• 갈등, 타협, 변화	• 조화, 협력, 연속성

자료: Frederickson & Smith(2003: 30)

정치활동의 산출물은 가치 배분을 포함하고 있는 정책으로 표현된다. 정책에 대한 개념도 정책 분야, 시대, 국가 상황, 그리고 논자에 따라 아래와 같이 다양한 정의가 제시되고 있다. 이들 정의를 정리하면, 정책이란 "전체 사회의 공동의 목표를 달성하기 위한 가치의 권위적인 배분"이라고 할 수 있다.

〈표 8-5〉 정책의 개념 정리

- 전체 사회를 위한 가치의 권위적인 배분이다(David Easton).
- 목적, 가치, 실제의 계획된 프로그램(Harold Lasswell and Abraham Kaplan)
- 목적, 목표, 의도 달성을 위한 계획(Carl Friedrick)
- 목표 달성을 위한 특별한 수단으로서 다양한 제안; 목표 달성을 위한 권위적인 수단으로서 프로그램; 프로그램 실행에 필요한 특별한 행위로서 결정; 측정 가능한 프로그램의 영향으로서 효과(Charles O. Jones)
- 행위의 일관성과 반복성으로 특징화된 표준화된 결정(Heinz Eulau & Kenneth Prewitt)
- 다양한 대안의 결정(Stuart S. Negal)
- 정부가 해야 할 일이 무엇인가, 그것을 왜 하는가와 관련된다. 정책은 정부가 무엇을 할 것인가 또는 하지 말아야 할 것인가를 선택하는 것이다(Thomas Dye)
- 정책은 정부의 행위이며 그런 행위를 결정하는 것(Clarke E. Cochran, et al.)
- 사회적 목표를 달성하기 위해 프로그램 실행을 위한 정치적 결정(Charles L. Cochran & Eloise F. Malone)

자료: https://www.slideshare.net/nida19/ppt-on-understaing-policy

　행정과 정책을 연구와 관련성의 정도에서 비교하면, 연구의 경우 행정은 정부 및 공공기관에서 민주적·합법적·합리적인 과정을 통해 설정된 목표(서비스 제공)를 달성하기 위해 정보 및 지식, 재정, 인력의 효율적 관리 방법이라면, 정책은 정부의 정책 과정(정책 형성, 정책 결정, 정책분석, 정책 집행, 정책평가 등)에 관한 연구로 대부분 무엇(정책대안)을 선택할 것인지 또는 선택하지 않을 것인지에 관한 연구가 주요 내용이다. 다음으로 상호 관련성의 관점에서 보면, 행정은 정책을 세부적으로 나타낸 공공 프로그램을 관리하는 것이며, 행정학 연구는 공공 프로그램의 효율적 집행을 위한 동기, 서비스 전달을 향상시키기 위한 새로운 방법을 고안하는 데 도움을 준다. 그리고 정책은 정책의 형성 방법, 분석 방법, 집행 방법, 평가 방법 등에 관한 이론과 툴에 관한 연구를 통해 비전, 정책 목표 및 방향을 설정하고 문제 해결을 위한 대안을 제시하며, 이를 통해 행정관리의 방향과 구체적 실천전략의 기본 틀을 제시한다.

〈표 8-6〉 행정과 정책의 비교

구분	연구의 핵심	상호의 관련성
행정	정부 및 공공기관에서 민주적·합법적·합리적인 과정을 통해 설정된 목표(서비스 제공)를 달성하기 위해 정보 및 지식, 재정, 인력의 효율적 관리 방법에 관한 연구	행정은 공공 프로그램을 관리하는 것이며, 이것은 정책 과정의 통합적 부분이다. 행정학 연구는 공공 프로그램의 효율적 집행을 위한 동기, 서비스 전달을 향상시키기 위한 새로운 방법을 고안하는 데 도움을 준다.
정책	정부의 정책 과정(정책 형성, 정책 결정, 정책분석, 정책 집행, 정책평가 등)에 관한 연구. 대부분 무엇(정책대안)을 선택할 것인지 또는 선택하지 않을 것인지에 관한 연구	정책의 형성 방법, 분석 방법, 집행 방법, 평가 방법 등에 관한 이론과 툴에 관한 연구를 통해 비전, 정책 목표 및 방향을 설정하고 문제 해결을 위한 대안을 제시한다. 이를 통해 행정관리의 방향과 구체적 실천 전략의 기본 틀을 제시한다.

한국에서의 정책 개념

사공영호(2008)는 한국 사회에서 정책의 개념에 대해 두 가지 특징으로 정리했다. 첫째, 모든 유형의 정책과 모든 단계의 정책 과정에서 정치성이 하나의 보편적 속성을 이루고 있으며, 결과적으로 정책이 사익을 위한 수단으로 전락할 가능성이 정책 과정의 본래적이고 보편적인 속성으로 내재하고 있다. 둘째, 정책 개념에 가치 문제에 대한 논의가 외면되고 있다. 그러나 인간은 본성적으로 가치를 추구하는 존재이고, 개인의 초월적 사고에서 구성돼 사회구성원들 사이에 공유된 가치와 이념, 그리고 이의 결과물인 비공식제도가 적합한 질서의 방법은 자율, 자치, 자발적 상호 거래와 협력에 의한 질서이며 인위성과 강제성을 본질로 하는 정책이 아니다. 또한 가치의 문제를 고려하지 않은 정책은 구성원들 간에 공통 가치의 형성 기회를 차단하거나 가치의 분열을 초래할 위험을 내재하고 있다. 정책은 수단일 뿐이며, 그것이 어떤 수단이 될 것인지는 그것을 사용하는 사람과 집단의 가치와 신념에 달려 있다. 정책을 문제 해결의 수단이나 목표 달성의 수단으로 정의하는 현재의 개념은 정책의 정치성과 가치성을 충분히 고려하지 않음으로써 개별 사례들과 그것의 추상인 개념이 괴리되는 결과를 초래하고 있다. 정책 개념을 문제 해결이나 목표 달성을 위한 수단적 의미로 접근하는 경우 정책의 본질을 간과할 우려가 있다.

[그림 8-4] 국가의 정책 과정 메커니즘

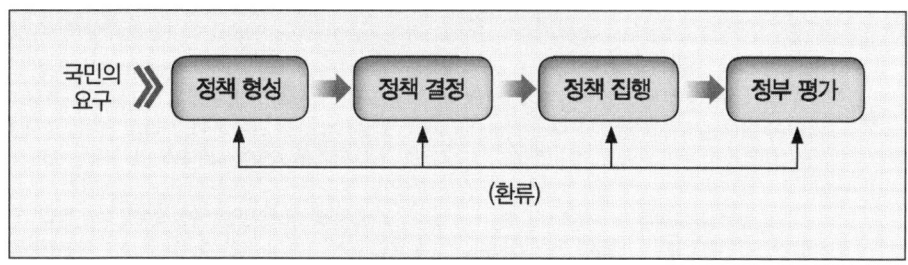

현대 사회에서 국가의 정책은 사회의 모든 분야에 영향을 미친다. 교육정책(국가장학금), 노동정책(근로조건), 문화예술정책, 무역정책, 복지정책, 보건정책(병원 의료 서비스, 건강보험), 방송통신정책(통신서비스), 금융정책, 에너지정책, 환경정책, 부동산(주택)정책, 교통정책 등 우리 일상생활의 모든 영역에 걸쳐 국가 정책의 영향을 받는다. 국가 정책은 국민 개개인의 삶에 영향을 미친다. 요컨대 국가 정책은 공기와 같은 것으로 출생에서 사망에 이르기까지 일생 동안 인간의 삶에 많은 영향을 미치고 있다.

[그림 8-5] 국가 정책과 개인의 삶의 영향 관계와 내용

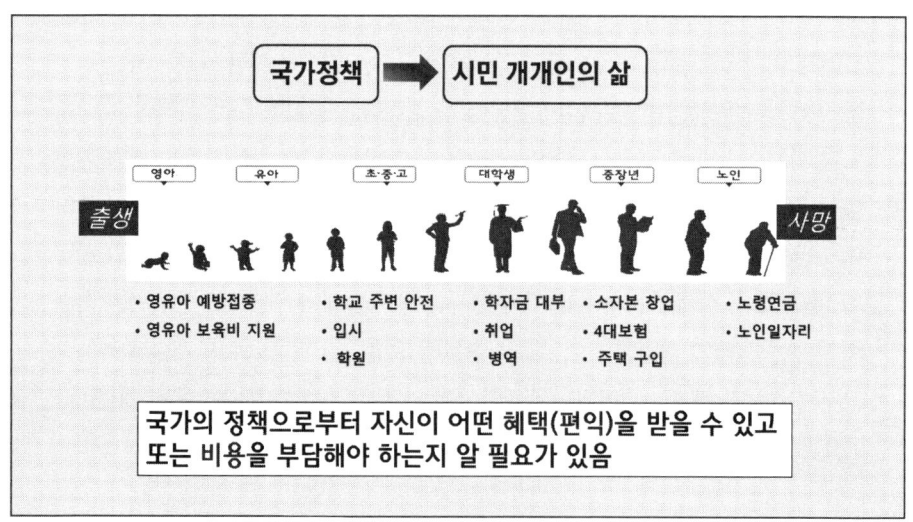

지금까지 정치, 정책, 행정의 관계를 정리하면, 정치는 가치를 배분하는 것으로 그 산출물은 정책으로 나타나며, 행정은 그 정책을 실현하면서 상위 정책에 따른 세부적인 하위 정책이나 프로그램을 설계하고 실현하는 활동을 수행한다. 그리고 행정은 정치와 경계를 두고 설명할 수 없으며, 정치 체제 하에서 정치와 상호작용을 하거나 정치의 일부 기능을 수행하는 것으로 이해할 수 있다.

[그림 8-6] 정치, 정책, 행정의 관계

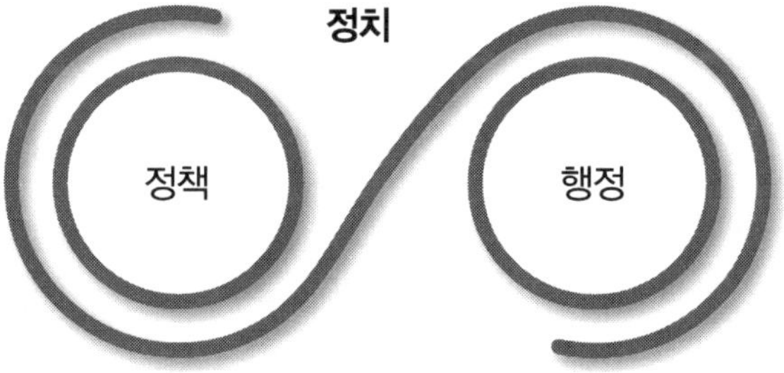

3 경영과 행정의 관계

정치행정 이원론의 입장에서 행정은 정치에 의해 제시된 정책을 집행 및 관리의 기능으로 간주하고 있다. 관리의 전형적 영역은 경영에 해당된다. 행정과 경영의 두 영역 모두가 '관리'의 영역을 모두 포함하고 있다면 공행정과 경영은 유사한 사회적 현상으로 볼 수 있다(윤우곤, 1998: 13).

경영이란 "특정한 정치적 맥락과 경제 질서 하에서, 고객(특정 시민)을 만족시키면서, 이득을 획득하기 위해 기업체가 생산성을 높이거나 시장점유율을 높이려는 일련의 활동 및 상호작용의 과정"으로(강신택, 1999: 537), 정책 형성 기능을 제외하면 행정의 개념과 유사하다고 볼 수 있다. 행정의 이해를 위한 논의에서는 경영에 관한 논의가 많이 언급되고 있으며, 특히 행정혁신의 접근에서는 경영의

[그림 8-7] 행정과 경영의 관계

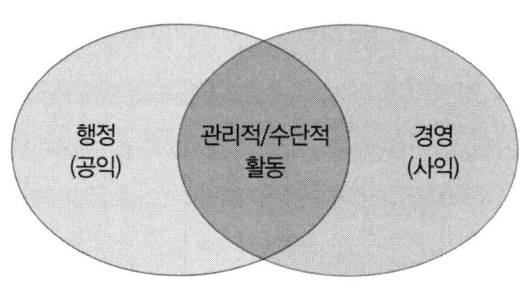

관리기법이 가장 많이 소개되고 있다.

경영의 시각에서 행정의 본질을 논의하게 된 배경은 다음과 같다. 과거 19세기 말부터 20세기 초반까지는 행정정치 이원론적 관점에서 행정 기능이 주로 집행적, 단순한 기능에 집중돼 행정이 추구할 가치를 능률이라고 주장하면서 행정도 마치 기업 경영의 원리와 같다는 주장을 펴게 됐다. 그러나 제2차 세계대전 후 시장실패, 사회문제 해결을 위해 정부의 직접적인 개입, 케인스주의적 복지국가 등으로 행정 기능이 확대되는 행정국가화 현상으로 행정은 경영과 명확히 구별되는 특징을 갖는다는 주장으로 변했고, 이는 다시 세계적인 경제 침체, 정부활동의 비효율성, 국제적 경쟁의 등장 등 행정환경이 변화하면서 행정혁신의 일환으로서 경영의 새로운 관점을 행정에도 적용해야 한다는 공공관리(public management)의 유행을 가져왔다. 과거의 정치행정 이원론에 근거했던 공공관리와는 구별되는 새로운 공공관리라 해서 신공공관리(New Public Management: NPM)라 불리는 이 경향은 거대정부로부터 생겨난 정부의 규제와 비효율은 자율적인 시장경제 원리를 축소시켜서 결국에는 경제 위기를 심화시키고 있다고 보면서 기업 경영적 관점을 정부 부문에도 적용해야 한다는 입장이다(권선필, 2008: 349). 행정의 운영 개선을 위한 경영 원리의 도입 논리는 다음과 같다(강신택, 1999: 540).

- 조직관리, 인사, 재무 등의 면에서 행정과 경영은 공통점이 많으므로 더 발달한 경영기법들을 행정에 적용하면 행정관리가 잘 될 수 있다.
- 고객 지향과 고객 만족 면에서 행정이 국민의 수요에 더 잘 부응하고 국민의

지지를 받으려면 고객을 만족시켜야 한다.
- 행정의 능률성, 효과성, 수익성이 높아야 고객을 만족시킬 수 있다.
- 행정가가 기업가 정신을 가져야 행정이 향상된다.
- 시장에서의 공정한 경쟁을 통해서 경영의 능률과 효과가 향상된다.
- 시장에서의 경쟁성이 있는 행정사업은 민영화돼야 한다.
- 시장에서의 공정한 경쟁이 이뤄지기 위해서는 독점과 과점이 금지돼야 한다.

이상과 같이 행정과 경영은 여러 국면에서 공통점이 많다. 하지만 행정은 본질적으로 공공성과 공익 실현이라는 고유적 특성을 가지고 있기 때문에 차이점도 존재한다. 어원적으로 보면 행정을 공공행정(public administration)이라고 하고 경영을 사업(기업)행정(business administration)이라고 하는 말에 포함된 'administration'이라는 용어에서 공통점을 찾고, 'public'과 'business'라는 용어에서 차이점을 찾는 경향도 있다(강신택, 1999: 538).

〈표 8-7〉 행정과 경영의 비교

구분		행정	경영
대상(영역)		정부(공공기관)	사업(민간기업)
공통		정치, 경제, 사회, 문화/종교, 과학기술 체제의 맥락	
제도적 논리		민주주의	관료제	자본주의
운영 원리(공통)		관리적인 능률성; 효과성	수익성; 능률성; 생산성 등
이념/가치/규범	존재 이유; 정당성	정치적 반응성과 요구 충족; 공공 이익; 형평성; 책임성	경제적 효용성과 수요 충족; 사적 이익; 이윤
	규칙	법의 정당한 절차; 인권	시장에서의 공정한 경쟁
가용자원 동원 방법		조세	자기자본과 차입 및 영업활동
중복과 경쟁의 견해		중복(조직, 인사, 예산)은 낭비 경쟁은 갈등, 분쟁, 부처이기주의로 매도	중복은 경쟁의 전제 조건 독점과 과점은 정부의 규제 대상
성과측정		측정 기준 불명확	측정 기준 비교적 명확
제약과 자율성		여러 가지 제약을 가짐.	정부 규제 범위 내에서 상대적으로 자율성과 신축성 발휘
서비스 대상(지역)		광역적이고 불특정 다수	특정 고객
서비스 수준		기본적·보편적	차별화

자료: 강신택(1999: 538-540)의 내용을 토대로 정리

4 정치, 행정, 경영의 관계

지금까지 정치와 행정, 경영과 행정의 관계를 살펴봤다. 정치는 가치의 배분으로서 정책을 형성하고 행정은 그 정책을 구체화하는 활동이라는 국면에서 정치와 행정은 부분적으로 상호 혼합되는 영역이 존재한다(정치행정 일원론). 한편 정책을 집행 및 관리하는 것을 행정이라고 본다면 기업의 관리활동도 행정의 기능과 유사하다 볼 수 있다(공사행정 일원론).

이처럼 행정은 한편에 정치 그리고 다른 한편에 시장 혹은 경영이라는 두 양극단을 시계추처럼 오가는 순환으로 이해하기도 한다. 아무튼 개념적으로 정치-행정-경영 간의 관계는 아래 [그림 8-8]처럼 상호 분리되는 영역이 있는가 하면 상호 혼합되는 영역도 존재한다(권선필, 2008: 346). 정치-행정-경영 간의 관계에 대한 논의는 무엇보다 주체의 가치와 사실, 목적과 수단, 공익과 사익, 일반대중과 특정 고객, 공공성과 비공공성, 국가의 정치 체제와 그 맥락, 국민의 수준 등 다양한 관점에서 상호간 경계가 있는 구분할 수 있을지, 아니면 상호 보완 및 영향 관계로 접근할 수 있을지를 고려해야 한다.

[그림 8-8] 정치-행정-경영의 관계

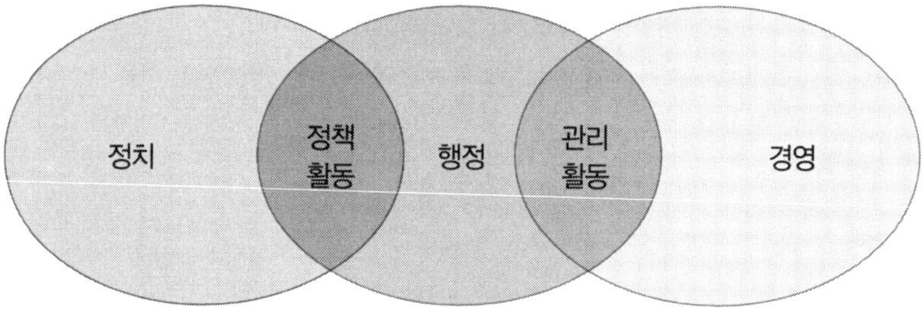

제3절 | 미래 행정의 방향

1 좋은(바람직한) 행정의 요건

행정을 이해하고, 행정을 연구한다는 것은 바람직한 행정의 방향이 무엇인가를 도출하기 위한 것이다. 행정의 개념이 다양하기 때문에 '좋은 행정', '바람직한 행정'이 무엇인지에 대한 의미도 다양할 수밖에 없다.

첫째, 국민과 국가를 위한 행정이어야 한다. 바람직한 행정이란 일반 대중, 즉 국민의 관점에서, 국가의 발전을 위해서, 또는 국가 경쟁력 강화를 위해서 설정돼야 할 과제다. '바람직한' 또는 '좋은'의 의미에 대한 해석과 판단 기준은 기본적으로 공공성, 공익, 공공의 선 등의 행정의 가치에 부합하는 정책 형성과 행정활동이어야 될 것이다.

둘째, 무엇이 '좋은' 것인지를 말하는 것은 매우 어렵지만, 나쁜 것을 보면서 무엇이 좋은 것인지를 소극적으로 말하는 것도 한 방법이라고 생각된다. 국가의 기능 가운데 행정이 입법이나 사법보다 더욱 중요하게 언급돼야 하는 이유는 그것이 국민의 자유와 권리에 좀 더 직접적인 효과를 발생시키기 때문이다. 좋은 행정의 요소로 말할 수 있는 것은 전문성, 공정성, 청렴성이라고 생각된다. 또한 그 지향점은 국민의 인권 보장이어야 하며, 무엇보다도 법치행정이어야 한다. 이러한 조건이 성취될 때 '좋은 행정'이 가능하다고 생각된다(송기춘, 2015).

셋째, 좋은 행정이란 필요 조건(시장실패/형평성 등 미흡)과 충분 조건(정부실패 배제)에 어느 정도 부합되는지를 살펴봐야 한다(박재완, 2016). 박재완(2016)은 좋은 행정을 이해하는 기준을 다음 〈표 8-8〉과 같이 제시했다. 그에 의하면 ① 시장실패 등 문제점을 바로잡고 정부실패도 나타나지 않는 것을 충족시킬 때 '좋은 행정'이라고 하고, ② 그 상대적으로 문제점이 없는데도 개입하거나 문제점은 치유하지 못한 채 정부실패만 야기하는 경우일 때 '나쁜 행정'이라고 상정했다. 그리고 ③

시장실패 등은 바로잡지만 그 대가로 정부실패를 파생시키는 경우를 '적극 행정', ④ 문제점은 교정하지 못하지만 정부실패도 초래하지 않는 경우를 '소극 행정'으로 상정했다.

〈표 8-8〉 필요/충분 조건에 따른 행정의 분류

구 분			충분 조건(정부실패 배제)	
			충족(없음)	미충족(있음)
필요조건 (시장실패/형평성 등 미흡)	충족(있음)	교정/실현	좋은 행정	나쁜 행정
		문제점 여전	소극 행정	
	미충족(없음)	정부개입	해당 없음	

자료: 박재완(2016: 41).

2 한국 사회에서 미래 행정의 대응 방향

한국 사회에서 미래 행정은 어떤 모습이어야 할까? 미래라는 의미는 앞으로 맞이할 일이나 상황을 뜻한다. 미래 행정은 미래에 일어날 상황 및 환경 변화에 대응한 행정이어야 한다. 국가 및 사회의 미래를 예측하기란 쉽지 않은 일이다. 어느 영역에서 어떤 관점과 기준으로 누가, 어떻게 이해하고 판단하는지에 따라 다른 예측을 할 수 있다. 이런 점을 전제로 고려하면서 논자들이 제시하는 한국 사회에서의 미래 행정의 방향을 정리하면 다음과 같다.

이명석(2017)은 변화하는 행정 수요를 예측하지 못한다면 저출산·고령화와 4차 산업혁명 등으로 나타나는 한국 사회문제를 성공적으로 해결하기 어렵다고 진단하고, 문제 해결을 위해 공식적인 권한과 강제력을 가진 정부의 중앙집권적이고 획일적인 사회문제 해결 방법의 불가피성에 대한 고정관념을 극복하고 새로운 거버넌스를 추진할 필요가 있다고 제안하면서, 미래 행정환경 변화에 효과적으로 대응하기 위해서, ① 정부에 의한 사회문제 해결의 불가피성에 대한 고정관념을 극복하고, ② 거버넌스 문제에 관심을 가지며, ③ 사회문제의 본질과 유형을 파악하고, ④ 새로운 거버넌스를 전향적으로 탐색하는 노력이 요구된다고 했다.

양영철(2017)은 한국 행정환경의 변화를, ① 투명하고 효율적인 정부에 대한 요구 강화, ② IT를 활용하는 스마트 정부에 대한 수요 증가, ③ 관료제 운영 방식 변화에 대한 사회적 요구 증가, ④ 행정의 주체와 객체의 전도(민간의 행정 서비스 제공 증가), ⑤ 행정의 영역과 역할 축소, ⑥ 직접민주주의의 활성화 등에 주목하고 이에 대응하는 행정이어야 한다는 것을 시사했다(이명석, 2017: 3에서 재인용).

김윤권 외(2011)는 한국 정부는 ① 인구구조 변화로 초래되는 사회문제, 사회 갈등, 증가하는 삶의 질 요구, 시민사회 참여 요구(사회 분야), ② 정보화와 전자정부 추진, 과학기술과 사회 발전 연계, 미래 기술 지원 체제 정비, 과학기술 부작용 최소화(과학·기술 분야), ③ 환경 파괴로 인한 지구온난화·생태계 변화 문제 및 자원 부족 문제(환경·자원 분야), ④ 고령화의 경제적 영향 최소화, 중국의 부상 문제, 산업구조 변화 부작용 최소화, 지식정보화 문제, 자원 부족 문제(경제 분야), ⑤ 대통령제 개혁, 참여민주주의 확립(정치 분야) 등의 새로운 행정 수요에 주목하고 이에 대응해야 할 것을 제시했다(이명석, 2017: 3-4에서 재인용).

김근세(2016)는 과거 경제 성장을 국가의 최우선 과제로 추진했던 행정부 중심의 발전국가 시대에서 탈피해 이제는 시민의 삶의 질을 강조하는 시대가 도래한다고 설명하면서, 한국의 새로운 행정 수요에 대해, ① 정치적 환경 측면에서 대응성, 대표성, 개인권리, 평등 등이 중요해짐에 따라 정치제도가 다원화되는 현상이 나타날 것으로 예상되며, 획일적인 관리를 강조하는 대통령과 집행부 중심의 행정은 더 이상 용납되지 않고, 행정부에 대한 사법부와 입법부 그리고 시민사회의 영향력이 강화될 것이고, ② 경제적 환경 측면에서는 한국 경제의 저성장과 불평등 구조의 심화가 예상되며, 일자리 부족, 청년실업 등 많은 사회문제가 심각해질 것이고, ③ 사회적 환경의 측면에서 저출산·고령화의 심화로 노동력 부족 현상과 재정취약성 심화 현상이 나타나고, 다문화사회의 도래로 다양성 관리의 필요성이 증가하며, 기후 변화로 인해 자원 확보와 친환경적 정책의 필요성이 증가할 것이고, ④ 과학기술적 환경의 측면에서 과학기술의 비약적인 발전과 4

차 산업혁명은 예측 불가능성을 증가시켜, 과거의 정책으로는 해결이 불가능한 새로운 사회문제가 발생하게 될 것으로 제시했다(이명석, 2017: 4에서 재인용).

이명석(2017)은 한국 행정의 환경 변화에 따른 새로운 행정 수요는, ① 시민의 참여와 직접민주주의 요구의 증가(특히, 민간의 행정 서비스 제공 가능성 및 필요성의 증가), ② 전통적인 정부 운영 방식 변화에 대한 요구의 증가, ③ 행정의 영역과 역할 축소 변화 요구의 증가, ④ 급속한 사회구조 변화로 인한 사회갈등 해소 요구의 증가, ⑤ 경제 성장과 경제 불평등성 문제 해결 요구의 증가, ⑥ 과학기술의 급속한 발전과 4차 산업혁명으로 야기되는 예측 불가능성 완화·극복 요구의 증가 등을 제시함으로써 이에 대한 대응 방안을 모색해야 될 것을 시사했다(이명석, 2017: 5).

문명재 외(2012)는 정부 내부의 환경 변화로는 ① 정부 조직구조의 분화와 통합의 반복, ② 성과관리 행정문화의 확산, ③ 기관 간 협업의 필요성 증대, ④ 정부 구성원 구조 변화, ⑤ 정부 업무의 전자화 가속 등을 제시하면서, 미래 정책환경 변화에 따른 정부의 행정 대응을 위한 핵심 어젠다와 핵심 가치를 〈표 8-9〉와 같이 제안했다.

이상의 논자들이 제시한 미래 한국 사회에 다가올 미래 상황을 정리하면 다음과 같다.

① 인구구조 변화(저출산·고령화)로 초래되는 사회문제(일자리 부족 및 노동력 부족, 실업), 사회 갈등(계층 간 갈등), 불평등 심화 등에 대응 필요
② 과학기술의 급속한 발전과 4차 산업혁명 시대 도래에 따른 국가 운영 메커니즘에 대한 전반적 재검토 필요
③ 사회적 가치 및 공공성 실현을 위한 새로운 모색 필요
④ 사회문제의 본질과 유형을 파악하고, 새로운 거버넌스를 전향적으로 탐색하는 노력 필요(새로운 협업과 협치 방안 고려)
⑤ 직접민주주의의 실현 요구, 국정 주요 현안 및 지역 현안에 대한 전자장치(전자투표)를 활용한 국민(시민) 직접 의견 수렴 요구

〈표 8-9〉 정부의 행정 지향 가치

분야	핵심 어젠다	핵심가치
경제 체제	상생형 창의 경제 실현	성장 상생 창의
산업·경제	상생형 기업과 창조적 산업	윤리 혁신 공정성
자원·환경	자연 친화적 에너지국가 실현	효율 친환경 지속가능성
과학·기술	사람 중심 과학기술 개발과 융합기술 선도	창조 융합 인간친화
정치·외교·안보	성숙한 정치와 주도적인 외교	민주성 소통 국격 안전 평화 통일
사회	국민의 행복, 사회의 통합, 국가의 번영	행복 통합 번영
문화	문화를 통한 네트워크 형성, 미래 지향적 문화산업 육성, 보편적 문화 향유	향유 나눔 교류
교육	경쟁력 있는 교육, 공존하는 학교, 역능적인 학생	경쟁 공존 역능

자료: 문명재 외(2012: 357)

⑥ 사회문제 해결과 삶의 질을 개선하는 데 과학기술 및 새로운 IT 기술의 적용과 활용

⑦ 투명하고 효율적인 정부에 대한 요구 강화

⑧ IT를 활용하는 스마트 정부에 대한 수요 증가, 전자정부 서비스의 지능화 및 고도화 요구

⑨ 환경 파괴로 인한 지구온난화·생태계 변화 및 자원 고갈에 대한 대응 요구

3 4차 산업혁명 시대의 행정 서비스 방향

1) 행정 서비스 혁신 필요성과 그 대상

　4차 산업혁명 시대를 맞이해 우리 사회를 둘러싼 다양한 환경이 급변하고 있다. 특히 인공지능(AI), 빅데이터(big data), 사물인터넷(IoT), 블록체인(block chain) 등 급속히 발전하고 있는 정보기술을 활용해서 행정 서비스를 혁신해야 한다는 요구가 대두되고 있다(윤광석, 2018). 행정혁신에서 행정 서비스에 관한 논의는 필수적이다. 행정혁신에 관한 논의에서는 행정 서비스의 품질 개선 방법, 새로운 서비스 품목의 개발, 서비스 제공 방식의 변경이나 개선 등이 주로 다뤄지고 있다. 이런 논의들이 활발하게 제기되는 근저에는 행정 수요의 변화와 서비스를 제공하는 기술의 발전 때문이다. 4차 산업혁명 시대의 새로운 정보기술의 발전은 행정 서비스 내용, 품질, 제공 방식 등의 개선 및 변화를 요구하고 있다.

　4차 산업혁명 시대 새로운 정보기술을 활용한 행정 서비스 혁신의 필요성이 제시되는 이유는 다음과 같다(윤광석, 2018). 4차 산업혁명 시대는 모든 사물이 하나로 연결된다는 초연결성(hyper-connected)과 이전보다 지능화된 사회로 변화된다는 초지능성(hyper-intelligent) 등을 특징으로 한다. 인공지능, 빅데이터, 사물인터넷, 블록체인 등 고도로 발전한 최첨단 정보기술과 각 기술 간의 융합과 발전을 통해서 상품, 서비스, 시스템 등 사회 전반에 걸쳐 급격한 변화를 일으키는 시대가 도래하고 있다. 4차 산업혁명 시대 진입에 따른 우리 사회의 급격한 변화와 발전은 정부와 행정으로 하여금 이전의 전자정부를 통한 혁신과는 차원이 다른 총체적인 혁신을 요구하고 있다. 민간 부문은 첨단 정보기술을 연구, 활용해서 기존과는 다른 방식으로 제품을 생산하고, 이전에는 없었던 새로운 서비스를 개발하는 등 변화를 주도하고 있으며, 이에 따라 행정 서비스의 수혜자인 국민의 눈높이 역시 변화하고 있어 이에 반응한 행정 서비스의 내용, 품질, 제공 방식 등에 관한 변화와 혁신이 모색돼야 한다.

[그림 8-9] 행정혁신의 규범적 내용

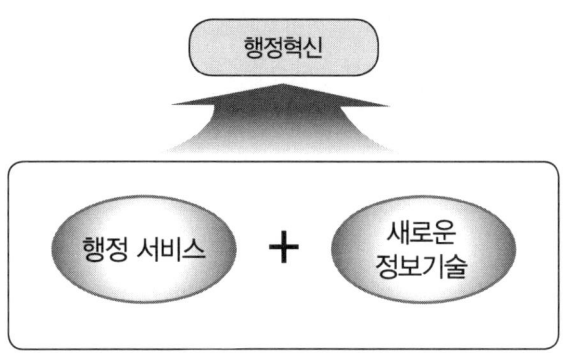

    4차 산업혁명 시대 행정 서비스 혁신 방향은 모든 사물을 하나로 연결하고(초연결성), 이를 지능화된 서비스로 제공하는 것으로서(초지능성), 이에 관한 주요 기술은 인공지능, 빅데이터, 5G, 사물인터넷, 클라우드, 블록체인, 로봇, 드론, 증강 및 가상현실 등으로 이들 기술 중에서 핵심 기술은 빅데이터와 5G다. 빅데이터가 하나의 플랫폼이라면 5G는 다른 기술들이 실현될 수 있도록 하는 네트워킹 기능을 수행한다(〈표 8-10〉 참조).

    4차 산업혁명 시대의 행정 서비스 혁신은 위와 같은 기술을 행정 서비스에 어떻게 적용하며, 그 효과성이 기대할 수 있는지를 살펴보는 것이다. 행정 수요가 있더라도 기술의 특성을 적용할 수 없거나, 기술을 적용할 수 있어도 그 효과나 편익이 크지 않고 이용 빈도의 저조가 예상되는 경우에는 기술의 적용을 통한 행정 서비스 제공에 심도 있는 고려가 있어야 한다. 다음 〈표 8-11〉은 전문가를 대상으로 4차 산업혁명 기술을 활용한 행정 서비스 우선순위를 조사한 결과 목록이다. 이들 목록에는 국민의 일상생활과 직결되는 서비스 내용이 대부분이다.

〈표 8-10〉 4차 산업혁명 시대의 주요 정보기술

기술	내용
인공지능 (AI)	• 인공지능(Artificial Intelligence: AI)은 기본적으로 인간과 컴퓨터가 서로 소통할 수 있도록 돕는 프로그램의 한 종류로서, 인간의 언어를 컴퓨터가 이해할 수 있는 언어로 변환한 것 • 기존 컴퓨터 프로그램과 달리 AI는 학습을 통해 스스로 자료를 수집하고 분석하며, 이를 통해 진화하는 특징을 보유
빅데이터 (big data)	• 빅데이터는 데이터베이스를 구축하고 쿼리(query) 등을 통해 필요한 정보를 추출한다는 측면에서 기존의 데이터 마이닝(Data Mining)과 근본적으로 유사한 개념 • 그러나 데이터의 규모가 기존의 통상적인 데이터베이스와는 비교할 수 없을 정도로 크고, AI, IoT, 블록체인 등 첨단 정보기술과 결합할 경우 무한한 가능성을 제공함.
사물인터넷 (IoT)	• 사물인터넷은 모든 사물들이 인터넷을 통해 서로 통신하는 등 하나로 연결됨을 의미 • 사물인터넷 기술은 기본적으로 각종 장치들에 센서와 통신 기능을 부여하고, 이를 통해 필요한 정보를 수집, 교환하며, 중앙 서버에 전송·저장하는 기술(예: 홈-IoT, 자율주행자동차)
클라우드 (cloud)	• 클라우드는 업무 자료를 PC가 아닌 클라우드 스토리지에 통합 저장하고, 체계적인 사용자 권한 부여 및 관리, 그리고 공유와 협업을 가능하게 하는 기술 • 클라우드 스토리지는 공용으로 자료를 저장하는 곳으로, 실제 데이터가 저장되는 분산 파일 시스템과 이를 관리하는 클라우드 스토리지 서버 등으로 구성
블록체인 (block chain)	• 블록체인은 거래정보를 기록, 네트워크 참가자들에게 분산·공유하는 분산원장(distributed ledger) 기술을 기본으로 함 • 블록체인에서는 데이터가 블록의 단위로 기록되고 보관되며, 복수의 데이터를 넣어서 단일한 블록을 만들고, 해시값([hash value)[41]을 통해 이 블록들을 연결해서 '블록체인'을 생성하는 구조 • 중앙집중화된 서버나 관리 기능에 의존하지 않고, 발생한 모든 정보를 모든 참여자에게 분산된 형태로 저장, 권한을 배분해서 탈집중화된 환경을 제공, 이를 통해 높은 안전성과 신뢰성 제공
5G	• 5G는 '5th generation mobile communications'의 약자다. 2GHz 이하의 주파수를 사용하는 4G와 달리, 5G는 28GHz의 초고대역 주파수를 사용한다. • 국제전기통신연합(ITU)이 내린 정의에 따르면, 5G는 최대 다운로드 속도가 20Gbps, 최저 다운로드 속도는 100Mbps인 이동통신 기술이다. 또한 1㎢ 반경 안의 100만 개 기기에 사물인터넷(IoT) 서비스를 제공할 수 있고, 시속 500㎞ 고속열차에서도 자유로운 통신이 가능해야 한다. • 5G 다운로드 속도는 현재 이동통신 속도인 300Mbps에 비해 70배 이상 빠르고, 일반 LTE에 비해서는 280배 빠른 수준이다. 영화 1GB 영화 한 편을 10초 안에 내려 받을 수 있는 속도다. (자료: 네이버 지식백과)

자료: 윤광석(2018)의 내용에 추가함

---

41) 디지털 증거의 동일성을 입증하기 위해 파일 특성을 축약한 암호와 같은 수치.

<표 8-11> 4차 산업혁명 기술을 활용한 행정 서비스 우선순위(전문가 조사)

순위	행정 서비스 목록	순위	행정 서비스 목록
1	재난안전 위험관리 서비스	28	취업교육 서비스
2	IoT 활용 시설물 안전 체계 구축 서비스	29	교통약자 교통복지 서비스
3	공공데이터 통합/공유/융합/활용 서비스	30	공공 및 민간데이터 융합 서비스
4	전염병 감시 및 예방 서비스	31	스마트 그리드 서비스
5	환경오염 수집/공개, 추적/예측 서비스	32	스마트 팩토리 서비스
6	복지 대상자 모니터링 서비스	33	어린이 실시간 위험지역 예고 서비스
7	스마트 시티 서비스	34	택시 안심 서비스
8	식품안전 서비스	35	부동산 거래 보안 서비스
9	공공 부문 클라우드 서비스	36	취약계층 대상 가정교사 서비스
10	개인 맞춤형 선제적 정보 제공 서비스	37	진단/처방 등 진료 서비스(의사보조)
11	스마트 에너지 서비스	38	복지 대상자 발굴관리 서비스
12	본인인증 서비스	39	운송사업 종합관리 서비스
13	전자투표 등 선거 선진화 서비스	40	정보보안 서비스
14	실시간 교통관제 서비스	41	각급 학교 현장학습차량 실시간 모니터링 서비스
15	스마트 모빌리티 서비스	42	주차장 정보 공유 및 관리 서비스
16	맞춤형 보건서비스	43	스마트 해양 인프라 구축 서비스
17	원격/간편 진료 서비스(의사 대체)	44	전자부패 방지 서비스
18	정책 수립 및 결정 등 정책 지원 서비스	45	공공데이터 품질관리 서비스
19	공공데이터 개방 및 접근성 개선 서비스	46	인허가 등 심사 과정 혁신 서비스
20	챗봇/음성 인식 상담 서비스	47	특허 등 지식재산 출원 방식 혁신 서비스
21	스마트팜(smart farm) 지원 서비스	48	IoT 활용 가정보안 서비스
22	지능형 치안활동 서비스	49	가상 운전면허교육 서비스
23	복지 지원금 서비스	50	의료상담 서비스
24	자율주행자동차 지원 교통 인프라 서비스	51	대중교통 취약지역 교통복지 서비스
25	차량공유 서비스	52	스마트 국세 서비스
26	위험물 운송차량 안전운송 모니터링 서비스	53	중고차 표준시세 알림 서비스
27	화재안전 위험관리 서비스		

자료: 윤광석(2018)

2) 4차 산업혁명 시대 정보기술의 행정 서비스 혁신(채택) 방향

4차 산업혁명 시대의 모든 기술이 행정 서비스에 채택되기 위해서는 다양한 요인들이 고려돼야 한다. 근본적으로 새로운 정보기술과 행정 서비스 내용과 제공 방식 및 이용 방식에 대한 필요도를 중심으로 적합도와 실현가능성을 파악하고, 이런 결과가 국가와 사회 발전 그리고 인간의 삶의 질 향상 등에 어떻게, 어느 정도 기여할 것인지에 관한 진지한 고려가 있어야 할 것이다.

방법론에 대한 구체적인 고려 사항을 살펴보면 다음과 같다.

첫째, 국민의 수요(필요도)와 이용가능성을 파악해야 한다. 국민 중심의 행정 서비스를 실현하기 위해서는 국민이 어떤 서비스를 필요로 하는지를 파악해야 한다. 행정 서비스 수요를 파악하는 것은 반응적인 행정을 수행하는 일이며, 국민의 서비스 이용 가능성이 높을 것이다. 정부 및 행정 중심의 서비스 설계는 공급자 중심으로서 국민의 눈높이 및 수요와는 거리가 멀게 되는 일이며, 행정 서비스를 실현할지라도 국민의 서비스 이용 빈도는 낮게 돼 결국 행정의 성과 및 효과는 저조하고 공공자원의 효율적 배분과 거리가 먼 활동으로 연결될 것이다.

둘째, 행정 서비스에 새로운 정보기술의 적용 가능성을 고려해야 한다. 행정 서비스 내용과 제공 방식은 크게 전자 상태를 전자적 도구로 제공하거나 물리적 상태를 물리적 도구로 제공하는 방식으로 나눌 수 있다. 기존의 전자 상태를 전자적 도구로 제공하는 유형인 경우에는 새로운 정보기술의 적용을 통해 더 나은 서비스 품질을 개선할 수 있는지 여부를 파악해야 하며, 이와 함께 기존의 물리적 상태를 새로운 정보기술로 제공할 수 있는지에 대해서도 서비스 내용과 기술적 특성의 결합 가능성을 파악해야 할 것이다. 또한 이 과정에서도 새로운 정보기술을 적용하는 경우에도 국민, 즉 행정 서비스 수혜 대상자들이 이를 이용할 수 있는지도 병행에서 파악해야 할 것이다.

셋째, 행정 서비스 제공에 새로운 정보기술을 도입 및 채택하려는 경우 비용 대비 편익(효과, 안전, 만족 등)에 비교 분석이 필요하다. 행정은 한정된 국가 자원(예산)을 효율적으로 배분해야 할 책임이 있다. 투입되는 비용에 비해 상대적으로 편익이 낮은 경우 자원의 효율적 배분을 어렵게 하기 때문에 편익의 극대화를 가져올 수 있는지를 검토해야 한다. 하지만 이런 경우에도 국가가 국민에 대해 기본적으로 수행해야 할 서비스인 국방·치안·소방(재난안전), 환경과 에너지, 사회 질서의 유지 및 안정 등의 서비스와 민간 영역이 경제적 유인가 때문에 제공하지 못한 서비스나 사회적 소외계층에 대한 필수적인 서비스에 대해 행정이 제공해야 하는 경우에는 국민의 필수적 서비스와 형평성 서비스 차원에서 가장 먼저 고려해야 될 내용이다.

넷째, 민간의 영역과 공공의 영역을 구분하고 자원의 효율적 배분에 관심을 둬야 할 것이다. 4차 산업혁명 시대의 새로운 정보기술은 민간 영역에서 활용되고 있다. 새로운 정보기술을 행정 서비스에 적용하는 접근은 공사행정 일원론으로 행정과 경영이 유사점이 많다는 논리와 행정의 새로운 접근 방식(신공공관리, 거버넌스 등)의 논리가 복합적으로 작용한 것으로 볼 수 있다. 기업 경영의 서비스 제공 방식과 같은 논리로 행정 서비스에 새로운 정보기술을 도입할 수 있는 부문과 시장 논리가 지배하고 있고 기업의 고유 영역으로 행정이 개입하지 말아야 할 부문을 구분할 필요가 있다. 시장의 작동 시스템에 행정이 개입하는 것에 신중히 고려해야 할 것이다.

이상의 고려 사항을 종합해서 4차 산업혁명 시대의 새로운 정보기술을 활용한 행정 서비스의 우선순위를 선택하는 모형으로 아래 〈표 8-12〉와 같이 제시할 수 있다. 새로운 정보기술을 활용한 행정 서비스 우선순위를 선택하는 차원은 크게 필요 조건과 충분 조건에서 접근해야 할 것이다. 필요 조건으로는 국가와 사회 발전을 위해서 그리고 공동체 유지를 위해서 반드시 필요로 하는 서비스인지를 파악해야 한다. 그 다음은 충분 조건으로 자원이 효율적으로 배분될 수 있고, 그

〈표 8-12〉 새로운 정보기술을 활용한 행정 서비스 우선순위 선택 모형

구분		충분 조건 (자원의 효율적 배분: 편익/효과)			
		A	B	C	D
필요 조건 (수요: 공성/공익)	A				
	B				
	C				
	D				

배분에 따른 편익의 정도를 파악해야 한다. 이들 각 차원별 구성 요인에 대해 가중치 배정과 점수를 부여한 후 교차시켜 점수가 높은 순위를 우선순위로 선택하는 것이다.

3) u-city 서비스 단계별 우선순위 선택 모형

근래 한국에서는 스마트 시티(smart city)에 대한 열풍이 불고 있다. 도시 기능에 스마트 기술을 심어 시민의 편리성과 안전성을 도모하고자 한 것이다. 과거 d 유비쿼터스 시티(u-city) 역시 유비쿼터스 컴퓨팅 기술을 도시 기능에 심어 시민의 편리성과 안전성을 도모하고자 추진했던 사업이다. 여기에서는 새로운 정보기술을 행정 서비스에 도입하기 위해 어떤 논리와 방식으로 서비스 선택의 우선순위를 파악하는지에 관한 지식을 확산의 의미에서 과거 추진됐던 u-city 서비스 우선순위 선택 방법론을 살펴본다.[42]

첫째, u-city 서비스를 확산시키기 위해서는 어떤 서비스가 우선적으로 적용돼야 하는지를 파악할 필요가 있다. 서비스의 우선순위를 도출하는 방법은 다양한 방식이 있을 수 있다. 예를 들면, 서비스 공급 주체의 역량, 서비스 수요자의 니즈, 기술적 수준, 사회·문화적 상황, 정치적 상황, 경제적 상황, 교육적 효과, 지역적 특수성 등 여러 요인이 독립변수 및 상황변수로 제시될 수 있다. 그러나 이 모든 요인을 파악하는 것도 쉽지 않을 뿐만 아니라 이런 요인들을 조작화하고 측정하는 것도 쉬운 일이 아니다. 따라서 여기에서는 서비스의 유형(최창호, 2007)과 서비스 니즈를 조합해서 서비스 우선순위를 도출하는 가정적 모형을 상정했다. 서비스 니즈에 관한 도출은 한국정보사회진흥원(2007)[43]이 제시한 결과를 이

---

42) 이 내용은 김구(2008)의 논문을 요약 및 재정리했다.

43) 한국정보사회진흥원(2007)은 "u-city 서비스 모델 우선순위 도출에 관한 연구"를 위해 전문가 집단(연구소, 사업자, 학교, 공공기관에서 u-City 서비스 관련 분야에 근무하는 전문가로 구성) 49명을 대상으로 설문조사를 실시했으며 순위회귀분석과 빈도분석 결과를 토대로 우선순위를 제시했다.

용했다.

둘째, 서비스 유형과 부담 유형에 관한 기준을 설정하는 것이다. 서비스 부담 유형에서는 응익성의 원칙과 분담성의 원칙으로 구분할 수 있다. 응익성의 원칙이란 u-city 서비스에 대한 응능주의 즉, 서비스로부터 이익을 누리는 사람이 부담하게 되는 것을 말하고, 분담성의 원칙이란 서비스에 대해 일정한 기준에 따라 모든 주민이 부담하는 것을 의미한다. 또한 서비스 유형에서는 필수적 서비스와 선택적 서비스로 나누며, 양자 모두 다시 공익적 서비스와 사익적 서비스로 구분한다. 필수-공익적 서비스란 공익성이 높고 시민생활을 영위하는 데 필수적으로 수반돼야 하는 서비스로 주민 전체의 삶과 밀접하게 관련되는 기초 서비스를 말하는데, 이에 대한 서비스 부담은 조세 등의 강제 징수에 의해 조달하게 된다. 필수-사익적 서비스란 사익성이 높지만 주민생활에 필수적인 서비스로 서비스 공

〈표 8-13〉 공공 서비스의 기본 유형

필수적 서비스	공익적 서비스	• 공익성이 높고 시민생활을 영위하는 데 필수적 서비스 • 주민 전체의 삶과 밀접하게 관련되는 기초적 서비스 • 조세 등의 강제 징수에 의해 조달 (예) 소방, 의무교육, 도로, 공원 등
	사익적 서비스	• 사익성이 높지만 주민생활에 필수적 서비스 • 서비스 공급 주체의 다양성 • 준공공 부문에 의해 공급 • 응능부담의 원칙(각자 개인의 능력에 따른 과세 원칙) (예) 시민회관, 아동관, 노인정 운영
선택적 서비스	공익적 서비스	• 공익성이 높지만 주민생활을 영위하는 데 선택적 서비스 • 편익이 특정 지역에 귀속하는 경우 • 2차적·선택적 서비스이기 때문에 준공공 부문이 공급 • 응능 부담 원칙 적용 (예) 공용주택, 의료, 장애인복지 등
	사익적 서비스	• 사익성이 높고 주민생활을 영위하는 데 선택적 서비스 • 편익의 개인적 귀속 • 민간 부문이 공급 • 개인이 서비스 비용 부담 (예) 주차장, 수영장, 시민휴게실, 스포츠교실 등

자료: 최창호(2007: 234-235)

급 주체의 다양성을 인정하게 되고 일반적으로 준공공 부문에 의해 공급될 수 있다. 선택-공익적 서비스란 공익성이 높지만 주민생활을 영위하는 데 선택적인 서비스로 편익이 특정 지역/특정인에게 귀속하는 경우가 해당된다. 선택-사익적 서비스란 사익성이 높고 주민생활을 영위하는 데 선택적인 서비스로 서비스의 편익이 개인에게 귀속되는 경우가 해당되며 민간 부문이 공급하는 서비스다.

셋째, u-city 서비스 종류별 서비스의 유형과 서비스 부담 유형을 매칭한 결과를 제시한다. 다음 〈표 8-14〉에서 가장 먼저 고려해야 될 서비스는 필수-공익 서비스, 필수-사익적 서비스, 선택-공익적 서비스, 선택-사익적 서비스 순이며, 서비스 부담 유형은 분담성, 응익성 순으로 파악해야 할 것이다.

〈표 8-14〉 u-city 서비스 유형별 우선순위

순위	한국정보사회진흥원(2007) 서비스 종류	국민 니즈 중요도	서비스 유형	서비스 부담 유형
1	원격 민원발급 서비스	1	선택-공익	응익성
2	종합교통정보 서비스	3	필수-공익	분담성
3	버스정보화 서비스	3	선택-공익	분담-응익
4	전자행정정보 제공 서비스	2	선택-사익	응익성
5	통행료 전자결제 서비스	3	선택-사익	응익성
6	상황안내 및 통제 서비스	2	필수-공익	분담
7	원격검침/통합과금 서비스	2	필수-공익	분담
8	지능형 교통신호 제어 서비스	3	필수-사익	분담-응익
9	통합 재난재해정보 서비스	3	필수-공익	분담성
10	공공지역 방범/보안 서비스	3	필수-공익	분담성
11	응급환자 지원 서비스	1	선택-사익	응익성
12	도시시설물 안전관리 서비스	3	필수-공익	분담성
13	홈 시큐리티 서비스	3	선택-사익	응익성
14	정보보안 서비스	2	필수-공익	분담성
15	지상시설물 통합관리 서비스	3	필수-공익	분담성
16	택시정보화 서비스	3	선택-공익	응익성
17	교통요금 전자결제 서비스	3	선택-사익	응익성
18	지하시설물 통합관리 서비스	3	필수-공익	분담성
19	대기오염 감시 및 관리 서비스	3	필수-공익	분담성
20	응급복구 대책 서비스	1	필수-공익	분담성
21	전자화폐 지불 서비스	3	선택-사익	응익성
22	수질감시 및 관리 서비스	3	필수-공익	분담성
23	응급구조 서비스	1	선택-공익	분담-응익
24	구조구급 서비스	1	선택-공익	분담-응익
25	원격검침 서비스	2	필수-공익	분담성
26	교통량 감시 서비스	3	필수-공익	분담성
27	식품인증/이력추적 서비스	1	선택-사익	응익성
28	종합환경 오염관리 서비스	3	필수-공익	분담성
29	전자여권 서비스	1	선택-공익	응익성
30	응급환자 이송 서비스	1	선택-공익	응익성
31	물류/유통 관리 서비스	3	선택-사익	응익성
32	환경시설물 관리 서비스	3	필수-공익	분담성
33	공공주차장 관리 서비스	3	선택-사익	응익성
34	대민 지원 포털 서비스	2	필수-공익	분담-응익
35	미아방지 서비스	3	선택-사익	응익성
36	교통안전관리 서비스	3	필수-사익	부담-응익
37	현장업무 처리 서비스	2	선택-사익	응익성
38	대민구호 서비스	2	필수-공익	분담성
39	지능형 교육(학습) 서비스	2	선택-공익	응익성
40	폐기물 관리 서비스	3	필수-공익	분담성

주1: 국민 니즈 중요도(1: 건강한 삶, 2: 보람차고 충실한 인생, 3: 편리/안전생활, 4: 고령자/장애자의 자립)
주2: 서비스 유형(필수-공익, 필수-사익, 선택-공익, 선택-사익) 주3: 서비스 부담 유형(응익성, 분담성, 분담-응익)

Rethinking

자율주행차 달리고 있었다면?… KT화재, 5G 시대 안전경고

KT 화재로 인한 통신대란으로 준비 안 된 초연결사회의 취약성이 여지없이 드러났습니다. 다음 달이면 초고속으로 많은 정보가 오가는 5G 시대에 본격 들어서게 되는데요. 그때, 이번 같은 통신 장애가 일어난다면 불편의 문제가 아니라 안전의 문제가 될 수 있습니다.

[리포트] 자율주행 장치를 탑재한 트럭입니다.

운전자가 손을 떼고 있지만, 끼어드는 차량에 맞춰 알아서 속도도 척척 줄입니다. 이런 자율주행차를 움직이는 게 바로 5G 기술 등의 최첨단 통신망입니다. 만약 자율주행차가 시속 100킬로미터로 달리고 있는데 5G망에 문제가 생겨, 3초 정도 통신이 늦어지게 되면 이 차는 90미터를 속도 제어 없이 그대로 달리게 됩니다. 대형 인명사고가 날 가능성을 배제할 수 없습니다. 실제 올 초 미국에서는 자율주행 승용차가 소방차를 들이받기도 했습니다. 5G 통신망으로 가능한 원격 수술 시스템 역시, 통신에 문제가 생기면 환자 생명과 직결될 수밖에 없습니다. 이번 통신망 마비로 사물인터넷, 이른바 IoT 기술로 움직이는, 인공지능 가전제품도 모두 무용지물이 되다시피했습니다. 결국, 5G 시대에서 통신의 장애는 '불편'을 넘어선 '사회 안전'의 문제가 될 수 있습니다. 이 때문에, 급증할 데이터 양을 대비해야 할 통신사가 광케이블 등을 제대로 관리 못 했다는 비판이 나오는 겁니다. 아무리 자율주행차나 인공지능 등의 기술이 발달해도 결국, 이걸 관리하는 건 사람이기 때문입니다. (중략)

자료: KBS, 2018. 11. 27.

Rethinking KT 화재 통신대란이 주는 교훈

4차 산업혁명 육성은 헛구호…기반 기술 모두 마비
4G 시대보다 초연결 5G 사물인터넷 환경에서는 지금보다 위험 높아

KT 아현지사 건물 지하 통신구 화재로 이 일대가 대혼란을 겪었다. 이번 통신구 화재는 우리에게 시사하는 바가 매우 크다. 통신이 마비되면 어떤 현상이 일어날지를 웅변해주고 있기 때문이다. 통신 강국이라 자부하는 우리나라에 915개의 통신구 중 하나에 화재가 일어났다. 그런데도 지난 일주일 동안 곳곳에서 아우성이다. 통신 없이는 우리가 매일 같이 부르짖는 4차 산업혁명 육성은 헛구호라는 것을 여실히 보여주고 있다. 실제로 통신이 일시에 마비되면 우리 사회는 어떻게 될까? 이번에 70대 노인이 휴대전화가 불통되는 바람에 119를 부르지 못해 뒤늦게 병원에 가야 했다. 병원은 병원대로 기기가 작동하지 않아 허둥댔다. 말만 하면 다 된다는 음성 인식 스피커 '기가 지니'는 졸지에 벙어리가 됐다. 전화를 대신 걸어줄 수도 없다. 멀지 않은 미래에 무인자동차가 달린다고 한다. 하지만 통신이 끊기면 달리던 노선을 이탈할 게 뻔하다. 차 안에 있던 승객들은 어찌 될 것이며, 주변에 있던 무고한 시민들은 어떻게 되겠는가. 생각만 해도 아찔하다.

인공지능이라고 말하는 기술도 알고 보면 ICT(정보통신)을 기반으로 한다. 현재 정부가 야심차게 추진하고 있는 스마트시티를 비롯해 커넥티드카, 클라우드, 빅데이터, 인공지능, 자율주행차, 드론, VR·AR, 원격 조종 로봇, 원격 수술 등 4차 산업혁명 주요 기반 기술들이 모두 통신기술로 구현되고 있다. 현대 경제의 모든 산업이 통신 없이는 이뤄질 수 없다. 특히 산업에서 통신 인프라는 국가 경쟁력 1순위로 꼽힌다. 촘촘하게 깔린 통신 네트워크 인프라는 역동하는 디지털경제의 핵심이다.

KT뿐만 아니라 각 이통사와 정부가 적극적으로 추진하고 있는 5G는 이러한 거의 모든 혁신 기술과 서비스를 지원하는 백본(backbone)이자 핵심 인프라로 한국을 포함해 전 세계 국가와 글로벌 기업이 서로 선두를 차지하기 위해 치열한 경쟁을 벌이고 있다. 5G 시대에는 사물인터넷을 통한 이제까지 본 적 없는 다양한 제품, 다양한 이용 방식이 개발되어 쏟아질 것이라 예상된다.

하지만 지금처럼 통신대란이 일어난다면 더 큰 문제가 발생할 수 있다. 5G망은 LTE의 폐쇄적 구조와 달리 분산 구조 개방형으로 설계된다. 주파수 대역을 쪼개 여러 분야에 분산 적용할 수 있는 '네트워크 슬라이싱' 기능이 구현된다. 예를 들어 하나의 망을 가상으로 자율주행 전용망, 가상현실 전용망 등으로 나눠 각 서비스에 맞춰 전송한다. 이 기능은 기지국 단위에서도 데이터를 처리하기 때문에 만약 통신이 두절된다면 기존보다 더 큰 위험에 노출된다. 게다가 5G망은 자율주행차나 의료 분야 등 사고 위험성이 큰 분야에도 적용될 것으로 예상돼 그 중요성은 더 떠오를 수밖에 없다. 스마트폰 같은 제한적인 통신 장비만 쓰던 4G 시대보다 항상 인터넷에 접속돼 있는 5G의 사물인터넷(IoT) 환경에서는 지금보다 그 위험이 높을 수밖에 없다. (중략)

자료: UPI뉴스, 2018. 12. 6.

제8장 참고 문헌

강신택. (1999). 한국에 있어서의 행정과 경영.「한국행정학회 하계학술대회 발표논문집」, pp. 537-545.

권선필. (2008). 컴퓨터 활용 질적자료 분석을 통한 행정-정치-경영 담론 분석.「한국행정학보」, 42(1): 345-364.

김 구. (2008). u-City 서비스 단계별 우선순위와 확산전략에 관한 연구.「한국지역정보화학회지」, 11(1): 127-148.

김근세. (2016). 한국행정의 목표.「한국행정학보」, 50(4): 11-42.

김복규. (2000). 정치와 행정/행정과 정치.「한국행정학회 학술대회 발표논문집」, pp. 235-242.

김성수. (2006). 한국 행정-정치관계 특성의 비교분석: 정책과정에서 장관과 고위관료의 관계를 중심으로.「한국사회와 행정연구」, 16(4): 1-22.

김윤권·윤수재·최호진·이재호. (2011).「글로벌 행정환경의 변화에 따른 미래 정부조직 재설계 연구」, 한국행정연구원 연구보고서.

김정수. (2016).「정책학 입문」, 경기도: 문우사.

김찬동. (2005). 정치행정관계와 행정책임문화: 일본과 한국의 쌀시장 개방정책을 사례로.「한국사회와 행정연구」, 16(2): 1-24.

문명재·이창길·정광호·장용석(2012).「정책환경 변화에 따른 미래 행정수요 연구」, 한국조직학회.

박성복. (2002). 행정의 개념과 행정학의 연구 대상.「한국행정논집」, 14(3): 513-531.

박재창. (2008). 행정학에서의 정치와 행정: 과거, 현재, 미래.「한국행정학회 하계학술대회 발표논문집」.

백완기. (2007). 한국행정과 공공성.「한국사회와 행정연구」, 18(2): 1-22.

박재완. (2016). '좋은 행정'에서 본 행정 현장과 행정학의 과제: 정부실패를 중심으로.「행정논총」, 54(4): 39-68.

사공영호. (2008). 좋은 정책이란 무엇인가?: 정책의 수단적 가치에 대한 반성.「한국정책학회보」, 17(1): 1-36.

송기춘. (2015). 좋은 행정이란 무엇인가: 공법학의 한 관점. 「한국행정포럼」, 149호.
양영철. (2017). 4차 산업혁명 시대에 행정환경과 중앙정부와 지방정부 간의 관계 변화에 대한 연구. 「한국행정학회 학술발표논문집」, 2929-2951.
윤광석. (2018). 4차 산업혁명시대 정보기술을 활용한 행정서비스 혁신 방안. 「이슈 페이퍼」, 통권 67호. 한국행정연구원.
윤우곤. (1998). 행정과 경영의 비교 연구: 행정과 행정학의 미래. 「한국행정학보」, 32(4):1-18.
이명석. (2017). 미래 행정수요와 거버넌스 변화. 「한국행정연구」, 26(4): 1-32.

Frederickson, H. G. & Smith, K. B. (2003). *The Public Administration Theory Primer*. Cambridge, MA: Westview Press.
Hansen, K. M. & Ejersbo, N. (2002). The relationship between politicians and administrators-a logic of disharmony. *Public Administration*, 80(4): 733-750.
Ott, J. S. & Russell. E. W. (2001). *Introduction to Public Administration*(ed). Addison Wesley Longman, Inc.
Shafritz, J. M. & Russell, E. W. (2005). *Introduction to Public Administration*(4ed). Pearson Education, Inc.
http://egyankosh.ac.in/bitstream/123456789/25454/1/Unit-1.pdf. (Retrieved on December 6, 2018).
https://slideplayer.com/slide/12453462. (Retrieved on December 5, 2018).

제9장

공유자산의 유지와 관리

제1절 | 공유자산의 비극

1 공유자산 비극의 이해 필요성

우리는 흔히 개인이나 사적 집단(私的集團)이 소유하지 않은 자산을 공유지, 공유자산, 공유자원, 공동자산 등의 개념으로 혼용해서 사용하고 있다. 공유자산 및 공동자산을 유지 및 관리해야 하는 이유는 공공사회 및 공동체의 유지와 발전을 위해서 가장 기본이 되는 터전이기 때문이다. 공유자산에 대해서는 유형재이든 무형재이든 소비에서뿐만 아니라 그 유지에서도 사회구성원 및 공동체 구성원이 합의한 규칙을 따라야 한다. 그러나 유지에서보다도 소비의 양이 일정 수준을 넘을 경우 그 공유자산은 황폐화되거나 고갈되고 만다. 이를 공유자산의 비극이라 한다.

공유자산의 비극은 항상적으로 관리 및 유지돼야 할 공유자산이 인간의 과도한 소비(사용)로 인해 더 이상 자산으로서 가치가 사라져 가는 현상을 비유한 것이다. 특히, 공유자산이 유형재일 경우 유한재로서 그 재화의 양이 한정돼 있는데 지속가능성 및 항상성의 유지에 대한 아무런 대안도 없이 자원(자연자원)을 낭비하게 되면 지금은 효용성(만족)을 충족시켜 주지만 미래에는 자원을 사용할 수 없게 되는 비극을 초래하게 된다. 공유자산은 현재 세대, 특정인, 특정 집단의 전유물이 아니라 후세대와 공동체 모든 구성원이 사용해야 할 자원이다. 공유자산은 공공사회와 공동체를 유지하고 발전시키는 소중한 자원이기 때문에 공유자산의 고갈을 막을 수 있는 지식과 지혜가 필요하다.

2 공유자산의 비극 개념

공유자산이란 다수의 개인이 공유하고 사용하며 잠재적인 사용자들을 배제하기가 불가능하거나 곤란하고 한 개인의 사용량이 증가함에 따라 다른 사용자들이 사용할 수 있는 양이 감소하는 재화로서 '비배제성과 경합성'의 특징을 가진다(이승길, 2017). 공유자산은 주로 공간적 개념으로, 나아가 이를 둘러싼 접근권과 이용권을 포괄하는 개념이다(윤순진 외, 2009: 128). 공유자원은 토지 및 산하가 비록 사유(私有)일지라도, 이것으로 아름다운 자연경관 등 사회 전체의 것이라고 할 수 있다(이승길, 2017). 공유자산은 대표적으로 토지, 어장, 물고기, 야생생물, 물, 숲, 목초지, 지표, 지하수, 산맥 등이 해당된다.

공유자산의 비극에 대한 현상은 하딘(Hardin, 1968)의 논문에서 명확히 설명되고 있다. 그에 따르면, 공유자산의 비극이란 목초지에서의 가축 방목을 예로 들면서 많은 사람이 한정된 공유자산을 공동으로 이용할 때 나타나는 황폐화 현상이라고 말하고 있다. 배제성이 없는 목초지 사용을 더 많이 할수록 자신의 이득은 높아지지만, 문제는 다른 사람들도 동일한 유인구조를 갖고서 같은 행동을 하기 때문에 결국에는 목초지가 황폐화된다는 것이다. 이후 도우스(Dawes, 1973)는 죄수의 딜레마 게임(prisoner's dilemma game)으로 같은 현상을 설명한다. 따라서 공유자산의 비극이나 죄수의 딜레마나 모두 같은 게임 구조를 갖고 있다. 공유자산에 빗대게 되면 자기 이득을 중요하게 여기는 동일한 유인구조를 가진 가축 주인들이 공유자산을 여러 방식으로 남용(어장인 경우 남획)하게 됨으로써 결국은 황폐화 및 고갈되고 마는 것이고, 죄수 상황에 빗대게 되면 상대방과 비교했을 때 자기에게 유리한 판결이 내려지도록 자기 이득을 생각해서 진술을 하다 보면 결국 둘 다 비합리적인 결정에 이르게 된다는 것이다(김민주, 2015: 53-54).

공유자산의 비극은 하딘(Garrett Hardin)이 「공유지의 비극(The Tragedy of the Commons)」이란 글을 쓰면서 본격화됐다. 그가 언급한 공유자산의 비극은 "모든 사람에게 개방된 목초지를 이용하게 되면 개인은 자신의 이익을 극대화하기 위해 더 많은 수의 소를 방목하게 됨에 따라 과도한 이용에 의한 목초지는 결국에는 황폐화될 것"이라는 우화로 회자된다(이승길, 2017: 75). 하딘은 목초지를 공유자산의 예로 들면서, 목초지에 대한 출입을 제한하지 않을 경우 개인은 자신의 이익을 극대화해서 더 많은 이익을 얻기 위해 더 많은 수의 소를 방목하게 되며, 결국 그 목초지는 과도하게 이용됨으로써 황폐화될 것이라고 경고했다. 그에 따르면 공유자산은 언제나 누구에게나 열려 있기에 합리적 경제행위를 추구하는 개인들이 자신의 이익을 극대화하는 방향으로 이용하게 됨으로써 한정된 공유자산은 결국 황폐화된다는 것이다(윤순진, 2002).

3 공유자산의 유지 및 관리 상황

1) 공용어장의 물고기 수확

김민주(2015)는 부산 가덕도 대항마을의 숭어잡이 사례를 중심으로 공용어장의 수확 문제를 통해 공유자산의 비극 현상과 대안을 설명했다. 공용어장은 물고기를 잡을 수 있는 시기(계절과 물때)가 정해져 있고 그 구역이 일정하다. 즉, 어장에서 조업할 수 있는 시기와 장소가 한정돼 있다. 따라서 어부 A와 B는 특정한 공용어장에서 특정 시기에 조업해 많은 수확을 올리려고 노력할 것이다. 하지만 조업할 때 어망이 투망될 수 있는 전체 어장의 크기는 정해져 있다(김민주, 2015: 54).

부산 가덕도 대항동 대항마을은 부산시 강서구에 소재하는 섬마을이다. 가덕도 전체 인구는 3,113명이고 대항마을은 368명이다. 주요 생계 수단은 어업이고 일부 농업도 병행한다. 마을의 주요 현안에 대해서는 마을자치회의라고 할 수 있는 개발위원회 회의 그리고 어촌계 총재회의에서 논의한다. 대동회에서는 1년간 마을자치 경과에 대한 보고와 주요 결정 사항에 대한 주민 전체의 의견을 수렴하고, 동장과 어촌계장 등을 선출하기도 한다. 개발위원회 회의는 개발위원들이 마을 주민들을 대신해서 대동회에서 결정된 마을의 주요 결정 사항의 진행 상태를 정기적으로 검토하고 수시로 발생하는 기타 문제를 논의한다. 어촌계 총재회의에서는 어로활동과 관련된 제반 사항에 관한 주요 결정과 회의를 진행한다. 마을의 주요 생계 수단이 어업이기 때문에 대동회나 개발위원회 회의 그리고 어촌계 총재회의에서 항상 주요 논제가 되는 것은 마을의 공유자산인 어장에 관한 사항들이다. 어장 중에서도 마을의 공동 소유이자 전통적으로 이어져 오고 있는 숭어어장에 관한 사항들이 주로 논의된다.

숭어어장은 섬의 특정한 곳인 내동섬(현지 지명)에만 위치하고 있으며 그 지역은 상당히 넓다. 숭어잡이가 집단적인 공동 작업으로 이뤄지는 이유가 바로 이 때문이다. 숭어는 특성상 떼를 지어 다니면서 그 무리가 섬에서 상당히 넓은 특정한 지역(내동섬)을 지나가는 까닭에 공동작업이 효율적인 것이다. 그렇지 않고 개별 어로활동을 한다면 개인이 운용할 수 있는 한정된 어망만 이용할 수밖에 없으므로 많은 숭어를 놓치게 되어 비효율적이고, 또 숭어가 지나가는 특정한 한 곳에서 개별적으로 모든 사람이 어로활동을 하게 되면 어선들 간 충돌이나 어망이 엉켜 서로 피해를 주게 되어 역시 비효율적이다. 그래서 대항마을에서는 약 160여 년 전부터 이곳을 마을의 공유자산으로 지정해서 공동 작업을 통해 숭어잡이를 하고 있다.

대항마을에서는 공유자산 관리를 위해서 자치관리 관리로 추진해 오고 있으나 실제로 여러 문제(사용자 감소, 고령화, 생산력 감소, 독점적 지위)에 대해 공유자산의 지속적 존재와 관리를 위해 여러 대응 방안을 모색하고 있다. 그 대응 방안으로는 공유자산 자체를 문화재로 지정하는 것과 관광자원화하는 방법 그리고 한시적으로 사용 권한을 위임해서 관리하도록 하는 방법이다.

자료: 김민주(2015)

2) 강릉 송림리 마을숲 지킴 사례

윤순진 외(2009)는 강원도 강릉시 연곡면 송림리 마을숲(소나무) 굴취(掘取) 및 반출 사례를 통해 공유자원의 보호 가치를 설명했다. 그들에 의하면, 마을숲은 자연적으로 생성된 것이 아니라 마을공동체가 그들의 필요에 의해 인공적으로 조성하고 마을 구성원들이 공동의 규칙과 규범을 마련해서 보호하고 유지·관리해 온 것이다. 마을숲은 경관적 기능, 환경·생태적 기능, 문화·휴양적 기능 등 다양한 기능을 수행하기 때문에 보전 가치가 높은 것으로 평가되고 있다. 한국의 마을숲은 오랜 기간 동안 건강하게 유지돼 왔으나 갈수록 소유 관계의 변화, 마을숲과 지역주민들의 관계 변화, 공동체의 붕괴, 공유자산 내 자산의 상품화를 자극하는 사회경제 구조의 작동 등의 이유로 전국적으로 많은 마을숲이 훼손됐거나 훼손될 위기에 처해 있다. 윤순진 외(2009)는 마을숲의 사유화나 강력한 국가 개입에 의해서가 아니라 오히려 공유자원이 공유되지 않고 사유화됨으로써 발생하는 것으로 공유지의 공유성을 유지하거나 회복하는 것이 무엇보다 중요하며 마을숲의 가치에 대한 지역주민의 인식과 참여가 기초가 돼야 한다고 강조했다.

강원도 강릉시 연곡면 송림1리 마을 입구 국도변 논밭 사이에는 100여 년 이상의 아름드리 소나무 50여 그루가 길게 늘어선 모양으로 조성된 마을숲이 있었다. 이 마을숲은 오대산으로부터 불어오는 바람을 막아주는 방풍림과 수구막이로서의 역할을 해왔는데 경관 또한 아름다웠다. 송림리라는 마을 이름도 소나무가 많다고 해서 붙여진 이름이다. 마을 사람들은 이 소나무숲을 마을 수호신으로 신성시해서 애송계를 조직해 병충해를 방지하고 가지치기를 해주는 등 정성스럽게 가꿔 왔다. 송림리 마을숲은 백여 년이 넘는 세월을 마을 주민과 함께 해오며 마을의 특색을 나타내는 아름다운 경관으로, 마을 주민들의 편안한 안식처로, 마을의 애환의 역사가 담긴 혼으로 마을 사람들에게 인식돼 왔다. 소나무로 된 이 마을숲은 마을의 상징이자 마을주민들의 자부심의 근원이 되는 송림리의 주요한 문화자산인 것이다. 그런

데 송림리 마을숲이 입지한 땅은 법적으로 마을 공동 소유지가 아니라 사유지였다. 하지만 이러한 법적 소유와 별개로 마을 주민들은 마을숲을 공동 소유의 자산으로 여기며 함께 보호하고 관리해 왔다고 한다. 그러다 사건 발생 몇 해 전에 땅 소유주였던 강릉 거주민 A씨가 사업과 농사 실패로 빚을 지게 되면서 해당 토지가 경매에 부쳐지게 됐다. 이 상황에서 서울에 거주하는 전 소유주의 조카사위인 현 소유주가 빚을 갚아주고 소유 명의를 이전해 가게 돼 마을숲의 토지 소유권이 외지인인 현 소유주에게 넘어갔다.

2006년 11월 서울에 거주하고 있던 송림리 마을숲 토지 소유주는 서울의 한 조경업체(G조경)에 우량 소나무 37그루를 아파트 조경수로 매각했다. 마을 이장을 비롯한 마을 주민들은 이 사실을 알고 강릉시청을 찾아 소나무를 지켜달라고 청원서를 제출했다. 강릉시도 송림리 소나무가 우량 소나무로서 공익가치가 뛰어나다고 판단해서 소나무의 반출을 막고자 노력했다. (중략) 반출을 막기 위한 과정에서 마을주민, 강릉 생명의숲 단체, 도민일보 등의 기금모금운동 전개 활동, 기금모금운동을 위한 강릉시청과 지역의 농협 그리고 일반 시민의 협조 등을 통해 소나무 매각대금을 확보함으로써 조경업자로부터 굴취 및 반출하려던 소나무를 송림지 명의로 매입함으로써 10그루를 제외한 남은 19그루는 원래 자리에 원상 복원한 결과를 가져왔다.

자료: 윤순진 외(2009)

4 공유자산의 비극 방지를 위한 방안

공유자산의 비극 현상을 방지하기 위한 방안은 보편적으로 적용되기보다는 공유자산의 유형, 규모, 특성, 가치, 이해관계자 등 여러 요인과 상황 등 개별 사례에 따라 그 방안이 다를 수밖에 없다. 위 두 가지 사례에서 보듯이 공유성과 사익성의 간극을 어느 정도 조율하고, 상황에 대한 관심과 문제를 해결하려는 노력을 어느 정도 기울이는지를 통해 원만하게 해결됐음을 알 수 있다. 공유자산의 비극 방지를 위한 전형적인 방안은 다음과 같다.

1) 정부의 개입

공유자산의 고갈과 황폐화를 막기 위해서는 행정적인 규제를 실행할 수 있는 정당한 권위를 가진 정부가 강제적인 개입을 통해서 공유자원에 대한 접근과 관리를 통제하는 것이다(이승길, 2017: 82-83). 산림 훼손을 막고 산림자원의 보존을 위해 입산을 통제하거나 1일 탐방객을 정하는 경우나, 어족자원 고갈을 막기 위해서 산란기 어업활동을 금지하거나 그물망 크기나 일정 크기 이하의 꽃게 수확을 금지하는 규제가 그 사례다. 이와 관련해서「해양생태계의 보전 및 관리에 관한 법률(약칭 해양생태계법)」은 해양생태계를 인위적인 훼손으로부터 보호하고, 해양생물 다양성을 보전하며 해양 생물자원의 지속 가능한 이용을 도모하는 등 해양생태계를 종합적이고 체계적으로 보전·관리함으로써 국민의 삶의 질을 높이고 해양자산을 보호함을 목적으로 시행되고 있다.

2) 사적 소유

공유자산을 사유화, 즉 사적 소유(private property)의 전환이다. 목초지의 경우 공유 목초지를 골고루 농부들에게 나눠준다면 개인의 재산권으로 인해 관리가 된다는 논리다. 이러한 방법으로 개인의 권한과 책임을 명확하게 설정하면 자기 몫의 목초지 혹은 동·식물을 소중히 관리하게 되고 공유자원을 지속 가능하게 관리될 것이라는 논리다. 하지만 현실적으로 모든 공유자원에 소유권을 설정하는 것은 불가능한 일이다(이승길, 2017: 82-83).

공유자산 사용의 황폐화 문제는 결국 개인들이 자신의 이익을 추구하는 데서 비롯된 것으로 애초에 개인의 이익이 문제라면 개인에게 사유화시켜 버리면 된다는 관점이다. 공유자산을 '공유'가 아닌 사유재산으로 취급하게 되면 사람들은 자신의 재산을 효율적으로 사용해서 이윤을 극대화시키기 위해 자발적으로 최선을 다하게 될 것이라는 입장이다. 예컨대 감시활동도 적극적으로 하고 외부 침입을 막기 위한 울타리를 만들어 놓기도 하면서 최적의 자원 관리가 이뤄지게 된다는 것이다(Ostrom, 1990: 12-13; 김민주, 2015; 56에서 재인용). 이렇게 되면 다른 사람과의 경쟁 게임으로 딜레마 상황에 처하게 되는 경우도 없고, 부적절하거나 부정확한 혹은 불합리한 외부의 강제력에 따른 자원 사용의 비효율성도 발생되지 않는다. 이처럼 사유자산화 모델에 따르면 개인은 이익에 따라 행동하기 때문에 그에 따라 공유자산의 비극도 나타나는 것이고, 따라서 그 해결도 개인의 이익에 바탕을 두고 찾는 것이 바람직하다는 입장이다(김민주, 2015: 56).

그러나 공유자산을 사유화하는 과정 자체가 어려울 수 있다. 공유자산이기 때문에 이해관계인이나 사용자 다수의 합의가 있어야 사유화할 수 있는데, 만일 해당 자산에 매력을 가진 사람이 자신에게 사유화될 가능성이 낮다고 판단되면 다른 사람에게 사유화되는 것을 막을 수도 있다. 그리고 사유자산화 모델의 가정은 사유자산화될 때 나뉜 공유자산의 조건들이 모든 사용자에게 돌아가는 자산의 이용가치가 동등하다고 가정한다(Ostrom, 1990: 12-13; 김민주, 2015: 56에서 재인용). 목초지를 예로 들면 '갑'과 '을'에게 각각 절반씩 나눠 사유화된 자원의 질(토양, 풀 등)이 동등하다는 것인데 반드시 그렇지 않다. 그리고 비나 일조량과 같은 외부 자연환경이 '갑'에게만 유리할 수도 있다. 이때 만일 공유자산이라면 더 유리한 쪽으로 소를 이동시켜 '갑'과 '을' 모두가 문제없이 소를 방목해서 기르겠지만, 사유자산화되면 그렇게 하기 힘들다(김민주, 2015: 56).

바다의 어장도 마찬가지다. 사유화한 곳 중 어느 특정한 곳으로만 물고기가 몰리게 되는 경우가 생길 수 있다. 어장은 겉으로는 고정자산(stock variable)으로 보이지만 사실은 유동자산(flow variable)이므로 자원 단위(resource units)인 물고기의 양도 유동적이다. 단적으로 물고기의 이동 방향에서 맨 앞쪽에 위치한 어장과 뒤쪽에 위치한 어장의 물고기 어획량은 다르다. 그리고 어장은 특정한 한 구역에서 큰 범위로 형성되는데, 바다 위에 명확한 경계를 긋는 것도 쉽지 않다. 토지와 달리 울타리를 칠 수 있는 여건도 아니다. 그래서 어장은 사유재산권을 할당해서

관리되기는 사실상 어렵고 대부분의 경우 공동으로 소유해서 관리될 수밖에 없는 것이 현실이다(김민주, 2015: 56-57).

3) 공동체에 위임

공유자원의 관리를 공동체에 위임하는 방법이다. 공유자원을 이용하는 공동체 내부의 자율적인 힘을 이용하는 방법이다. 이것은 정부의 개입을 전제로 하지 않을뿐더러 강제적이지 않고 구성원이 자발적으로 따를 수 있다는 점에서 바람직한 방법으로 인식된다. 목초지의 경우 목초지를 공유하는 사람들이 질서를 유지하고 합의에 따라 적정 수의 가축을 방목한다면 목초지가 황폐화되거나 비극은 발생하지 않는다는 논리다(이승길, 2017: 82-83). 예를 들어, 특정 지역의 어족자원과 같은 경우 정부가 개입하는 것보다는 마을 공동체에서 소통을 통해 공유자원을 보호하고 이를 바탕으로 지속적인 어업을 이뤄 나가는 방법이다. 우리나라 어촌마을의 경우 어촌계가 공동체를 형성해서 바다 조업이나 어패류 및 해조류의 채취 시기 및 방법을 정하고 그 결과물을 자신들이 결정한 방식으로 배분하는 것이 이에 해당된다.

공유자원의 관리를 공동체에 위임하는 것은 공동체 구성원들이 자치적으로 관리하는 모델이다. 공유자산의 비극을 막기 위한 효율적인 관리 방안으로 자치적 관리 모델을 주장한 대표적인 학자는 오스트롬(Elinor Ostrom)이다. 오스트롬(Ostrom, 1990: 88-102; 2010: 12-13)은 공유자산 관리를 위한 자치적 모델 운영 원리로 다음과 같이 일곱 가지를 제시했다(김민주, 2015: 59-60).

첫째, 공유자산과 사용자의 경계를 분명히 설정한다. 관리 대상의 공유자산의 공간적(지리 및 지형)·시간적(사용 시기) 범위와 사용할 수 있는 사람과 가구 그리고 거주기간 등을 명확히 정의해야 한다.

둘째, 관리 및 사용규칙은 현지의 상황이나 조건에 적합해야 한다. 다른 곳이나 다른 공유자산의 관리 및 사용규칙을 그대로 적용하는 경우 현지의 상황이나 조건에 적합하지 않게 된다. 공유자산의 규모, 유형, 특징, 생산물, 누리는 결과

물, 사용 시기, 이용자의 수, 그들의 특성, 사회적·경제적·문화적 가치, 심미적 가치 등 다양한 요인에 따라서 달라져야 되기 때문에 현지 상황과 조건에 적합한 자치규약이 마련돼야 한다.

셋째, 공유자산에 관한 자치규약은 공동체 구성원 모두의 '합의'에 기초해서 만들어지고 수정돼야 한다. 공동체 구성원들의 합의에 의해 만들어진 규약은 그들이 행동수칙에 동의하고 따른다는 의사 표현의 결과다. 반대로 합의에 의하지 않고 특정인이나 특정 집단에 의한 일방적인 규약의 경우 나머지 구성원들이 동의하지 않으며 규약을 위반할 소지가 많다. 따라서 자치규약은 구성원 모두에게 충분한 설명과 이해를 바탕으로 합의에 의해 제정되고 수정돼야 한다.

넷째, 자발적 합의에 토대를 두고 만들어진 규약에 의해 사용되도록 하기 위해서는 공유자산의 현황과 사용 활동에 대한 적극적인 감시활동이 있어야 한다. 이를 위해 감시요원을 둘 수 있는데, 감시요원은 사용자들 자체일 수도 있고 사용자들을 대신할 수 있는 사람을 선발할 수도 있다. 그러나 감시하는 과정에서 사용자들 간 '서로 눈감아 주기'가 발생할 가능성도 있을 수 있기 때문에 이에 관한 예방책도 자치규칙에 포함시켜야 할 것이다.

다섯째, 자치규칙에 대한 가벼운 실수나 선의의 위반에서부터 무겁거나 의도적이고 반복적인 위반 등 위반행동의 경중에 따라 점증적인 제재가 필요하다. 관련자들이 모두 참여해서 정한 규칙에서 특정한 사람이 위반하게 될 때, 위반자를 제외한 다수의 사람은 그 규칙을 여전히 잘 따르고 있다는 모습을 위반자에게 확인시켜 주면 그 자체가 위반자로 하여금 순응의 동기가 된다. 최초 위반에는 가벼운 제재로 규칙 순응의 중요성을 일깨워주는 데 초점이 맞춰진다. 하지만 반복적이고 심각한 결과를 초래할 정도의 위반을 하면 공유자산의 사용 금지나 공동체에서 제명시키는 무거운 제재가 뒤따라야 한다.

여섯째, 갈등 해결 기구를 마련해야 한다. 자치규칙의 내용에 대한 이해의 부족과 오해가 일어날 경우나 선의의 실수인 경우에 갈등 조정장치가 마련돼야 한다. 갈등 조정은 비공식적으로 이뤄지기도 하고 집단의 지도자로 뽑힌 사람이 중재 역할을 할 수도 있지만 모든 과정은 중립적인 접근으로 공정하고 투명하게 진행되도록 해야 한다.

일곱째, 정부 및 행정기관의 개입은 최소한에 그쳐야 한다. 사용자들이 스스로 제도를 고안하고 만드는 데 대한 권리를 외부의 권위체로부터 도전받지 않아야 한다. 자치규칙이 합법적인 테두리 안에서 만들어지는 것에 대해서는 정부 및 행정기관의 역할이 일정 부분 개입하고 작용할 수 있지만, 정부 및 행정기관은 공유자산 사용의 규칙에 개입해서는 안 되며 사용자들이 스스로 설계하고 실행할 수 있도록 해야 한다.

4) 공유자원 이용 및 보존에 관한 교육

공유자원의 이용에 대한 공공성 및 공익 실현에 관한 지속적인 교육이 필요하다. 사람들은 교육을 통해 성장하고 법과 질서를 배워 나간다(이승길, 2017: 82-83). 공유자산에 관한 이해관계자, 이용자 등에게 교육 등의 방법에 의해 공유자

Rethinking 　산림유전자원보호구역 제한적 탐방제

산림유전자원보호구역에서 실시 중인 제한적 탐방제가 주민과 탐방객 모두에게 호평을 얻고 있는 것으로 확인됐다. 산림청은 산림유전자원보호구역 제한적 탐방제 운영에 대한 성과 조사 결과 탐방객 만족도가 높고 지역경제 활성화 효과가 있는 것으로 나타났다고 밝혔다. 이 제도는 산림생물의 다양성을 보전하고 주민들의 자발적인 보호 여건 조성을 위한 보호가치가 높은 곳을 선정해 탐방기간과 인원을 제한하는 제도로 인제 곰배령과 울진 소광리 숲길이 대상이다. 이곳을 방문하기 위해서는 정해진 기간 내 사전예약을 해야 한다.

자료: 「뉴시스」, 2017. 11. 1.

Rethinking 등산객·숙박업소 난립… 곰배령 '몸살'

강원도 점봉산 곰배령이라고 들어 보셨는지요.
야생화가 많고, 경치가 좋다고 입소문이 나서 최근 등산객들이 많이 찾는 곳입니다.
그런데, 조용히 감상만 하고 돌아가면 얼마나 좋았을까요.
사람들의 무분별한 행동에 곰배령이 본래 모습을 잃고 있다고 합니다.
현장추적 ○○○ 기자입니다.
〈리포트〉
연휴를 맞아 단풍이 곱게 물든 곰배령에 이른 아침부터 등산객들이 몰려듭니다.
곰배령은 야생화 보호구역이어서 등산로 주변에 통제선이 설치돼 있습니다.
하지만, 무용지물입니다. 더 좋은 사진을 찍겠다고 선을 넘고,
아예 돗자리를 깔고 음식을 먹습니다.
통제구역이라는 사실이 무색하게 큰소리로 노래를 부르는 사람들까지 있습니다.
몇 년 전까지만 해도 이곳은 야생화 군락지였습니다. 하지만 계속되는 등산객의 발길에 보시는 것처럼 완전히 황폐하게 변했습니다.
등산화에 짓밟힌 야생화 군락지에서는 더 이상 싹이 트지 않고 있습니다.
야생화가 무성했던 불과 몇 년 전 가을과 비교해 보면 차이가 확연합니다.
곰배령이 이처럼 몸살을 앓는 건 2010년까지 백 명으로 제한됐던 하루 입산객 수가 급격히 늘어 지금은 600명에 달하고 있기 때문입니다.
등산객이 몰리면서 불법 숙박시설까지 우후죽순 생겨나고 있습니다.
10여 명이 묵을 수 있는 이 민박집은 손님을 끌기 위해 하천 위에 불법으로 다리를 놓아 진입로를 만들었습니다.
등산객들을 상대로 무허가로 버젓이 식당 영업도 하고 있습니다.
환경 파괴가 심각한데도 단속의 손길은 미치지 못하고 있습니다.
밀려드는 등산객과 비뚤어진 상흔에 야생화의 천국 곰배령이 신음하고 있습니다.

자료: KBS 뉴스, 2015. 10. 11.

산의 비극을 사전적으로 막을 수 있도록 그들의 인식 수준을 높여야 한다.

제2절 | 죄수의 딜레마

1 죄수의 딜레마 개념

죄수의 딜레마 현상은 서로에게 더 좋은 결과가 있음에도 불구하고, 서로에게 더 나쁜 결과로 귀착된다는 점에서 많은 사람의 관심을 끄는 문제다(조인성, 2017: 129). 죄수의 딜레마 현상은 공동적 또는 집합적인 상태에서 개인의 합리적 선택이 결과로서 비합리적 결론에 이른다는 것을 설명하는 게임이론의 전형으로서(엄창옥, 2014), 즉 상호간 협력할 경우 서로에게 가장 이익이 되는 상황을 가져올 수 있음에도 불구하고 개인적인 욕심으로 서로에게 불리한 상황을 초래하게 만든다는 게임 모형이다. 죄수의 딜레마 상황은 의사결정자가 상대방을 신뢰하고 협력하는지 아니면 상대방을 이용하려고 배신하는지를 관찰하고 분석하는 데 적합하다(김영조, 2015: 37).

죄수의 딜레마 현상이 갖는 의미는 죄수의 딜레마 현상으로 설명할 수 있는 경제적·사회적 현상이 많기 때문이다(조인성, 2017: 129). 요컨대 공공사회 및 공동체 생활에서 협력적 활동이 모든 사람에게 이익으로 돌아갈 수 있음에도 불구하고 눈앞의 개인적 이익이나 선호에 집착한 나머지 협력적 활동이 이뤄지지 않아 결국 모두에게 손실 또는 손해로 귀착되는 현상을 볼 수 있다는 것을 설명하는 기본 모형이다.

❷ 죄수의 딜레마 상황

죄수의 딜레마(prisoner's dilemma)는 처음에 터커(Albert W. Tucker)가 정식화한 것으로서 게임이론에서 가장 고전적이면서도 가장 전형적인 예라 할 수 있다. 죄수의 딜레마 상황은 다음과 같다.[44]

은행 강도를 저지른 두 용의자가 경찰에 붙잡혔다. 경찰은 이들이 각각 징역 1년형에 해당하는 다른 범죄의 범인이라는 증거를 가지고 있지만, 은행 강도죄에 대한 충분한 증거는 가지고 있지 않아 이들의 자백이 필요한 상황이다. 경찰은 두 용의자에게 "둘 중 하나만 자백하고 법정에서 증언을 한다면, 자백한 사람은 풀려나고 자백하지 않은 사람은 20년형의 처벌을 받게 된다. 둘 다 자백하면 형벌감면제도에 의해 각자 5년형의 처벌을 받게 된다"고 설명하고, 각기 다른 방에 구금한다. 이들은 각자의 방에서 자백할 것인가 말 것인가를 고민한다(김영조, 2015: 36; 조인성, 2017: 130).

〈표 9-1〉 죄수의 딜레마 상황

		죄수2	
		〈배신〉 자백	〈협력〉 침묵
죄수1	〈배신〉 자백	각자 5년형	죄수 1 : 석방 죄수 2 : 20년형
	〈협력〉 침묵	죄수 1 : 20년형 죄수 2 : 석방	각자 1년형

자료: 김영조(2015: 36)

이러한 상황에서에서 두 용의자의 선택은 무엇일까? 이들이 서로 배신하게 된다는 것이 '죄수의 딜레마'의 결론이다. 각 범인은 자신만 침묵하면 최악의 결과로 20년형을 **받거나,** 자신도 자백해서 불리한 결과 5년형을 **받게 되는** 딜레마에

---

[44] 박종준(2011); 엄창옥(2014); 김영조(2015); 조인성(2017) 등의 내용을 정리함.

빠지게 된 것이다. 죄수의 딜레마가 흥미로운 점은 서로 침묵/협력하면 각각 1년 형을 살지만, 결과적으로 모두 자백/배신해서 5년형을 살게 된다는 점이다. 즉, 서로에게 더 좋은 결과가 있음에도 불구하고 서로에게 더 나쁜 결과를 맞게 된다는 것이다(조인성, 2017: 130).

'죄수1'의 입장에서 보면, '죄수2'가 어떤 선택을 할 것인지 예상하고 이에 대응을 해야 한다. '죄수2'가 자백한다고 예상한다면, 자백하는 것(5년형)이 자백하지 않는 것(20년형)보다 낫다. 반대로 '죄수2'가 자백하지 않고 침묵한다고 생각하는 경우에도 자백하는 것(석방)이 침묵하는 것(1년형)보다 낫다. 즉, 상대방이 어떤 선택을 하든 상관없이 자백을 하는 것이 언제나 유리하다는 것을 의미한다. 문제는 '죄수2'도 똑같은 논리에 의거하여 선택한다는 데 있다. 다시 말해, '죄수2'도 상대방의 선택에 상관없이 언제나 자백을 선택하게 된다. 결국 두 용의자 모두 자백하게 되고(각각 5년형), 결과적으로 두 사람은 둘 다 자백하지 않고 침묵으로써 얻을 수 있는 최적의 결과(각각 1년형)보다 나쁜 결과를 얻게 된다(김영조, 2015: 37).

개인적으로 봤을 때 합리적인 선택이 전체적으로 봤을 때는 바람직하지 못한 결과를 가져오게 되는 것이다. 이것이 바로 딜레마다. 이처럼 죄수의 딜레마는 협력하면 모두에게 이득이 되는데도 불구하고 자신의 이득을 극대화하는 합리적인 선택을 하다 보면 결국 최적의 결과를 얻지 못하게 된다는 매우 흔하고도 흥미로운 상황을 단순하게 모형화한 것이다.

3 죄수의 딜레마 상황의 확장

죄수의 딜레마 현상(게임)은 두 죄수가 서로 의사소통을 할 수 있더라도 역시 동일한 결과가 나온다. 두 명이 서로 의사소통을 통해 자백을 하지 않기로 약속을 했더라도, 개인 행위자의 입장에서는 그 약속을 깨고 자백을 하는 것이 더 유리하기 때문에 그 약속은 지켜질 수가 없다(위키백과).

죄수의 딜레마 게임은 행위자가 두 명이 아니라 N 명이 참가하는 경우에도 역시 동일한 결과가 나온다. 자신을 제외한 나머지 행위자가 침묵과 자백 중 어떠한 선택을 하더라도 개인 행위자 입장에서는 언제나 자백을 선택하는 것이 유리하기 때문에 결국 모든 행위자들이 자백을 선택하게 된다(위키백과). 또한 게임이 1회로 끝나는 것이 아니고 장기적으로 반복될 때는 상황이 달라진다. 반복적 죄수의 딜레마(iterated prisoner's dilemma)에서는 게임을 반복하면서 보복하거나 회유할 기회를 가지며, 서로가 신뢰와 협력 관계를 구축함으로써 모두가 승자가 될 수도 있다(김영조, 2015: 37).

4 죄수의 딜레마 현상의 시사점

현대 사회의 개인은 조직, 지역사회, 국가 등 여러 집단의 구성원으로서 생활한다. 개인이해와 집단이해가 일치하는 경우 구성원들은 자발적으로 협조해서 집단활동의 성공에 기여하게 된다. 그러나 개인이해와 집단이해가 상충하는 경우, 개인들이 자신의 이익만을 추구하게 되면 집단활동은 적정한 수준에 못 미치게 되며, 구성원들 모두가 피해를 입는 결과를 초래하게 된다(김준한, 1993: 119-120). 죄수 딜레마 현상은 개인이해와 집단이해가 상충되는 상황을 잘 묘사하는 모형으로서 많은 관심의 대상이 돼 왔다. 이는 개인들이 자신의 이익을 극대화하는 전략을 선택할 때, 집단의 이익은 최적이 되지 못하는 상황을 아주 간결하게 표현해 주고 있다(김준한, 1993: 121). 따라서 어떻게 하면 개인들이 집단활동을 위해 응분의 노력을 하게 할 것인가의 문제는 매우 중요하다(김준한, 1993: 119-120).

이러한 죄수의 딜레마 현상은 광고 경쟁, 병원의 고가 의료기기 구입, 물 부족 상황에서 시민들의 물 절약, 기업의 환경오염, 제휴기업 간의 기회주의적 행동, 국가 간의 군비 경쟁 등 다양한 맥락에 적용될 수 있다(김영조, 2015: 37).

공유자산의 유지와 관리 ••• 제9장

5 죄수의 딜레마 게임과 집단이기주의

게임이론은 결과가 개인의 선호에 의해서만 결정되는 것이 아니라, 결정에 참여한 다른 행위자들의 선호와 개인 선택의 서로 다른 집합의 결과에 따라 나타나는 집단적 선택 상황에서도 적용해서 설명할 수 있다(이하형, 1993: 5). 이하형(1993)은 죄수의 딜레마 게임에 토대를 두고 다음과 같이 골목 청소와 하천의 오염으로 인한 집단이기주의를 설명했다(이하형, 1993: 9-12).

1) 비협동적 골목 청소의 행동

골목의 청소문제가 죄수의 딜레마 게임으로 설명될 수 있다. 대부분의 골목은 두 집이 대문을 맞대고 있거나 빗대고 있기에, 두 집이 청소를 번갈아 하거나, 두 집이 골목에 같이 나와 협동해서 청소를 하면, 골목은 항상 깨끗함을 유지할 수 있을 것이다. 하지만 자기 집 앞만 청소한다거나 앞집이 청소하기를 바란다면 골목은 더러워질 수 있을 것이다.

〈표 9-2〉 골목길 청소와 죄수의 딜레마 개임 상황

		을	
		협동(청소 참여)	비협동(청소 비참여)
갑	협동 (청소 참여)	두 집에 걸친 골목 깨끗함	갑의 집 앞 : 깨끗함 을의 집 앞 : 더러움
	비협동 (청소 비참여)	갑의 집 앞 : 더러움 을의 집 앞 : 깨끗함	두 집에 걸친 골목 더러움

갑과 을의 전략에서 협동하는 전략은 두 집이 골목을 같이 청소에 참여하는 것인 반면, 비협동 전략은 각자 서로 청소하지 않는 것(비참여)으로 가정한다. 갑과 을이 협동하면 골목은 항상 깨끗한 상태를 유지할 것이나, 갑과 을이 각각 자신이 청소하지 않더라도 앞집이 청소할 것이라고 바라는 생각을 가진다면, 결국은 그 누구도 청소하지 않는 것이 되기 때문에 골목은 항상 더러울 것이다. 두 집이

각각 골목을 청소하지 않는다는 전략을 가진다는 것은 곧 자신의 이익만을 고집하는 개인이기주의의 소산이다. 따라서 개인이기주의에 따라 골목은 더러운 상태가 되는 것이다. 골목이 더러워지는 것은 골목이 자신의 소유(사유재)가 아닌 데서 나타나는 것이기도 하며, 공유재(골목)에 대한 무임승차자(free-rider)가 되려고 하기 때문에 나타나는 현상이기도 하다.

2) 하천의 오염과 집단이기주의

강이나 하천은 주로 두 개의 행정구역인 도(道)나 시(市)·군(郡) 또는 읍면(邑面)의 경계가 된다. 대체로 생활구역이나 행정적 구획은 강이나 하천을 중심으로 지역이 분리돼 주민들이 생활하고 있다. 이러한 상황에서 죄수의 딜레마 게임으로 하천이 오염되는 것을 설명할 수 있다.

〈표 9-3〉 하천의 오염과 죄수의 딜레마 게임 상황

		B지역	
		오염물질 배출 억제	오염물질 배출
A지역	오염물질 배출 억제	하천 오염 피함.	A지역 : 이익 손실 B지역 : 집단이기주의
	오염물질 배출	A지역 : 집단이기주의 B지역 : 이익 손실	두 지역의 집단이기주의: 하천 오염

A지역의 경우 B지역에서 오염물질 배출을 억제할 때 오염물질 배출을 억제하는 것보다 배출하는 것의 이익이 크다. 또한 B지역에서 오염물질을 배출할 때, A지역 역시 오염물질을 배출하는 것의 이익이 더 크다. 그러므로 A지역의 경우, B지역이 오염물질 배출을 억제하든 배출을 하든 간에 오염물질을 배출하는 것의 이익이 더 크다. 이와 같은 상황은 B지역도 동일하다. 이것은 곧 상대가 어떠한 상황에 있던 간에 자신에게 최대의 이익을 주는 전략을 택하는 것으로 집단이기주의로 표출되는 것이다. 따라서 집단이기주의에 따른 죄수의 딜레마 현상으로 하천의 오염을 피하기는 어렵다. 두 지역이 모두 오염물질을 하천에 방출한다

면, 하천이 오염되는 것은 자명한 일이다. 이것은 두 지역이 자신에게 이익을 주는 것을 고집하는 데서 나타나는 집단이기주의의 결과다. 하천이 오염됨에 따라 두 지역이 생활환경의 오염과 주거 조건의 악화 등과 같은 직·간접적인 피해를 받게 된다.

제3절 | 깨진 유리창 이론

1 깨진 유리창 이론의 유래

깨진 유리창 이론(broken windows theory)은 깨진 유리창을 방치해 두면, 그 지점을 중심으로 범죄가 확산되기 시작한다는 이론으로 깨진 유리창이라는 사소한 무질서를 방치하면 더 큰 문제로 확산될 가능성이 높다는 의미를 담고 있다(양승일, 2014). 이 이론은 사회심리학적(social psychology) 접근을 취하는 이론으로서 건물의 깨진 유리창을 그대로 방치하면 나중에 그 지역 일대가 무법천지로 변한다는 것으로 무질서와 범죄의 전염성을 경고한 것이다(인물과사상 편집부, 2009; 장현석, 2016: 219).

이 이론이 처음 소개된 것은 미국의 범죄학자인 윌슨(James Wilson)과 켈링(George Kelling)이 짐바르도(Philip Zimbardo)가 소개한 자동차 실험에서 착안해 1982년 3월에 공동 발표한 「깨진 유리창(Fixing Broken Windows : Restoring Order and Reducing Crime in Our Communities)」이라는 글이 발표되고부터다(양승일, 2014; 장현석, 2016: 219).

깨진 유리창 이론의 유래를 자세히 살펴보면 다음과 같다. 지역공동체에서 무질서한 환경이 심리적으로 범죄를 발생시킨다는 이론은 일찍이 미국의 심리학자 짐바르도(Zimbardo, 1969)의 실험에서 입증된 이론이다. 그 실험의 결과는 번호판이 없고 유리창이 깨진 차를 뉴욕의 거리에, 온전한 차를 캘리포니아의 팰러 앨토(Palo Alto) 시에 각각 세워뒀을 때, 유리창이 깨어진 차에 집중적인 파손과 손상이 발생했고 온전한 차에는 일주일 이상 아무런 파손이 없었다는 것이다. 이러한 결과를 토대로 짐바르도는 무질서한 요소가 범죄를 유발한다는 명제를 제시한다(김영제 외, 2008: 231).

이러한 실험 결과는 윌슨과 켈링(Wilson & Kelling, 1982)에 의해 지역사회 무질서와 범죄발생의 개념으로 구체화된다. 그들은 짐바르도(Zimbardo, 1969)의 심리학적인 관점을 인용해서 그 초점을 동네의 환경과 그에 대한 개인들의 인식에 맞추고 있다. 범죄 동기를 갖고 있는 사람은 심리적으로 주민들이 동네에 무관심하고 보살피지 않는 파손된 시설물을 방치하는 지역에 있을 때 어느 누구도 도난이나 파손에 관심을 가지지 않을 것으로 여기고 손쉽게 범죄를 실행에 옮기게 된다는 것이다. 실제로 이렇게 범죄가 증가하면 동네의 거주자들은 거리에 덜 나서게 되고 범죄행위에 대한 주민의 자연적 감시(natural surveillance)가 덜해져 범죄는 계속 증가하게 된다는 것이다. 반대로 자신의 집, 가족, 재산과 공동체를 돌보는 안정된 지역주민들은 일반적으로 자신의 동네에 버려진 쓰레기를 치울 것이고, 술 취한 사람을 동네에서 몰아내고, 불량 청소년의 비행에 대해서 나무라는 등의 행위를 할 것으로 인식된다(김영제 외, 2008: 231-232).

[그림 9-1] 깨진 유리창 이론의 기본 모형

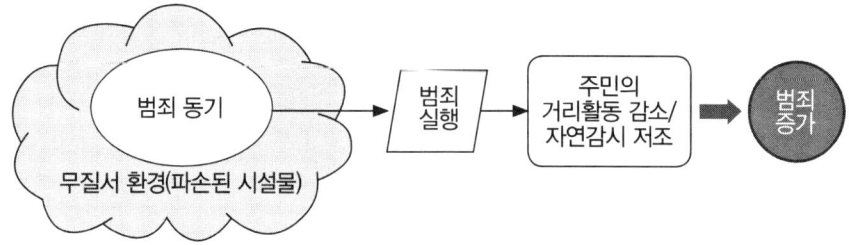

2 깨진 유리창 이론의 내용

깨진 유리창 이론은 지역사회의 무질서에 대한 무관심과 방치가 각종 범죄로 연관되기 때문에 지역사회의 환경 개선을 강조하는 설명 틀로서 적용되고 있다. 그동안 깨진 유리창 이론에서 도출된 내용을 살펴보면 다음과 같다(이기헌, 2016: 118-122).

첫째, 무질서와 범죄에 대한 두려움은 강한 관련성이 존재한다. 무질서는 물리적 무질서와 사회적 무질서로 구분된다. '물리적 무질서'는 쓰레기, 버려진 자동차, 그래피티(graffiti: 낙서처럼 긁거나 스프레이 페인트를 이용해 그리는 그림), 깨지고 방책을 덧댄 유리창, 방치된 공터 등의 시각적 표지를 의미하고, '사회적 무질서'는 난폭한 청소년, 노숙자, 걸인, 주정뱅이, 지각 없는 사람들이 일반인에게 폐를 끼치는 행위들을 의미한다. 이러한 유무형의 무질서는 주민들로 하여금 범죄 유발 가능성에 대한 인식을 높여주는 것으로 파악되고 있다.

둘째, 규칙은 지역마다 다르다. 고급 상업지역, 국내외 관광객에게 개방된 지역, 곳곳에 후미진 골목이 있는 주거지역, 아파트 밀집지역 등 장소적 특성이 다르면 그곳에서 허용되는 행동의 범위나 행동에 대한 기대도 달라진다. 따라서 특정한 시간과 장소에서 허용되는 행동이 다른 환경에서는 허용되지 않을 수도 있다. 따라서 그 지역의 특성을 파악해서 그에 적합한 대응적 규칙이 마련되고 자연적 및 공간적 환경에 어울리는 개선작업이 지속적으로 이뤄져야 할 것이다.

셋째, 무질서는 지역사회에 대한 통제 능력을 붕괴시킨다. 무질서 행위를 제지하거나 단속하는 사람이 없는 상황이 지속된다는 것은 그 지역이 안전하지 않다는 신호다. 주민들은 단속하는 사람이나 지키는 사람이 없다고 인식하게 되면 두려움을 느끼고 가급적 밖에 나가지 않으려 하고, 나가더라도 위험한 지역은 피하려 할 것이며, 정상적인 야외활동이나 모임도 줄게 될 것이다. 주민들이 심리적으로 위축됨에 따라 길거리에서 마주치는 주민들끼리 서로를 돕던 관습도 사라져 이른바 사회적 원자화(social atomization)가 시작된다. 이러한 현상이 발생하면 사회는 결합력을 잃게 되고, 종래 주민들의 자발적 노력으로 유지됐던 지역사회의 자체적 통제 능력도 붕괴된다고 한다. 따라서 지역공동체가 안전 및 안정화를 도모하고 사회적 결속을 강화시키기 위해서는 지역사회의 무질서에 대한 통제장치를 마련할 필요가 있다.

넷째, 지역사회에 대한 통제가 붕괴된 지역은 범죄에 취약하다. 무질서는 잠재적 범죄자들에게는 그 지역이 기회의 땅이라는 신호를 보낸다. 그래피티, 널려 있는 쓰레기, 방범용 창살 등의 '가시적 신호'라든가 떼지어 다니는 청소년들, 적선을 강요하는 걸인들, 남의 집 현관에서 자고 있는 노숙자 등의 '사회적 신호'는 범죄자들을 불러 모으는 무대장치와 같다. 장소가 주택, 공원, 상업지역이 됐든 지하철이 됐든, 주민들이 이미 비공식적 사회통제에 대한 자신감을 잃은 장소에서는 몰려든 잠재적 범죄자들이 점차 마약 거래, 매춘, 기물 손괴 등의 범죄로 나아가더라도 그에 대한 통제가 불가능하다고 한다. 따라서 사회적 무질서든, 물리적 무질서든 지역사회가 자정 능력을 유지할 수 있도록 지속적인 시민성 교육이 필요하다.

다섯째, 무질서는 개인이 아니라 개인들의 '집합'에서 야기된다. 공원 등과 같은 공공장소에서 술에 취한 사람 한두 명이 행인들에게 구걸을 하는 것은 별 문제가 아닐 수도 있다. 하지만 그 수가 어떤 한계점에 도달하게 되면 그 공원은 '약간의 무질서가 병존하는 질서 있는 장소'에서 '질서가 파괴된 두려운 장소'로 변화된다. 이를 '무질서의 집적(集積)'이라고 부른다. 우려하는 것은 스무 명의 걸인이나 백 명의 부랑자들이 들끓는데도 아무런 조치도 취하지 않는다면 어느 순간 지역사회 전체가 붕괴될 수 있다는 것이다.

3 깨진 유리창 이론의 사례

1992년 미국 뉴욕 시장 줄리아니(Rudolph W. L. Giuliani)는 깨진 유리창 이론을 적용해 경범죄에 대해서도 '조금도 봐주지 않는(zero-tolerance)' 분위기를 조성해 나갔다. 이는 기대 이상의 성적을 거뒀고 다른 도시들도 뒤따라 대부분의 도시 지역에서 강력범죄 발생률이 5년 연속 떨어진 것으로 나타났다(인물과사상 편집부, 2009). 1980년대 당시 연간 60만 건 이상의 중범죄 사건이 발생하던 뉴욕 시는 지하철의 낙서를 지우고 주변을 깨끗이 청소했다. 지하철의 낙서와 낙후된 위생 상태가 자동차의 유리가 깨어진 상태와 같은 것으로 인식한 것이다. 결과적으로 낙서지우기 프로젝트가 완수된 이후 범죄는 75%가량 감소했다(김영제 외, 2008: 231-232).

깨진 유리창 이론은 1980년대 후반부터 범죄의 소굴이었던 뉴욕 시에 적용돼 치안 유지활동이 범죄 감소에 대단한 성공을 거둔 것으로 평가됨에 따라 일본, 호주 등 각국으로 확산되고, 2000년대에는 우리나라에도 들어오게 됐다. 이 이론은 그 내용이 비교적 간명해서 신문이나 TV 등을 통해 일반인에게도 널리 알려졌으며, 높은 대중성을 반영하듯 이 이론의 원리는 고객 불만이나 고충 처리와 같은 작은 사고나 위험을 방치할 경우 그것이 누적돼 한 회사의 흥망을 가를 수 있다는 내용으로 각색돼 기업 경영에까지 적용되고 있다(이기현, 2016: 111-112).

이와 같은 사례는 쓰레기 불법 투기에도 설명될 수 있다. 누군가가 쓰레기봉투 값이라는 비용을 절감하기 위해 공유재인 지정된 쓰레기 배출 장소나 동네 거리의 아무 곳에 무단으로 쓰레기를 배출한 경우, 이 상황을 본 다른 사람은 '이곳에 무단으로 쓰레기를 버려도 되는 장소구나!' 생각하고, 자신도 그곳에 쓰레기를 무단 배출하게 됨으로써 결국 거리는 무질서와 비위생적인 악취 냄새가 코를 찌르게 되고, 그 거리의 주변에 사는 주민들의 삶의 환경은 나빠지게 된다. 이와 같은 사례는 하수구에 담배꽁초를 무단 투기하는 행위도 마찬가지다.

1) 직장에서의 근무 실태

그러므로 일반적으로 직장에서의 근무 실태에 대해서도 '깨진 유리창 이론'이 적용될 수 있다. 직장에서는 주어진 과업(일) 처리에는 100% 완벽을 추구해야 하며, 작은 실수도 용납해서는 안 된다. 서비스업의 경우 한 번의 실수가 제로(0)의 결과를 가져올 수 있다. 고객에 대한 서비스에서 완벽한 고객 만족 상태를 100이라고 하고 한 번의 실수를 1로 가정한다면 '100-1'은 99가 아니라 0이 될 수도 있다(인물과사상 편집부, 2009).

깨진 유리창 이론은 공무원 근무 실태에 관한 상황에서도 설명될 수 있다. 행정기관에 입직해서 열성을 다해 배우고 익히면서 업무 처리가 익숙해졌고 자신만의 노하우를 갖게 됨에 따라 일을 처리하면서 긴장감이 점점 떨어지고 느슨하게 된다. 이러한 상황에서 업무에 대한 실수는 계속 반복되고 누적되지만 그 실수가 지적될 때까지는 자신의 실수를 인지하지 못하는 근무 행태로 이어지게 된다. 결국, 상관의 지적이 잦아짐에 따라 부서 및 조직 전체의 분위기가 나빠져 일하는 분위기가 경직되고 그로 인해 업무 성과가 떨어지는 결과를 낳게 된다(양승일, 2014). 요컨대, 한 사람의 게으름과 나태가 부서 및 조직 전체로 전이돼 조직 몰입과 직무 성과가 전반적으로 낮아지는 현상을 초래하게 된다. 부서 및 직장에서 불성실한 사람이 근면성실한 사람과 비교해서 승진이나 연봉에서 차별 대우를 받지 않은 경우 지금까지 근면성실하게 일한 사람에게는 '열심히 일해도 별개 없어!'라는 인식이 확산돼 부서 및 조직 전체의 불성실로 이어질 수 있다.

이러한 깨진 유리창을 개선하기 위한 해법은 자신의 업무 전반에 대한 매뉴얼을 작성해 보고, 하나의 실수를 방치하면 또 다른 실수를 만들게 된다는 점에서 기본을 지켜야 하며, 자의든 타의든 자신을 계속 발전시킬 수 있는 학습 기회를 가져야 한다(양승일, 2014).

2) 마을 복원과 벽화마을

우리나라는 저출산 및 고령화로 인해 도시나 농어촌을 막론하고 마을 및 지역 단위 공동체가 유지되기 곤란한 상황에 이르고 있다. 저출산 및 고령화로 인해 빈집과 폐가의 증가 및 방치는 곧 각종 범죄의 온상이 되기도 한다. 근래 들어 벽화그리기 및 도시재생 사업을 통해 공동체를 재구조화하고 활성화하려는 노력을 기울이고 있다. 벽화그리기 및 도시재생 사업은 살기 좋은 환경을 개선하는 데 역점을 두고 있다.

우리나라의 범죄예방 디자인(crime prevention through environmental design: CPTED)은 2005년 본격적으로 추진됐으며, 그 원리 중 '자연적 감시(natural surveillance)'와 '깨진 유리창 이론'에 근거한 환경 조성 방법으로 '벽화마을 만들기' 사업이 진행됐는데 그 사례를 소개하면 다음과 같다(김부치, 2016). CPTED 환경설계 사업 중 하나였던 벽화마을 만들기는 환경 개선에 따른 범죄 예방뿐만 아니라 지역주민 간의 공동체 의식을 고취하고, 관광객 유치에 의한 지역경제 활성화에 큰 도움이 되는 사업이라는 평가를 받으며 큰 성장을 이뤘다. 그러나 긍정적 결과만을 과시하던 이 사업은 시간이 경과하면서 예기치 못한 결과들을 낳고 있다. 주민 의견이 무시된 행정과 관광객 증가로 인한 개인 사생활 침해, 마을의 파괴 등의 문제점이 증가하고 있는 것이다(김부치, 2016).

[그림 9-2] 벽화마을의 관광객 증가에 의한 과부하 현상의 인과지도

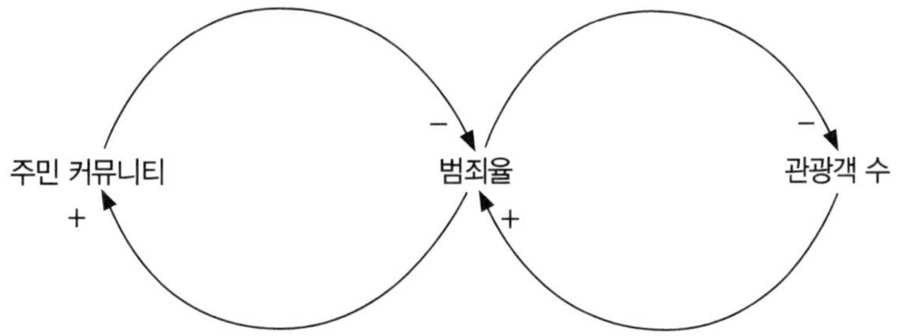

자료: 김부치(2016: 52)

김부치(2016)는 CPTED와 벽화, 범죄 예방에 관한 인과지도 제작을 위해 CPTED 적용 지역 중 벽화를 사용한 대표적인 지역인 '서울 마포구 염리동 소금길'(2012년 4월 조성)과 '인천 중구 동화마을'(2015년 12월 조성)을 현장 탐방 방법으로

연구했다. 앞의 [그림 9-2]는 벽화마을의 관광객 수 증가로 인한 현상을 이론적 인과지도로 나타내고 있다. 두 개의 피드백 루프(feedback loop)는 초반에는 범죄율이 조정돼 안정화된 것처럼 보이지만, 그 상황이 지속돼 관광객 수가 계속 증가할 경우 의도치 않은 범죄 상황이 더욱 증가하게 되고 주민의 커뮤니티는 약해질 가능성을 제시한 것이다(김부치, 2016).

[그림 9-3]의 인과지도는 벽화작업을 통해 마을에 대한 관심과 애착심을 높여주고자 한 것이다(김부치, 2016). 벽화 주체별 마을 공동체의 활성화 과정을 보면, 맨 처음 외지 사람들에 의한 벽화 칠하기는 시간의 흐름에 따른 보수작업이 지속적으로 이뤄지지 않아 벽화 노후화를 피하기 어렵게 된다. 외지인들의 벽화 칠하기를 통해 마을의 산뜻함을 경험한 주민들은 스스로 노후화된 벽화를 칠했고, 점차 마을에 관심과 애착심을 갖는 주민의 수가 증가하게 돼 주민 간 참여와 신뢰 그리고 유대가 강화되는 등 마을 공동체가 활성화됨으로써 마을의 범죄율이 감소되는 현상을 가져오게 되고, 주민들은 더욱 더 벽화 칠하기에 자발적인 참여를 가져오는 인과지도를 갖게 된다.

[그림 9-3] 벽화 주체별 영향에 의한 인과지도

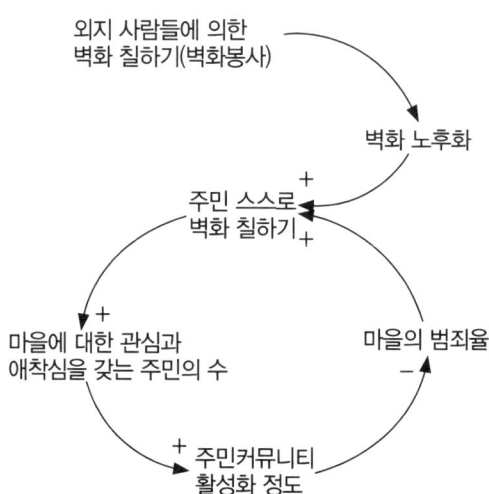

자료: 김부치(2016: 53).

그런데, 벽화 칠하기가 정부와 관계 지방자치단체 중심의 사업이 진행됐을 때는 마을의 정체성이 소멸되거나 원치 않은 사유지(개인 소유의 집 벽)의 시각적 침해가 발생되고, 마을의 애착심 등이 낮아진다는 것이다. 또한 벽화의 노후화로 환경 개선이 추가적으로 필요한 시점에서 원활하게 유지 보수가 어렵게 된다(김부치, 2016).

4 깨진 유리창 이론의 함의

깨진 유리창 이론의 출발은 기본적으로 주민들이 동네 무질서를 인지하고 있다는 것은 지역사회의 질서와 사회적 통제가 이뤄지고 있지 않다는 것을 의미한다. 이웃 간의 싸움이나 갈등, 쓰레기 방치, 빈집이나 빈터, 잦은 술 취한 사람들의 왕래, 불량스러운 모습으로 거리를 서성거리는 사람들, 높은 소음, 어둡고 후미진 공간, 기물 파손 및 낙서 등의 상황이 많이 일어나는 동네에 살고 있는 사람일수록 자신의 이웃과 사회적 유대를 꺼려 할 수 있다. 그리고 자신에게 피해를 줄 수 있는 근원을 이웃이라고 생각 할 수 있다. 따라서 무질서한 동네 주민들은 이웃과 왕래하거나 물건을 빌리는 등의 상호부조의 관계 형성이 적을 수밖에 없으며, 동네 친선을 위한 각종 모임이나 행사에 참여할 가능성도 높지 않다. 동네 무질서 정도가 높으면 동네사람들의 비공식적 교류가 낮으며, 동네 조직에 공식적으로 참여하는 정도도 낮아 동네 무질서의 정도와 지역사회의 사회자본의 형성 정도에 상관관계가 있는 것으로 제시되고 있다(김영제 외, 2008: 232-233).

지역공동체의 몰락도 때로는 무질서 행동을 묵인하는 데서 비롯된다. 범죄자가 아니더라도 거지, 주정뱅이, 약물 중독자, 폭력 청소년, 매춘부, 부랑자 등 골칫덩어리 사람들이 공공장소에서 멋대로 행동하도록 내버려 두면 조만간 그 지역 주민들은 푼돈을 뜯기고, 시비를 거는 것을 참아야 하고, 길을 막고 있는 패거리를 피해 다녀야 하고, 시끄러운 음악, 어처구니없는 행동, 쌓여가는 쓰레기를 참아야 한다. 두려움이 커짐에 따라 주민들은 외출을 자제하고 가능하면 다른 마을로 이사를 하려 한다. 이렇게 비공식적 통제 기능이 약화된 지역에는 더욱 공격적인 범죄자들이 몰려들어 결국 우범지대가 된다는 것이다(이기헌, 2016: 115-116).

이러한 폐해를 바로잡는 기본적 처방은 "질 나쁜 사람들의 무질서 초래→ 비공식적 사회통제 시스템 약화 → 더욱 공격적인 범죄자 진입/증가 → 그 지역의 범죄율 상승 → 열악한 주거 환경으로 다른 지역으로 이주 → 지역공동체 붕괴/몰락" 등의 악순환 관계를 인식하고, 첫 번째의 무질서가 초래되는 원인 제거에 역점을 둬야 한다(이기헌, 2016: 115-116). 예를 들어, 깨진 유리창을 수리하거나 버려진 쓰레기를 빨리 수거해야 한다. 수거 주체는 행정기관이어야 하고, 비용은 정부에서 지원해야 할 것이다. 이럼에도 불구하고 계속 무질서 행동이 발생하면 CCTV 등을 통한 감시 및 통제장치를 마련해야 한다. 그리고 어느 정도 질서를 갖춰 가게 되는 경우 지역공동체가 자발적으로 지켜 나갈 수 있는 시민 역량 강화 교육, 즉 시민성 교육이 지속적으로 이뤄져야 하고, 각종 지역공동체의 공식적 및 비공식적 행사에 주민 모두가 참여할 수 있는 프로그램 개발과 동인(動因)이 마련돼야 할 것이다.

제9장 참고 문헌

김민주. (2015). 공유자산의 자치적 관리 모델에 대한 비판적 검토: 부산 가덕도 대항마을의 숭어들이 사례를 중심으로.「한국행정학보」, 49(3): 51-77.
김부치. (2016). CPTED 기반 벽화마을의 효용성에 관한 인과지도 구축 연구.「한국과학예술포럼」, Vol. 26.
김영제·한상일. (2008). 깨진 유리창이론(Broken Window Theory)에 대한 실증적 분석: 물리적 환경설계와 지역범죄통제 거버넌스의 효과를 중심으로.「행정논총」, 46(4): 229-252.
김영조. (2015). 협력이냐 배신이냐?: 죄수의 딜레마와 신뢰구축.「윤리경영연구」, 15(1): 33-64.
김준한. (1993). 개인이해, 집단이해와 협조-죄수딜레마 게임의 이론, 실험 결과와 응용.「정책분석평가학회보」, 3(1): 119-136.
박종준. (2011). 죄수의 딜레마에 대한 해법으로서의 정부.「철학」, 108: 149-171.
양승일. (2014). 깨진 유리창 이론.「행정학전자사전」, 한국행정학회. http://www.kapa21.or.kr. (검색일: 2018. 4. 13).
엄창옥. (2014). 공유의 비극을 넘어.「지구인독서회 112회 발표자료」, http://uri.or.kr/data/bt-201602_A.pdf (검색일: 2018. 4. 21).
윤순진·차준희. (2009). 공유지 비극론의 재이해를 토대로 한 마을숲의 지속 가능한 관리: 강릉 송림리 마을숲 사례에 대한 검토를 중심으로.「농촌사회」, 19(2): 125-166.
이기헌. (2016). 깨진 유리창 이론에 대한 고찰.「형사정책」, 28(1): 111-143.
이승길. (2017). 공유지의 비극과 관광공유재의 함수관계.「관광연구저널」, 31(5): 75-87.
이하형. (1993). 지역문제와 집단이기주의: 죄수의 딜레마 게임에 의한 분석.「지역복지정책」, 7: 223-238.
인물과사상 편집부. (2009). '깨진 유리창 이론' 이란 무엇인가?.「인물과사상」, 136-137.

장현석. (2016). 깨진 유리창 이론의 경험적 검증. 「한국경찰학회보」, 18(5): 218-244.
조인성. (2017). 죄수의 딜레마의 개념과 적용. 「전문경영인연구」, 20(1): 129-147.
위키백과, https://ko.wikipedia.org/wiki/ (검색일: 2018. 4. 21).

Hardin, G.(1968). The Tradedy of the Commons. *Science*, 162(3859): 1243-1248.
Ostrom, E.(1990). *Governing the Commons: The Evolution of Institutions for Collective Action*. Cambridge: Cambridge University Press.
Wilson, J. Q. & Kelling, G. L.(1982). Broken Windons: The Police and neighborhood Safety, *Atlantic Monthly*, March.

제10장

함께하는 공공사회

제1절 | 공진화

1 공진화의 개념

공진화(共進化, coevolution)는 어떤 개체(entity)가 다른 개체들의 진화에 부분적으로 의존하거나 다른 개체들과의 맥락에서 진화하는 것으로(우윤석, 2010), 한 생물집단이 진화하면 이와 관련된 생물집단도 진화하는 현상을 가리키는 진화생물학의 개념이다. 공진화에 관여하는 한 생물의 진화는 이와 관련이 있는 생물에 작용해서 진화를 촉발시킨다. 공진화는 포식자와 먹이생물, 숙주와 기생생물, 공생생물 등과 같이 생물 간에 일대일 관계가 형성돼 서로 영향을 주는 진화 과정이다. 공진화에서 생물의 상호작용이 진화에 뚜렷한 영향을 준 사례가 있는 반면 복잡하게 얽혀 있는 상호작용으로 인해 상호작용의 영향이 뚜렷이 드러나지 않는 경우도 있다. 이와 같이 뚜렷하게 드러나는 공진화를 '종 특유의 공진화'라 하고, 뚜렷하지 않는 공진화를 '확산 공진화'라 한다. 자연환경에서는 확산 공진화가 좀 더 일반적인 현상이다(위키백과).

공진화 개념을 유기체로서 사회, 조직(기관), 또는 사람으로 보면, 상이한 차원의 의사결정이 다른 의사결정에 영향을 미치는 것으로 설명될 수 있거나(우윤석, 2010에서 재인용), 어떤 영역의 사회 현상이 다른 영역의 사회 현상과 상호 영향을 주고받는 관계이거나, 어떤 기관이나 조직이 다른 기관이나 조직과 상호 영향을 주고받으면서 성장 및 발전하는 관계로 설명할 수 있다.

[그림 10-1] 공진화의 기본 모형

2 공진화의 형태

공진화는 크게 협력적 또는 이타적 공진화, 경쟁적 공진화, 포식 및 포식자 공진화 등 세 가지로 분류한다(손상영 외, 2007: 우윤석, 2010에서 재인용).

첫째, 협력적 또는 이타적(cooperative or mutualistic) 공진화는 생태계의 공생 관계나 협력업체 및 기관 간 공동 및 상호 발전 등을 의미한다. 이 공진화는 서로 간 도움을 주고받는 관계로서 부족하거나 불충분한 자원이나 역량을 지원하고 채워줌으로써 상호 발전을 이루게 된다. [그림 10-2]와 같이 지역대학의 연구 역량을 통해 지역 발전에 기여하고 지역은 지역대학에 물적 인프라 제공을 통해 지역대학의 발전을 이루게 하는 경우나, 스마트 기기를 통한 주민 참여 활성화가 지방자치 발전을 견인하고, 이로 인해 스마트 주민 참여가 더욱 발전하는 동인이 되는 경우다.

둘째, 경쟁적(competitive) 공진화는 동물들이 먹이 찾기를 위해 사냥 능력이 좋

[그림 10-2] 협력적 공진화 사례

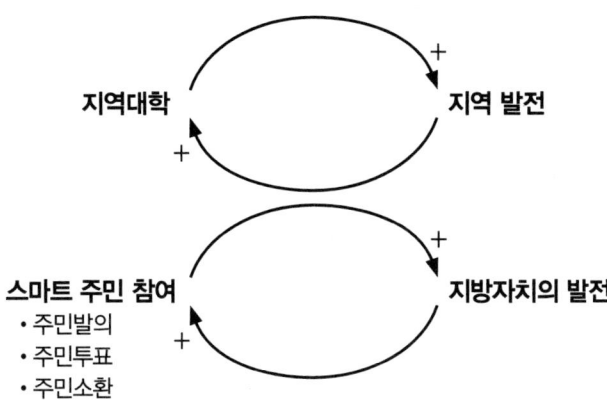

아지거나 인간의 면역 체계가 병원균에 대한 저항력이 커지는 것 등을 의미한다. 한정된 풀을 먹기 위해 경쟁해야 하는 초식동물의 경우 풀을 먹지 못한 동물은 나뭇잎을 먹어야만 살아가기 위해 나뭇잎을 먹기 위한 구조로 진화하는 기린 같은 경우가 이에 해당한다. 경쟁적 공진화는 경쟁 관계에서 생존하기 위해 자신의 역량을 창조적으로 발전시키는 것으로서, 특정 제품의 경쟁시장에서 기업의 우위를 점하기 위해 제품의 기술 발전에 주력하는 경우가 해당되며, 또한 행정기관들이 정해진 예산을 더 많이 확보하기 위해 기관 역량을 강화하는 것 등이 해당된다. 또한 영업 업무를 담당하는 직원이 영업 실적 1위를 지속적으로 유지하기 위해 영업활동에 더욱 매진하는 경우, 학교에서 평소 성적 1위를 하는 친구가 2, 3위 학생들에게 추월당하지 않기 위해 더욱 더 열심히 공부를 하는 경우 등이 해당된다.

비즈니스 생태계에서는 경쟁이 심화되지만 종전과 같은 개념의 경쟁과는 다른 양상을 보이게 된다. 과거의 경쟁 특징이 제품이나 서비스만 중시할 뿐 환경이라는 맥락을 무시한 반면, 비즈니스 생태계에서는 기업들이 주어진 환경에서 다른 기업들과 갈등하고 협력하면서 공진화해야 하는 것이 필요하다. 경쟁자와의 일상적인 경쟁에 매몰되는 대신 생태계라는 큰 그림(big picture)을 보면서 경쟁보다 공진화가 모두를 더 강하게 만들 수 있다는 점을 인식해야 한다(우윤석, 2010). 이런 맥락에서 공공사회에서 모든 사회적 존재(유기체)들은 다른 존재가 경쟁(생존) 환경에서 박탈이나 배제되고 자신만이 생존하려는 생각보다는 선의의 경쟁으로 모두가 진화하고 공존할 수 있는 생태계여야 하며, 더 나은 경쟁력을 통해 나머지 존재들을 추동해서 발전할 수 있는 전기로 삼을 수 있도록 해야 할 것이다.

셋째, 포식 및 피식자(exploitative or predator-prey) 공진화로 달리기가 빠른 치타가 영양(羚羊)을 잡아먹을 수 있기 때문에 살아남고 역시 달리기가 빠른 영양만이 치타에게 잡아먹히지 않고 살아남기 때문에, 달리기가 느린 치타나 영양은 도태되고 치타와 영양은 점점 빨라지는 방향으로 진화한다는 것이다. [그림 10-3]과 같이 A국가와 B국가의 관계에서 A국가는 B국가에 대해서 느끼는 위협으로 인해 신무기 개발에 박차를 가해서 국방력을 강화하면, B국가는 A국가의 신무기 개발에 위협을 느껴 A국가보다 성능이 더 우수한 신무기 개발에 박차를 가하는 경우다.

[그림 10-3] 포식 및 피식자 공진화 모형

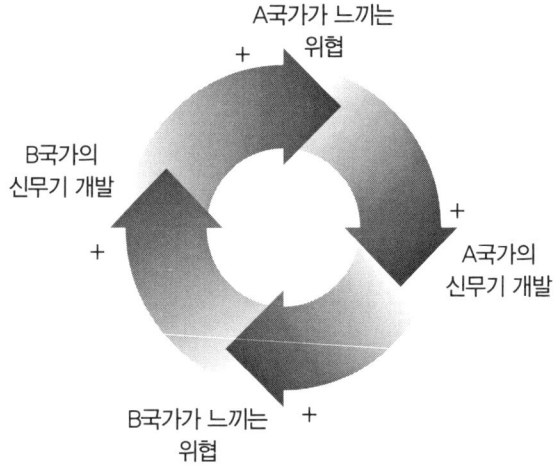

생명체 간의 포식과 피식, 경쟁은 대상자 모두에게 진화를 일으키는 공진화의 주요 동력이다. 공진화 과정에서 생명체 간의 관계가 단지 경쟁 관계일 수도, 기

생관계일 수도, 편리공생일 수도, 상리공생일 수도 있다(박재웅, 2017).

한편 공진화 과정에서는 개체 간 상호 영향 관계 및 이해 득실의 관계에 따라 여러 가지 형태의 공생 관계를 맺고 살아간다. 공진화의 종류에는 서로 다른 종의 개체들이 밀접한 관련을 맺고 살아가는 것을 공생(共生, symbiosis)이라고 한다. 공생은 상리공생, 편리공생, 편해공생 등 다양한 형태로 나타난다. 상리공생(相利共生, mutualism)은 서로 도움이 되는 관계로서 '흰동가리와 말미잘의 관계', '소라게와 말미잘의 관계', '숨이고기와 해삼의 관계', '벌과 꽃의 관계' 등이 해당된다. 앞서 설명한 협력적 또는 이타적 공진화와 같은 의미다. 편리공생(片利共生, commensalism)은 공생자 한쪽만 이익을 받고, 다른 쪽은 이익이나 불이익을 받지 않는 관계이며, 편해공생(片害共生, amensalism)은 두 종 사이의(또는 두 종 이상의) 상호 관계에서 한쪽은 피해를 입지만 다른 한쪽은 영향을 받지 않는 관계다(두산백과).

한편 한 생물이 다른 생물의 영양분을 빼앗으면서 살아가는 관계를 기생(寄生, parasitism)이라 한다(두산백과). 우리가 사는 세상에는 별의별 사람이 다 있다. 스스로 열심히 일해서 얻은 수입으로 남에게 해를 주지 않고 사는 착한 사람이 있는가 하면, 일은 하지 않고 선량한 사람을 등쳐 먹고 사는 나쁜 사람도 많이 있다. 이런 사람을 '기생충 같은 사람'이라고 한다. 식물의 세계에도 남의 몸에 붙어 양분을 빼앗아 살아가는 식물이 있다. 이런 식물을 통틀어 '기생식물'이라고 한다. 기생의 관계에서는 양분을 빼앗기는 쪽을 '숙주(宿主, host)'라고 하고, 양분을 빼앗는 쪽을 '기생' 또는 '더부살이'라고 한다(네이버 지식백과).

3 현대 사회와 공진화

1) 복잡계에서 본 공진화

공진화의 개념과 관련이 있는 이론적 접근 방법은 복잡계(complex system)와 생태계(ecosystem)적 관점이다. 서로 다른 행위 주체들이 경쟁하고 타협함으로써 자기조직화(self-organizations)하고, 새로운 균형과 질서를 창발(emergence)하면서 공진화하는 사회구조는 환류(feedback)와 진화의 논리가 지배하는 복잡한 생태계와 다르지 않다. 생태계의 구조는 국지적인 양육강식이 존재하지만 전체적으로는 안정된 먹이사슬을 구성한다. 정부의 역할은 생태계의 일원으로서 다른 개체와 동등하게 행동해야 할 분야와 전체 생태계의 지속가능성을 담보하기 위해 다른 개체들의 공진화를 관리해야 한다(우윤석, 2011: 5).

복잡계의 이론적 특징은 전체(시스템)는 부분(개별 행위자)의 합보다 크며 전체의 변화는 부분 간의 상호작용에서 기인한다는 것이다. 또한 시스템은 다양한 피드백 구조와 자기조직화에 의해 비선형적 방식으로 변화하며, 다른 시스템들과 공진화(co-evolve)한다는 점을 강조한다(우윤석, 2011: 6). 조직, 인간, 사회, 경제, 생태계처럼 수많은 인자(agent)로 복잡하게 얽혀 있는 체제가 발현하는 성질은 그 구성 요소인 각 인자들의 성질을 단순히 선형적으로 합해 가지고는 결코 이해할 수 없다는 생각이 복잡성 과학의 밑바탕에 흐르고 있다(최창현, 2001). 인간의 행동과 사회 개체들의 활동이나 정부 및 기업의 활동은 선형적으로 일어나지 않으며, 몇 가지 인자가 아니라 다수 및 확인되지 않은 수많은 인자가 복잡하게 얽혀 있지만 큰 그림의 입장에서 보면 자기조직화, 자기균형화, 자기조절을 통해 유지, 성장, 발전의 생태계를 갖게 된다.

2) 공진화의 적용 사례 연구

(1) 정보기술과 사회의 공진화

기술 변동(혁신)이 사회 수용(변화)을 설명하는 이론은 크게 세 가지다. 첫째는 기술이 사실상 사회의 변화를 이끈다는 '기술결정론(technological determinism)'이고, 둘째는 모든 기술은 사회적이라는 명제 하에, 기술이 사회를 구성하는 복잡한 거래 조건을 반영하면서 형성된다는 '사회적 구성주의(social constructivism)'이며, 셋째는 기술과 사회적 관계가 분리, 고정된 것이 아니라 상호작용을 통해 진화, 발전한다는 '공진화(co-evolution)' 이론이다(김상욱 외, 2006: 7).

  기술결정론과 사회구성주의는 기본적으로 한쪽이 다른 한쪽을 결정한다는 시각에서 맥을 같이한다. 기술결정론에서는 기술이 독립변수(원인), 사회가 종속변수(결과)가 되고 사회구성주의에는 반대로 사회가 독립변수, 기술이 종속변수가 된다. 이는 기술적 맥락과 사회적 맥락이 서로 분리될 수 있고 이 분리된 두 맥락이 인과적 관계를 가진다는 단선적 시각이다(김상욱 외, 2006: 7). 그러나 공진화 이론은 기술이 사회 변화에 지배적인 요인으로 작용하기도 하고 또 다른 역사적 맥락에서는 사회적 요인이 기술의 확산을 견인하면서 상호 발전한다는 주장이다(김상욱 외, 2006: 7).

[그림 10-4] 기술과 사회의 공진화 모형

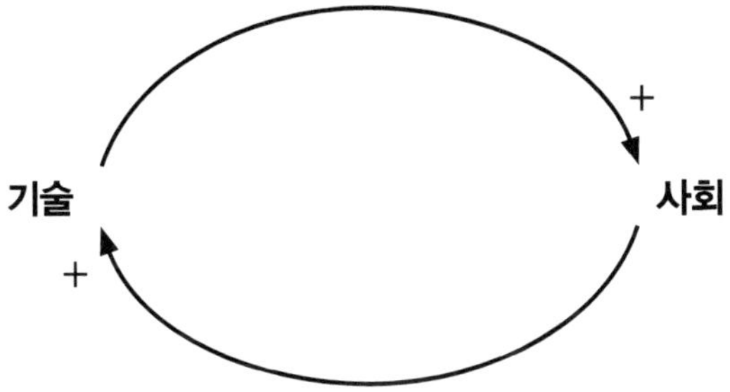

  가트너 그룹(Gartner Group)은 신기술이 사회에 도입될 때 나타나는 전형적 현상을 단계적으로 구분하고 다음 〈표 10-1〉과 같이 제시했다.

  김상욱 외(2006: 9-13)는 가트너 그룹이 제시한 신기술의 수용 5단계를 반영해 기술과 사회의 공진화에서 나타는 작동 메커니즘을 구성하는 주요 변수 등을 다음과 같이 여섯 가지로 제시하면서 기술과 사회의 공진화에 관한 확대모형을 다음 [그림 10-5]와 같이 제시했다.

① 신기술 출현
② 각종 매체를 통한 기술의 소개

⟨표 10-1⟩ 기술과 사회 공진화의 단계별 현상과 원인

공진화 단계	전형적 현상과 원인
제1단계	신기술의 출현이 언론 등 각종 매체의 집중 조명을 받으면서 사회의 관심을 끌기 시작한다.
제2단계	신기술에 대한 막연한 기대가 일부 성공 사례로 더욱 증폭돼 최고조에 이르지만, 성공보다는 실패 사례가 전형적으로 나타난다.
제3단계	신기술의 성과가 당초 기대에 미치지 못함에 따른 실망의 반작용으로 오히려 기대는 최저점에 이른다.
제4단계	일부의 성공 사례와 실패에 대한 교훈으로 기술에 대한 현실 인식이 새로운 적용 가능성을 높여준다.
제5단계	신기술의 가시화된 가치의 정도에 따라 현실 인식이 확산되면서 응용 분야가 확대되고 안정적인 사회적 수용(조정) 단계를 맞이하게 된다.

자료: 김상욱 외(2006: 8)

③ 기술에 대한 사회적 기대와 피상적 수용
④ 기대와 체감 만족도 사이의 간극
⑤ 반성과 계몽, 교육 등 수정 조치
⑥ 사회적 패러다임 변화를 통한 수용

[그림 10-5] 기술과 사회의 공진화에 관한 인과지도 확대 모형

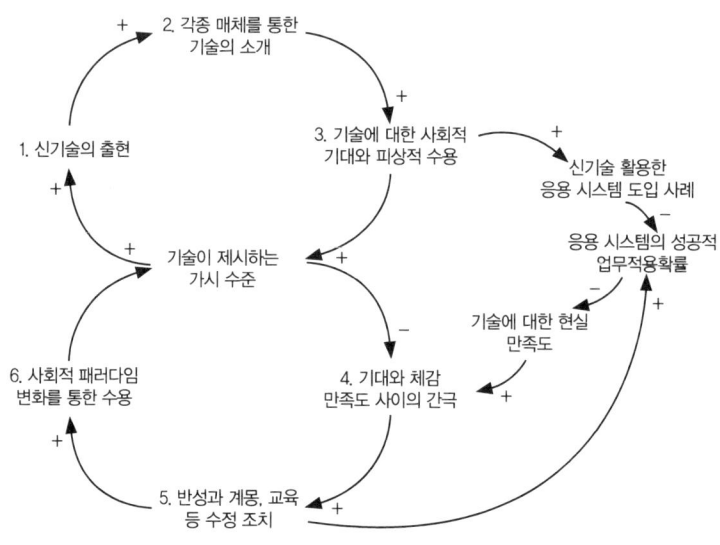

(2) 4차 산업혁명과 공진화

4차 산업혁명으로 불리는 거대한 기술혁신이 전 세계적으로 급속히 진행되고 있다. 사물인터넷(Internet of Things: IoT), 빅데이터(big data), 인공지능(Artificial Intelligence: AI), 사이버 물리 시스템(Cyber-Physical System: CPS) 등을 중심으로 한 일련의 기술 발전은 인류의 미래에 전대미문의 충격을 가져올 것으로 예상된다. 기계의 능력이 인간을 뛰어넘는 시점이 머지않았으며, 인간이 기술에 의해 완전히 대체될 수도 있을 것이라는 예측까지 나올 정도로, 4차 산업혁명은 사회 모든 영역(개인, 조직, 국가 등)에서 인류의 삶을 근본적으로 바꿀 것으로 예측되고 있다(신동엽, 2018: 13에서 재인용).

4차 산업혁명과 같은 기술혁신이 사회 전반에 걸쳐 급진적 변화를 초래하는 핵심 원리는 '공진화(co-evolution)'다. 기술과 시장, 그리고 조직이 서로 영향을 미쳐, 하나가 변하면 나머지도 이 변화에 적응하기 위해 변하면서 역동적으로 공진화하고, 그 결과 사회 전체가 패러다임 전환을 경험하게 된다(신동엽, 2018: 16).

[그림 10-6] 기술-시장-조직 간 공진화의 패러다임

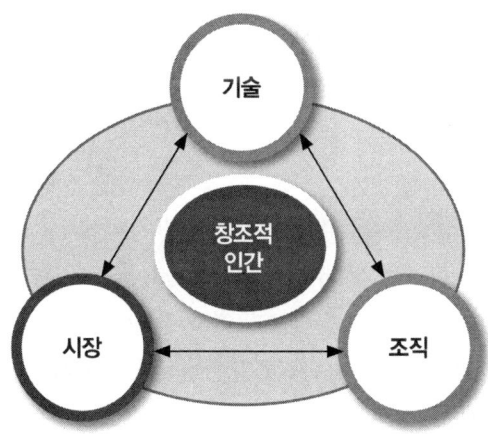

(3) 여러 형태의 공진화

방기정(2016)은 매체 발달을 통해 가수 '싸이' 뮤직 비디오에서 보여지는 사례를

통해 공진화 현상을 고찰했다. 그는 유튜브에 의한 뮤직 비디오에 나타난 공진화 특성을 유형별로 분류한 결과로서, 첫째, 상호작용과 참여는 마당놀이의 한 형태로 보여지고, 둘째, 건강한 유희를 통해 대중문화와 한국 문화를 보여주었으며, 셋째 디지털 컨버전스 환경과 국가별 브랜드 특성이 보였다고 제시했다.

사이버 가수는 대중음악계에서 아이돌 육성 시스템의 등장과 IT산업의 기술 발달에 힘입어 탄생하게 됐고, '아담'에서 시작해 보컬로이드(vocaloid) '시유'까지 개발하게 된다. 만화나 게임에 등장하는 일반적인 디지털 캐릭터와 차별화 되는 사이버 가수는 음악을 매개로 하는 우상화의 대상이 될 수 있고 다수의 팬덤을 형성하는 특징을 가지고 있다. 따라서 실패를 거듭하고, 유행이 흘러간 콘텐츠로 간주될 수 있겠으나 보컬로이드 같은 새로운 매체를 활용해 지속적인 창작 시도를 하고 있어 진정한 사이버 가수 탄생에 대한 기대가 존재한다고 볼 수 있다.

초창기 사이버 가수는 인간의 외형만 닮아가려는 노력으로 진행되다가 사이아트(SciArt)와 시유에서 인간의 기능들을 닮아가는 것으로 진화돼 왔다. 이 논문은 과거 등장했다가 사라진 사이버 가수가 단순히 실패 사례로 끝나지 않고 나름의 인공생명체로 진화하려는 과정 속에서 기술을 발전시키고 기계 이미지를 바라보는 대중의 인식 변화를 조금씩 이끌었다는 점에서 의미 있는 시도였다고 본다. 더불어 그 진화의 방향성은 인간의 기능을 기계적으로 하나씩 획득하면서 인간과 상호 재미와 감정을 교류하면서 자신만의 외형과 기능을 갖춘 인공생명체로 진화하려는 모습을 갖추고 있다.

기계는 인간과 함께 공진화하면서 진화해 오고 있다. 사이버 가수도 인간의 이데아적 욕망과 죽음에 대한 공포의 양가적 대상으로 인식되고 있지만 새로운 인공생명체가 되려는 개발 노력은 지속되고 있다. 따라서 새로운 사이버 생명체라면 시유 같은 스타일이 될 가능성이 높다. 왜냐하면 만화적 형태나 기계음 목소리가 인간이 실재 욕망하는 기표의 형태는 아닐 수 있으나 현시대의 대중이 원하는 욕망과 기술적 발달이 교차되는 지점에서 탄생할 수 있는 기표의 형태이기 때문이다.

자료: 김대우(2015: 261)

우윤석(2016)은 대리운전업과 택시서비스 수준의 공진화 관계를 고찰했다. 대리운전업은 차를 가지고 귀가하고 싶다는 욕구와 음주운전을 피하고자 하는 욕구를 만족시키고자 자생적으로 탄생한 서비스 업종으로 공공의 개입 없이 자기조직적 진화를 거듭하면서 택시 업종과 경쟁하는 새로운 생활양식으로 정착된 생태계다. 대리운전업은 음주 단속 강화와 휴대전화 보급 확대, 업계 간 경쟁 심화 등 환경의 변화에 따라 점차 새롭게 적응하고 진화하는 모습을 보이고 있다. 한편, 택시 서비스의 수준은 대리운전업계와 경쟁하면서 향상되는 하나의 계기가 됐을 것이라는 개연성을 갖게 된다(우윤석, 2016: 14-20).

최문기(2008)는 인간의 정보 윤리의식을 함양할 수 있는 교육적 방안들을 교육 대상에 맞춰 적절하게 활용하고, 그리고 정보 윤리의식이 포함된 넓은 의미의 문화윤리가 정착될 때, 정보사회와 정보문화가 균형적으로 발전해 갈 수 있을 것이며, 궁극적으로 인간의 정보 윤리의식도 공진화할 것이라고 제안했다. 이흥재(2013)는 사회적 자본은 지역사회의 인적 자본 및 문화자본과 연결돼 있다고 전제하고, 사회적 자본과 문화정책의 통합적 공진화를 주장했다.

기술의 구성 요소로서의 '위험'

위험은 언제나 '가능성'으로서 존재한다. '위험'이 현실화됐을 때, 우리는 이를 규모나 원인에 따라 사고, 재해, 재난 등의 이름으로 부른다. 자연재난의 경우 태풍, 홍수, 호우, 강풍, 풍랑, 해일, 대설, 낙뢰, 가뭄, 지진, 황사, 조류 대발생, 조수, 화산활동, 그 밖에 이에 준하는 자연 현상으로 인해 발생하는 재해로 정의되는데, 자연 현상이 위험의 원인이 되는 것을 의미한다. 사회재난의 경우 화재, 붕괴, 폭발, 교통사고, 환경오염사고 등으로 인해 발생하는 일정 규모 이상의 피해와 에너지·통신·교통·금융·의료·수도 등 국가 기반 체계의 마비, 감염병 및 가축 전염병의 확산 등을 원인으로 하는 위험을 의미한다(「재난 및 안전관리 기본법」 제3조).

기술 위험은 기술을 개발하는 과정과 개발된 기술의 활용 과정에서 발생하는 사회적, 경제적, 문화적, 환경적 위험을 의미한다. 기술 위험은 기술적인 인공물 혹은 기술적 요소들이 과학적 논리에 의해 조합돼(연구/개발 단계), 사회적 기능을 수행할 수 있는 시스템을 만들어 가는 과정(생산/사용 단계)과 그 기능이 폐기돼 가는 과정(폐기 단계)에서 발생한다. 기술혁신과 기술 위험은 동전의 양면처럼 항상 서로를 동반하는 관계다. 기술 위험은 기술혁신 과정에 상존한다고 볼 수 있다(서지영, 2016: 17). 기술 수준의 고도화와 첨단 프론티어 기술의 개발 수요가 높아지고 있는 지금, 잠재적 기술 위험의 크기도 비례해서 커지고 있다. 기술 개발의 산업화가 빠르게 진행될수록 기술사회 시스템의 규모와 복잡성은 더욱 심화될 것이다. 기술혁신과 기술 위험의 공진화는 한편으로는 '기술이 존재하지 않으면 위험도 존재하지 않는다'는 사실을 의미하기도 하지만, 동시에 기술 개발의 근본적인 딜레마를 의미하기도 한다. 기술에 대한 혁신적인 측면과 위험적 측면이라는 기술혁신의 양면적 성격은 시스템 또는 패러다임을 전환시키는 소위 파괴적 혁신의 경우 더욱 극대화돼 나타난다. 어떤 기능을 수행할 기술사회 시스템을 형성할 것인가(예: 건강장수사회 건설의 기능을 수행하는 나노의료기기 시스템), 이 시스템의 기능이 원활히 작동하기 위해 어떤 규칙과 규범들이 필요한가, 각 하위 시스템(예: 나노의료기기 생산 시스템, 나노의료기기 연구개발 시스템, 나노의료기기 인증 시스템)들 내에서 시스템 전반의 균형을 무너뜨릴 수 있는 잠재적 요인들은 무엇인가 등의 문제는 기술 위험의 관리에서 매우 중요한 연구 질문들이다. 또한 공학적 설계에 대한 지식의 불완전성, 사회환경적 요인과 파급 효과에 대한 지식의 불확실성이 기술혁신 과정에서 어떻게 '수용 가능한 불완전성/불확실성'으로 대체돼 가는지, 그리고 이에 영향을 주는 사회, 정치적 요인은 무엇인지를 살펴보는 고찰이 필요하다.

자료: 서지영(2016)

Rethinking 환경과 인간과 경제의 '공진화'를 위해

공진화를 이야기하려면 먼저 진화에 대해 살펴봐야 한다. 진화는 "생물집단이 시간이 지남에 따라 유전적 구성이 변화하는 것"을 말한다. 최초의 단세포 생물이 여러 환경 변화에 적응하며 오늘날의 식물과 동물로 진화해 온 것이다. 여기서는 종족 번식이나 생존에 성공하면 진화하는 것이고, 실패하면 도태(멸종)된다고 설명한다. 새로운 환경에 적응하는 종(種)만이 살아남는 것이다. 기린이 목이 길어진 이유는 다른 종들과의 먹이경쟁에서 높은 곳 나무 잎을 먹기 위해 진화한 것이고, 이 경쟁과정에서 기린은 생존하고 먹이를 먹지 못하는 종은 멸종했을 것이다.

진화에 비해 공진화 개념은 좀 다르다. 거대한 생태계 내에서 서로 경쟁자끼리의 경쟁, 공생자끼리의 협조 등을 통해 양자가 생존과 번식을 하며 '함께 진화'하는 것을 말한다. 즉, 도태되는 종이 없는 것이다. 포식자와 먹이, 숙주와 기생생물의 경우에서처럼 서로의 생존을 위해 적대적인 관계에서도 공진화가 이뤄진다. 산짐승이 산삼을 먹고 산삼의 번식을 도와주는 것, 꽃과 곤충이 서로 살아남기 위해 경쟁을 하면서도 함께 진화해 온 것이 그 예다.

생태계의 공진화의 조건은 바로 다양성이다. 환경문제는 결국 생물종의 다양성을 지키는 문제다. 생물종은 생태계의 순환 체계 안의 먹이사슬을 통해 서로 영향을 주고받으며 존재한다. 인간도 마찬가지이고, 당연히 농업도 이러한 체계에 속해 있다. 농업 생산에서 화학농약이나 합성화학비료 등 고독성 화학물질을 고투입하면 이 생태적 순환 체계는 붕괴되고 공진화의 사슬은 끊긴다. 농약으로 잡초와 병해충을 완벽히 제거하면 생산효율성은 증대하지만 미생물과 생물종은 도태된다. 이는 궁극적으로 인간에게도 결코 좋은 것이 아니다. 적당하게 잡초와 곤충이 공존해야 면역력이 생기고 먹이사슬이 유지되는 것이다. 그래서 유기농업에서는 휴경, 윤작 등을 실시한다. 친환경 순환농업, 경축순환 유기농업의 가치가 커지는 것이다.

일반 산업과 농업은 서로 경쟁과 협조 관계에 있다. 일반 산업경제가 발전하면 농업도 함께 발전하지만 비교 열위에 있는 농업은 도태(소멸)될 수도 있다. 앞으로

> 4차 산업혁명이 진전되면 그러한 경향은 가속화될 수 있다. 농업생태계, 농산어촌과 도시, 생산자와 소비자의 관계는 공진화할 수 있을까? 생태계든 인간세계이든 다양한 관계, 네트워크를 구성하고, 그 속에서 경쟁과 협력을 통해 살아가면 공진화해 왔다. 불교에서는 연기론(緣起論)을 통해 인다라망(因陀羅網, indrjala)의 세계라고 설파한다. 모든 것은 하나의 그물 속에 있다는 것이다. 지금까지는 농업 생산자와 소비자는 시장 원리에 따라 '값싸고 많은 량'을 매개로 서로 경쟁하며 공진화해 왔다면, 앞으로는 생산자-소비자, 도시민-농업인, 도시-농촌이 경제적 이익을 나누는 협조적 공진화의 과정을 도입해야 한다. 그래야 농촌 소멸을 막을 수 있다. 생협과 직거래운동이 좋은 관계 매개체다. (중략)
>
> 자료: 최덕천(2018), 환경과 인간과 경제의 '공진화'를 위해, 「한국농어민신문」, 2018. 5. 2.

제2절 | 공공 부문의 공동생산

1 공동생산의 의의

1) 개념

 서구를 비롯한 여러 나라에서 정부활동의 성과를 높이려는 노력의 일환으로 정부개혁을 추구하고 있다. 정부개혁 방향 중의 하나는 정부와 서비스 수혜자인 시민과의 공동의 노력을 활성화시키는 것이다. 시민들이 행정에 적극적으로 참여하고, 이러한 과정에서 시민들이 가지고 있는 다양한 아이디어와 활력을 활용해야 한다는 것이다. 지역사회 경찰활동(community policing), 지역사회 복지

(community welfare), 지역사회 학교활동(community schooling) 등은 이러한 측면을 잘 나타내 주는 개념이다(김인 외, 2008: 95). 이런 개념들에서 가장 중요한 것은 정부와 서비스 수혜자인 시민들이 파트너십을 형성해 공동으로 문제를 해결한다는 것이다. 즉, 지역사회가 주도하는 정부에서는 주요한 정책문제를 함께 검토하고 함께 문제를 해결하는 것은 물론 서비스 생산활동 과정에 시민 참여도 중요한 요소로 보고 있다는 것이다(김인 외, 2008: 95). 이와 같이 행정 서비스에서 정부는 생산자 및 공급자, 시민은 소비자라는 인식에서 벗어나 행정 서비스를 정부와 시민이 함께 생산하고 공급하는 형태로 전환하는 것이 공동생산이다.

공동생산(co-production)은 공공 서비스의 전달 과정에 대한 시민 참여의 한 형태로서, 공공 서비스의 전달 및 공급 과정에 서비스의 수혜자인 시민이 능동적으로 관여함으로써 행정기관과 시민이 서비스 생산에 함께 기여하는 연합적 및 협력적 노력과 활동이자(윤주명, 2003), 공공 서비스 전달에 정부, 시민, 시민조직, 지역사회의 협회, 고객집단 등과의 협동적인 관계로 서비스 수혜자 혹은 소비자로서의 시민이 서비스 생산에 적극적으로 참여하는 것을 의미한다(김인 외, 2008: 100).

공동생산은 정부와 시민이 다양한 협동적 방식으로 공공 서비스를 생산하는 유형을 폭넓게 지칭한다. 공공 서비스의 공급에서 시민을 공공 서비스의 단순한 소비자로서가 아니라 스스로 공동체를 위해 서비스를 생산하고 서비스의 총량을 증가시키는 생산 주체로 간주하는 데 인식적인 기초를 두고, 공익성을 추구하는 시민에 의해 공공 서비스를 생산하는 방식을 강조하므로 결과 중심보다는 상대적으로 과정 중심적 특성이 강하다(허용훈 외, 2014: 145).

공동생산의 개념은 협업, 협치와 유사해 보이지만 참여자와 관여 단계에 따라 차이가 있다(행정자치부, 2015). 첫째, 참여자에 따라 협업(co-management)은 주로 조직 간 또는 부서 간 관계를 나타내지만, 공동생산은 개별 시민의 자발적 노력을 강조한다. 한편 협업과 유사한 협력(cooperation)은 공공 부문과 민간 부문이 공동의 목적을 달성하기 위해 서로 힘을 합해서 도움을 주는 관계로서 공동생산은 민관협력(private-public cooperation)의 한 유형으로 볼 수 있다. 민관협력은 공공 부문과 민간 부문이 협력적 노력을 통해 공공 서비스의 생산과 전달을 담당하는 것으로, 민관협력에서는 '상호협력'을 강조하고 있는 반면 공동생산에서는 '생산'이라는 의미가 강조되고 있다(박정민, 2008: 330). 둘째, 관여 단계에 따라 협치(governance)는 정책 형성 단계에 관심을 가지나, 협업과 공동생산은 집행 단계에 관심을 가진다는 점에서 차이가 있다.

공동생산의 개념이 내포하는 속성으로는 ① 공무원이나 서비스 전달을 맡은 수탁자 등이 함께 일하거나 참여자가 그들을 보완하고 때로는 그들을 대체하며, ② 성과와 가치 창출을 위한 이용자, 시민 등의 참여자와 공무원 및 수탁자 간의 파트너십을 강조하고, ③ 장기적인 파트너십과 이용자, 시민 등의 참여자의 직접적인 투입을 강조하게 된다(행정자치부, 2015).

2) 기대 효과

공동생산은 정부와 시민이 공동으로 행정 서비스를 기획, 설계, 전달, 평가하는 정책 추진 방식이다(행정자치부, 2015). 행정 서비스를 공동생산의 관점에서 추진하는 것은 서비스의 기획·설계 과정에 서비스 이용자인 시민의 욕구와 정보를 반영하고, 서비스의 생산·전달 과정에 서비스 이용자인 시민·기관·단체·기업이 그들의 전문성과 열정, 자원과 창의를 바탕으로 능동적으로 행정 서비스를 함께 생산하기 때문에 정책의 효과가 높아진다(행정자치부, 2015). 행정 서비스의 공동생산은 시민의 참여를 통해 정책 결정 과정에서 시민의 의사를 반영하는 동시에 공공 부문에 대한 이해를 높이고 민주주의를 실현하는 장(場)이 되고 더 적은 비용과 작은 정부조직으로 시민의 요구에 민감하게 대응할 수 있다는 장점을 가지고 있다(오승은, 2007: 227).

1970년대 이후 공동생산은 정부의 재정을 감축하는 데 기여할 뿐만 아니라, 사회적 다원성을 활용함으로써 공공 서비스의 민주적 산출에도 기여할 수 있다는 점을 제시하고 있다(김학실, 2017: 80). 공동생산의 기대 효과로는 ① 자원을 효율적으로 사용하고, ② 서비스 효과를 제고하며, ③ 서비스 실패를 감축하는 데 기여한다. 또한 ④ 복잡한 사회문제 해법을 찾아 개선하고 사회적 복지(well-being)를 향상하며, ⑤ 기존 개혁 방안을 보충 및 보강하고, ⑥ 민주행정과 정부신뢰를 향상시키며, ⑦ 지역사회 강화와 사회적 자본 축적에 기여하게 된다(행정자치부, 2015). 이와 같이 행정 서비스 공동생산은 시민이 참여해서 서비스 품목과 양, 서비스 수혜 대상, 서비스 전달 시기 및 전달 방식 등을 설계하고 집행하기 때문에 행정의 민주성과 반응성 및 정책 집행의 수용성과 효과성을 기대할 수 있다.

2 공동생산의 배경

공동생산은 제2차 세계대전 이후 복지국가의 출현으로 국가의 기능이 확대되고, 서비스 제공은 전문화되고 있는 반면 행정비용이 증가하게 됐다. 즉, 행정활동에 대한 고비용과 저효율 현상이 나타나게 됐다. 이에 신공공관리론(New Public Management: NPM)은 전통적인 명령과 통제 그리고 투입 중심의 행정에 시장과 경쟁 그리고 성과 중심이라는 민간 부문의 경영관리 요소를 도입해 비용 절감을 추구했다.

그러나 관리비용(아웃소싱에 따른 계약 준비, 계약 이행 여부 감독)이 과다하고 효율의 가치와 행정 목표의 조화를 이루기가 쉽지 않고, 그동안 공급자(관중심) 관점의 서비스에서 수요자 관점의 서비스 개선에 실패했으며, 또한 최근 행정환경 변화의 대응에도 실패했다(행정자치부, 2015). 여기서 정부들은 도시의 재정 능력과 시민들의 서비스 기대 간의 균형을 재조정할 필요성에 직면했고, 이에 대한 대안의 하나로 공공 서비스의 공동생산이 제기됐다. 공동생산은 더 적은 비용으로 더 많은 서비스를 실현해야 한다는 요구에 대한 해답으로 제시됐다(윤주명, 2010).

〈표 10-2〉 전통적 서비스 제공 방식과 공동생산의 비교

구분	전통적 행정 서비스	공동생산
접근 방식	공급자(관) 중심의 서비스	시민의 기대 수준 환경과의 조화 서비스의 실질적 효율과 효과
제공 주체	정부(공공기관)	정부, 시민, 기관, 기업 등 해당 서비스와 관련된 개인이나 단체
성과/기대	고비용-저효율 행정 목적과 효율과의 부조화	행정의 민주성, 대응성, 효율성, 효과성
정부의 역할	명령, 통제, 지시 등의 일방성	조정자(중개자), 촉진자, 네트워크 조직가

3 공동생산의 유형

공동생산의 유형은 서비스 전달에서 시민이 관여하는 형태 및 참여자의 단위를 기준으로 다음과 같이 구분할 수 있다. 시민의 관여 유형에 따라 공동생산은 공공기관에 대한 시민의 부조 요청, 공공기관에 시민이 부조를 제공하는 것, 공공기관과 시민이 서로 간의 서비스 기대를 조정하기 위해 주민과 기관이 상호작용하는 것 등의 세 가지로 나눈다.

부조에 대한 시민의 요청은 사회안전, 복지, 긴급구조 등에서와 같이 기관의 업무를 계속 형성시키고, 작업을 정의하며, 서비스 전달 체계를 개선하는 역할을 한다. 시민의 부조 제공은 운전자의 교통법규 준수, 자녀 교육에 대한 부모의 관심, 지역사회 안전에 대한 주민의 관심 등과 같은 경우인데, 이것은 서비스 효과에 영향을 미친다. 마지막으로 시민과 서비스 전문가 간의 상호조정은 공공 서비스의 전달에서 서비스 전문가와 시민이 시민의 문제에 대한 공통의 이해를 도모하기 위해 상호작용하는 것을 말한다. 이것은 특히 교육, 상담 등 고객의 행태 변화를 목표로 하는 서비스의 경우 매우 중요하다(윤주명, 2003).

한편, 공공생산에의 참여 단위에 따라 공동생산을 개인적, 집단적, 집합적 공동생산으로 구분한다. 개인적 공동생산은 편익이 개인적이고, 서비스 제공 과정

에 불가피하게 시민이 참여하는 것과 시민이 자신의 소비를 위해 능동적이고 자원적 행위를 하는 것이 있는데 자신의 집 주위를 청소하는 것, 공공설비의 상태에 대해 공무원에게 제보하는 것 등이 해당된다. 집단적 공동생산은 활동의 편익이 집단적이고, 그 과정에서 주민집단과 서비스기관 간의 공식적 조정이 이뤄지는 형태로 자치방범대와 주민결사체를 들 수 있다.

마지막으로 집합적 공동생산은 그 편익이 전체 사회에 귀속되는 경우로서 자원봉사자를 활용하는 경찰, 소방, 동물 보호, 도서관, 공원 등에 대한 행정기관의 사업들이 이에 해당된다(윤주명, 2003).

〈표 10-3〉 공동생산의 유형

구분		목적
시민의 참여 형태	공공기관에 대한 시민의 부조 요청	공공기관의 업무를 계속 형성시키고, 작업을 정의하며, 서비스 전달 체계를 개선하는 역할
	시민이 공공기관에 부조 제공	서비스 효과 향상
	시민과 기관이 상호작용	서로 간의 서비스 기대 조정, 시민의 문제에 대한 공통의 이해 도모
참여자의 단위	개인적	공동생산 활동의 편익이 개인적인 경우 (예: 자신의 집 주위를 청소하는 것, 공공설비의 상태에 대해 공무원에게 제보)
	집단적	공동생산 활동의 편익이 집단적인 경우 (예: 자율방범대, 기타 서비스의 질과 양의 개선을 위한 주민결사체)
	집합적	편익이 전체사회에 귀속되는 경우 (예: 자원봉사자를 활용하는 경찰, 소방, 동물 보호, 도서관, 공원 등에 대한 행정기관의 사업들)

자료: 윤주명(2003)의 내용을 정리

4 행정 서비스 공동생산 사례

공동생산의 여러 유형에서 설명한 것처럼 공동생산의 서비스는 다양한 부문에서 실현될 수 있다. 치안 서비스의 경우 전통적 관점에서 보면 경찰이 치안을 담당하고 치안 서비스 수혜자는 시민으로 이원화돼 있다고 봤다. 그 결과 경찰과 시민의 관계는 일방적인 면이 적지 않았다. 그러나 도시화·산업화로 인해 범죄 등 사회문제가 심화되고 사회가 복잡해짐에 따라 시민들의 다양한 요구가 제기되고 전통적인 경찰과 국민의 관계만으로는 다양하게 변화되는 치안환경 속에서 시민이 만족할 만한 치안 서비스를 제공하기가 어려워졌다. 따라서 이러한 전통적인 사고방식, 즉 경찰은 치안 서비스의 공급자이고 시민들은 단지 수혜자에 불과하다는 사고에서 탈피해 치안 서비스의 생산에 시민들을 적극적으로 참여시켜야 한다는 논의가 크게 제기되고 있는데(손능수, 2007: 82-83), 자율방범대가 공동생산에 해당된다.

농촌의 고령화로 인한 노인 돌봄서비스에 대한 공동생산 프로그램을 엿볼 수 있다. 충청북도의 '9988행복 지키미' 사업은 2014년 노인의 고독사가 사회문제로 떠오르자 충북에서 노인문제를 예방적 차원에서 접근하기 위해 지역 노인들을 서비스 생산 과정에 참여시킴으로써 시작됐다. '지키미' 사업의 공동생산의 특성은 다음과 같다.

첫째, '지키미'를 이웃에 인접한 노인을 선발함으로써 지역 공동체 강화에 기여했다.

둘째, 전문적인 돌봄 경험이 없는 '지키미' 노인들을 선발해서 교육을 통해 서비스 역량을 증진시킴으로써 노인 일자리 확산과 취약계층 노인의 소득 보전이라는 측면에서도 긍정적인 결과를 가져왔다.

셋째, '지키미' 노인들은 공동생산 기획과 전달, 평가 과정에 참여함으로써 서비스의 개선과 향상에 기여했다. 이러한 참여 과정에서 서비스 생산 과정에 대한 이해와 역량을 확대하는 성과를 가져왔다(김학실, 2017).

⟨표 10-4⟩ 2015년 행정 서비스 공동생산 우수 사례

2015년 최우수 사례

① 도시화로 삭막해진 수도권, 이웃끼리 마주쳐도 인사조차 어색하다. 이에 '마을학교'를 세워 주민이 강사가 되고(경기 시흥시).
② 주민이 마을축제를 기획하고 준비해 함께 어울린다(경기 고양시). 길을 나서면 인사할 사람이 많이 늘었다.
③ 통일 첫 마을 대성동. 사회관계망서비스(SNS)에 올린 '도움 요청'에 전문가와 기업, 자원봉사자가 함께 모였다. 주민이 원하는 사업을 전문가가 재능 기부로 설계하고, 기업도 후원한다. 30년 만에 마을이 새로워졌다(경기 파주시).
④ 노인복지관 이용 노인이 복지관 주인이 됐다. 더 이상 뒷방노인네가 아니다. 더불어 락(樂) 복지관 자치회원이고, 락(樂) 카페 지배인이다. 마을 대동회와 축제도 준비한다. 어르신들이 복지관 운영의 새 모델을 만들었다(광주 광산구).

2015년 우수 사례

① 서울 중구 중앙시장. 돼지, 닭 등 축산 부산물 악취로 여름에도 창문을 열 수 없고, 악취는 악몽처럼 주민들의 삶을 억눌렀다. 상인들과 주민들이 나섰다. 유용미생물(EM)을 뿌린 지 두 달, 악취가 꿈결같이 사라졌다(서울 중구).
② 우리 동(洞)에 복지사각지대는 없다. 동 복지호민관협의체는 복지 수요 발굴, 복지 지원 결정도 하고, 자원봉사와 기부를 통해 보다 따듯한 복지마을을 만들어간다(광주 남구).
③ 아이가 신난다. 엄마도 한결 아이 보기가 수월해졌다. 시에서 운영하는 '장난감 은행'(4개소)에 가면 아이가 좋아하는 장난감도 빌려주고, 다양한 육아지원 프로그램이 운영된다(경남 진주시).
④ 대구 달서구 파도고개 미로마을은 꼬불꼬불 담 벽이 삭아 부서져 내리는 미로(迷路)였다. 길을 잃기 십상이었다. 유치원생 고사리 손으로, 구청장님도 멋쩍게 한 장. 타일 벽화로 꾸며진 골목은 미로(美路)가 되었다. "수박화채 드시러 오이소"(대구 달서구).
⑤ 요즘 나는 학창생활로 돌아간 것 같다. 구청에서 지원하는 동아리에서 익힌 요리 솜씨로 "3GO 가든산책" 페스티벌에서 비빔밥 나눔봉사를 했다. 음식을 만들어 고아원 봉사활동도 한다. 재미있다.(광주 북구)
⑥ 치워도, 치워도 쌓여만 가던 쓰레기가 사라졌다. 주민이 함께 화단을 가꾸고 벽화를 그리자, 골목은 여성의 발걸음이 편안한 곳이 됐다(인천 부평구).

자료: 행정자치부(2015)

〈표 10-5〉 2017년 행정 서비스 공동생산 우수 사례(일반협업 부문)

구분	지자체	주요 내용
대상	경기도 남양주시	내 삶을 바꾸는 주민 참여 플랫폼 '현답토론회'
		"현장의 답이 현명한 답이다"라는 슬로건 하에 시민들이 직접 기획하고 진행하는 주민 참여 플랫폼을 구축 주민 생활과 밀접한 분야를 중심으로 의견 수렴과 대안 제시가 필요한 다양한 분야에 대한 주민 소통의 장을 제시
최우수상	경기도 용인시	지역 상생 공간, 동네서점에서 도서 대출 - 용인시 희망도서 바로대출제 -
		지역 서점을 통한 도서 대출로 도서관의 희망도서 입수시간을 단축해 시민 편의를 증진하고, 지역 서점의 경영 안정과 성장 도모 지역 서점-지자체 간 협약으로 지속적, 유기적인 협업을 유지하고, 참여 시민은 시범운영기간 대비 48배 증가
우수상	서울특별시 중구	쪽방 주민들의 자립을 돕는 '꽃피우다'
		중구의 지역적 특성인 '쪽방'에 거주하는 저소득층에게 화분 꽃다발 제작 교육, 온·오프라인 판매 등 자활 기회 제공 공공일자리에 대기업과 사회적 기업의 노하우를 접목해서, 단순 생계 유지 지원이 아닌 새로운 형태의 일자리 창출
우수상	경기도 오산시	지역사회와 함께하는 오산백년시민대학
		지역 특수성을 반영한 학습공간 발굴, 평생학습 프로그램 개발, 포털 시스템 구축으로 시민과 지역사회가 함께 하는 평생학습 시스템 느낌표 학교, 물음표 학교, 하나로통합학습연계망, 온라인 플랫폼 등 다양한 활동으로 시민의 잠재 역량 제고와 삶의 질 향상
우수상	경기도 파주시	도농 복합도시 파주! 어르신 희망충전 프로젝트, 어르신 행복 일터+싱싱시니어 택배
		지역기업과 연계해 지역 특성을 반영한 도농 맞춤형으로 농촌 경로당 행복일터, 도시형 노인택배 등 일자리 사업 추진. 행복일터를 통한 일자리 2,004개, 시니어택배를 통한 일자리 20개 등 은퇴 세대에 지속적인 일자리 제공과 수익 창출
우수상	전라남도 순천시	시민주주와 함께하는 순천형 로컬푸드
		시민, 지역단체 등이 주주로 참여한 민관 협력법인을 통해 지역 로컬푸드 직매장, 레스토랑 운영 등으로 도농 상생협력 실현 이용객 17만 명, 소비자회원 7,500명, 지역 175개 소농가 수익 창출 등 시민이 주도하는 순천형 로컬푸드 성공 모델 제시

자료: 행정안전부(2017)

5 공동생산의 활성화 방안

공동생산은 주민의 관점에서는 직·간접적인 편익이 기대돼야 하고, 정부의 관점에서는 행정의 민주성, 대응성, 효율성, 효과성, 형평성 등의 가치가 실현될 수 있어야 한다. 또한 서비스에 대한 참여는 일회성 및 형식적 활동으로 그치지 않고 지속 가능하며 실질적이고 자발적이어야 한다.

공동생산이 실현되기 위한 기본 조건은 다음과 같다.

첫째, 그동안 공공기관이 제공한 공공 서비스의 공급 수준이 시민의 기대보다 낮고, 시민의 관여 및 기여로 인한 편익에 대해 무임승차의 문제가 없을 때 가능하다. 반대로 공공기관이 제공하는 서비스 공급 수준이 시민의 기대에 부합하는 경우에는 공동생산을 고려해야 하고, 무임승차자가 있는 경우에는 공동생산의 지속가능성과 효과를 기대하기 어렵다.

둘째, 공동생산에 대한 시민과 정부 간의 관계에서 그 관계가 대체 가능한 경우에는 선택적이며, 상호의존적인 경우에는 필수적이다.

셋째, 공동생산은 시민의 참여를 서비스 생산 과정에 이용할 수 있는 정부의 기술적, 관리적 능력이 있을 때 가능하다.

넷째, 공동생산은 시민들의 자원적 행동이 있을 때 가능한데, 이러한 행동은 자원자들이 효능감을 가지고, 다른 사람들도 참여할 것이라는 확신을 가질 때 나타난다(윤주명, 2003).

공동생산이 활성화되기 위해서는 위와 같은 기본 조건을 갖춘 것 외에 이것의 필요성에 대한 정부의 인식과 이것의 촉진을 위한 정부의 전략이 마련돼야 하며(윤주명, 2003), 전략 마련 과정에서 시민과 전문가의 의견도 반영돼야 한다. 또한 정책이나 사업 및 프로그램의 집행에 대한 수용성을 제고하고 서비스 전달을 촉진하기 위해서는 분권화된 서비스 전달 체계를 구축해야 한다. 아울러 행정가는 시민의 니즈(needs)를 진솔하게 들을 수 있는 경청자가 돼야 하고, 다양한 니즈들을 종합하고 조직화하는 조직가의 역할자도 담당해야 한다. 또한 긍정적인 방향으로 시민들의 참여를 촉진시키는 촉진자의 역할, 지역사회에 공식 또는 비공식 집단에 조직돼 있을 때 공동생산을 위한 지식과 기술을 제공하는 중개자의 역할 등을 수행해야 한다(윤주명, 2003).

[그림 10-7] 공동생산 활성화를 위한 기본 모형

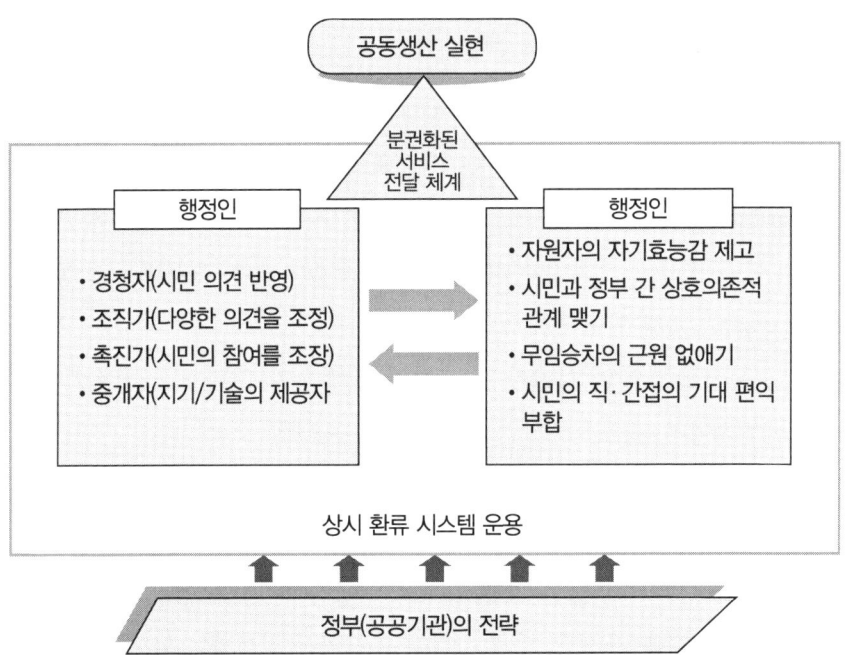

제10장 참고 문헌

김대우. (2015). 인간과 기계의 공진화적 관점에서 바라본 사이버가수의 진화과정. 「만화애니메이션연구」, 39: 261-295.

김상욱·김숙희. (2006). 정보기술과 사회 공진화의 동태적 메커니즘과 정책적 함의. 「한국 시스템다이내믹스 연구」, 7(2): 5-20.

김 인·이만우. (2008). 공동생산활동이 교육 성과에 미치는 영향. 「한국지방정부학회 추계학술대회발표논문집」, pp. 95-125.

김학실. (2017). 공동체 기반 서비스 공동생산(co-production)에 관한 연구: 충북의 '9988 행복'지키미'사업'을 중심으로. 「한국정책학회보」, 26(2): 79-105.

박재웅. (2017). 「모든 진화는 공진화다」. MID.

박정민. (2008). 지역치안행정을 위한 거버넌스의 구축. 「한국거버넌스학회보」, 15(3): 321-349.

방기정. (2016). 매체 발달과 뮤직비디오에 나타난 공진화(Co-evolutionary) 연구. 「Asia-pacific Journal of Multimedia Services Convergent with Art, Humanities, and Sociology」, 6(4): 439-448.

서지영. (2016). 기술위험과 기술혁신의 공진화 관계 속에서 본 기술위험관리의 필요성과 논점. 「과학기술정책」, 7월호. 216: 16-25.

손능수. (2007). 순찰지구대 체제하의 치안서비스 공동생산에 관한 연구. 「한국정책과학학회보」, 11(2): 79-106.

신동엽. (2018). 새로운 혁명의 시대. 「4차 산업혁명, 일과 경영을 바꾸다」, 삼성경제연구소.

오승은. (2007). 지방정부 공공서비스 생산의 새로운 가능성. 각국의 NGO를 중심으로. 「한국거버넌스학회보」, 14(3): 227-247.

우윤석. (2010). 공진화. 「행정학전자사전」, http://www.kapa21.or.kr. (검색일: 2018. 4. 13).

우윤석. (2011). 지속가능한 공진화를 통한 '상생'의 개념화와 활용에 대한 탐색적 연구: 대리운전과 택시의 관계를 중심으로. 「도시행정학보」, 24(3): 3-30.

윤주명. (2003). 공동생산(Coproduction). 「행정학전자사전」, 한국행정학회. http://www.kapa21.or.kr. (검색일: 2018. 4. 13).

이홍재. (2013). 지역 문화정책과 사회적 자본의 통합적 공진화. 「GRI 연구논총」, 15(2): 213-242.

최덕천. (2018). 환경과 인간과 경제의 '공진화'를 위해. 「한국농어민신문」, 2018. 5. 2.

최문기. (2008). 정보사회와 정보윤리의식의 공진화. 「윤리연구」, 69: 215-241.

최창현. (2001). 복잡성이론. 「행정학전자사전」, 한국행정학회. http://www.kapa21.or.kr. (검색일 : 2018. 4. 18).

행정안전부. (2017). 「보도자료: 주민과 함께 만들어 더 빛나는 행정서비스」, 2017. 10. 25.

행정자치부. (2015). 「보도자료: 주민과 함께 만드는 명품 행정서비스」, 2015. 10. 26.

허용훈·문유석. (2014). 지역경찰활동에 대한 주민협조의 실태와 영향 요인. 「지방정부연구」, 17(4): 143-163.

위키백과; https://ko.wikipedia.org/wiki/ (검색일: 2018. 4. 11).

제11장
세상과 공공사회의 혁신

제1절 | 경로의존성

1 경로의존성의 개념

인간은 시시각각 변화하고 있는 세상에서 살고 있다. 변화하는 세상의 현상은 보이는 것도 있고, 보이지 않는 것도 있다. 인간은 인지 능력의 부족과 불완전한 지식으로 보고 싶은 것만 보며, 보이는 것만 보고 인지하고 판단하며 행동으로 옮긴다. 또한 인간은 대체로 과거의 경험에 비춰 현재와 미래 행동을 결정한다. 과거의 경험 역시 그 당시 세상의 모든 현상의 구성 요인들을 확인하고 인지하는 것이 아니기 때문에 그런 경험에 바탕을 둔 현재와 미래의 행동은 실제와 많은 차이를 가져온다. 인간은 실제 차이와 오류를 확인하고서 그 때야 비로소 자신의 판단과 행동이 기대하는 결과를 낳지 않았다고 후회한다. 현명한 사람이라고 말할 때, 어떻게 보면 세상살이에서 실수와 오류를 줄이고 후회를 최소화하는 판단과 행동이 아닐까? 하지만 인간은 불완전하기 때문에 판단의 오류를 하게 되고 그로 인해 바람직하지 않은 또는 기대하지 않은 결과를 낳게 되는데, 이 경우 오류 및 착오를 시정하고 바람직한 방향으로 생각과 행동을 바꿀 필요가 있다. 이와 같은 이야기는 누구나 다 동의한다. 그런데 한편으로는 "사람은 죽을 때까지 변하지 않는다"라고 한다. 세상은 변하는데 인간은 자신의 행동 패턴을 쉽게 바꾸려 하지 않는다. 변화하는 세상에서 인간은 생존하기 위해 새로운 선택적 행동을 해야 하지만 그렇게 하는 것이 쉽지 않고, 세상의 변화에 반응하는 행동이 이뤄지지 않는다면 세상과 인간의 공진화는 기대할 수 없으며, 또한 공존하기도 힘들고 변화하는 세상에서 배제되고 고립되기 쉽다. 세상의 변화에 적응하고 변화를 선제적으로 준비하는 사람만이 경쟁력이 있는 공진화 및 공존의 출발이다. 세상의 변화에 적응하고 변화의 창도자를 필요로 하는 4차 산업혁명 시대에 과거의 행태를 고집하는 인간과 조직(기업)은 더 이상 존재의 의미를 찾을 수 없는 시대가 되고 있다. 복잡성과 예측불가능성이 상존하는 현대 사회에서 과거의 획일적 경로에 사로잡혀 변화와 혁신을 하지 않는다면 세상과 단절되는 삶을 살 수도 있을 것이다.

경로의존성(path dependency)은 한번 일정한 경로에 의존하기 시작하면 나중에 그 경로가 비효율적이라는 사실을 알고서도 여전히 그 경로를 벗어나지 못하는 경향성을 의미한다. 즉, 한번 일정한 경로가 형성되고, 이러한 경로에 의존하기 시작하면, 나중에 다른 경로가 더 효율적이라는 사실을 알고서도 과거에 의존했던 경로를 벗어나지 못하는 성향을 의미하는 것이다. 이는 관성의 법칙(law of inertia)과 관련이 있다. 즉, 모든 물체는 자신의 운동 상태를 그대로 유지하려는 성질이 있는데, 정지한 물체는 계속 정지하려고 하고, 움직이는 물체는 원래의 속력과 방향으로 계속 가려고 하는 원리와 같다(양승일, 2013). 이러한 관성은 인간의 사회제도와 조직에서도 흔히 발견된다. 어떤 제도와 조직도 일단 생기고 나면 여간해선 없애거나 바꾸기 힘든 경우가 많다. 규모가 크고 역사가 쌓이면 운영 방식이 관행으로 고착되고 스스로 확대재생산하려는 경향마저 생긴다. 사회적 관성은 시간이 오래되고 규모가 클수록 이러한 경향이 강한데 경로의존성의 핵심은 과거에 지나온 경로에 따라 미래의 진행 방향이 결정된다는 것이다(윤두한, 2012).

또한 경로의존성은 일련의 사건이 최초에 특정한 방식으로 진행되면 그 뒤에는 제도와 조직을 변경하는 것이 불가능할 정도로 경직되게 만드는 현상을 말한다(윤두한, 2012). 예컨대 정형적이고 일상적 업무와 수단이 새로운 아이디어와 대안을 모색해야 할 비정형적인 상황에서 쇄신적인 기획활동을 방해한다는 '기획의 그레셤 법칙(Gresham's law of planning)'과 같은 맥락의 의미다. 경로의존성은 새로운 행동 대안을 모색하기를 포기하고 매번 반복된 행동에 머물러 있고, 과거의 관습에 매몰돼 새로운 행동노선을 생각하지 않는다고 해서 고착 효과(lock-in effect) 또는 매너리즘(mannerism)에 빠져 있다는 표현으로 사용하기도 한다.

국가나 정부에서의 정책에 대한 경로의존성은 어떠한 정책이나 제도가 계속되는 이유를 설명하는 역사적 제도주의 방법론의 하나로 접근되고 있다. 즉, '특정한 시점에서의 정책적 선택이 다음 시점의 선택을 지속적으로 제약하는 경향'에서 경로의존성을 설명하고 있다. 전통적인 측면에서 경로의존 개념은 선행사건이 후속사건에 영향을 미친다는 시간적 인과관계에 집중해 왔으나 최근에는 시간의 변화에 따른 '자기강화적' 특성도 강조되고 있다(최충익 외, 2016: 96).

경로의존성은 개인의 사회활동에서 변화를 말할 때는 물론 정부나 민간기업 활동에서 혁신과 변화를 가로막는 개념으로 많이 회자되기도 한다. 변화하는 세상에서, 국민과 소비자의 니즈 변화에 대응해야 하는 정부와 민간기업이 과거의 일하는 방식이나 서비스에 고착돼 국민과 소비자의 변화하는 눈높이에 맞추지 못하는, 즉 혁신과 변화를 가로막는 현상을 설명할 때 사용하는 개념이다.

2 경로의존성의 사례

경로의존성은 이미 익숙해진 습관을 쉽게 고치지 못한 행동을 비유하는 의미로, 다양한 분야에서 그 사례를 엿볼 수 있다.

(1) 타자기의 배열과 동일한 컴퓨터 자판

오늘날에는 컴퓨터 사용이 보편화됐지만 과거에는 타자기가 보편적으로 사용됐다. 타자기의 배열은 실제로 빠른 타자를 치기 위해서는 다소 불편했는데, 실제로 초기 타자기 개발자들은 타자 속도가 너무 빨라서 타자기가 엉키는 것을 방지하기 위해 이러한 배열을 만들어 낸 것이다. 그러나 이후 컴퓨터 자판에도 타자기와 같은 동일한 배열이 도입됐는데, 자판에는 더 나은 알파벳 배열이 가능함에도 불구하고 타자기의 배열이 그대로 반영된 것이다. 기술이 진전돼 더욱 효율적인 자판으로 바뀔 수 있었으나, 사용자에게 오랫동안 익숙하고 친숙한 배열을 바꿔 새로운 자판으로 보급시키는 것이 쉬운 일은 아니었던 것이다(양승일, 2013). 이는 새로운 제품을 만들어 낼 때 과거의 익숙함을 떨쳐버리지 못하고 답습하려는 경향이 경로의존성 때문이다.

[그림 11-1] 경로의존성 사례(1)

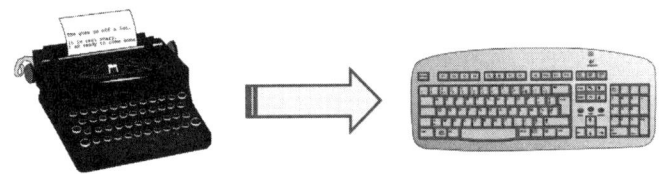

(2) 말 두 마리 엉덩이 크기, 열차 선로 폭, 로켓 크기

2007년 8월 발사된 우주왕복선 엔데버(Endeavour) 호에 쓰인 추진 로켓의 너비는 4피트 8.5인치였다. 사실 기술자들은 추진 로켓을 좀 더 크게 만들고 싶었지만 그럴 수가 없었다. 그 이유는 열차 선로 폭 때문이었다. 즉, 로켓은 기차로 옮겨지는데, 중간에 터널을 통과하려면 너비를 열차 선로 폭에 맞춰야 했기 때문이다. 이러한 열차 선로 폭은 19세기 초 영국에서 석탄 운반용 마차 선로를 지면에 깔아 첫 열차 선로를 만든 데에서 기인한다. 그리고 그 마차 선로 폭은 2,000년 전 말 두 마리가 끄는 전차 폭에 맞춰 만들어진 로마가도의 폭이 기준이었던

것이다. 결국, 인간은 2,000년 전 말 두 마리의 엉덩이 폭으로 길을 정한 굴레를 벗어나지 못하고 있는 것이다(양승일, 2013).

[그림 11-2] 경로의존성 사례(2)

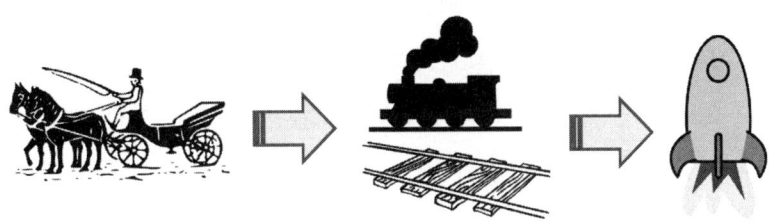

(3) 함의

사회에서 불합리하고 비효율적인 행동 사례를 경험하고 있음에도 불구하고 인간은 왜 효율적이고 합리적인 방안을 선택하지 않을까? "주류 경제학자들이 가정하듯, 합리적인 사람이라면 어떻게든 비록 제한이 있긴 하지만 최선의 개선 방안을 통해 더 나은 방안을 선택하려고 시도했을 텐데 왜 아직도 이러한 현상이 수천 년에 걸쳐 전해 내려오는가"다(윤두한, 2012). 이에 대한 논거로 '전환비용(transition cost)'이 발생하기 때문이라고 한다(윤두한, 2012). 하나의 기술이나 상품이 보편적으로 시장에 확대된 후 뒤에 나타나는 새로운 경쟁(대안)기술이나 상품을 선택하기 위해서는 새로운 노력이나 비용이 발생하는데, 특히 새로운 학습이나 제도적 개선이 필요하면 사용자들은 구태여 번거로운 학습을 통해 새로운 제도나 상품을 선택하기보다는 종전 것을 그대로 고집하는 경우가 흔히 발생한다는 것이다(윤두한, 2012). 그렇다면 전환비용을 감소키는 방법이 경로의존성에서 탈피하는 방안이 된다. 과거의 방식에 대해 파괴적인 혁신보다는 점진적인 변화의 접근 방법이 모색될 필요가 있다. 즉, 사용 방법 및 이용에 대한 번거로움을 최대한 줄여줌으로써 자연스럽게 녹아들도록 해야 할 것이다.

변화와 혁신정책이나 방안이 합리적이고 소망성을 담고 있더라도 공동체 구성원들의 이해를 바탕으로 수용성과 실현가능성이 무시된다면 그 효과를 기대하기 곤란하다. 또한 새로운 변화와 혁신의 모색, 점진적 또는 파괴적인 변화와 혁신을 채택할 것인지는 상황, 목표, 기대 효과, 프로그램의 운영 기간, 동원 자원, 구성원들의 특성 등을 종합하고, 가능한 공론화를 통해 구성원들의 이해와 합의가 이뤄질 수 있도록 모두가 노력해야 할 것이다.

개인적 차원에서 경로의존성은 과거의 경로에 익숙해지면 그 익숙함에 편리성을 느끼고 그런 편리성과 익숙함의 상호작용이 습관화되는 경향을 갖게 된다. 그렇다면 개인이 경로의존성을 탈피하려면 어떻게 해야 하는가? 새로운 일이나 경로에 대한 경험과 실천행동이 있어야 한다. 경험과 실천행동이 반복되면 변화 효과를 인지하고 학습하게 되며, 새로운 경로에 익숙해지고 습관화가 이뤄짐으로써 편리함을 느끼고 이 과정이 반복해서 일어나게 된다. 조직에서도 마찬가지다. 조직은 개인들이 공동의 목표를 위한 모인 협력적 집단이지만, 개인의 변화 행동이 있어야만 조직의 변화 및 혁신을 기대할 수 있다. 따라서 개인이든 조직이든 변화와 혁신에 관한 접근은 사람의 경로 행태를 어떻게 바꿀 것인가에 관심을 둬야 할 것이다.

이를 위해서는 조직구성원들의 팔로우십(followership)과 관리자의 진정 리더십

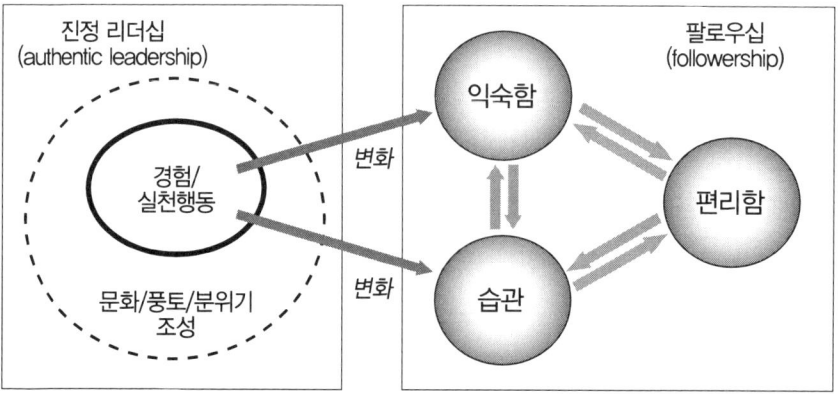

[그림 11-3] 조직과 개인의 경로의존성 탈피 모형

(authentic leadership)이 균형과 조화를 이뤄야 한다. 시대와 환경 변화에 대응한 바람직한 조직의 비전과 목표를 성취하기 위해서는, 구성원들의 자발적이고 적극적인 참여 없이는 힘들다. 관리자는 진정 리더십 구현을 통해 구성원에게 관계의 투명성과 공정성, 윤리성, 진실성, 소통과 격려 등의 기본 요소를 갖춰야 한다. 또한 구성원들이 새로운 요소를 흡수하고 학습할 수 있도록 조직의 문화·풍토 및 분위기를 조성하는 데 힘써야 하며, 구성원들이 새로운 경험과 활동에 대한 자기효능감이나 자부심을 가질 수 있도록 유무형의 지원과 지지가 있어야 한다.

Rethinking

'6개월치 잡무' 하루 만에 끝… 사회복무요원의 행정혁명

'최근 1년간 보낸 등기우편 명세를 모두 찾아 인쇄하기.'

대구지방고용노동청 안동지청의 사회복무요원 반병현 씨(25)가 9월 상사에게서 받은 업무 지시 내용이다. 안동지청에서 보낸 3900개가 넘는 등기우편의 13자리 등기번호를 우체국 홈페이지에 일일이 입력한 뒤 인쇄하는 단순 작업을 반복하려면 6개월 정도 걸릴 일이었다. 하지만 고교를 조기 졸업하고 KAIST에 진학해 바이오 및 뇌공학 학·석사 학위를 받은 공학도는 비범했다. 그는 직접 자동화 소프트웨어를 개발해 단 하루 만에 모든 일을 끝냈다.

시급 1,600여 원을 받는 사회복무요원 반 씨는 7월부터 안동지청에 행정 자동화 혁신을 일으키고 있다. 그 과정에서 해프닝도 벌어졌다. 반 씨는 같은 양식의 다른 부서 엑셀 파일을 하나로 합치라는 업무 지시를 받고 이를 자동으로 합쳐주는 프로그램을 개발했는데, 갑자기 개인 컴퓨터 인터넷주소(IP주소)가 차단된 것. 이 프로그램을 담당 공무원에게 e메일로 전송했더니 공공기관 내부망을 관장하는 국가정보자원관리원이 비인가 프로그램을 이용한 통신 공격으로 오해하고 조치를 취한 것이다.

반 씨는 지난달부터 안동지청 행정 자동화 사례를 블로그에 올렸다. 이를 본 고용노동부가 3일 정부세종청사로 반 씨를 초청해 현장의 행정자동화를 위한 조언을 직접 청취했다. 이 자리에서 반 씨는 딥러닝 기반 인공지능을 통해 종이 문서를 스캔하면 워드 파일로 자동 변환시켜 주는 프로그램 개발을 건의했다. 민원인이 손으로 쓴 서류를 공무원이 일일이 컴퓨터에 입력하는 방식을 고수하는 현장에서 느낀 문제 의식에서였다. 반 씨는 네트워크로 연결된 관공서 프린터마다 각기 다른 토너의 잔량을 자동 분석해 구매 효율성을 높이는 시스템도 제안했다. 고용부는 반 씨의 건의를 업무 자동화 과제로 적극 검토하고 있다. 반 씨는 "스스로 '가성비(가격 대비 성능)'가 떨어지는 걸 못 견디는 편이라 단순 반복 업무가 싫어 자동화 프로그램을 개발했다"며 "일개 사회복무요원이 정부 행정 시스템을 바꾸는 데 기여할 수 있다는 게 놀라웠다"고 말했다.

자료: 「동아일보」, 2018. 12. 18.

제2절 | 폐기학습

1 폐기학습의 의의

우리는 쓸모가 있을 것이라는 많은 지식을 다양한 경로와 방법을 통해 학습하고 습득한다. 하지만, 그런 지식이 실제에 적용해 보기 전에는 쓸모가 있는 지식인지 아니면 쓸모가 없는 지식인지 확인하기 어렵다. 우리는 세상에 이로움이 되는 지식, 자신을 발전시키는 데 도움이 되는 지식, 지혜로움과 현명한 판단과 행동을 위한 지식을 습득하기 위해 노력하고 있다. 지식을 학습하고 습득할 당시에는 이와 같은 목적에 도움이 될 것이라는 믿음을 가지고 있다. 그렇게 습득한 지식은 시대가 바뀌고 불확실성의 현상이 늘어남으로써 현실 적합성이 떨어지는 지식이 되고 만다. 과연 이런 지식을 계속 학습하고 습득해야만 할까? 아니면 새로운 상황에 적합한 정보와 지식을 흡수하기 위해서는 과거의 낡고 오래되며 쓸모없는 지식을 비워야 할까? 과거의 지식이 현재 및 미래의 새로운 대안 모색에 방해 지식으로 작용하지는 않을까?

"비우지 않으면 채워지지 않는다"라는 옛말처럼, 새로운 것을 얻기 위해서는 오래된 것을 포기할 수 있어야 한다. 아무런 선입견이 없는 백지 상태에서 시작하는 것이 오히려 새로운 방식의 실험을 통해 창의력과 다양성이 숨쉬는 조직을 구현하게 할 수 있다. 이처럼 새로운 지식에 대한 습득 이전에 과거와 단절하려는 의식적인 변화 노력을 '폐기학습(unlearning)'이라고 한다. 폐기학습이란 새로운 지식의 학습 효과를 높이기 위해 과거의 사고방식을 미련 없이 버리는 것을 의미한다. 학습이 새로운 대안의 가치를 올바르게 인식하는 것이라면, 폐기학습은 오랫 동안 굳어진 타성에 안주하지 않고 기존에 학습된 사고의 틀을 과감하게 버리는 것이다(장영철, 2004).

폐기학습이란 잘못되거나 낡고 불필요한 기존 지식을 버리고 새로운 지식 습득을 용이하게 하기 위한 학습 방법이다. 사람들은 경험이나 학습을 통해 다양한 지식들을 축적하게 되고, 이러한 부분들을 의식화 내지는 체계화시켜 반복함으로써 무의식적으로 관습화해 버린다. 이와 같은 행동은 학습의 과정에서 고착화되기도 하지만, 환경의 급격한 변화 속에서 낡고 관습화된 지식은 더 이상 유용한 가치를 창출하지 못한다. 그렇기 때문에 새로운 변화에 대응하기 위해서는 이를 과감히 버리고 새로운 지식을 받아들일 수 있도록 하는 학습이 선행돼야 하는데, 이를 폐기학습이라고 한다(김태윤, 2013). 폐기학습에 대해 아크건 외(Akgün et al., 2007)에 따르면 "시대에 뒤떨어진 틀에 박힌 낡은 지식이나 신념 체계를 과감히 탈피하고 버리는 것"이라고 정의했다(조석현 외, 2013: 50). 폐기학습은 더 이상 사용하지 않는 낡은 지식과 행동을 버리고 일상적인 업무 방식을 새로운 방식으

로 바꾸는 것이다(허명숙 외, 2015: 276).[45]

〈표 11-1〉 폐기학습의 다양한 정의

자료	정의
Cegarra-Navarro et al.(2012)	신념, 규범, 가치, 절차, 루틴의 변경
Lee(2011)	급속한 변화 환경에 적할 수 있는 신념과 루틴을 변경할 수 있는 능력
Lee & Sukoco(2011)	조직이 오랫동안 유지해 온 루틴, 가정, 신념을 적극적으로 재검토하고 허무는 일
Pighin & Marzona (2011), Yildiz & Fey(2010)	새로운 학습을 가능하게 하기 위해 과거에 학습한 개념을 떨쳐버리는 것
Zahra et al.(2011), Tsang & Zahra(2008), Sang(2008)	새로운 것을 위한 방법을 찾기 위해 오래된 루틴을 제거하는 일
Becker(2010)	오래된 방식을 없애는 과정
Casillas et al.(2010), Srithika & Bhattacharyya(2009)	비효과적이고 쓸모없는 지식과 루틴을 제거하는 일
Cegarra-Navarro et al.(2010a)	새로운 지식의 흡수와 창출하는 데 쓸모없는 지식의 제거
Conner(2010)	이전에 가졌던 견해와 태도를 다시 인식하고 생각하게 하는 방법
Akgün et al.(2007a), Akgün et al.(2006)	조직에서 신념과 루틴의 변경
Akgün et al.(2007b)	메모리의 제거
Rebernic & Sirec(2007)	쓸모없는 암묵지식을 포기하는 일
Fotaki(2007)	지배적인 패러다임에 대한 심층적 질문의 부재
Cegarra-Navarro & Dewhurst(2006)	쓸모없고 잘못된 지식이 기각되는 과정
Becker et al.(2006)	개인과 조직이 새로운 정보와 행동을 수용(적응)하기 위해 가정과 정신적 틀을 포함하는 사전 학습을 인정하고 해제시키는 과정
Cegarra-Navarro & Moya(2005)	향상된 성과를 가져올 것으로 기대되는 행동을 확인하고 촉진시키기 위해 성과에 토대를 둔 개인의 역량
Mavin et al.(2004)	인정을 받은 가정을 위한 제기와 도전
Sheaffer & Mano-Negrin(2003)	유연한 기업의 비전을 제시하는 규정된 절차, 프로그램, 정책, 전략을 체계적으로 다시 생각하고 철저히 조사하는 일
Sinkula(2002)	기업이 새로운 것을 위한 오래된 논리를 제고하고 새로운 논리를 위한 공간을 만드는 과정

자료: Hislop et al.(2013: 29-33)

---

45) 허명숙 외(2015)는 폐기학습의 조작화로 ① 문제를 발견하고 업무와 일하는 방식을 분명하게 확인, ② 기존의 업무 방식과 수행 단계 변경, ③ 변화에 필요하다면 성공 경험도 의식적으로 버림, ④ 실패에서 배우기 위해 과거 실패 경험을 조사하고 분석함, ⑤ 새 지식을 수용하기 위해 쓸모없거나 잘못된 지식을 의식적으로 버림 등 다섯 가지를 제시했다.

폐기학습에 대한 논의의 필요성은 낡고 오래되어 쓸모가 없는 지식을 믿고 문제를 확인 및 정의하고, 판단 및 행동하는 경우 실패나 오류의 결과를 초래하기 때문이며, 조직의 관점에서 보면 비생산적이고 비효율적인 결과를 가져옴으로써 조직 실패를 초래하게 되기 때문이다. 개인의 변화 행동이나 조직의 혁신을 위해서는 과거의 관행과 지식이 잘못됐다는 것을 인식하고 새로운 지식으로 수정해 가는 과정이 필요하다.

한편 폐기학습과 관련된 개념들을 보면, 습관기억, 집단사고, 활동적 타성, 사고의 틀, 선택적 지각, 루틴, 신념 체계, 암묵지식, 경로의존성, 유형화의 오류 등이 제시되고 있다(〈표 11-2〉 참조). 이런 개념들이 내포하고 있는 공통점은 '시대와 상황에 맞지 않은', '오래되고 쓸모가 없는', '관성 및 과거의 습성에 젖어 있는', '선택적 인식 틀' 등으로 표현할 수 있다. 이런 표현은 미래 지향적이고 혁신적이며 새로운 대안을 모색하는 데 걸림돌이 된다.

〈표 11-2〉 폐기학습의 주요 개념들

개념	내용
습관기억	동일한 노력의 반복을 통해 습득된 기억으로 특별한 노력을 기울이지 않아도 자동으로 반응하게 되는 기억으로, 과거를 심층적으로 뒤돌아보기보다는 현재의 유용성에 의해 기계적으로 나타난다. 습관기억을 극복할 수 있는 것이 습관기억과 대비되는 순수기억이다. 순수기억은 개별적으로 독특한 특성을 만들어주어 동일성에 포섭되지 않는 기억으로서 과거에 근거한 현실의 의미를 재구성하고 지식의 공유와 실패를 인정하며, 상대의 의견을 존중하는 겸손함의 노력이 필요하다.
집단사고	응집력이 강한 집단 내의 구성원들이 집단의 결속에 너무 치중한 나머지 의사결정 과정에서 그들이 지닌 대안의 가정과 내용을 비판적이며 현실적으로 평가하지 못하는 현상
활동적 타성 (성공 이면의 어두운 그림자)	환경이 극적으로 변함에도 불구하고 오히려 과거에 했던 활동들을 더 가속화해서 추구하려는 조직의 일반적 성향. 예전에 성공을 거뒀던 방식을 그대로 답습하는 현상에 비롯된다. 관리자들이 세상 환경이 빠르게 변하고 있는데도 예전에 성공을 거뒀던 방식을 그대로 답습하거나 오래된 지식을 새로운 지식으로 대체하지 않으려는 속성
사고의 틀	잘못된 해석, 부정확한 기대, 고정된 양식의 틀에 사로잡혀 이것을 고정시키고 내용의 특수성이나 그 변화를 경시하면 도식주의(schematism)로 빠지고, 오히려 대상에 대한 정확한 인식을 방해하게 된다.

개념	내용
선택적 지각	외부 정보를 객관적으로 모두 받아들이지 않고 자신의 기존의 인지 체계, 지식, 가치관과 일치하거나 자기에게 유리한 것만을 받아들이는 것으로서 자기가 믿거나 듣고 싶은 것만 취하려는 경향
루틴	루틴이란 일상적으로 일어나는 행동 패턴이나 반복적으로 사용되는 행동 절차로, 루틴은 수렴되는 성질과 낡은 지식을 존속시키려는 속성을 가진다.
신념 체계	신념 체계의 원인은 지식, 참조(reference)의 틀, 정신적 모델 가치, 규범 등에 의해 이뤄진다. 따라서 이들 요소들이 변화되지 않는 한 종전의 신념 체계가 답습돼 지속적인 오류를 범할 가능성이 높아질 가능성이 있다
암묵지식	암묵지식은 의식적으로 깨닫지 못하거나 서술할 수 없는 속성을 지니고 있는데, 개인이나 조직의 경험, 이미지 혹은 숙련된 기능, 조직문화 등에서 비롯된다. 암묵지식을 변화시키기 위해서는 참조 모델에 대한 새로운 지식의 수용, 프레임을 포함한 조직의 신념의 재검토, 가치와 규범에 대한 지속적인 학습이 필요하다.
경로의존성	자신의 지식 체계가 한 번 일정한 경로에 의존하기 시작하면 나중에 그 경로가 비효율적이라는 사실을 알면서도 여전히 그 경로를 벗어나지 못하는 경향
유형화의 오류	특정 개인의 독특한 개성이나 개인차 혹은 능력을 무시하며, 단순히 그 개인이 특정 집단의 구성원이라는 이유만으로 그의 개성이나 특성, 능력을 특정 범주로 귀속시키려는 속성

자료: 조석현 외(2013: 51-54)의 내용을 정리함

2 폐기학습의 연구 사례

폐기학습에 관한 실제 사례는 민간 부문이나 공공 부문 모든 영역에 해당된다. 폐기학습에 관한 탐구와 고민은 연구자의 몫도 아닐뿐더러 개인, 사회, 기업, 공공조직이 시대 변화에 적응하고 생존하기 위해서는 모두에게 해당되는 것이다. 폐기학습에 관한 연구 사례를 보면, 허명숙 외(2015)는 민간 부문 종사자를 대상으로 실증분석을 통해 폐기학습이 지식활용을 거쳐 혁신행동에 유의적 영향을 미치는 것으로 제시했고, 김구(2011)는 지방공무원들을 대상으로 지식 흡수 역량이 혁신 역량에 유의적인 영향을 미치는 것으로 제시했다. 이렇듯 폐기학습은 기존의 낡은 지식을 버리고 새로운 지식을 흡수함으로써 혁신 역량에 중요한 영향을 미치는 것으로 파악되고 있다.

이인혜 외(2017)는 방송 산업에서 지속적인 성장 및 콘텐츠 혁신에 관한 연구에서 tvN 채널을 통해 살펴봤다. 폐기학습과 관련된 연구 결과를 보면, tvN은 기존 지상파 인재들의 영입을 통해 이들이 갖고 있던 콘텐츠 제작/기획 역량과 지식을 흡수하고 활용해서 탄탄한 제작 역량을 초기에 구축할 수 있었다. 특히, 지상파에서 영입된 A급 연출진(PD)들은 자신들이 보유한 지식과 제작 노하우를 제공해서 기존 구성원들을 지원해 나갔고 tvN의 경쟁력에 불필요한 콘텐츠는 과감히 폐기해 나갔다. 또한, tvN은 콘텐츠에 관한 탐험적 시도를 기반으로 시청자에게 실험적인 프로그램을 꾸준히 제공해서 콘텐츠와 관련된 혁신 영역을 더욱 넓혀 나갔다.

조석현 외(2014)는 우리나라 재해재난정책에 폐기학습의 도입 필요성을 주장했다. 이들의 연구에 따르면 재해재난의 특성과 폐기학습 이론이 전제하는 환경 속성과의 상호 연관성이 있었으며, 그중에서도 누적성과 복잡성에서 높은 연관성을 있음을 제시했다. 즉, 재해재난의 예방계획의 원칙과 관리 원칙에서도 폐기학습 이론이 권유하는 관리 원칙이 미래 예측이나 위급 상황, 과정, 의사결정, 조정, 인력과 자원관리 등에서 연관성이 높게 나타났는데, 그 이유는 불확실성, 상황적합성에 따른 변화와 혁신이 요구되기 때문이라고 제시했다. 그러나 한편으로는 이론들의 일상적이고 본질적 기능 수행, 보편적인 일반 원칙 등에서는 폐기학습 이론과 별다른 연관성을 보이지 않았다고 제시하면서, 재해재난정책 대상 분야에서는 상당 부분 폐기학습 이론과의 연관성이 확인된 만큼 폐기학습 이론의 정책적 함의가 있다는 것을 주장했다.

3 폐기학습의 함의

변화와 혁신을 추진하기 위해서는 새 것을 배우는 학습만이 아니라, 낡은 것을 버리는 폐기학습도 함께 이뤄져야 한다. 혁신이 성공되기 위해서는 기존의 지식에 대한 효과를 검토하고 쓸모없는 지식은 폐기학습을 해야 하는 것에서 출발한다(Pighin & Marzona, 2011: 59). 하지만 새로운 지식을 배우는 것보다 오랜 동안 굳어진 지식과 관행을 잊는 것이 더 어렵다. 학습은 변화의 반쪽에 불과할 뿐, 기존 것을 버리는 포기의 미덕이 필요하다(장영철, 2004). 새로운 지식을 창출하기 전에 어떤 지식을 폐기하는 것도 중요하다. 새로운 지식을 학습하는 것은 과업 수행의 실수 없이 성공적으로 이끌기 위한 토대가 되기 때문이다(Grisold et al., 2017).

폐기학습의 변화는 다양한 인간사회에서 유의미한 기제로 작동되고 있다. 하지만 아직도 인식적 차원에서 폐기학습이 수용되지 못하고 있는 경우가 많은데, 그것은 폐기학습을 저해하는 심리적 이유 때문으로 일시적인 무능력에 대한 두려움, 무능함에 대한 처벌의 두려움, 개인의 정체성 상실에 대한 두려움, 집단구성원의 자격 상실에 대한 두려움이 있으며, 이는 부정(부인), 책임 전가(회피), 책략(교섭) 등의 방어적 대응 형태로 나타난다. 이러한 심리적 요소가 조직에 뿌리내리고 있는 상황에서 폐기학습을 제도화한다는 것은 매우 어려운 일이 아닐 수 없다. 또한 많은 조직이나 개인들이 과거의 경영 방식이나 성공 경험에 빠져 경직화되는 소위 '조직 관성(organizational inertia)'은 변화를 어렵게 하는 가장 큰 장벽으로 자리 잡고 있으며, 학습 면에서도 기존의 관행이나 고정관념에 대한 학습 형태의 집착은 새로운 기회를 포착하거나, 창조적인 실험 정신을 발휘하는 데 결정적인 장애 요인으로 작용되고 있다(김태윤, 2013). 따라서 폐기학습을 제도화하기 위해서는 우선적으로 폐기학습으로 인한 성공적인 사례를 학습을 통해 인식의 변화가 필요하다. 또한 기존의 조직 운영 방식이나 지식 축적 방식 등에 대한 정비와 체계 구축이 이뤄지도록 하며, 새로운 사고의 전환에 따른 새로운 문화가 형성될 수 있도록 해야 한다(김태윤, 2013). 그리고 조직 전체가 개방적인 학습문화와 풍토가 조성돼야 하고, 적극적 추진으로 인해 실패로 나타났을지라도 실패학습의 관점에서 관용할 수 있는 범위와 수준을 정해서 제도화하는 것이 필요하다. 그리고 폐기학습은 조직 전체 구성원들이 자발적이고 적극적으로 참여해야 하기 때문에 진정 리더십을 통한 팔로우십을 확산시켜야 하며, 새로운 지식의 흡수와 이용으로 새로운 대안을 모색할 수 있도록 과거 지식을 폐기하고 새로운 지식을 활용하는 경우 기대되는 유무형의 성과(자기효능감 등)를 제시해야 할 것이다.

〈표 11-3〉 폐기학습의 장애 요인과 제도화 방안

폐기학습 장애 요인	제도화 방안
• 새로운 것에 대응하는 무능력에 대한 두려움 • 무능함에 대한 처벌의 두려움 • 개인의 정체성 혼란 및 상실에 대한 두려움 • 새로운 변동(소속집단)으로 인한 집단구성원의 자격 상실에 대한 두려움 • 부정(부인), 책임전가(회피), 책략(교섭) 등의 방어적 대응 형태 • 새로운 것에 대한 적응 두려움	• 폐기학습으로 인한 성공 사례의 인식과 경험 • 적극적 추진으로 인한 실패 결과에 대한 관용 문화와 제도화 구축 • 새로운 지식 흡수 체계 정비 • 개방적인 학습문화/풍토 조성 • 새로운 지식 흡수로 기대되는 유무형의 성과(자기효능감 포함) 제시 • 진정 리더십 구현과 팔로우십의 균형과 조화

마지막으로, 모든 실패가 항상 조직 소멸을 가져오는 것은 아니며, 실패가 성공의 실마리 지식이 된다는 것과, 자신의 과거 실패를 교훈으로 혹은 다른 조직의 경험을 타산지석으로 삼아 시장에서의 낙오자가 되지 않게 노력하는 것 역시, 조직 생존과 성장에 밀접한 관련이 있다는 인식과 제도화도 중요하다(송은영 외, 2007: 167).

실패는 폐기학습을 가속화하고 변화에 대한 필요성을 인식하게 하는 결정적인 계기가 될 수 있다. 실패의 원인이 무엇인지, 그리고 실패를 극복하기 위해서는 어떤 역량이 필요하지를 고민하는 과정에서 조직들은 기존에 학습된 틀의 문제점을 인식하게 된다. 하지만, 실패의 교훈을 살리지 못하고 잘못 학습하게 되면, 이는 오히려 새로운 시도나 변화를 가로막는 패배주의를 학습하는 계기가 될 수 있다(장영철, 2004).

예측 불가능하고 불확실성의 시대에서 기존 지식은 정말 쓸모가 있는지, 아니면 폐기해야 할 지식인지 자문하고 확신해 봐야 한다. 정형화 및 구조화된 과거의 지식은 '한 치 앞이 보이지 않는 상황'에서 모범 답안이 될 수가 없다.

[그림 11-4] 실패학습과 폐기학습 그리고 결과의 관계

Rethinking '실패도 자산', 실패박물관 건립 '타산지석'으로

대전시가 실패를 딛고 재도전할 수 있는 창업환경을 조성한다. 실패박물관 건립이 핵심 인프라다. (중략)

박물관은 실패 사례에 대한 학습을 통해 예비창업자가 창업을 하는 데 도움을 받을 수 있는 콘텐츠로 꾸며진다. 실패박물관은 일반 박물관처럼 전시 위주가 아니라 실패 사례를 재조명하는 영상 등 시청각 위주로 콘텐츠를 구성할 예정이다.

시장에 안착하지 못하고 사장되는 기술도 이곳에선 심폐소생술을 통해 되살아난다. 시장에서 잊힌 기술이나 실패한 사례도 새로운 아이디어가 접목되면 전혀 새로운 생명력을 얻을 수 있기 때문이다.

같은 맥락에서 실패한 사장 기술을 재활용하기 위한 거래상담소도 운영된다. 대덕특구의 은퇴 과학자들이 도우미로 나선다. 이들은 큐레이터로 배치돼 실패 사례를 안내하고 상담까지 맡을 예정이다. 대덕특구 출연연 은퇴 과학자와 퇴직 교수들로 구성된 (사)대덕과학기술사회적협동조합이 시에 참여를 약속했다. (중략)

실패를 통해 새롭게 재발견된 아이템이 박물관을 벗어나 시장에 진입할 수 있도록 사후 연계 프로그램도 마련된다. 중소벤처기업부의 '재도전 성공 패키지'와 연계하는 프로그램을 운영한다. (중략)

실패박물관은 예비 창업자에겐 도전과 혁신의 배움터로 역할을 할 것으로 기대를 모으고 있다. 창업자는 성공을 꿈꾸지만 시장에서 살아남는 벤처기업은 거의 없다는 점에서 의미를 부여받는다.

자료:「금강일보」, 2018. 9. 18.

Rethinking 실패를 연구하는 이유

'실패'라는 단어를 들으면, 어감이 '부정적'이고 거부감이 들죠. 그런데 '실패'가 교육에서 미치는 긍정적인 영향에 대해 다시 생각해 봐야 할 것 같습니다. 미국의 컬럼비아 교육대학에서는 실패만을 전문적으로 연구하는 센터를 얼마 전에 설립했는데요. 실패를 연구하는 이유! 만나 봅니다.

[리포트] 미국 컬럼비아 교육대학에서 뉴욕의 고등학생들에게 물었습니다. 어떤 사람이 과학자가 될 수 있는지에 대한 질문에, 학생들은 호기심이 많은 사람, 성실한 사람, 과학 분야에 흥미를 느끼는 사람이라고 대답했습니다. 과학자가 그렇게 특별해 보이지는 않는 것 같죠. 그래서 이번에는 스스로 과학자가 될 수 있을 것 같으냐고 물었습니다. 그러자 거의 모든 학생이 자신은 과학 점수가 좋지 않기 때문에 열심히 해도 과학자가 될 수는 없을 거라며 부정적으로 답했습니다. 컬럼비아 교육대학에서는 네 개 고등학교에서 과학 수업을 듣는 472명을 대상으로 실험을 했습니다.

학생들을 세 그룹으로 나눠 첫 번째 그룹은 과학자들의 개인적인 실패와 극복 사례를 배우고, 두 번째 그룹은 학업에서의 실패와 극복 사례, 마지막 그룹은 업적과 성공 사례만을 배운 것이죠. 5주 동안 진행된 이 실험에서 과학 분야 위인들의 실패 이야기를 배운 두 그룹의 학생들은 과학 성적이 향상됐고, 과학자들의 업적에 대해서만 배운 학생들은 성적이 저하된 것으로 나타났습니다. 최근 미국에서는 과학, 기술, 공학, 수학 등 STEM 분야에 관심을 보이던 학생들이 시험에서 좋은 점수를 얻지 못한 후 이탈하거나 학업을 포기하는 현상이 문제가 되고 있습니다. 그동안의 교육에서 과학자들의 업적만을 강조한 만큼 과학자의 실패나 역경에 대해 배우지 않은 학생들이 과학자는 과학자로서 타고난 재능과 자질을 가지고 있다고 생각하기 때문입니다. 앨버트 아인슈타인이나 마리 퀴리 같은 유명한 과학자들이 평범하고 불완전한 사람들이라고 생각하지 못하는 것이죠. 이 결과를 토대로 컬럼비아 교육대학의 연구진은 최근에 실패교육을 연구 할 혁신센터를 설립했습니다.

연구진 중 한 명인 린 시글러 박사는, 학생들이 실패를 학습 과정의 정상적인 부분으로 깨달을 수 있도록 연구할 것이라고 계획을 밝혔습니다. 물론 시험 중심의 교육, 결과가 중요한 교육 시스템에서 학생들이 실패를 '경험'으로 받아들이기는 쉽지 않을 겁니다.

그만큼 학교와 교사가 먼저 '실패의 가치'를 이해해야 하지 않을까요.

자료: EBS NEWS, 2018. 6. 19. http://news.ebs.co.kr/ebsnews/allView/10903914/H

제11장 참고 문헌

김 구. (2011). 지방정부의 지식 흡수역량과 혁신역량 간의 관계에 관한 연구.「한국행정연구」, 20(1): 185-224.

김태윤. (2013). 폐기학습.「행정학전자사전」, 한국행정학회. http://www.kapa21.or.kr. (검색일: 2018. 4. 13)

송은영·장용석. (2007). 실패를 통한 학습: 항공사고를 통해 본 조직학습의 다양성.「한국사회학」, 41: 163-196.

양승일. (2013). 경로의존성.「행정학전자사전」, 한국행정학회. http://www.kapa21.or.kr. (검색일: 2018. 4. 13).

윤두한. (2012). 교통과 경로의존성.「월간교통」, pp. 73-77. 2012.12.

이인혜·권상집. (2017). tvN의 콘텐츠 혁신 : 폐기학습 및 흡수역량을 통한 탐험과 활용.「한국엔터테인먼트산업학회논문지」, 11(8): 355-368.

정영철. (2004). 혁신의 출발점, 폐기학습,「*CEO Report*」, LG주간경제, 2004. 11. 10.

조석현·김태윤. (2013). 폐기학습 이론의 한국 행정학에의 도입 가능성에 관한 연구: 의사결정과 리더십을 중심으로.「한국행정학보」, 47(4): 47-71.

조석현·김태윤. (2014). 폐기학습 이론의 우리나라 재해재난관리정책에의 함의: 예방계획 및 관리 원칙을 중심으로.「한국행정학보」, 48(4): 407-433.

최충익·김철민. (2016). 미세먼지정책의 경로의존성과 위험의 사회적 확산.「한국지역개발학회지」, 28(5): 89-107.

허명숙·천면중. (2015). 구성원들의 학습관성, 폐기학습, 지식통합능력, 혁신행동 간의 관계에 관한 실증연구.「지식경영연구」, 16(2): 249-278.

Akgün, A. E., Byrne, J. C., Lynn, G. S., & Keskin, H. (2007). Organizational unlearning as changes in beliefs and routines in organizations. *Journal of Organizational Change Management*, 20(6): 794-812.

Grisold, T., Kaiser, A., & Hafner, J. (2017). (2017). Unlearning before creating new knowledge: A cognitive process. *Proceedings of the 50th Hawaii International Conference on System Sciences*.

Hislop, D., Bosley, S., Coombs, C. R., Holland, J. (2013). The process of individual unlearning: a neglected topic in an under-researched field. *Management Learning*, https://www.researchgate.net. (Retrieved on December 21, 2018).

Pighin, M. & Marzona, A. (2011). Unlearning/Relearning in Processes of Business Information Systems Innovation. *JIOS*, 35(1): 59-72.

모두가 함께하는 사회 /
더 나은 사회를 위한 기본의 이해

인간과 공공사회
Human and Public Society

찾아보기

찾·아·보·기

ㄱ

가상현실	35, 269
가치(values)	97, 118, 125
개인적 규범	80
거버넌스(governance)	157
경로의존성	26, 339
경영	259, 262
경쟁적 공진화	314
경합성	211
경험적 기대	89
계획행동이론	86, 89
고착 효과	341
공개재	234
공공가치	111, 118, 125, 135
공공가치의 범주	121
공공관리	260
공공데이터	44
공공사회	17, 63, 75, 313
공공 서비스	122, 218, 275
공공선	169, 186, 241
공공성	103, 155, 163, 188
공공재	157, 211, 216, 223
공동생산	326, 330, 335
공동체적 시민성	183
공무원의 의무	145
공생	317
공유가치 창출	104
공유 서비스	48
공유자산	283
공유자산의 비극	283, 288
공유재	213, 215, 224
공유지의 비극	285
공익	157, 165, 168
공익의 과정설	170
공익의 규범설	169
공익의 실체설	169
공익의 합리설	171
공직가치	122, 133, 137
공직가치 유형	141
공직가치모형	139
공직자윤리법상의 공직가치	149
공진화	26, 313, 321
공화주의적 시민성	183
관료제	230
관성의 법칙	340
관습	71, 74, 78
국가공무원법상의 공직가치	148
규범(norms)	68
규범의 유형	80
규범적 기대	89
규범적 신념	89
글로벌 시민성	184
금지적 규범	79
긍정적 외부성	218, 228
기술결정론	318
기술적 규범	78, 80
기업의 사회적 책임	104
기획의 그레셤의 법칙	341
깨진 유리창 이론	301, 303, 309

ㄹ

내부성	231

내재적 규범 80
뉴거버넌스(new governance) 116

ㄷ

다문화 시민성 184
다원적 시민성 185
도덕적 해이 221, 222
디지털 군중 193
디지털 기술 18
디지털 생태계 21
디지털 시민성 193, 197, 202, 206
디지털 시민성 측정 202
디지털 윤리 195
디지털 혁명 17, 20, 22
디지털 화폐 28
딥러닝(deep learning) 20, 29, 46

ㄹ

레드테이프(red tape) 230

ㅁ

만물인터넷(IoE) 21, 30
만물혁명 21
매너리즘(mannerism) 341
명령적 규범 79
모바일로 연계 서비스 58
무임승차(free-rider) 167, 218, 223, 300
민간가치 120
민간재 211, 213
민원 24 52

ㅂ

배제성 211
범죄예방디자인(CPTED) 106, 307
법률 78
복잡계 317
부정적 외부성 219
블록체인 28, 30, 44, 268
비경합성 213, 217
비대칭정보 221
비배제성 214, 216
비순수공공재(공유재) 214
비순수공공재/요금재 214
비트코인(bitcoin) 28
빅데이터(big data) 34, 268, 321

ㅅ

사물인터넷(IoT) 21, 30, 48, 321
사실적 신념 88
사이버 물리 시스템(CPS) 20, 23, 321
사적재 211
4차 산업혁명 17, 19, 32, 37, 41, 63, 321
사회구성주의 318
사회적 가치 97, 99, 104
사회적 경제 104
사회적 규범 67, 75, 80, 85, 89
사회적 규범 지지 척도 91
사회적 기대 88
사회적 자본 186
산업혁명 23
삶의 질 104
3차 산업혁명 18, 20, 23
상리공생 317

생애주기별 서비스	54, 56
생활정보 서비스	54, 56
세계경제포럼(WEF)	22, 23, 26
소통정부	43
소프트 파워(soft power)	35
순수공공재/집합재	214
순수민간재/사적 재	214
시민성	179, 182, 188
시민성교육	184
시민성의 측정	189
시장실패	221, 225
신경회로망	29
신공공관리(NPM)	115, 116, 260, 329
실제적 규범	79

ㅇ

알려드림e	52
역선택	221
열린 정부	44
5G	269, 278
온디맨드경제	27
온라인 참여	195
온톨로지(ontology)	49
외부성/외부경제/외부불경제	218
외부 효과	218, 230
외재적 규범	80
위치정보(GIS)	47
유비쿼터스(ubiquitous)	274
유시티(u-city)	274
융합정부	43
이타적 공진화	314, 321
인공지능(AI)	29, 30, 35, 41, 49
인터넷윤리	92

ㅈ

자기조직화	318
자유주의적 시민성	183
적극적 시민성	186, 189
전자시민성	194
전통적 공공관리	114, 125
전통적 시민성	193, 201
정보격차	65
정보 리터러시	195
정부24	53, 57
정부대표포털	52
정부모형	43
정부실패	111, 228, 232, 264
정부재창조	115
정책	254, 255
정치	254
정치재	232
정치행정 상호작용론	243
정치행정 이원론	242, 259
정치행정 일원론	244, 262
죄수의 딜레마	284, 295
주관적 규범	87
증강현실	35, 269
지각된 행동통제	87
지각적 규범	79
지대추구	229
지대추구행위	229
지혜정부	42

ㅊ

처방적 규범	79
초연결사회	28, 92

초연결성	18, 268	폐기학습	7, 346, 350
초예측성	18	포스트모던 시민성	183
초지능성	18, 268	포식-피식자 공진화	316
		포용적 시민성	185
		포획 현상	230
		풍속	71, 77

ㅋ

커넥티드 기술	35
클라우드(cloud)	33, 41, 269

ㅌ

탈국가적 시민성	183

ㅍ

파생적 외부 효과	230
편리공생	317
편해공생	317

ㅎ

합리적 행동이론	85
행정	237, 242, 245, 249, 254
행정가치	112
행정의 역할	247
행정이론	113
헌법상의 공직가치	147
협력적 거버넌스	103
협력적 공진화	314
형법상의 공직가치	150

모두가 함께하는 사회 /
더 나은 사회를 위한 기본의 이해

인간과 공공사회
Human and Public Society

저자 소개

저·자·소·개

Human and Public Society | 인간과 공공사회 |

김 구

- 조선대학교 행정학 박사
- 학술연구교수(한국연구재단 선정)
- 한국행정학회, 한국정책학회, 한국정부학회, 한국정책과학학회, 한국공공관리학회 편집위원 역임
- 한국정책학회 ICT융합특별위원회 이사(2018년)
- 한국지역정보화학회 부회장 및 편집위원 역임
- 행정안전부 지방자치단체 합동평가단 평가위원 역임
- 행정자치부 정부3.0 전문강사 및 평가위원 역임
- 강원도 정부3.0 자문위원 역임
- 국가직 5급·7급·9급 공무원 시험위원 역임
- 현재 국립 강릉원주대학교 자치행정학과 교수

[저서]

「사회과학 연구조사방법론의 이해」 (2011)

「사회과학 계량분석의 이해와 활용」 (2010)

「조직혁신의 이해」 (2011)

「공무원 행정학 정리」 (2012)

「한국사회와 공동체(공저)」 (2008)

「스마트사회와 공동체」 (2016)

「열린 정부의 이해와 실제」 (2018)

그 밖에 전자정부(정보화정책, 지역정보화), 지식행정(지식관리), 지역공동체 등에 관한 다수의 논문 발표